AF543770

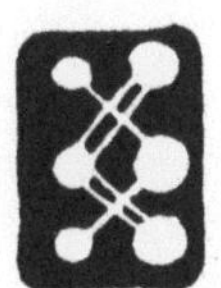

Simon Schaupp

Technopolitik von unten

Algorithmische Arbeitssteuerung und kybernetische Proletarisierung

Matthes & Seitz Berlin

Für Ravi

INHALTSVERZEICHNIS

VORWORT

Mehrere Dutzend Fahrradkurier:innen stehen in Berlin vor einem Warenlager des Lebensmittellieferanten Gorillas und skandieren auf Englisch und Spanisch: „Wir wollen Santi zurück!". Santiago war, wie in der digitalen Lieferbranche üblich, mit einem Ein-Jahres-Vertrag bei dem Unternehmen beschäftigt worden. Die Hälfte des Vertrags bestand aus einer Probezeit, innerhalb der er, nach eigenen Angaben ohne Vorwarnung, wegen einer Verspätung fristlos gekündigt wurde. Daraufhin traten seine Kolleg:innen spontan in einen wilden Streik und blockierten mehrere Warenlager des Unternehmens. Zwischenzeitlich tritt sogar der Deutschlandchef von Gorillas vor Ort in Erscheinung und versucht selbst, die Fahrräder, mit denen die Eingänge zum Lager blockiert werden, aus dem Weg zu räumen. Vergeblich: Am späten Abend gibt das Unternehmen auf und lässt die Tore schließen. Die Kurier:innen erklären, weiter streiken zu wollen, bis ihr Kollege wieder eingestellt wird. Sie kämpfen aber auch für höhere Löhne und sichere Arbeitsverträge. Den Versuch der Beschäftigten, einen Betriebsrat zu gründen, bekämpft das Unternehmen derweil erbittert.

Diese Episode vom Juni 2021 zeigt, dass die in diesem Buch untersuchten Konflikte in der digitalisierten manuellen Arbeit auch nach dem Erhebungszeitraum von 2016 bis 2019 nicht an Bedeutung verloren haben. Wie die Lieferrouten der Gorillas-Kurier:innen wird auch die Arbeit der Produktionsarbeiter:innen und Lieferant:innen, um die es hier geht, digital gesteuert. Das Buch geht der Frage nach, wie die betroffenen Arbeiter:innen mit ihrer Beschäftigungssituation umgehen. Es handelt sich dabei um die überarbeitete Version der gleichnamigen Dissertation im Fach Soziologie, die im Februar 2020 der Philosophisch-Historischen Fakultät der Universität Basel vorgelegt wurde.

Kein Buch ist das Werk eines einzelnen Autors, das gilt für sozialwissenschaftliche Untersuchungen in besonderem Maße. Mein erster Dank gilt all den Arbeiter:innen, die mir ihr Vertrauen schenkten und mich an ihren Diskussionen teilhaben ließen. Auch den Gewerkschafter:innen, Ingenieur:innen und Manager:innen danke ich für ihre Gesprächsbereitschaft. Aber auch eine Vielzahl weiterer Menschen war an der Entstehung der Untersuchung beteiligt. Oliver Nachtwey, Uli Meyer und Wolfgang Menz betreuten und begutachteten die Dissertation mit einer konstruktiven Mischung aus Kritik und Ermunterung. Von unschätzbarem Wert waren die kontinuierlichen Diskussionen mit meinen Freund:innen und Kolleg:innen und die Unterstützung meiner Familie. Zuallererst Janika Kuge. Aber auch Jacqueline Kalbermatter, Uli Pfeifer-Schaupp, Hannelore Schaupp, Philipp Frey, Heiner Heiland, Felix Fink, Georg Jochum, Steffen Wasko, Sabine Maasen, Michael Burawoy und viele andere haben die Untersuchung auf vielfältige Weise unterstützt und vorangebracht. Nicht zuletzt haben die wertvollen Diskussionen im Zentrum Emanzipatorische Technikforschung (ZET), am Lehrstuhl für Sozialstrukturanalyse der Universität Basel und am Munich Center for Technology in Society (MCTS) zur Entstehung dieses Buches beigetragen. Die Ethnografie bei *Smart Electrics* führte ich gemeinsam mit Johan Buchholz und teilweise mit Manuela Thiele durch, diejenige bei *Smart Delivery* eine Zeit lang gemeinsam mit Felix Fink. Ohne sie wären mir wichtige Aspekte des Arbeitsalltags entgangen. Beim Führen der Interviews wirkten mit: Cansu Birdal, Johan Buchholz, Tobias Drewlani, Felix Fink, Jacqueline Kalbermatter, Heiner Köhnen, Uli Meyer, Oliver Nachtwey, Steffen Wasko und David Seibt. Ihre klugen Fragen und die gemeinsame Diskussion des Materials haben wichtige Erkenntnisse geliefert. Mit der Transkription der Interviews unterstützten mich Heidi Franke, Roman Schütze, Mario Steinberg, Isabella Rokita, Orhan Kemal Yüksel und Verena Zink. Morten Paul vom

Verlag Matthes & Seitz hat das Manuskript der Untersuchung auf überaus konstruktive Weise lektoriert. Der Max Geldner Fonds und das Vizerektorat Forschung der Universität Basel haben die Druckkosten bezuschusst. All diesen Personen und Institutionen bin ich zu großem Dank verpflichtet. Keine Seite dieses Buches wäre ohne ihr Mitwirken entstanden.

Simon Schaupp, Freiburg, Juni 2021

1. EINLEITUNG

»Wir spüren, dass sozusagen eine Zweiklassengesellschaft entsteht«, erklärt eine Betriebsrätin des Chemiekonzerns *Smart Solutions** auf die Frage nach der wichtigsten Auswirkung der Digitalisierung. Auf der einen Seite stünden »die, die designen und engineeren dürfen« – und auf der anderen Seite diejenigen, »die nur noch Anweisung abarbeiten, ohne Kreativität, Freiraum oder sonst was.«

Die Diagnose der Betriebsrätin zum Entstehen einer »Zweiklassengesellschaft« innerhalb von Unternehmen ist auch in der Arbeitssoziologie weitgehend zum Konsens über die Auswirkungen der Digitalisierung geworden. Der Trend wird hier als Polarisierung bezeichnet.[1] Unter diesem Schlagwort wurde vielfach festgestellt, dass mit der zunehmenden digitalen Durchdringung aller Produktionsprozesse[2] deren Koordination, aber auch die schlichte Aufrechterhaltung des reibungslosen Ablaufs zunehmend komplexer wird. Mit der Bewältigung dieser Komplexität wird eine neue Gruppe hochqualifizierter und gutbezahlter Digitalexpert:innen beauftragt. Zugleich entsteht jedoch eine wachsende Gruppe, deren Arbeit im Zuge dieser Entwicklung abgewertet wird. Das trifft auf die hier untersuchten Tätigkeiten in besonderem Maße zu: In ihnen verrichten Personen manuelle Arbeit und erhalten dabei ihre Anweisungen nicht mehr von Menschen, sondern von Computern, werden also algorithmisch gesteuert. Diese Untersuchung analysiert zwei Prozesse im Zusammenhang mit dieser algorithmischen Arbeitssteuerung. Der erste Prozess kann als *kybernetische Proletarisierung* bezeichnet wer-

* Dieser und alle weiteren Namen der hier im Fokus stehenden Unternehmen wurden zum Zweck der Anonymisierung geändert.

den.[3] Das meint zum einen die Verdrängung menschlicher Arbeit aus den Produktionsprozessen, vor allem mittels Verdichtung und Dequalifizierung der Arbeit. Zum anderen verweist es aber auch auf die digitale Reintegration billiger, prekarisierter menschlicher Arbeit, die sich zyklisch mit den Verdrängungsprozessen abwechselt. Den zweiten Prozess nenne ich *Technopolitik von unten*.[4] Damit sind jene Handlungsstrategien gemeint, mit denen Beschäftigte versuchen, sich die algorithmische Arbeitssteuerung anzueignen und in ihrem Sinne zu beeinflussen. Die Bezeichnung ›von unten‹ bezieht sich auf die Lage der Beschäftigten im betrieblichen Herrschaftsverhältnis. Wie wir im Folgenden sehen werden, stehen die beiden Prozesse in einem dynamischen Wechselverhältnis zueinander.

Bereits 2016 gaben in einer großangelegten Befragung lediglich 18 Prozent aller Beschäftigten in Deutschland an, »gar nicht« von der Digitalisierung der Arbeitswelt betroffen zu sein.[5] Mittlerweile dürfte diese Zahl – insbesondere infolge der Coronapandemie – noch einmal gesunken sein. Die algorithmische Arbeitssteuerung ist dabei eine der häufigsten Formen, in denen die Beschäftigten die Digitalisierung erleben. Dabei geht es beispielsweise um Industriarbeiter:innen, die »smarte Handschuhe« tragen sollen, welche bei unerwünschten Bewegungen vibrieren, oder Fahrradkurier:innen, die ihren Vorgesetzten noch nie begegnet sind und Anweisungen von einer App auf ihrem Smartphone erhalten. Für Beschäftigte in der Logistikbranche, deren Aufgabe es ist, Güter im Raum zu bewegen, ist es bereits der Normalfall, von Algorithmen dirigiert und kontrolliert zu werden.[6] Insbesondere der Sektor der über sogenannte Plattformunternehmen organisierten Lieferlogistik gilt als Avantgarde in der Einführung algorithmischer Arbeitssteuerung.[7] Bei dieser Plattformlogistik handelt es sich um Unternehmen, die nicht nur digital zwischen Angebot und Nachfrage vermitteln, sondern auch die Lieferung der Güter zu den Endkund:innen übernehmen. Um dies zu organisieren, setzen sie auf die digitale Steuerung ihrer Arbeiter:innen. Während die Plattformökonomie im Zentrum der allermeisten sozialwissenschaftlichen Untersuchungen über algorithmische Arbeitssteuerung steht, hat diese ihren Ursprung jedoch in der produzierenden Industrie und findet dort auch weiterhin ihre größte Verbreitung. So arbeiten 64 Prozent der Beschäftigten in der Chemiebranche und 69 Prozent im Maschinenbau mit softwaregesteuerten Arbeitsabläufen.[8] Unter anderem deshalb wird in Deutschland von einer Industrie 4.0 gesprochen.

Verschiedene Studien haben gezeigt, dass die algorithmische Arbeitssteuerung wesentlich zur Verdichtung von Arbeitsprozessen genutzt wird. Durch die Eliminierung von »Totzeiten« soll pro Einheit gekaufter Arbeitskraft mehr Arbeit tatsächlich verausgabt werden.[9] Darüber hinaus wurde bereits herausgearbeitet, wie die algorithmische Arbeitssteuerung zum zentralen technischen Mittel wurde, prekär Beschäftigte zu verwalten, denen nur eingeschränkte Organisationsmitgliedschaft zugestanden wird.[10] Kaum eine dieser Studien lässt einen Zweifel daran, dass die algorithmische Arbeitssteuerung in vielen Fällen auf Kosten der Beschäftigten geht. Wenn es im Zuge der algorithmischen Arbeitssteuerung tatsächlich zu diesen Abwertungstendenzen kommt, drängt sich jedoch eine Frage auf: Wie reagieren die betroffenen Beschäftigten auf diese Abwertung? Hier tut sich in der Forschung eine merkwürdige Asymmetrie auf: Während das Management als strategisch vorgehender Akteur der Digitalisierung untersucht wird, der danach trachtet, seine Herrschaftsposition zu verbessern, erscheinen die Beschäftigten als passive Opfer dieser Prozesse ohne eigene Strategiefähigkeit. Diese Asymmetrie hat eine längere Tradition. In den letzten Jahren hat insbesondere die Debatte um die Digitalisierung der Arbeit ein überwältigendes Ausmaß angenommen, wobei der Schwerpunkt vor allem auf Fragen der Automatisierung und Überwachung liegt.[11] Eine sehr große Mehrheit der Ansätze zur

Technologie bei der Arbeit konzentriert sich jedoch auf die Implementierungsseite – auf Entwicklungs- und Designprozesse oder auf Managementstrategien. Beschäftigte hingegen erscheinen meist nur als Objekt dieser Prozesse. Bei den *science and technology studies* (STS) etwa stehen die Forschung und Entwicklung von Technologien im Fokus, um so zu zeigen, wie sich Technologie und Sozialität gegenseitig konstituieren.[12] Einige dieser Ansätze berücksichtigen zwar Machtverhältnisse und die politischen Aspekte der Technologie selbst.[13] Sie sind aber dafür kritisiert worden, dass sie die instrumentelle und strategische Rolle der Technologie in den Produktionsbeziehungen nicht berücksichtigen.[14] Untersuchungen in den Bereichen der Mensch-Computer-Interaktion und der Arbeitsplatzstudien konzentrieren sich demgegenüber auf die Interaktion von Beschäftigten mit der Technologie.[15] Allerdings geschieht dies meist in einer individualistischen Art und Weise, die Machtasymmetrien und widersprüchliche Interessen in der Produktion nicht berücksichtigt.[16] In der Arbeitssoziologie stellen dagegen die meisten Ansätze zur digitalen Technologie (in kritischer Weise) manageriale Kontrollstrategien ins Zentrum.[17] Teilweise wird auf ein »subjektivierendes Arbeitshandeln« der Beschäftigten eingegangen,[18] wobei der Fokus jedoch auf der Anpassung der Beschäftigten an die technisierte Arbeitswelt liegt. Strategisches Handeln der Beschäftigten, das auf die Durchsetzung ihrer Interessen in Technologiefragen abzielt, gerät bei all diesen Ansätzen stark in den Hintergrund. Dabei gehört es zu den grundlegenden Einsichten der Arbeitssoziologie, dass der kapitalistische Arbeitsprozess ein »umkämpftes Terrain« ist, auf dem nicht nur das Management, sondern auch die Beschäftigten strategiefähig sind.[19] Deshalb soll hier die Frage im Zentrum stehen, wie Beschäftigte selbst auf die Einführung algorithmischer Arbeitssteuerung reagieren.

Um die verschiedenen Perspektiven auf die Einführung und Nutzung solcher algorithmischen Steuerungssysteme zu Wort kommen zu lassen, habe ich 54 »verstehende Interviews«[20] geführt. Im Text habe ich die Zitate aus diesen Interviews der Lesbarkeit halber nicht einzeln ausgewiesen, am Ende des Buches findet sich jedoch eine Auflistung. In diesen Interviews habe ich mit Manager:innen, Betriebsrät:innen, Ingenieur:innen, ausführenden Arbeiter:innen und Gewerkschafter:innen gesprochen, die in technopolitische Aushandlungen involviert sind. Um aber zu verstehen, wie die algorithmischen Steuerungssysteme im Arbeitsalltag tatsächlich verwendet werden, reichen Interviews nicht aus. Deshalb habe ich in jeweils zwei Unternehmen aus den Sektoren der Lieferlogistik und der Industrie 4.0 die Einführung algorithmischer Arbeitssteuerung genauer untersucht. Das erste dieser Unternehmen nenne ich hier *Smart Shopping*. Dabei handelt es sich um ein multinationales Versandhandelsunternehmen mit mehreren Standorten in Deutschland. Dabei stand insbesondere die Frage im Zentrum, wie die Beschäftigten der Warenlager mit der digitalen Kontrolle durch ihre Handscanner umgehen. Um dies zu untersuchen, nahm ich an einer Reihe mehrtägiger Workshops teil, bei denen sich Beschäftigte des Unternehmens aus verschiedenen Teilen der Welt austauschten, um gemeinsame Strategien zur Erkämpfung besserer Arbeitsbedingungen zu entwickeln. Der Umgang mit den Arbeitssteuerungssystemen spielte dabei eine wichtige Rolle. Das zweite intensiv untersuchte Unternehmen werde ich *Smart Delivery* nennen: ein Plattformunternehmen, das Essen von selbstständigen Restaurants mit Fahrradkurier:innen an Endkund:innen liefert. Hierbei gibt es keinerlei Automatisierung des Arbeitsprozesses selbst, aber die Beschäftigten werden ausschließlich algorithmisch gesteuert, ohne jemals Kontakt zu Vorgesetzten zu haben. Um zu verstehen, wie die Beschäftigten in ihrem Arbeitsalltag mit der algorithmischen Steuerung umgehen, habe ich selbst etwas über fünf Monate lang als Kurier bei *Smart Delivery* gearbeitet und meine Beobachtungen festgehalten. Sowohl *Smart Shop-*

ping als auch *Smart Delivery* werden der Plattformökonomie zugerechnet. Dabei handelt es sich um Unternehmen, deren zentrales Geschäftsmodell in der Vermittlung zwischen Produzent:innen und Kund:innen besteht. Während in diesem Sektor oft mit formell Selbstständigen gearbeitet wird, wurden hier zum Zweck der Vergleichbarkeit mit dem Industriesektor Unternehmen gewählt, die mit abhängig Beschäftigten arbeiten. Es handelt sich also in diesem Sinne nicht um typische Plattformunternehmen.

Um vergleichen zu können, wie die algorithmische Arbeitssteuerung in verschiedenen institutionellen Kontexten behandelt wird, habe ich neben den Lieferplattformen auch zwei Unternehmen der sogenannten Industrie 4.0 untersucht. Das erste dieser Industrieunternehmen nenne ich hier *Smart Solutions.* Dabei handelt es sich um einen multinationalen Konzern der Chemiebranche mit hochautomatisiertem Arbeitsprozess und mittlerem Qualifikationsniveau der Arbeit. Das zweite untersuchte Industrieunternehmen nenne ich *Smart Electrics:* ein mittelständischer Maschinenbaubetrieb mit niedrigem Automatisierungsgrad, bei dem größtenteils hochqualifizierte Techniker:innen arbeiten. In beiden dieser Fokusfälle habe ich mit einer Reihe von Interviews und teilnehmenden Beobachtungen die Aushandlungen der algorithmischen Arbeitssteuerung untersucht. Bei *Smart Electrics* arbeitete ich jeweils vor und nach der Implementierung eines digitalen Arbeitsleitsystems an einer Montagelinie. Bei *Smart Electrics* nahm ich, ähnlich wie bei *Smart Shopping*, an einer Reihe mehrtägiger Workshops des Betriebsrats zum Umgang mit der Digitalisierung teil. Am Ende des Buches führe ich noch einmal aus, wie ich bei der Erhebung und Analyse der Daten im Einzelnen vorgegangen bin.

Tatsächlich bestätigen sich in den hier untersuchten Fällen viele der kritischen Diagnosen zu den Auswirkungen algorithmischer Arbeitssteuerung. So erleben die befragten Beschäftigten durch die Implementierung digitaler

Arbeitsleitsysteme eine qualifikatorische Abwertung ihrer Tätigkeiten. Diese wird gleichzeitig zur Grundlage einer Flexibilisierung des Arbeitskräfteeinsatzes, da Beschäftigte leichter zwischen Tätigkeiten verschoben oder Tätigkeiten ganz ausgelagert werden können. Es kommt aber auch zu einem verschärften Kontrollregime, das auf einer permanenten digitalen Überwachung des Arbeitsprozesses und darauf basierenden »Feedbacks« beruht. Diese beiden Faktoren begünstigen eine materielle Abwertung der Arbeit. So gehören die Beschäftigungsverhältnisse, in denen die algorithmische Arbeitssteuerung am umfassendsten implementiert ist, zurzeit auch zu den prekärsten, die der deutsche Arbeitsmarkt zu bieten hat. Beispielsweise erhalten die algorithmisch gesteuerten Fahrradkurier:innen des Essenslieferdienstes *Smart Delivery* den Mindestlohn. Von diesem müssen sie jedoch selbst ihre Arbeitsmittel kaufen und instandhalten. Zudem können sie sich weder darauf verlassen, dass sie auf die geplante Anzahl von Arbeitsstunden kommen, noch dass ihre Löhne rechtzeitig ausgezahlt werden. Das führt zu existenziellen Notsituationen bis hin zur Obdachlosigkeit. Solche Abwertungstendenzen beschreibe ich als kybernetische Proletarisierung. Damit sind Zyklen der digitalen Verdrängung und Reintegration menschlicher Arbeit gemeint. Die hier untersuchten Arbeitsprozesse repräsentieren verschiedene Stadien dieses Prozesses: von der Abwertung hochqualifizierter Montagearbeit beim Maschinenbauer *Smart Electrics* bis hin zur existenziellen Prekarisierung bei *Smart Delivery*.

Diese Abwertungstendenzen bleiben jedoch nicht unangefochten. Deshalb soll hier unter dem Begriff der *Technopolitik* ein Mehrebenen-Analyserahmen entwickelt werden, der die Dimension der politischen Aushandlung ins Zentrum rückt. Dabei werden drei Arenen skizziert, in denen technologiebezogene Interessenkonflikte mit unterschiedlichen Aushandlungslogiken ausgetragen werden. (1) Die *Arena der Regulierung*, in der die institutionellen

Rahmenbedingungen von Produktionstechnologien verhandelt werden, typischerweise zwischen staatlichen Akteuren, Arbeitgeberverbänden und Gewerkschaften. (2) Die *Arena der Implementierung*, in der Strategien des Technologieeinsatzes verhandelt werden, im deutschen Produktionsmodell typischerweise zwischen Management und Betriebsrat. (3) Die *Arena der Aneignung*, in der verschiedene organisationale Technokulturen konkurrierende Schemata für die tatsächliche Nutzung der Technologien im Arbeitsalltag anbieten. Prinzipiell ist dieser Analyserahmen der Technopolitik auf verschiedenste Arten von Technologien anwendbar, die vorliegende Untersuchung beschränkt sich jedoch auf die algorithmische Arbeitssteuerung.

Eine technopolitische Strategiefähigkeit der Beschäftigten soll hier nicht nur theoretisch hergeleitet, sondern eine ›Technopolitik von unten‹ soll auch empirisch nachgewiesen werden. So kann beispielsweise gezeigt werden, dass die Fahrradkurier:innen von *Smart Delivery* trotz der gezielten Atomisierung ihres Arbeitsprozesses Solidaritätskulturen aufbauen. Sie unterstützen sich bei Arbeitsproblemen und bilden sogar Wohngemeinschaften, wenn einer von ihnen seine Miete nicht mehr bezahlen kann. Diese Solidaritätskulturen können zur Basis von widerständiger Selbstorganisation, Streiks und direkten Aktionen werden. Die Werker:innen von *Smart Solutions* finden im Arbeitsalltag Möglichkeiten, die algorithmischen Kontrollsysteme auszutricksen und sich informelle Verschnaufpausen zu verschaffen. Viele von ihnen sind sich bewusst, dass die enge Verzahnung der digitalisierten Produktionsprozesse dafür sorgt, dass neue Nadelöhre entstehen, an denen ganze Lieferketten lahmgelegt werden können. In diesem Sinne ist die Einführung algorithmischer Arbeitssteuerung ein politischer und oft konflikthafter Prozess. Solche Konflikte stehen im Zentrum dieser Untersuchung. Es geht also sowohl darum, zu zeigen, welche Auswirkungen die algorithmische Arbeitssteuerung auf die manuelle Arbeit in der Industrie

4.0 und der Plattformlogistik hat, als auch, wie Beschäftigte durch ihr Handeln die Anwendung der algorithmischen Arbeitssteuerung beeinflussen. Damit ist nicht nur die technische Gestaltung gemeint, sondern auch die institutionelle Rahmung, also zum Beispiel Fragen von Arbeitszeiten, Qualifikationen und Beschäftigungsverhältnissen.

Das Buch beginnt mit einem Rückblick auf die Geschichte der wachsenden politisch-ökonomischen Bedeutung der algorithmischen Arbeitssteuerung. Im Anschluss wird der Analyserahmen der Technopolitik ausgearbeitet. Die folgenden Kapitel stellen dann die Anwendung dieses Analyserahmens dar, indem sie – strukturiert nach den jeweiligen Aushandlungsarenen – die Ergebnisse der empirischen Untersuchung diskutieren. Daran anschließend werden diese Ergebnisse noch einmal stärker theoretisiert, um so die Begriffe der kybernetischen Proletarisierung und der Technopolitik von unten systematisch zu entwickeln. Insgesamt zielt die Untersuchung darauf ab, verschiedene Formen der kybernetischen Proletarisierung und der ›Technopolitik von unten‹ sichtbar zu machen. Das quantitative Ausmaß dieser Phänomene kann hier noch nicht beurteilt werden. Das liegt einerseits am qualitativen Forschungsdesign der Untersuchung. Wichtiger ist jedoch, dass die langfristigen Folgen der kybernetischen Proletarisierung noch weitgehend offen sind, gerade weil ihr technopolitische Aushandlungen zugrunde liegen. Einerseits kann sie zu einer Verelendung breiter Gesellschaftsschichten führen. Andererseits könnte sie aber auch zum Kristallisationspunkt neuer Klassenkonflikte werden. Die Untersuchung wird beiden Tendenzen nachgehen.

2.
ALGORITHMISCHE ARBEITSSTEUERUNG ALS KONFLIKTFELD

Durch eine große automatische Glastür betrete ich die Zentrale eines großen Unternehmens, das Software für das algorithmische Management von Produktionsprozessen entwickelt. Von der Tür führt eine Art Weg aus Bildschirmen über den Marmorboden bis zum Aufzug auf der gegenüberliegenden Seite der Lobby. Die Bildschirme zeigen Wasser, in dem Wesen schwimmen, die aussehen wie technisierte Kaulquappen. Sie alle bewegen sich auf den Aufzug zu. Dabei müssen sie jedoch ein sich drehendes Rad in der Mitte der Lobby überwinden, das an ein Mühl- oder ein Hamsterrad erinnert. Ich frage meinen Kontakt, was es mit der Installation auf sich hat. Er erklärt mir, dass es sich bei dem Schwarm um eine künstliche Intelligenz handle, die versuche, in die oberen Stockwerke des Gebäudes zu gelangen. Tatsächlich folgen uns, die digitalen Kaulquappen in den Aufzug und verlassen diesen mit uns, als wir das oberste Stockwerk des Gebäudes erreichen. Was das wohl zu bedeuten habe, frage ich meinen Kontakt. Er zuckt mit den Achseln und sagt: »Vermutlich, dass die Digitalisierung in die Managementetagen der Unternehmen vordringt.«

Diese Episode illustriert eine Entwicklung, die sich in den letzten zehn Jahren in den meisten hochentwickelten Ökonomien abgespielt hat: Digitalisierung ist in vielerlei Hinsicht zur ›Chefsache‹ geworden. In den meisten großen Unternehmen gehört der CTO (*chief technology officer*) bzw. der CDO (*chief digital officer*) zum oberen Management. Gleichzeitig ist algorithmische Arbeitssteuerung zu einem der wichtigen arbeitspolitischen Konfliktfelder unserer Zeit geworden. Dieses Kapitel soll aufschlüsseln, warum das der Fall ist. Zunächst geht es dabei darum, die algorithmische Arbeitssteuerung als den Kern des aktuellen Schubs der Technisierung von Arbeit auszuweisen. Diese Entwicklung lässt sich jedoch nicht aus einer rein technischen Logik verstehen. Deshalb zeigt der Hauptteil dieses Kapitels auf, inwiefern die aufeinanderfolgenden Wellen der Digitalisierung in Zusammenhang mit politisch-ökonomischen Entwicklungen und Krisen stehen. Dadurch wird algorithmische Arbeitssteuerung in ihren gesellschaftlichen Kontext gerückt und als Feld von Interessenkonflikten ausgewiesen. Im letzten Teil des Kapitels wird problematisiert, dass der Großteil der sozialwissenschaftlichen Forschung zum Thema zwar durchaus herausstellt, dass die Implementierung algorithmischer Arbeitssteuerung oft zum Nachteil der Beschäftigten gereicht. Allerdings werden diese dabei meist als bloße Objekte von Digitalisierungsprozessen verstanden. Dem soll hier ein dezidiert politisches Verständnis dieser Prozesse gegenübergestellt werden, bei dem allen beteiligten Akteur:innen Strategiefähigkeit unterstellt wird.

Warum algorithmische Arbeitssteuerung?

Die Debatte um die Implementierung neuer Technologien in der Produktion ist stark von Spekulationen über zukünftige Automatisierungspotenziale geprägt. Modellbasierte Hochrechnungen postulieren dabei, dass etwa die Hälfte der Berufe innerhalb der nächsten zehn bis zwanzig Jahre automatisierbar seien.[1] Im Zuge dessen wurden die bereits in den 1990er-Jahren populären Vorhersagen eines technologischen Endes der Arbeit ein weiteres Mal aktualisiert.[2] Bislang ist jedoch keine dieser Vorhersagen eingetreten. Dies liegt vor allem an dem Technikdeterminismus der Prognosen selbst,[3] der die politisch-ökonomischen Voraussetzungen der Verbreitung von Technologien weitgehend ignoriert: Entscheidend für die Implementierung ist nicht die technologische Machbarkeit, sondern die erwartete Rentabilität der Investition. Umfragen unter Manager:innen belegen, dass das zentrale Motiv für die Automatisierung die Kostenreduktion ist.[4] Wenn dies der Fall ist, gibt es jedoch wichtige technologische Alternativen zur Automatisierung. Die folgenden Abschnitte werden zeigen, dass angesichts sinkender Lohnquoten und einer strukturellen Überakkumulation des Kapitals seit den 1970er-Jahren die algorithmische Arbeitssteuerung zu einer solchen Alternative geworden ist, die für Unternehmen zunehmend attraktiv wurde. Entsprechend ist der Anteil der Investitionen in fortschrittliche Robotik in den letzten Jahrzehnten eher gesunken als gestiegen.[5]

Der mediale Diskurs um Algorithmen lässt es bisweilen so erscheinen, als handle es sich um Blackboxes mit undurchschaubaren, beinahe magischen Fähigkeiten.[6] Diese Tendenz verstärkt sich noch einmal, wenn von künstlicher Intelligenz die Rede ist. Diese wird in kritischen Studien teilweise als »übermenschliche Macht«[7] präsentiert, mit der die Gefahr einer »Robokratie«[8], also der Beherrschung der Menschen durch die Maschinen, einhergehe. Diese Studien beschäftigen sich jedoch selten mit dem gegenwärtigen Stand der Produktivkraftentwicklung, sondern meist mit Spekulationen über zukünftige technische Potenziale und deren soziale Auswirkungen. Damit geht die Gefahr einer Fetischisierung einher, also der Zuschreibung einer eigenen Subjektivität an technische Artefakte. Diese erweckt den Anschein, dass *die* Maschinen *der* Menschheit gegenüberstünden, was wiederum eine Analyse von Technologie als Produkt menschlicher Interessenkonflikte verunmöglicht.[9] Diese Untersuchung hat deshalb digitale Technologien zum Gegenstand, die bereits im Produktionsprozess implementiert werden. Künstliche Intelligenz spielte in den untersuchten Betrieben jenseits vereinzelter Ankündigungen noch keine Rolle. Zentral war stattdessen die Implementierung algorithmischer Arbeitssteuerung. Deren Wichtigkeit für den gegenwärtigen Digitalisierungsschub ist bereits von verschiedenen Studien herausgestellt worden.

Dabei wurde skizziert, wie die algorithmische Arbeitssteuerung die Beschäftigungsbedingungen verändert.[10] Allerdings sind diese Studien sehr stark auf die Plattform- oder Gig-Ökonomie fokussiert. Algorithmische Arbeitssteuerung ist jedoch nicht auf diese beschränkt. Vielmehr hat sie ihren Ursprung in der verarbeitenden Industrie, wo sie nach wie vor ihre größte Verbreitung findet. Dort werden Softwaresysteme der algorithmischen Arbeitssteuerung meist gemeinsam mit Patenten und Investitionen in Forschung und Entwicklung unter den Begriff des »immateriellen Kapitals« subsumiert.[11]

Algorithmen sind nicht notwendigerweise übermäßig komplexe Technologien, sondern können als Berechnungsmethoden definiert werden, mit denen Entscheidungen automatisch nach einer vorgegebenen Struktur getroffen werden. Algorithmen sind also Organisationstechnologien. Ähnlich wie Gesetze legen sie Regeln fest. Seit Alan Turings Erfindung der Entschlüsselungsmaschine, dem Vorläufer des modernen Computers, bilden Algorithmen die Grundlage der Informationstechnik. Damit war der Grundstein der Informatik gelegt: der Algorithmus als eindeutige Handlungsvorschrift zur Lösung eines Problems oder einer Klasse von Problemen.[12] Vor allem gibt ein Algorithmus also Maschinen bestimmte Anweisungen. Bei der algorithmischen Arbeitssteuerung werden diese Anweisungen auf Menschen ausgeweitet. Dies basiert stets auf zuvor erhobenen Daten. Auf dieser Grundlage werden nach vorgegebenen Entscheidungsbäumen Bedingungen aufgestellt, die auch für das Handeln der Nutzer:innen von zentraler Relevanz sind. Das macht Algorithmen zu Managementtechnologien *par excellence*.

Management kann in Bezug auf Arbeit viele verschiedene Formen annehmen, meist sind ihnen jedoch die folgenden drei Elemente gemein: Erstens müssen *Anweisungen* gegeben werden, in denen die Arbeitenden über ihre Aufgaben informiert werden und in denen ihnen bestimmte Vorgaben zu deren Ausführung gemacht werden, zum Beispiel ein zeitlicher Rahmen für die Erledigung festgelegt wird. Das ist das Element der *Steuerung*. Zweitens muss die Ausführung dieser Aufgaben auf irgendeine Weise *evaluiert*, also die tatsächliche Ausführung und deren Qualität überprüft bzw. überwacht werden. Drittens muss bei Abweichungen von den Vorgaben irgendeine Art der *Sanktionierung* erfolgen. Diese kann von einer emotionalen Sanktion im Rahmen einer Zurechtweisung über den Entzug von Zulagen bis hin zur Kündigung reichen. Diese beiden letzten Elemente bilden den *Kontrollaspekt* des Managements. Einfache Formen der Kontrolle, die auf direkter persönlicher Herrschaft beruhen, wurden dabei historisch schnell von ausdifferenzierten Formen organisationaler Kontrolle ersetzt, bei denen vor allem finanzielle Anreizsysteme und bürokratische Formalisierung herausragende Bedeutung erlangten.[13]

Arbeitssteuerung kann also definiert werden als die Kopplung des Arbeitshandelns an die Steuerungsziele mittels Evaluation und Sanktion. Dabei kann sich die betriebliche Herrschaft jedoch nicht auf reinen Despotismus stützen, sondern muss immer auch Momente des Konsenses enthalten, wenn echtes Engagement der Beschäftigten gefordert ist. So führt bereits das systematische Einhalten der Regeln zu einem impliziten Konsens über selbige.[14] Auf der anderen Seite kommt es zu systematischen Zugeständnissen vonseiten des Managements, das Ausmaß der Kontrolle zugunsten einer »verantwortlichen Autonomie« zu reduzieren, wobei Verstöße gegen die impliziten Erwartungen des Managements jedoch das Aufzeigen der Grenzen dieser »Autonomie« zur Folge haben.[15] Mit der steigenden Bedeutung der Dienstleistungsarbeit und der allgemeinen Subjektivierung von Arbeit nehmen Modelle der indirekten Steuerung[16] oder marktförmigen Kontrolle[17] systematisch an Bedeutung zu. Diese gehen meist mit einer Internalisierung von Firmenzielen im Sinne einer Firmenideologie einher.[18]

Seit Beginn der industrialisierten Arbeit werden kontinuierlich neue Versuche unternommen, Arbeitssteuerung nicht nur organisatorisch zu rationalisieren, sondern auch zu automatisieren.[19] So wurden physische Strukturierungen des Arbeitsablaufs ersonnen, die die Handlungsmöglichkeiten der Arbeitenden weitgehend vorgeben. Paradebeispiel für diese physisch strukturierende Wirkung der Technik ist das Fließband.[20] Schon in industriesoziologischen Untersuchungen in den 1960er-Jahren konnte empirisch gezeigt werden, dass die Entwicklung der Produktionstechnologie von der handwerklich orientierten Produktion kleiner Gütermengen hin zur hochautomatisierten Massenproduktion keineswegs nur die manuelle Produktionsarbeit automatisiert.[21] Stattdessen übernehmen Maschinen, auch wenn es sich dabei nicht um Computer handelt, Managementfunktionen. Das Fließband organisiert mit seinen materiellen Eigenschaften die Arbeit, die an ihm ausgeführt wird, in einer Weise, die es möglich macht, die Anzahl von Aufseher:innen zu reduzieren, also manageriale Arbeit zu automatisieren.

Eine zweite Linie technischer Kontrolle besteht in der Überwachung des Arbeitsprozesses. Das geschah zunächst etwa über die architektonische Anlage der Werkshallen, später mittels des »elektronischen Auges« der Überwachungskamera.[22] Mithilfe der Kamera sollen nicht nur Vergehen wie Diebstähle nachträglich aufgeklärt werden, sondern auch bei den Arbeitenden ein Gefühl der potenziellen Allgegenwart des managerialen Blicks erzeugt werden. Das Wissen um die elektronisch vermittelte potenzielle Gegenwart des Managements wirkt selbst schon disziplinierend, selbst wenn es zu keinen direkten Strafen kommt.[23] Die technische Arbeitsüberwachung wird jedoch mit der systematischen Verbreitung des Computers in der Arbeitswelt radikal ausgeweitet, da dieser Arbeits- und Organisationsmittel zugleich ist.[24] Aktuelle Formen der algorithmischen Arbeitssteuerung zeichnen sich durch die Allgegenwart vernetzter Sensorik aus, die die Evaluation der Arbeit auf eine neue Ebene hebt.[25]

Der US-amerikanische Verfassungsrechtler Lawrence Lessig hat die Direktionsfunktion der Algorithmen pointiert mit den Worten »Code ist Gesetz« zusammengefasst.[26] Algorithmen sind Organisationstechnologien. Ähnlich wie Gesetze legen sie Regeln fest. Anders als Gesetze wird die Implementierung von algorithmischer Arbeitssteuerung jedoch meist nicht als politischer Prozess begriffen. Dabei entstehen Algorithmen ebenso wie Gesetze im Kontext gegensätzlicher Interessen, von denen manche mehr Chancen auf Durchsetzung haben als andere. Deshalb ist es wichtig, die Implementierung algorithmischer Steuerungssysteme als dezidiert politische Arena auszuweisen.

Dabei kann die Perspektive einer historischen politischen Ökonomie hilfreich sein. Diese ermöglicht es uns, die bisherige Entwicklung der algorithmischen Arbeitssteuerung einerseits mit makroökonomischen Krisen und andererseits mit konkreten Strategien aufseiten von Unternehmen und Beschäftigten zusammenzudenken. Vor diesem krisengeschichtlichen Hintergrund kann die Entwicklung der algorithmischen Arbeitssteuerung in vier Wellen eingeteilt werden. Jede dieser Wellen ist durch eine neue Krisenkonstellation gekennzeichnet, von der Rezession der 1970er-Jahre bis zur globalen Coronaviruspandemie. Alle diese Krisen haben eine spezifische technologische Antwort hervorgebracht, um die Profitabilität wiederherzustellen. Nachdem der folgende Abschnitt auf das Verhältnis von Technologie und Wirtschaftskrisen im Allgemeinen eingeht, befasst sich der Rest des Kapitels mit den einzelnen Wellen der Verbreitung algorithmischer Arbeitssteuerung. Während in den darauffolgenden Kapiteln ein stärkerer Fokus auf mikropolitische Aushandlungsprozesse gelegt wird, soll hier zunächst der makroökonomische Kontext der Digitalisierung dargestellt werden.

Wie algorithmische Arbeitssteuerung eine Alternative zur Automatisierung wurde

In der politischen Ökonomie wird der Zusammenhang zwischen technologischer Innovation und zyklischen Wirtschaftskrisen mit dem Begriff der Kondratieff-Wellen beschrieben. Diese »langen Wellen«[27] umfassen einen Zeitraum von etwa 50 Jahren, in denen Jahre des Abschwungs Zeiten der Innovation sind. Während Joseph Schumpeter[28] später argumentierte, dass Basisinnovationen zu »Paradigmenwechseln« führen und damit die Ursache der Zyklen sind, sah Nikolai Kondratieff die Ursache dieser langen Wellen in den wiederkehrenden kapitalistischen Krisen. Angesichts eines Neuerstarkens des Technikdeterminismus könnte es fruchtbar sein, sich erneut mit Kondratieffs Gedanken zum Zusammenhang von Innovation und Krisen zu beschäftigen. Hier wird es jedoch um spezifischere Entwicklung gehen, nämlich um den Zusammenhang zwischen der Verbreitung von algorithmischer Arbeitssteuerung und Wirtschaftskrisen von 1970 bis 2020.

Das Aufkommen der algorithmischen Arbeitssteuerung in der Industrie fällt mit einem globalen wirtschaftlichen Wendepunkt zusammen: Seit Mitte der 1970er-Jahre befindet sich die Rate der Reinvestition von Gewinnen in produktives Kapital in einer anhaltenden Abwärtstendenz. In der kritischen politischen Ökonomie wird dies auf eine sogenannte Überakkumulationskrise zurückgeführt.[29] Das bedeutet, dass gegenwärtige Gewinne zwar hoch sein mögen, aber die Realisierung zukünftiger Gewinne aufgrund mangelnder Nachfrage und anderer Faktoren unsicher erscheint. Diese Unsicherheit hält Unternehmen davon ab, ihre Produktionsinfrastrukturen zu erweitern – eine Tendenz, die mit zunehmender Kapitalkonzentration proportional stärker wird. Der Wirtschaftsgeograf David Harvey argumentiert, dass die Wurzeln dieser Überakkumulation im Kapitalismus nicht beseitigt werden können:

> Die einzige Frage ist daher, wie die Überakkumulationstendenz auf eine Weise ausgedrückt, eingedämmt, absorbiert oder verwaltet werden kann, die die kapitalistische Gesellschaftsordnung nicht bedroht. Wir treffen hier auf die heroische Seite des bürgerlichen Lebens und der Politik, in der echte Entscheidungen getroffen werden müssen, wenn sich die soziale Ordnung nicht im Chaos auflösen soll.[30]

Eine dieser »heroischen Entscheidungen« ist die Investition in immaterielles Kapital – zu dem die meisten Systeme der algorithmischen Steuerung gehören. Dieses Segment des Kapitals ist offenbar vom allgemeinen Rückgang der Investitionen ausgenommen. Der Anteil der immateriellen Investitionen wuchs nicht nur viel schneller als der des physischen Kapitals, also der Maschinen und Anlagen,[31] sondern der Anteil der Investitionen in immaterielle Güter korreliert auch mit der Kapitalkonzentration, was darauf hindeutet, dass immaterielles Kapital als Ersatz für physisches Kapital fungiert.[32] In diesem Sinne könnte die wachsende Bedeutung der algorithmischen Steuerung im Vergleich zur Automatisierung ein Symptom der Überakkumulation sein. Da die algorithmische Rationalisierung von Arbeitsprozessen billiger und flexibler ist als fortschrittliche Automatisierungsinfrastrukturen, könnte sie die Notwendigkeit, eine zu starke Kapitalfixierung zu vermeiden, mit der Notwendigkeit, die Profitabilität der Produktion zu steigern, in Einklang bringen.

Während Theorien der Überakkumulation manchmal dazu benutzt werden, alle konkreten ökonomischen Friktionen aus einem allgemeinen Gesetz abzuleiten, geht es mir eher darum, die komplexe Beziehung zwischen globalen Wirtschaftskrisen und der kollektiven Handlungsfähigkeit von Unternehmer:innen und Beschäftigten zu verstehen. Für die Seite der Unternehmen zeigt James Beniger[33] in seiner herausragenden Geschichte der industriellen Kontrollsysteme, wie die Entwicklung der Produktionsmittel selbst Innovationen der Kontrolle auslöst. So bewirkte die industrielle Revolution einen plötzlichen Sprung in der Fähigkeit, Materie zu bewegen. Diese Entwicklung drohte die Fähigkeit der Organisationen, sich selbst zu beherrschen, in Umfang und Geschwindigkeit zu übersteigen. Benniger beschreibt dies als eine allgemeine Krise der Kontrolle. In Reaktion darauf entstanden auf der technischen Ebene kurz nach den produktionstechnischen Innovationen bahnbrechende Informations- und Kommunikationstechnologien wie der Telegraf und später das Telefon. Auf der organisatorischen Ebene wurden die ersten Formen der bürokratischen Rationalisierung entwickelt, um die immer komplexer werdenden Systeme zu steuern. Diese Analyse kann uns helfen zu verstehen, wie betriebliche Krisen, die durch die Entwicklung der Produktivkräfte des Kapitals hervorgerufen werden, neue Technologien der Kontrolle nach sich ziehen können.

Richard Edwards betont demgegenüber in seiner klassischen Studie zu Kontrolle und Widerstand in der industriellen Arbeit die Handlungsfähigkeit der Beschäftigten.[34] Da manageriale Kontrolle die Autonomie der Beschäftigten systematisch einschränkt, tendieren diese dazu, eigene Ansätze zu entwickeln, die Kontrolle zu umgehen. Diese Dialektik von Kontrolle und Widerstand ist bei Edwards der Motor aller Kontrollinnovationen. Die zukünftige Organisation des Arbeitsprozesses sei sowohl von der Art als auch vom Ergebnis der Arbeiter:innenkämpfe geprägt. Diese Kämpfe schaffen regelmäßige Kontrollkrisen in den Unternehmen, die die Mängel der bestehenden Arbeitsorganisation aufdecken.[35] Edwards sieht also, wie Beniger, Kontrollkrisen als Motor der Entwicklung neuer Managementtechnologien, aber in seiner Perspektive liegt die primäre Handlungsfähigkeit in der disruptiven Macht der Beschäftigten. Anschließende empirische Studien haben gezeigt, wie der Erfolg bei der Durchsetzung neuer Formen der manageriellen und technologischen Arbeitskontrolle wiederum auch von der Stärke der Gewerkschaften abhängt.[36]

Beverly Silver übertrug diesen Ansatz später auf eine Makroebene. Sie argumentiert, dass Arbeitskonflikte, die zu ungünstigeren Bedingungen für die Kapitalverwertung führen, zu einem Krisenfaktor werden können.[37] Unternehmerische Reaktionen auf solche Krisen sind ein wesentlicher Motor für die kontinuierliche Transformation der Produktionssphäre. Silver bezeichnet diese Reaktionen als »Fixes«, also Lösungen oder Reparaturen. Sie unterscheidet zwischen einem »Produkt-«, »finanziellem-« und »technologischem Fix«. Obwohl die verschiedenen *Fixes* meist miteinander verschränkt sind, ist für Fragen der Technopolitik das technological Fix zentral. Damit ist sowohl auf die einzelbetriebliche als auch die volkswirtschaftliche technologische Entwicklung verwiesen: Neue Technologien werden eingesetzt, weil die individuelle Wettbewerbsfähigkeit von Unternehmen gegenüber ihrer Konkurrenz erhöht werden soll. Dieser Wettbewerbsdruck führt dann dazu, dass andere Unternehmen nachziehen. Im Englischen bezeichnet der Begriff des »technological fix« einerseits die Praxis, (soziale) Probleme mittels technischer Mittel zu lösen. Zugleich ist »technology« in der Regel nicht unmittelbar mit Technologie zu übersetzen, sondern steht eher für eine Technik oder eine Methode. Bei Silver bezeichnet der Begriff sowohl technische Innovationen (wie etwa das Fließband, das gleichzeitig Massenproduktion und eine einfachere Kontrolle der Arbeit erlaubt) als auch organisationale Transformationen (wie etwa das Managementsystem der Lean Production). Dies deutet zum einen darauf hin, dass technische und organisatorische Maßnahmen sowohl bei der Rationalisierung der Produktion als auch bei der Kontrolle der Arbeit eine Einheit bilden. Andererseits unterstreicht es, dass technische Entwicklungen in der kapitalistischen Produktion immer an weitere Dynamiken von Krisen und Interessenkonflikten gebunden sind, was die

Gestaltung und Verbreitung von Technik historisch kontingent macht.

Sowohl Beniger als auch Edwards und Silver konzipieren Kontrollinnovationen als direkte Reaktionen auf betriebliche Krisen (Beniger) oder Profitabilitätskrisen infolge von Widerstand der Beschäftigten (Edwards und Silver). Wie wir in den folgenden Abschnitten sehen werden, ist die Beziehung zwischen Krise und Technologieverbreitung jedoch meist keine direkte. Zwar können Wirtschaftskrisen als das indirekte Ergebnis verteilter Akkumulationsstrategien verstanden werden, aber sie können weder von kollektiven Akteur:innen auf der Seite der Unternehmer:innen noch auf der Seite der Beschäftigten direkt angegangen werden. Für sie erscheinen die Krisen stattdessen als externe Kräfte, die bestimmte strategische Handlungen auslösen können, aber selbst nicht kontrollierbar sind. Daher scheint es sinnvoll, die Betonung struktureller Faktoren wie der Überakkumulation mit der Betonung der kollektiven Handlungsstrategien konkreter Fraktionen von Kapital und Arbeit zu verbinden. Eine solche integrierte Perspektive wird in den folgenden Abschnitten als analytischer Rahmen dienen, wenn wir die vier Wellen der Digitalisierung in den Blick nehmen.

Computer Integrated Manufacturing und die Drohung mit der Automatisierung

Wenn Digitalisierung als Diffusion digitaler Technologien und entsprechender Praktiken in verschiedenen gesellschaftlichen Bereichen verstanden werden kann, bedeutet dies, dass dieser Prozess nicht mit der Entwicklung der entsprechenden Technologien beginnt, sondern erst mit deren tatsächlicher Implementierung in den jeweiligen gesellschaftlichen Bereichen. Im Falle des algorithmischen Managements wurde dieser Punkt etwa Anfang der 1970er-Jahre mit der Einführung der Computer-Numerischen Steuerung (CNC) erreicht, der bald darauf die Idee des »Computer Integrated Manufacturing« (CIM) folgte.

Das Aufkommen des CIM fiel historisch zusammen mit der schwersten globalen Wirtschaftskrise nach dem Zweiten Weltkrieg. Im Zuge der globalen Ölkrise und der anschließenden Stagflation erlebten die 24 reichsten Länder der Welt ein durchschnittliches Absinken ihrer Wachstumsraten von fünf Prozent im Jahr 1973 auf null Prozent im Jahr 1975 (in Deutschland sogar auf minus ein Prozent).[38] Auf diese Krise folgte ein massiver Schub in der technischen Rationalisierung der Produktion, der mit dem Schlagwort CIM versehen wurde. Damit wurden Automatisierung und Computerisierung zusammengeführt, und der Computer wurde zu einer Organisationstechnologie im Produktionsprozess.[39] Die Vision des CIM sah vor, dass nicht nur die materielle Produktion von Robotern übernommen, sondern auch die Steuerung der Anlagen digital automatisiert werden sollte. In Deutschland löste die Hannover Messe von 1985 eine regelrechte CIM-Euphorie aus. In ihrem Zentrum stand die Utopie einer vollständig steuerbaren Fabrik.

»Die Vision war«, berichtet Hans-Jürgen Warnecke, der als damaliger Leiter der Fraunhofer Gesellschaft wesentlich zur Verbreitung des CIM in Deutschland beitrug:

> dass in einer Rechner-Hierarchie die Bestellung des Kunden für ein Produkt in einen innerbetrieblichen Auftrag umgewandelt wird, der anhand der Auflösung der Stückliste des Produktes in die Einzelteile und dann Arbeitsgänge aufgelöst wird. Daraus wird der Auftrag an das Lager zur Halbzeugbereitstellung[40] generiert und ein innerbetrieblicher Transport durch automatische Flurförderzeuge, die sich selbst in der Werkstatt orientieren können, ausgelöst. Nach dem automatischen Beladen der Maschine erfolgt deren Steuerung und damit die Bearbeitung durch den Rechner, danach erfolgt der automatische Transport zur nächsten

> Maschine und schließlich in den Montage-Bereich, der ebenfalls so hoch wie möglich mit Industrierobotern automatisiert ist. Nach der Montage erfolgt die automatisierte Verpackung, und dann die Bereitstellung zum Versand. Selbstverständlich ist die Sicherung der Qualität in die Prozesse integriert.[41]

Es ging also um radikale Automatisierung sowohl der Planung als auch der Fertigung innerhalb eines deterministischen Systems der hierarchischen Steuerung. Diese Hierarchie der algorithmischen Steuerung wurde in der »Automatisierungspyramide« formalisiert.[42] An der Spitze dieser Pyramide steht ein Enterprise-Resource-Planning-System (ERP) wie SAP, mit dessen Hilfe der Einsatz verschiedener Ressourcen (Personal, Material, Maschinen etc.) bedarfsgerecht geplant wird. Eingehende Aufträge werden automatisch in kleinere Aufträge und Bedarfe aufgeteilt. Diese wiederum werden an die darunterliegende Steuerungsebene der Manufacturing Execution Systems (MES) weitergegeben. Diese prozessnahen Steuerungssysteme sind direkt mit der Anlagensteuerung verbunden und ermöglichen so die Steuerung und Kontrolle der Produktion in Echtzeit. Die unterste Ebene der Pyramide ist die Supervisory Control and Data Acquisition (SCADA), also die direkte Steuerung der einzelnen Produktionsprozesse. Dazu gehören direkte Ausführungsbefehle an eine Produktionsmaschine, aber auch die technische Steuerung einzelner menschlicher Arbeiter:innen.

Mit diesem Modell versprachen die Protagonist:innen des CIM (hauptsächlich Unternehmensberatungen) die Beseitigung aller Arten von Unsicherheiten in der Produktion. Neben Maschinenstillständen oder Fehlern ging es vor allem darum, die menschliche Arbeitskraft als Störquelle zu eliminieren, indem man sie einfach aus dem Produktionsprozess herausnahm. Einerseits stellte der Ungehorsam einzelner Arbeiter:innen eine Bedrohung für hochrationalisierte Produktionsprozesse dar. Andererseits kam es in den 1970er-Jahren zu einer Welle von Massenstreiks von Industriearbeiter:innen, die die Kapitalakkumulation in diesem Sektor generell gefährdeten.[43] So konnte auch in der deutschen Automobilindustrie die Nachfrage aufgrund von streikbedingten Produktionsausfällen regelmäßig nicht bedient werden.[44] In der Folge wurden jene Arbeiter:innen, die nicht ersetzt werden konnten, einem engmaschigen Regime der Computerkontrolle unterworfen.[45] Auf der Ebene des unmittelbaren Arbeitsprozesses wurden die Produktionsmaschinen computergesteuert, ursprünglich über CNC-Technik. Auf der Ebene des Managements wurden ERP-Systeme eingesetzt, um den Produktionsprozess zu koordinieren und zu optimieren. Empirische Studien legen nahe, dass dies bereits zu einer Polarisierung in der Arbeitsorganisation beitrug.[46] Während computergesteuerte Maschinen Fachkräfte ersetzen sollten, fungierten Ingenieur:innen als »technische Virtuosen«, die über das System wachten, es weiterentwickelten und Fehler korrigierten. Die empirische Realität des CIM wurde deshalb auch als »computergestützter Neotaylorismus« charakterisiert.[47]

Etwa zehn Jahre nach Beginn der CIM-Euphorie machte sich jedoch eine ebenso große Enttäuschung breit. Selbst nachdem viele Unternehmen enorme Summen in eine neue Computerinfrastruktur investiert hatten, blieben die versprochenen Produktivitätssprünge aus. Die vollständige digitale Abbildung der Produktionsprozesse erwies sich als unmöglich, zumal die Vernetzung der verschiedenen Systeme noch nicht realisiert werden konnte.[48] Vor allem von Seiten der Gewerkschaften regte sich außerdem in vielfältiger Weise Widerstand gegen den mit der Automatisierung verbundenen Arbeitsplatzabbau.[49] Die Kombination dieser Faktoren führte dazu, dass CIM auch nach Einschätzung der damals beteiligten Akteure als »kläglich gescheitert« gilt.[50]

Hinsichtlich des Verhältnisses zwischen Krise und der Handlungsmacht von Unternehmer:innen und Beschäftigten bei der Implementierung von Technologie liefert bereits diese erste Welle der Digitalisierung eine wichtige Lehre: Während die Stagflation der 1970er-Jahre das Ergebnis bestimmter Akkumulationsstrategien war, lagen ihre Wurzeln eindeutig außerhalb der Kontrolle der einzelnen Kapitale. So haben die in diesem Abschnitt beschriebenen technologischen *Fixes* das Problem auf die Ebene des Verhältnisses zwischen Kapital und Arbeit verlagert, indem sie sich gegen die in den Jahrzehnten zuvor erzielten Machtgewinne der Industriearbeiter:innen richteten. Hierarchische algorithmische Prozesssteuerung und Automatisierung versprachen diese Macht zurückzudrängen. Als sich CIM jedoch in der Praxis bewähren musste, wurden die Visionen der totalen Automatisierung bald aufgegeben. Insgesamt begann für die Investitionsrate in das Anlagekapital nach einem Höhepunkt im Jahr 1974 ein dauerhafter Abwärtstrend.[51] Von diesem Zeitpunkt an wurde die direkte Verbindung zwischen Automatisierung und algorithmischem Management gekappt. Es war nicht die automatische Fabrik, die den Niedergang von CIM als Managementmode überlebte, sondern vielmehr die Computersteuerung und die ERP-Systeme, die noch an Bedeutung gewinnen sollten, wie wir im Folgenden sehen werden.

Finanzialisierung und Lean Production

Den technologischen *Fixes* der 1970er-Jahre gelang es nicht, die Wachstumsraten auf das Vorkrisenniveau zurückzuführen. Daher wurden sie zunehmend von direkten Angriffen auf die sozialen Bedingungen des fordistischen Produktionsmodells flankiert. Die komplexe institutionelle Regulierung der Wirtschaft und das Netz von wohlfahrtsstaatlichen Sicherheitsmechanismen wurden als Hindernis für die Kapitalakkumulation wahrgenommen und in einem globalen Siegeszug des Neoliberalismus erodiert.[52] Die Erosion des fordistischen Produktionsmodells führte zu einem stetigen Sinken der Lohnquoten sowie zu einem Niedergang der sozialen Sicherungssysteme. Zusammengenommen trugen diese Entwicklungen jedoch außerdem zu einem Einbruch der Konsumnachfrage in der westlichen Welt bei, die es unsicher erscheinen ließ, ob in Zukunft noch genügend Produkte verkauft werden könnten. Dies führte zu einem kontinuierlichen weltweiten Rückgang der Investitionsquote, also des Anteils der Gewinne, die in das Kapital reinvestiert werden. Es gab damit gewissermaßen zu viel Kapital.[53] Überschüssiges Kapital wurde zunehmend in die Finanzmärkte statt in die Produktion von Gütern, z. B. in den Ausbau der Produktionstechnologie, investiert.[54]

In den 1990er-Jahren nahm die globale Finanzwirtschaft nie dagewesene Dimensionen an. Die Reichweite, vor allem aber die Geschwindigkeit von Finanztransaktionen wuchsen enorm. Es war nun möglich, auf fast alle weltwirtschaftlichen Entwicklungen zu spekulieren. Einige dieser Spekulationen, insbesondere auf die Entwicklung bestimmter Währungen, werden aber nur dann profitabel, wenn sie sehr schnell über den Globus kommuniziert werden können und Kauf- und Verkaufsentscheidungen im Vergleich zu früheren spekulativen Entscheidungen drastisch beschleunigt werden. Diese Entwicklungen erforderten eine globale Infrastruktur, mittels derer Informationen in kürzester Zeit über den Globus geschickt werden konnten. So entstand eine der wichtigsten anfänglichen Nachfragequellen für die Entwicklung digitaler Infrastrukturen.[55]

Die Finanzialisierung führte auch zu einer Umstrukturierung der meisten großen Unternehmen in dem Sinne, dass ein großer Teil der Umsätze und Gewinne auf die Finanzmärkte verlagert wurde. Gleichzeitig wurden jedoch die Unternehmen selbst zunehmend zu Finanzmarktprodukten, sodass sie sich zunehmend an den Rendite-Erwartungen von Aktionär:innen auszurichten hatten. Diese Entwicklung betraf auch die Produktion selbst. Eine Shareholder-Value-Orientierung setzte sich weitgehend durch, was vor allem eine Verschiebung der Marktgrenzen in die Unternehmen bedeutete.[56] Den zentralen Transmissionsriemen dieser Marktgrenzverschiebung stellte die auf das Toyota-Produktionsmodell zurückgehende Lean Production dar.[57] Im Zentrum des Modells steht die Eliminierung von »Verschwendung« von Zeit, Material und Arbeit. Durch die Analyse von Arbeitsprozessen sollen »Totzeiten« eliminiert werden. Für diesen »kontinuierlichen Verbesserungsprozess« wurden nunmehr jedoch die Beschäftigten bzw. die »Teams« selbst verantwortlich gemacht.[58] Produkte werden nur dann hergestellt oder transportiert, wenn es eine Nachfrage gibt. Das Entnehmen des Produkts am Ende der Prozesskette (»Pull«) löst dabei automatisch die Information zur Nachbestellung desselben Produkts am Anfang der Kette aus. Gibt es keinen Bedarf, so steht die Prozesskette, womit Überproduktion ausgeschlossen werden soll. Bald bezeichnete der Begriff »Lean« jede Art von kontinuierlicher Prozessoptimierung und Flexibilisierung. Oder: »Lean ist alles, was gut ist, und alles, was gut ist, ist Lean«.[59]

Empirisch hatte die vom Lean-Production-Modell geforderte funktionale Flexibilität einen starken Einfluss auf die industrielle Arbeitsorganisation. Die meisten Unternehmen reagierten auf diese Flexibilisierungsforderungen, wie schon Toyota, zum einen mit Personalabbau und zum anderen mit Instrumenten des »flexiblen« Personaleinsatzes. Konkret bedeutete dies meist eine Zunahme der Leiharbeit. »Auf die Produktion auf Abruf folgt meistens auch die Arbeit auf Abruf.«[60] Ein weiteres Instrument der Flexibilisierung stellte die selbstorganisierte Teamarbeit dar. Auf diese Weise sollten die gegenseitige Unterstützung, aber auch die gegenseitige Kontrolle in den Teams Teile des mittleren Managements ersetzen. Wo bisher Zuständigkeiten und Abläufe durch hierarchische Positionen und Abteilungsgrenzen definiert waren, wurden nun neue Flexibilisierungspotenziale in der Teamarbeit und in eigenständigen Unternehmenseinheiten gesucht.[61]

Für die Produktionsinfrastruktur bedeutete dies eine Abkehr von werksübergreifenden Automatisierungssystemen hin zu dezentralen Produktionssystemen. Es handelt sich daher auch um eine Gegenbewegung zur »Integration« aller Prozesse in ein einheitliches computergesteuertes System, das im Mittelpunkt von CIM stand. Zum Teil reagierte dieses technologische *Fix* der Dezentralisierung auf eine wachsende Produktionsmacht der Arbeiter:innen in den hochgradig störungsanfälligen integrierten Produktionsprozessen. So forderten z. B. 1986 die Beschäftigten in einem John Deere Traktorenwerk in Waterloo, USA, angesichts der Implementierung von CIM-Komponenten einen Kündigungsschutz. In der Auseinandersetzung führte ein Streik in einem Teil des Werkes aufgrund des hohen Grades an technischer Integration zu einem Stillstand der gesamten Produktion. Das veranlasste das Management, das Werk in dezentrale »Produktionsinseln« umzustrukturieren.[62]

In Bezug auf die algorithmische Arbeitssteuerung gab es zwei wichtige Arten von Technologien, die das Lean-Paradigma unterstützen: digitale Systeme zur Leistungsmessung auf der Ebene des Arbeitsprozesses und erweiterte ERP-Systeme zur globalen Wertstromanalyse auf der Managementebene. Ab den 1990er-Jahren führten die meisten Unternehmen neue digitale Technologien zur Vermessung des Arbeitsprozesses mittels »Key Performance Indicators« (KPIs) ein. Diese numerischen Leistungsindikatoren ermöglichten eine Weitergabe von Investorenzielen an die Beschäftigten.[63] Für den Arbeitsprozess bedeutete dies eine Intensivierung der Arbeit in quantitativer und qualitativer Hinsicht, da die Arbeit nicht nur beschleunigt wurde, sondern auch zunehmend persönliche Fähigkeiten und Erfahrungswissen gefordert wurden.[64] Auch wenn das Lean-Paradigma seinen Ursprung in der Automobilindustrie hat, verbreiteten sich seine Technologien der Leistungsmessung schnell in anderen Branchen. Sie wurden insbesondere für den Arbeitsprozess in Callcentern prägend und wanderten von dort aus in nahezu alle Bereiche der Dienstleistungsarbeit.[65] Inzwischen gibt es »Lean-Methoden« in der Verwaltung, das »Kanban-Prinzip« in Fast-Food-Restaurants, »Store Floor Management« in Banken, »Obeya« im Warenhandel, »Fast Set-up« auf Baustellen, »Wertstromanalyse« in Zoos, »Cardboard Engineering«in Krankenhäusern und vieles mehr.[66]

Die Entwicklung von ERP-Systemen wiederum ging von der Verwaltung eines einzelnen Werks (wie bei CIM) hin zu einer systemischen Rationalisierung der gesamten Lieferkette.[67] Dies war die technologische Grundlage für die Entwicklung des Just-in-time-Prinzips als wichtigem Bestandteil des Lean-Paradigmas. Ausgehend vom Internet begann die Analyse der Wertschöpfungskette, Produktionsprozesse auf der ganzen Welt zu erfassen.[68] In der Folge entwickelten sich die ERP-Systeme weiter und kombinierten immer mehr Daten, um die Prozesse entlang der Wertschöpfungskette zu synchronisieren und zu optimieren. Solche globalen Ressourcenplanungs- und Wertschöpfungskettenanalyse-Technologien schufen neue Möglichkeiten zur Auslagerung einzelner Arbeitsschritte und wurden genutzt, um Produktionsprozesse über den gesamten Globus zu verteilen. Dies schuf einen neuen globalen Wettbewerb zwischen den Arbeitskräften und trug so zu global sinkenden Lohnquoten bei.[69] Die »schlanken« globalen Lieferketten brachten jedoch auch neue Anfälligkeiten mit sich. Der Just-in-time-Imperativ eliminierte alle Ressourcenpuffer, um Lagerkosten zu senken und Reaktionszeiten angesichts von Marktvolatilitäten zu reduzieren. Das erhöhte wiederum die disruptive Macht der Beschäftigten, da ein Streik an einem bestimmten Nadelöhr eine ganze Lieferkette zum Stillstand bringen konnte.[70]

Diese zweite Welle der Digitalisierung zeigt erneut eine komplexe Beziehung zwischen der Verbreitung von algorithmischer Arbeitssteuerung, Wirtschaftskrisen und den Strategien von Unternehmer:innen und Beschäftigten. Wir haben gesehen, dass angesichts der Überakkumulation

Kapital von der Produktion auf die Finanzmärkte verlagert wurde. Auf der einen Seite schufen die globalen Finanzströme eine Kontrollkrise im Sinne von Beniger, die zur Verbreitung des Internets beitrug. Auf Unternehmensebene fungierten Steuerungsinnovationen im Performance Management und ERP-Systeme als Transmissionsriemen des Shareholder Value in die Produktion. Auf der anderen Seite haben wir gesehen, dass einige Innovationen des Lean-Paradigmas, wie die Dezentralisierung der Produktion, auch einen technologischen *Fix* im Sinne von Silver gegen die disruptive Macht der Arbeiter:innen in voll integrierten Produktionssystemen darstellten. Doch die durch digitale Lieferkettenanalyse unterstützte Just-in-time-Produktion hat dieses Disruptionspotenzial nicht beseitigt, sondern verlagert und auf ganze Lieferketten ausgeweitet.

Postwachstumskapitalismus und die neue algorithmische Arbeitssteuerung

In der Finanzwirtschaft ermöglichten Derivate und andere Spekulationsinstrumente die Erzielung von Profit, ohne Waren zu produzieren und diese zu verkaufen. In gewisser Weise wettete das Kapital auf die Risiken seiner eigenen Zyklen, was die Illusion schuf, dass Wert ohne Arbeit generiert werden könnte. Diese Illusion zerbrach, als die entstandene Wertblase 2008 mit der sogenannten Subprime-Krise platzte, die den gesamten Weltmarkt erschütterte. Auch nach der weitgehenden Überwindung der daraus folgenden Weltwirtschaftskrise führte die dennoch anhaltende Überakkumulation des Kapitals dazu, dass Investitionen in die materielle Güterproduktion sich weiterhin als nicht rentabel genug erwiesen. Gerade angesichts dauerhaft niedriger Wachstumsraten hielten sich viele Unternehmen mit größeren Industrieinvestitionen weiterhin zurück. Denn eine Umstellung von Produktionsanlagen auf neue Technologien, insbesondere die Robotik, ist zum einen relativ teuer, zum anderen bindet sie das investierte Kapital – im Gegensatz zu den Finanzmärkten – über einen längeren Zeitraum und ist daher besonders krisenanfällig. Den westlichen Ländern gelang es nach der globalen Finanzkrise nicht, das Wirtschaftswachstum deutlich zu steigern. In Deutschland bewegte sich das BIP-Wachstum selbst in Phasen der Hochkonjunktur zwischen 1,5 und 1,8 Prozent. Der Trend ging zu einer dauerhaften Stagnation,[71] was zur Diagnose eines »Postwachstums-Kapitalismus« führte.[72]

Die Lösung wurde in dieser Situation einmal mehr in der Digitalisierung gesehen. In beinahe allen hochentwickelten Volkswirtschaften der Welt entstanden nach der globalen Finanzkrise 2007–2009 Initiativen, die in staatlich-privater Kooperation die Digitalisierung industrieller Produktion vorantreiben. Eine der ersten dieser Initiativen war das deutsche Programm Industrie 4.0. In den USA rief das National Network for Manufacturing die Initiative »Advanced Manufacturing Partnership 2.0« ins Leben. Das Äquivalent in Großbritannien heißt »Catapult High Value Manufacturing«. In Japan startete die »Industrial Value Chain Initiative« und China das Programm »Made in China 2025«.[73] Kurze Zeit später wurden einige dieser Programme unter Verwendung des nunmehr populäreren Begriffs der Künstlichen Intelligenz (KI) neu aufgelegt. In den USA wurde 2016 der »National Artificial Intelligence R&D Strategic Plan« entworfen. US-Präsident Trump rief KI zur »nationalen Priorität« aus. China verkündete 2017 den »Next Generation Artificial Intelligence Development Plan«, der die Volksrepublik bis 2030 zum Weltmarktführer für KI machen soll. Ein Jahr später kündigte die EU an, Investitionen in KI-Forschung bis 2020 um mindestens 20 Mrd. Euro aufzustocken.[74]

Der technologische Kern dieser dritten Welle der Digitalisierung war das Paradigma des »Industrial Internet of Things« (IIoT).[75] Dieses Paradigma zielt darauf ab, alle »Dinge« und Prozesse in Unternehmen und über Lieferketten hinweg zu vernetzen und mit Steuerungssystemen zu verbinden. Die Steuerungssysteme sind wiederum mit globalen Überwachungs- und Managementsystemen verbunden. Die wesentliche Neuerung bestand darin, dass das für CIM charakteristische hierarchische Steuerungsmodell der Automatisierungspyramide in ein multidirektionales Rückkopplungssystem überführt wurde. Dadurch bilden die bisher getrennten Steuerungsebenen von ERP, MES, SCADA etc. nun ein integriertes Netzwerk. Im Gegensatz zum Integrationsmodell des CIM zielt das IIoT-Paradigma auf eine flexible Anpassungsfähigkeit im Sinne einer kybernetischen Selbstorganisation sowie eine »Massenpersonalisierung« von Produkten.[76]

Die Mikroebene eines solchen Systems wird durch die Steuerung einer einzelnen Maschine oder einer Arbeiter:in konstituiert. Klassischerweise bestehen solche Arbeitsleitsysteme[77] aus einem Bildschirm, über den detaillierte visuelle Anweisungen an die Arbeiter:innen gegeben werden. Weiterentwicklungen ersetzen diese Schnittstelle teilweise durch körpernahe Technologien, sogenannte Wearables.[78] Als Beispiel für Letztere kann ein »smarter Handschuh« dienen, von dem im weiteren Verlauf noch die Rede sein wird. Dieser trackt die Bewegung der Beschäftigten und gibt haptische Feedbacks in Form einer Vibration. Die meisten aktuellen Arbeitsleitsysteme sind mit Steuerungssystemen auf Mesoebene verbunden, um eine Rückkopplungsschleife zwischen der Ressourcenplanung und dem Arbeitsprozess zu schaffen. Ein Beispiel für ein Meso-Level-System der algorithmischen Steuerung wäre KapaflexCy, ein digitales System zur Personalressourcenplanung, das Beschäftigte auf Basis der über sie verfügbaren Daten halbautomatisch bestimmten Aufgaben zuweist. Die Forscher:innen, die dieses System entwickelt haben, veröffentlichten einen Bericht, in dem sie die Notwendigkeit solcher Systeme mit dem expliziten Hinweis auf stagnierende Wachstumsraten nach der globalen Finanzkrise begründen. Außerdem erwarten sie eine Zunahme der Marktvolatilität durch den Trend zur individualisierten Produktion in der digitalen Wirtschaft. KapaflexCy würde diese Probleme adressieren, indem es zusätzliche Flexibilität beim Personaleinsatz bietet.[79] Dies ist ein Paradebeispiel für einen technologischen *Fix* von Profitabilitätskrisen im Sinne von Silver. Auf der Makroebene der algorithmischen Steuerung wurden ERP-Systeme zu Cloud-Plattformen weiterentwickelt, die die Prozessoptimierung entlang der gesamten Lieferkette bis hin zur einzelnen Maschine konsolidieren sollen. So hat der Volkswagenkonzern zusammen mit Amazon und Siemens eine »Industrial-Cloud« entwickelt, die die Daten aller Produktionssysteme aus allen VW-Fabriken weltweit integriert. Darüber hinaus können die Zulieferer des Konzerns ihre eigenen Daten über eine Plattformschnittstelle integrieren.[80]

Studien haben gezeigt, dass das IIoT-Paradigma die Prinzipien der schlanken Produktion radikalisiert[81] und dass ein höherer Implementierungsgrad von Industrie 4.0-Technologien in Unternehmen wahrscheinlicher ist, die zuvor schlanke Produktionspraktiken umgesetzt hatten.[82] Insbesondere der Just-in-time-Imperativ wurde zu »Just-in-Sequence« radikalisiert, was bedeutet, dass Teile nicht nur zu dem Zeitpunkt geliefert werden, zu dem sie benötigt werden, sondern auch in genau der Reihenfolge, in der sie verbaut werden sollen. Dadurch wurde jedoch auch die Möglichkeit der Beschäftigten ausgeweitet, eng integrierte Lieferketten zu unterbrechen. Ein Beispiel dafür ist ein einwöchiger Streik, der im Januar 2019 in einem Volkswagen-Werk in Györ, Ungarn, stattfand. Aufgrund der starken Integration der Lieferkette stoppte der Streik die Produktion in mehreren deutschen Automobilwerken und brachte den Beschäftigten eine Erhöhung des Basislohns um 18 Prozent ein.[83]

Die dritte Welle der Digitalisierung rund um das IIoT stellte also nicht die Automatisierung, sondern die Rationalisierung menschlicher Arbeit ins Zentrum. Ermöglicht wurde dies durch eine vorangegangene globale Prekarisierungsoffensive. So operieren in den USA mittlerweile drei der fünf größten Arbeitgeber de facto als Leiharbeitsfirmen. Aber auch in Deutschland hat sich eine »Abstiegsgesellschaft«[84] entwickelt, die sich durch zunehmend prekäre Beschäftigungsverhältnisse und niedrige Löhne auszeichnet. Das bedeutet, dass menschliche Arbeitskraft in vielen Fällen billiger ist als Roboter und flexibler eingesetzt werden kann. Letzteres betrifft sowohl die Möglichkeit, temporär Beschäftigte einfach zu entlassen, wenn sie nicht mehr benötigt werden, als auch die Möglichkeit, menschliche Arbeitskräfte zwischen verschiedenen Arbeitsplätzen zu verschieben, wenn Produkte geändert oder Innovationen eingeführt werden. Beides wäre mit Robotern nicht möglich. Aus diesen Gründen sind die Investitionen in physisches Kapital, einschließlich Robotik, nach der Finanzkrise eher zurückgegangen als gestiegen.[85] Darin ist jedoch immaterielles Kapital – wie algorithmische Managementsoftware – nicht enthalten. Der Anteil von immateriellem Kapital an den Investitionen nimmt seit der Jahrtausendwende kontinuierlich zu, was darauf zurückgeführt wird, dass es leichter skalierbar und flexibler einsetzbar ist als physisches Kapital.[86] Dies spiegelt sich auch in der Wahrnehmung der Beschäftigten wider: Laut einer groß angelegten Umfrage liegt der Anteil der Beschäftigten in Deutschland, die sich Sorgen machen, dass ihr Arbeitsplatz in Zukunft automatisiert werden könnte, insgesamt bei elf Prozent. Bemerkenswerterweise liegt dieser Wert bei denjenigen, die »in sehr hohem« Maße digital arbeiten, nur bei etwa zwei Prozent. Zudem ist die Angst vor Automatisierung in der Finanz- und Versicherungsdienstleistungsbranche am höchsten, nicht in der Industriearbeit.[87] Jenseits der niedrigen Arbeitskosten war die Abkehr von den für CIM charakteristischen Utopien der Vollautomatisierung aber auch einer anderen Implementierungsstrategie geschuldet, die, wie noch detailliert zu sehen sein wird, von Anfang an die Gewerkschaften einbezog.

Coronakrise und Delokalisierung

Die Coronapandemie verursachte eine globale Rezession, deren Ausmaß in den letzten anderthalb Jahrhunderten nur von den beiden Weltkriegen und der Großen Depression übertroffen wurde.[88] Die Produktion des verarbeitenden Gewerbes fiel im März 2020 um sechs Prozent, wobei die Luft- und Raumfahrt, die Rüstungsindustrie und die Automobilindustrie besonders stark betroffen waren. Der Handel war jedoch der Sektor mit den dramatischsten Verlusten, wobei der globale Einzelhandel im März um 26 Prozent im Vergleich zum gleichen Zeitraum im Jahr 2019 sank.[89] Diese Rezession ging mit einem Verlust von 8,8 Prozent der globalen Arbeitsstunden im Jahr 2020 gegenüber dem vierten Quartal 2019 einher, was 255 Millionen Vollzeitarbeitsplätzen entspricht und viermal größer ist als die Verluste während der Finanzkrise. Dies bedeutete einen Rückgang des globalen Arbeitseinkommens um 8,3 Prozent.[90] Diese Krise verschlimmerte die Auswirkungen der bereits bestehenden säkularen Stagnation, die oben beschrieben wurde. Nach Angaben der Weltbank war der globale Investitionsrückgang im Jahr 2020 »deutlich schärfer als während der globalen Finanzkrise«.[91] Bereits in den Jahrzehnten zuvor trug der Rückgang der Investitionen in produktives Kapital nicht nur zur Finanzialisierung, sondern auch zu einer Verlagerung von Arbeitsplätzen in den Dienstleistungssektor bei. Gerade dieser Sektor war von dem Virus und den folgenden Schließungen am stärksten betroffen.[92] Das bedeutete, dass in Hightechvolkswirtschaften wie den USA oder Deutschland zeitweise bis zur Hälfte der vor der Pandemie beschäftigten Arbeitskräfte in die Telearbeit verlagert wurde, wobei Büroangestellte am ehesten von einer solchen Verlagerung betroffen waren.[93] Unternehmen kündigten an, dass sie nach der Pandemie ein hohes Maß an Telearbeit beibehalten wollten, da sie von reduzierten Infrastrukturkosten und konstanter oder sogar erhöhter Produktivität am Arbeitsplatz ausgingen.[94] Auf der Seite der Beschäftigten haben sich auch Gewerkschaften wie die IG Metall für ein Recht auf Homeoffice ausgesprochen.

Die technologische Grundlage dieser Verlagerung auf Telearbeit war eine vierte Welle der Digitalisierung, die sich dieses Mal auf den Dienstleistungssektor konzentrierte. Globale Umfragen unter verschiedenen Unternehmensakteuren zeigen einen Konsens, dass die beschleunigte Digitalisierung die zentrale Reaktion auf die Krise ist, mit »digitaler Zusammenarbeit« als wichtigstem Investitionsbereich.[95] Im Gegensatz dazu sind die Investitionen in die Robotik im Jahr 2020 zurückgegangen, nachdem sie bereits im Jahr 2019 angesichts wirtschaftlicher Stagnation und der Handelsspannungen weltweit um zwölf Prozent gesunken waren.[96]

Technologien der digitalen Kollaboration, wie Zoom, Slack oder Microsoft Teams, ermöglichen jedoch nicht nur die Kommunikation, sondern auch einen weiteren Fortschritt in der algorithmischen Kontrolle. Das liegt daran, dass die gesamte Kommunikation über diese Kanäle in Metadaten dokumentiert wird. Schätzungen zufolge haben etwa Büroangestellte in den USA vor der Pandemie 25 Prozent ihrer Meetings aufzeichnet und in etwa zehn Prozent der Fälle dokumentiert, wie sie an Aufgaben herangegangen sind.[97] Bei der Telearbeit hingegen zeichnen digitale Kommunikationsinfrastrukturen all diese Aktivitäten über zeitgestempelte Protokolle automatisch auf. So verraten VPN-Anmeldezeiten, ob Beschäftigte zu spät mit der Arbeit begonnen haben, serverseitige Zeitstempel erkennen, ob jemand ungewöhnlich viel Zeit in einem bestimmten Portal verbringt, und Sekundenzählungen der Gesprächsanteile in Zoom zeigen, wer in einem Meeting am leisesten war. Diese Daten können mit anderen Datensätzen wie Personalfluktuation oder Leistungsdaten kombiniert werden, um Managemententscheidungen zu erleichtern. Viele Unternehmen waren schon vor der Pandemie bereit, Daten in großem Umfang zu analysieren, aber sie hatten nicht genug davon, weil die meisten Aktionen der Beschäftigten nicht aufgezeichnet und gespeichert wurden. Corona löste dieses Problem.[98]

Diejenigen Beschäftigten im Dienstleistungssektor, die nicht im Büro arbeiten, erlebten eine Entlassungswelle, die wahrscheinlich noch ansteigen wird, wenn die staatlichen Unterstützungsprogramme für die Pandemie auslaufen.[99] Es gibt jedoch eine bemerkenswerte Ausnahme: die Lieferlogistik. Bereits für 2017 berechnete das Statistische Bundesamt für Deutschland eine Gesamtzahl von über 2,4 Millionen Beschäftigten und einen erwirtschafteten Gesamtumsatz von rund 330,7 Mrd. Euro in diesem Bereich.[100] Trotz des zunehmenden Automatisierungsgrades ist die Zahl der in der Logistik Beschäftigten zwischen 2012 und 2016 in Deutschland um 18,8 Prozent gestiegen – deutlich stärker als die Gesamtbeschäftigungszahl. Insbesondere die plattformbasierte Lieferlogistik ist für das Wachstum der Branche von entscheidender Bedeutung. So ist es der Onlinehandel, in dem es in den letzten zehn Jahren den größten Zuwachs an Logistikarbeitsplätzen in Deutschland gab.[101] Gleichzeitig sind die Lieferplattformen genau derjenige Teil der Logistik, in dem besonders stark auf algorithmische Arbeitssteuerung gesetzt wird.[102] Im Zuge der Coronapandemie wurde dieser Aufstieg der Lieferlogistik weltweit durch die Ausgangsbeschränkungen noch einmal beschleunigt. So stieg in Deutschland die Zahl der Paketzustellungen im zweiten Quartal des Jahres um rund 20 Prozent.[103] Vor allem die Plattformunternehmen haben von der Krise profitiert. In Großbritannien verdoppelte der Lebensmittel-Lieferdienst Deliveroo fast seinen Kundenstamm und bot nun auch die Lieferung von Waren des täglichen Bedarfs aus Supermärkten an. In den USA suchte Amazon 100 000 neue Liefer- und Lagerarbeiter:innen, um die explodierende Nachfrage, aber auch eine wachsende Streikwelle zu bewältigen. In Städten wie Paris oder Mailand waren die

Fahrradkurier:innen der Lebensmittellieferdienste oft die einzigen Menschen, die während der Aussperrungen auf den leeren Straßen standen.[104]

Die zentrale technologische Grundlage des Geschäftsmodells der Plattformen ist die algorithmische Arbeitssteuerung. Erst die Möglichkeit, Arbeiter:innen »fernzusteuern«, ermöglicht die räumliche und organisatorische Entkopplung der Arbeiter:innen vom Unternehmen. Im Bereich der Zustellung geschieht dies in Form von Navigationssystemen, die die Beschäftigten durch den Raum der Stadt oder des Lagers lotsen und gleichzeitig ihr Verhalten tracken. Diese Fernsteuerung kann als Delokalisierung bezeichnet werden.[105] Es scheint genau dieser Aspekt der Delokalisierung von Arbeit zu sein, der Lieferplattformen in Zeiten des Social Distancing so erfolgreich macht.

Was das Verhältnis zwischen Krisen und Strategien von Unternehmen und Beschäftigten angeht, so zeigt die vierte Welle der Digitalisierung erneut deren indirekte Wechselwirkung. Die Unternehmen reagierten auf die Pandemie mit einer starken Ausweitung der Telearbeit. Diese Delokalisierung wiederum schuf eine Koordinations- und Kontrollkrise im Sinne Benigers, die zur weiteren Verbreitung der algorithmischen Arbeitssteuerung beitrug. Schien schon die Finanzkrise jenseits der Kontrolle aller individuellen oder kollektiven Akteur:innen, so tut dies die Coronakrise als ›Naturkatastrophe‹ noch mehr. Epidemiologische Forschungen legen jedoch nahe, dass die Entstehung und Ausbreitung des neuen Coronavirus das Ergebnis spezifischer Akkumulationsstrategien der intensiven Landwirtschaft sind, insbesondere der Abholzung der Regenwälder.[106] Diese haben in der Vergangenheit bereits andere Pandemien hervorgebracht und werden dies in Zukunft wahrscheinlich wieder tun.[107] Darüber hinaus ist die schnelle Ausbreitung der Pandemie nicht zuletzt auf die gefährlichen Praktiken der Arbeitsorganisation zurückzuführen, sowohl innerhalb der Unternehmen, die sich weigerten, Gesundheitsmaßnahmen zu ergreifen, als auch im Hinblick auf die stark globalisierten Unternehmensnetzwerke. Diese Managementpraktiken wiederum lösten eine intensive Reihe von globalen Arbeiterkämpfen aus.[108] Den Ansätzen von Edwards und Silver folgend, ist es sehr wahrscheinlich, dass neue technologische *Fixes* wieder Teil der Reaktion auf diese Widerstände sein werden.

Interessenkonflikte ohne Politik?

Die kursorische Genealogie hat gezeigt, wie die algorithmische Arbeitssteuerung insbesondere im Vergleich zur Automatisierung als zentrales Mittel zur Profitabilitätssteigerung an Bedeutung gewann. Dieser relative Bedeutungszuwachs des algorithmischen Managements kann strukturell durch eine Krise der Überakkumulation erklärt werden, die die Weltwirtschaft seit den 1970er-Jahren in unterschiedlichen Formen lähmt. Während die globalen Investitionsquoten in physisches Kapital kontinuierlich sinken, wächst seit der Jahrtausendwende die Investitionsquote immaterieller Kapitale – darunter die Softwaresysteme der algorithmischen Arbeitssteuerung. Insbesondere im Kontext sinkender Lohnquoten wurde algorithmische Arbeitssteuerung so für Unternehmen zu einer zunehmend attraktiven Alternative zur Automatisierung. Gleichzeitig vergrößert die algorithmische Arbeitssteuerung selbst, wie wir im Folgenden noch einmal detaillierter sehen werden, den Pool an verfügbaren Arbeitskräften und übt so weiteren Druck auf die Löhne aus. Dies lässt die Automatisierung in vielen Fällen vergleichsweise unwirtschaftlich erscheinen, was Investitionen in die Robotik weiterhin ausbremsen dürfte.

Der Aufstieg des algorithmischen Managements ist jedoch nicht allein durch politisch-ökonomische Strukturen geprägt. Vielmehr interagieren Phänomene auf der Makroebene, wie der Trend zur Finanzialisierung und deren

Krise nach dem Platzen der Subprime-Blase oder die globale Coronaviruspandemie, mit Konflikten auf der Ebene einzelner Unternehmen. Auf der Seite der Beschäftigten haben wir gesehen, wie das Streben nach Automatisierung und digitaler Kontrolle im CIM als Mittel zur Beseitigung von Kontingenzen diente, die mit Streiks und individuellem Ungehorsam verbunden waren. Später jedoch erwies sich der integrierte Automatisierungsansatz von CIM als noch störanfälliger, was zu einem Wechsel zu den dezentraleren Produktionsmodellen beitrug, die mit dem Lean-Paradigma verbunden sind. Die digital gesteuerten schlanken Lieferketten wiederum schufen Nadelöhre, an denen ein Streik die Produktion auch über ein einzelnes Werk hinaus stoppen kann. Dies wurde noch radikalisiert, als die Lieferketten über das globale IIoT stärker integriert wurden. Die Coronapandemie wurde von einer weiteren Technisierung der Arbeit begleitet, diesmal durch die algorithmische Fernsteuerung von Arbeitsprozessen, was wiederum zu einer globalen Welle von Arbeitskämpfen beitrug. In diesem Sinne muss die algorithmische Arbeitssteuerung wesentlich als Produkt und Feld von Interessenkonflikten verstanden werden.

Nicht zuletzt aus diesem Grund hat die Arbeitssoziologie in den letzten Jahren ein großes Interesse an diesem Thema entwickelt. Meistens wird die algorithmische Arbeitssteuerung dabei im Kontext der Kontrolle und damit der betrieblichen Herrschaft verortet. Tenor ist in diesem Sinne, dass die Digitalisierung Arbeitskontrolle verschärft. Es besteht kaum Zweifel daran, dass diese Radikalisierung der betrieblichen Herrschaft auf Kosten der Beschäftigten geht. Wenn das so ist, drängt sich jedoch die Frage auf, wie die Beschäftigten auf diese Benachteiligung reagieren.

Während in den meisten sozialwissenschaftlichen Untersuchungen zur betrieblichen Digitalisierung das Management als strategisch vorgehender Akteur analysiert wird, der mit der Digitalisierung seine Herrschaftsposition zu verbessern trachtet, erscheinen die Beschäftigten als Objekte dieser Prozesse ohne eigene Strategiefähigkeit. Theoretisch wird zwar immer wieder postuliert, dass sich Intentionen der Implementierung sowohl von Technologien als auch von Managementstrategien keineswegs notwendigerweise mit deren praktischer Aneignung im Arbeitsprozess decken müssen.[109] Der Fokus der meisten Analysen bleibt jedoch die Implementierungsseite. Dort gibt es einen kontinuierlichen Strom sozialer und technischer Kontrollinnovationen zu entdecken. Viele von ihnen erheben den Anspruch, das Problem der Transformation gekaufter Arbeitskraft in tatsächlich verausgabte Arbeit umfassend zu lösen. Sowohl die Verbreitung als auch die tatsächliche Effektivität der teils bizarren Kontrollstrategien wird oft überschätzt. Dies ergibt sich tendenziell daraus, dass Führungsrhetoriken für bare Münze genommen werden. Sowohl die betrieblichen Hindernisse für die Umsetzung als auch die Schwachstellen, die es den Beschäftigten ermöglichen, Chancen zur Durchsetzung von Interessen und Identität zu nutzen, werden dagegen systematisch unterschätzt.[110]

Diese Asymmetrie tritt vor allem in zwei Varianten auf: Variante eins lässt sich als kritisch-managementzentriert bezeichnen. Hier bleiben die Reaktionen der Beschäftigten einfach außen vor, was sie als passive Opfer der algorithmischen Arbeitssteuerung erscheinen lässt. Variante zwei lässt sich als subjektivierungstheoretische Herangehensweise bezeichnen. Sie analysiert die Reaktionen der Beschäftigten vor allem unter dem Aspekt des Konsenses und der Selbstdisziplinierung. Während die kritisch-managementzentrierte Variante schlicht nur eine Seite des Interessenkonflikts in den Blick nimmt, lohnt es sich, die Probleme, vor die uns die subjektivierungstheoretische Variante stellt, genauer zu beleuchten.

Der Subjektivierungs-Turn begann in der Arbeitssoziologie mit der Feststellung, dass in hochentwickelten Ökonomien Beschäftigte zunehmend den Anspruch entwickelten, über ein rein instrumentelles Verhältnis hinaus in der

Arbeit Erfahrungen von Sinn und Selbstverwirklichung zu machen.[111] Dem wurde wenig später entgegengehalten, dass sich andersherum ein unternehmerischer Anspruch darauf entwickle, dass Beschäftigte ihre gesamte Persönlichkeit in den Arbeitsprozess einbrächten und die Denkweise von »Arbeitskraftunternehmern« entwickeln sollten.[112] Als eine Art Kompromiss setzte sich das Konzept des »erfahrungsgeleitet-subjektivierenden Arbeitshandelns«[113] durch, das darauf verweist, dass auch in einer hochrationalisierten Arbeitswelt die Kontingenzen menschlichen Handelns einen großen Stellenwert behalten. Auch bei dieser Konzeption liegt der Schwerpunkt jedoch stärker auf der Einbindung der Subjektivität und macht die Beschäftigten so zu »Mittätern« der Kontrollregime.[114]

Ein zweiter, parallel sich entwickelnder Strang der Subjektivierungstheorie baut auf den Foucault'schen Subjektbegriff auf. Dabei wird das Subjekt vor allem als *Effekt* von Herrschaftsverhältnissen verstanden. Das subjektive Begehren ist damit weniger ein Anknüpfungspunkt für Widerstand, als vielmehr die Summe seiner »Selbsttechnologien« – und wird damit zum zentralen Ort der Disziplinierung.[115] Auf diesen Subjektbegriff wurde zurückgegriffen, um abermals auf die verschiedenen Selbstdisziplinierungs- und -optimierungstechniken eines »unternehmerischen Selbst« zu verweisen, das zur dominanten Figur der postfordistischen Arbeitswelt geworden sei.[116] Aber auch für die soziologische Analyse von algorithmischem Management – beginnend mit Shoshana Zuboff[117] – wurde dieser Subjektbegriff zu einem wichtigen Bezugspunkt, der zwischen der technischen und der sozialen Dimension von Kontrolle vermitteln sollte.[118] Diese theoretische Fixierung auf Selbstdisziplinierung führt dazu, dass vielerorts vorschnell davon ausgegangen wird, dass »die Arbeiter den Leistungsimperativ verinnerlicht haben: ein Subjektivierungsprozess, in dem wir gehorsame unternehmerische Subjekte und überwachte, objektivierte arbeitende Körper werden«.[119] Beide Entwicklungslinien lassen sich verstehen als eine Abkehr von einem marxistischen Subjektverständnis, in dem die Selbstdisziplinierung und konsensuelle Einbindung der Beschäftigten zwar empirisch diagnostiziert wurde, die subjektiven Leidenserfahrungen im kapitalistischen Produktionsprozess aber stets Bezugspunkt für Dissens blieben.[120] Diese Entwicklung bringt jedoch die Gefahr mit sich, dass manageriale Kontrollstrategien überbewertet werden, während die Strategiefähigkeit der Beschäftigten unsichtbar bleibt.

Natürlich gibt es Ausnahmen von dieser übergreifenden Tendenz, aber diese haben bisher keinen systematischen Rahmen für die empirische Analyse einer Technopolitik von unten entwickelt. Die meisten aktuellen Ansätze zur Politik der Digitalisierung in der Produktion beschränken sich entweder in einer Makroperspektive auf Arbeitsmärkte und institutionelle Regulierung von Technologie oder auf Konflikte auf der unmittelbaren Ebene des Arbeitsprozesses. Michael Burawoy hat jedoch gezeigt, dass wir nur dann ein vollständiges Bild der relevanten Faktoren einer jeden Produktionspolitik erhalten können, wenn wir die Wechselwirkungen zwischen institutioneller Regulierung und Arbeitsprozess in Betracht ziehen.[121] Deshalb soll hier unter dem Begriff der Technopolitik ein Mehrebenen-Analyserahmen entwickelt werden, der Burawoys Konzept der Produktionspolitik mit einem Fokus auf Technologie weiterentwickelt. Damit soll sowohl theoretisch als auch empirisch ein Zugang zur algorithmischen Arbeitssteuerung gewählt werden, der die Dimension der politischen Aushandlung ins Zentrum rückt.

3.
TECHNOPOLITIK

Der Schrotthaufen in der Oranienburger Straße wird immer größer. Pink uniformierte Fahrradkurier:innen legen löchrige Schläuche, abgewetzte Mäntel, zerfetzte Sättel, gebrochene Federgabeln und ausgebrannte Lichter vor eine verriegelte Tür. Dahinter verbirgt sich der Arbeitgeber der Kurier:innen. Der Schrott symbolisiert den hohen Materialverschleiß, für den die Kurier:innen Entschädigung fordern, denn sie arbeiten mit ihren eigenen Rädern. Wenn die zu Bruch gehen, kann die Kurierarbeit zum Mindestlohn schnell zum Verlustgeschäft werden. Ähnliches geschieht wenig später bei der Konkurrenz. Dort klingeln Kurier:innen mit einem Pizzakarton unter dem Arm bei der Unternehmenszentrale, so wie sie es jeden Tag bei ihrer Arbeit tun. Nachdem sie eingelassen werden, muss das überraschte Management jedoch feststellen, dass der Karton keine Pizza, sondern über 30 Seiten Papier enthält. Diese sind eng gefüllt mit Unterschriften von Kurier:innen unter einer Petition, die eine Erhöhung der Bezahlung, eine Unfallversicherung, eine Verschleißpauschale und Änderungen an der App fordert, die den Kurier:innen ihre Anweisungen gibt. Nach diesem Tag wird die Pforte des Unternehmens von einem Sicherheitsunternehmen bewacht, um unerwünschten Besuch zu unterbinden.

Diese Proteste sind Beispiele für die Konflikte, die in den neuen, algorithmisch gesteuerten Arbeitsverhältnissen immer wieder entbrennen. In diesem Kapitel wird mit dem Begriff der Technopolitik ein mehrdimensionaler Analyserahmen für die Untersuchung solcher technologiebezogenen Produktionspolitiken entwickelt.[1] Der Begriff der Produktionspolitiken, den ich im folgenden Abschnitt rekapitulieren werde, verweist auf ein Konzept der Interaktion von arbeitsbezogenen Aushandlungsprozessen in Betrieben und auf einer Regulationsebene. Während die meisten arbeitssoziologischen Analysen auf eine dieser Ebenen beschränkt bleiben, ermöglicht erst eine Untersuchung der Wechselwirkung zwischen den verschiedenen Ebenen ein umfassendes Verständnis der Produktionspolitik. Dieses Konzept wird hier in Hinblick auf Technologie zugespitzt und ergänzt, um die Aushandlung der algorithmischen Arbeitssteuerung in den Blick nehmen zu können. Dabei werde ich drei technopolitische Arenen unterscheiden: (1.) Die Arena der Regulation, in der die institutionellen Rahmenbedingungen der algorithmischen Arbeitssteuerung ausgehandelt werden; (2.) die Arena der Implementierung, in der Pläne zur Einführung der Technologien auf betrieblicher Ebene diskutiert werden; und (3.) die Arena der Aneignung, in der sich entscheidet, wie die Technologien im Arbeitsalltag tatsächlich genutzt werden.

Mit der Untersuchung der Technopolitiken in diesen drei Arenen sollen insbesondere Konflikte in den Blick genommen werden, die um die algorithmische Arbeitssteuerung entstehen. Eine solche konfliktzentrierte Perspektive impliziert nach Klaus Dörre vor allem »eine Kontrastierung von normierten Konflikten mit nicht-normierten Auseinandersetzungen, die anderen Regeln folgen, weil demokratische Institutionen schwach oder gar nicht vorhanden sind«.[2] In diesem Sinne werden technopolitische Konflikte hier keineswegs nur als formale Arbeitskämpfe untersucht, sondern es wird ein besonderer Fokus auf informelle Praktiken der Aushandlung im Arbeitsalltag gelegt.

Produktionspolitik

Der klassische Zugang für ein konfliktzentriertes Verständnis des Produktionsprozesses ist sicherlich die Perspektive von Karl Marx. Im ersten Band des *Kapitals* skizziert Marx die Auseinandersetzungen um industrielle Arbeitsverhältnisse im England des 19. Jahrhunderts. Dabei konzentriert er sich, im Anschluss an seine Konzeption der Arbeitswerttheorie, auf das Problem des Kampfes um die Länge des Arbeitstages. Dieser hat zwar eine natürliche Maximalgrenze von 24 Stunden, die aber in der tatsächlichen Arbeit aufgrund der Notwendigkeit zur Reproduktion der Arbeitskraft nie erreicht werden kann. Deshalb ist der Umfang des realen Arbeitstages variabel und Gegenstand eines kontinuierlichen Konflikts:

> Der Kapitalist beruft sich also auf das Gesetz des Warenaustausches. Er, wie jeder andre Käufer, sucht den größtmöglichen Nutzen aus dem Gebrauchswert seiner Ware herauszuschlagen. Plötzlich aber erhebt sich die Stimme des Arbeiters, die im Sturm und Drang des Produktionsprozesses verstummt war [...] Du predigst mir beständig das Evangelium der ›Sparsamkeit‹ und ›Enthaltung‹. Nun gut! Ich will wie ein vernünftiger, sparsamer Wirt mein einziges Vermögen, die Arbeitskraft, haushalten und mich jeder tollen Verschwendung derselben enthalten. Ich will täglich nur soviel von ihr flüssig machen, in Bewegung, in Arbeit umsetzen, als sich mit ihrer Normaldauer und gesunden Entwicklung verträgt.[3]

Was die Steuerung kapitalistischer Arbeit zu einem politischen Konfliktfeld macht, ist also zuallererst ein Interessengegensatz. Die Kapitalseite hat das strukturelle Interesse, aus der gekauften Arbeitskraft so viel effektive Arbeit wie möglich herauszuholen, während diese wiederum ein strukturelles Interesse an ihrer Erhaltung und damit an »sparsamer« Verausgabung hat. Es ist deshalb die Aufgabe des Managements, durch verschiedenste »kleine Diebstähle« an der Freizeit der Arbeitenden für eine möglichst umfassende Verausgabung zu sorgen.[4] Freilich gibt es regelmäßig auch Interessenüberschneidungen zwischen Management und Beschäftigten. Diese können den strukturellen Widerspruch aber nie komplett tilgen.

Kapitalistische Produktion steht also immer vor dem sogenannten Transformationsproblem der Arbeit. Das heißt Arbeitssteuerung in kapitalistischen Produktionsprozessen besteht im Wesentlichen darin sicherzustellen, dass gekaufte Arbeitskraft auch tatsächlich effektiv verausgabt wird. Vor dem Hintergrund struktureller Interessengegensätze zwischen Kapital und Arbeit ist diese Verausgabung keineswegs selbstverständlich und lässt sich deshalb nur durch betriebliche Herrschaft systematisch herstellen.[5] Die klassische marxistische Konzeption dieser Herrschaft kann als Marktdespotismus bezeichnet werden.[6] Dieser Begriff verweist auf die Möglichkeit des Kapitals, den menschlichen Träger der Arbeitskraft einfach auszutauschen, wenn dieser sich nicht gemäß seinen Vorgaben verhält. Oder anders gesagt: Wenn das Kapital nicht zufrieden ist mit der Ware (Arbeitskraft), die es gekauft hat, dann kauft es schlicht bei der Konkurrenz.

Burawoy kritisiert diese Konzeption als eine »Unterpolitisierung« der Produktion, da sie die Rolle des Staates und anderer Institutionen für die Produktion ignoriere. Ein reiner Marktdespotismus sei empirisch so gut wie nie auffindbar, da der Staat allerorts in die Arbeitsmärkte eingreife. Einerseits garantiert der Sozialstaat unter bestimmten Bedingungen eine Entkopplung des Überlebens von der Lohnarbeit und befreit die Lohnabhängigen so vom Zwang, jede Arbeit annehmen zu müssen. Darüber hinaus ermöglichen staatliche Regularien wie die Vereinigungsfreiheit und Tarifautonomie die Institutionalisierung von Aushandlungsprozessen. Andererseits, so Burawoy, dürfe die Rolle des Staates im Produktionsprozess jedoch auch nicht überpolitisiert werden, indem er unabhängig von seinen wirtschaftlichen Grundlagen betrachtet wird. Stattdessen sei Produktionspolitik stets als Wechselwirkung zwischen den direkten arbeitspolitischen Auseinandersetzungen und deren institutioneller Regulierung zu denken. Basierend auf umfangreichen ethnografischen Studien unterstreicht Burawoy dabei dreierlei: erstens den Unterschied zwischen der Produktionspolitik und den politischen Institutionen, die diese Politik prägen; zweitens wie beide durch den Arbeitsprozess auf der einen Seite und die Kräfte des Marktes auf der anderen Seite begrenzt sind; und drittens wie sich sowohl die Politik als auch die Institutionen auf der Ebene der Produktion von der Staatspolitik und den Staatsinstitutionen unterscheiden, sich aber gleichzeitig auf diese beziehen. Der Begriff der Produktionspolitik soll in diesem Sinne die Wechselwirkungen zwischen der Produktion und ihren staatlich-institutionellen Rahmenbedingungen in den Blick nehmen.

Das Ergebnis der Produktionspolitik ist bei Burawoy das stets wandelbare Produktions*regime*. Es materialisiert ein Kräfteverhältnis, das in erster Linie die Kämpfe der Arbeitenden einschränkt, aber auch dem Management Grenzen setzt. Das Produktionsregime eröffnet also bestimmte Handlungsmöglichkeiten und schränkt andere ein – sowohl für die Beschäftigten als auch für das Management. Zentrales Anliegen des Burawoy'schen Regimebegriffs ist es dabei, die Wechselwirkungen zwischen inner- und überbetrieblichen Produktionspolitiken in den Blick zu nehmen. Fortwährend stattfindende Aushandlungen auf beiden Ebenen sorgen dafür, dass Produktionsregime einem kontinuierlichen Wandel unterliegen. So identifiziert Burawoy drei verschiedene, sich auf spezifische Weise überlagernde Produktionsregime: erstens den Marktdespotismus; zweitens das hegemoniale Regime, dessen Herrschaft sich auf das Zugestehen bestimmter Freiräume an die Beschäftigten sowie der Produktion von Konsens stützt; drittens den bürokratischen Despotismus, in dem sich sowohl Beschäftigte als auch Management strikt an spezifisch festgelegte Regeln und Hierarchien halten müssen. Die Ausformungen und Verschiebungen dieser Produktionsregime sind das Resultat produktionspolitischer Auseinandersetzungen.

Das genuin politische Moment der Produktionspolitik ist die Aushandlung gegensätzlicher Interessen. Der Analyserahmen zielt dabei vor allem auf den strukturellen Interessensgegensatz von Beschäftigten und Unternehmer:innen (meist repräsentiert durch das Management) ab. In den Blick genommen werden aber auch Konflikte zwischen den Geschlechtern, zwischen Alten und Jungen oder zwischen Kaufleuten und Techniker:innen. Politik manifestiert sich zwar vor allem dann, wenn es zu Konflikten kommt, existiert jedoch auch im Fall konsensualer Konstellationen weiter. Der Begriff der Aushandlung umfasst also sowohl kooperative als auch konfrontative Interaktionen, die teils implizit, teils explizit geführt werden. Sie können nach eingespielten Regeln und Gewohnheitsrechten, in stillschweigenden Übereinkünften, konflikthaften Konfrontationen oder aber auf dem Wege formaler Vereinbarungen und Verträge ablaufen. Ziele, Strategien und Entscheidungen lassen sich jedoch nicht allein aus einer objektiven Interessenlage ableiten. Sie werden stattdessen immer auch von normativen und politisch-ideologischen Orientierungen einerseits und Abwägungen über Handlungsspielräume und Durchsetzungschancen andererseits geprägt.[7] Wichtig ist, dass alle Akteure dieser Aushandlungsprozesse, also auch die Beschäftigten selbst, strategiefähig sind. Die Möglichkeit einer Beeinflussung des Produktionsprozesses durch die Beschäftigten ist jedoch, wie wir im Weiteren sehen werden, abhängig von verschiedenen Machtfaktoren.

Insgesamt erweist sich Burawoys Theorie der Produktionspolitik – insbesondere in Hinblick auf ihre Konzeption der Interaktion von Arbeitsprozess und institutioneller Regulierung – als ein zentraler Baustein für ein politisches Verständnis von Technologie im Produktionsprozess. Sie muss jedoch in verschiedener Hinsicht angepasst werden, um die spezifischen Probleme der Technopolitik genauer in den Blick nehmen zu können. Erstens geht es dabei darum, die Implementierung und Nutzung von Technologie überhaupt als eigenes Feld der Produktionspolitik auszuweisen. Zweitens geht es um Fragen der Skalierung. Dabei schlage ich einerseits vor, zwischen drei Arenen der Technopolitik zu unterscheiden (und nicht nur zwischen Arbeitsprozess und Regulation), und andererseits den sehr weitreichenden Geltungsanspruch des Buraway'schen Regimebegriffs etwas zu reduzieren, um so die Aussagekraft der Untersuchung zu erhöhen.

Technologie und Produktionspolitik

Bei Burawoys Konzeption der Produktionspolitik spielt Technologie eine eher untergeordnete Rolle. Er fasst sie im Wesentlichen als Teil des Produktionsapparates, der die Handlungsmöglichkeiten der Arbeitenden strukturiert. Dabei seien auch bei der Einführung neuer Technologien Konflikte eine zentrale Triebfeder.[8] In seiner weiteren Auseinandersetzung mit der Rolle der Technologie im Produktionsprozess beschäftigt sich Burawoy hauptsächlich mit der Frage, ob eine sozialistische Produktion in der einfachen Aneignung kapitalistischer Produktionsmittel bestehen könne. Anhand empirischer Untersuchungen von Fabriken in sozialistischen Staaten kommt er dabei zu dem Schluss, dass die Übernahme tayloristischer Produktionsapparate notwendig einhergehe mit einer Reproduktion der für den Kapitalismus typischen entfremdeten Arbeit.[9] Er versteht Technologie also vor allem als Pfeiler betrieblicher Herrschaft.

Für eine Analyse, die die politische Dimension der Technologie ins Zentrum rückt, greift diese Konzeption zu kurz. So sucht Burawoy die Gründe für die Einführung neuer Technologien in den Produktionsprozess zwar systematisch in produktionspolitischen Auseinandersetzungen. Nach ihrer Implementierung scheint die politische Kontingenz jedoch zu verschwinden, und Technologie erfüllt nur noch die Funktion, die Handlungsmöglichkeiten der Beschäftigten zu beschränken. Zwar eignen diese sich die technologische Infrastruktur im Arbeitsprozess an, diese Aneignung wird jedoch wesentlich als eine Anpassung an die Technologie gedacht.[10] Demgegenüber ist gerade die Perspektive auf die politische Kontingenz der Technologie im Produktionsprozess elementar, will man die diesbezüglichen Produktionspolitiken verstehen. Dabei scheint es durchaus sinnvoll, Technologie wesentlich als Produktivkraft zu verstehen, wie Burawoy es tut. Betont werden muss jedoch der politische Aspekt der Produktivkraftentwicklung.

Marx sieht die Produktivkraftentwicklung durch unterschiedliche Umstände bestimmt:

> unter anderem durch den Durchschnittsgrad des Geschickes der Arbeiter, die Entwicklungsstufe der Wissenschaft und ihrer technologischen Anwendbarkeit, die gesellschaftliche Kombination des Produktionsprozesses, den Umfang und die Wirkungsfähigkeit der Produktionsmittel und durch Naturverhältnisse.[11]

Ein Großteil der Marxrezeption reduziert den Begriff der Produktivkraftentwicklung jedoch auf den technischen Fortschritt. So erscheint die Entwicklung des Kapitalismus als einseitig technisch determiniert, was dem Marxismus den Vorwurf eines mechanistischen Geschichtsverständnisses einbrachte. Bereits Karl Korsch kritisierte jedoch dieses Verständnis, das den subjektiven Faktor der Produktivkraft ausblendet:

> Produktivkraft ist zunächst weiter nichts als die irdische wirkliche Arbeitskraft lebender Menschen: die Kraft, durch ihre Arbeit unter Benutzung bestimmter materieller Produktionsmittel und in einer dadurch bedingten Art des Zusammenwirkens die materiellen Mittel zur Befriedigung gesellschaftlicher Lebensbedürfnisse herzustellen.[12]

Dieser menschliche Faktor ist wichtig, da erst in ihm die politische Kontingenz des Produktivkraftbegriffs deutlich wird. Produktivkraftentwicklung ist in diesem Sinne ein dialektisches Verhältnis zwischen Mensch und Maschine. Das betont auch Hans-Peter Müller, wenn er schreibt:

> Die Technik enthüllt nicht nur die ökonomischen Momente; sie enthüllt vielmehr alle Momente gesellschaftlicher Praxis, nämlich die technischen, ökonomischen, sozialen und geistigen Aktivitäten der Menschheit, konstituiert sie aber nicht, sondern ist nur ihr Niederschlag wie fossile Offensichtlichkeit, Beweis oder fließende Form, die enthüllt, was dieses Verhältnis war oder ist. Die Geschichte der Technologie ist die Aufeinanderfolge der im Material zurückgebliebenen Resultate menschlicher Aktivität.[13]

Technische Entwicklung folgt also keinen mechanistischen oder naturgesetzlichen Regeln. Stattdessen ist sie das Resultat von kontinuierlichen politischen Aushandlungen im Produktionsprozess. Die Kämpfe der Beschäftigten sind in diesem Sinne eine treibende Kraft bei der Veränderung bestehender und der Entstehung neuer Produktionsregime.[14] Auch Burawoy betont diesen Einfluss der Beschäftigten, wenn auch nicht im Hinblick auf Technologie, sondern auf das Programm des Taylorismus. So gebe es in jedem Betrieb neben den »offiziellen« Methoden der Aufgabenerfüllung stets eigene Routinen der Arbeiter:innen, die als Reaktion auf jede Offensive des Managements ausgearbeitet und revidiert würden.[15] Eine vollständige Umsetzung der Taylorschen Ideen habe deshalb nie stattgefunden. Das führt er wesentlich auf den Widerstand der Beschäftigten zurück, in diesem Fall gegen die Absorption des Produktionswissens. In diesem Sinne identifiziert Burawoy die verschiedenen produktionspolitischen Konflikte als zentralen Antrieb für den Wandel der Produktionsregime.[16]

In ähnlicher Weise wendet sich auch Romano Alquati gegen eine Mystifizierung der technologischen Entwicklung als eine quasi naturwüchsig sich entfaltende Kraft. Stattdessen betont er, dass Technologie immer Resultat und gleichzeitig Terrain von Produktionspolitik ist:

> Unter ›Maschine‹ verstehen wir das ganze Bündel der in der technologischen Erneuerung erstarrten gesellschaftlichen Beziehungen. Die Arbeiter selbst treiben diese Erneuerung voran, denn der Arbeitsprozeß ist schon im Voraus derart organisiert, daß die Arbeiter, die ihn entfalten, integrieren und koordinieren, gleichzeitig auch die zunehmende Erstarrung der lebendigen Arbeit in der neuen ›Maschine‹ entfalten, koordinieren und integrieren.[17]

Technologie ist dabei nicht nur insofern politisch, als sie von Unternehmen strategisch für die Rationalisierung und Neuorganisierung der Arbeit eingesetzt wird – auch die Beschäftigten tragen mit ihrem politischen Handeln im und außerhalb des Produktionsprozesses zu ihrer Entwicklung bei. Technologie soll hier also nicht prinzipiell als ein Instrument der Herrschaft und Kontrolle verstanden werden, wie etwa bei Herbert Marcuse,[18] sondern vielmehr als ein Feld gesellschaftlicher Machtkämpfe.[19] In diesem Sinne ist Technologie stets auch eine Verdinglichung verschiedener gesellschaftlicher Interessen. Auf diesen politischen Charakter technologischer Aushandlungen verweist hier der Begriff der Technopolitik. Er kann einen Analyserahmen bieten, mit dem die spezifischen Produktionspolitiken der Technologie in den Blick genommen werden können.

Der Begriff der Technopolitik kam erstmals im Zuge der weltweiten Verbreitung des Internets Ende der 1990er-Jahre auf.[20] Im Zentrum der Argumentation stand damals die Feststellung, dass das Internet insbesondere als zentrale technische Voraussetzung der modernen Globalisierung die politischen Arenen transformiert. Technopolitik bezeichnete in diesem Sinne schlicht »die Benutzung neuer Technologien wie Computer und Internet, um politische Ziele voranzutreiben«.[21] Damit war die Hoffnung einer radikalen Demokratisierung der politischen Diskurse und der Öffentlichkeit verbunden.

Auch in neueren Fassungen wird der Begriff der Technopolitik in diesem Sinne in Bezug auf digital mediatisierten Kommunikation genutzt.[22] Dabei liegt jedoch der Fokus nun auf den »Social Media Revolutionen« des beginnenden 21. Jahrhunderts. Der Diskurs der digitalen Demokratisierung im Allgemeinen und der Social-Media-Revolutionen im Besonderen wurde unter anderem von Jodi Dean scharf kritisiert.[23] Dieser Diskurs legitimiere den Kommunikativen Kapitalismus, indem er die Kritik an seinen Problemen ersetze durch ein Zelebrieren seiner Technologien und außerdem die Aufmerksamkeit auf die digital gut vernetzten Mittelschichten beschränke. Das hier in Anschlag gebrachte Konzept der Technopolitik schließt bewusst nicht an die medientheoretische Verwendung des Beriffs, sondern vor allem an die Arbeitsprozesstheorie an. Er bezeichnet denjenigen Teil der Produktionspolitik, der sich auf Aushandlungen der Gestaltung und Nutzung von Technologie bezieht.

Bei Burawoy erstrecken sich die Produktionspolitik und die aus ihr resultierenden Regime sehr weit über Raum und Zeit: Während er den Marktdespotismus als charakteristisch für den frühen Kapitalismus sieht, ist der bürokratische Despotismus ein Merkmal staatssozialistischer Produktion. Das hegemoniale Regime sei dagegen allgemeines Merkmal des fortgeschrittenen Kapitalismus. Dieser sehr weitreichende Geltungsanspruch wurde dafür kritisiert, dass er der realen Varianz der verschiedenen Konstellationen betrieblicher und überbetrieblicher Regulation der Arbeitsbeziehungen nicht gerecht werde.[24] Für den hier angestrebten Zweck einer empirischen Untersuchung spezifischer produktionspolitischer Auseinandersetzungen um Technologie trifft diese Kritik in besonderem Maße zu. Deshalb scheint es sinnvoll, den Analyserahmen etwas einzuschränken.

Die erste Einschränkung des Begriffs der Technopolitik gegenüber demjenigen der Produktionspolitik ist offensichtlich: Technopolitik betrifft nur diejenigen Produktionspolitiken, die Technologie zum Gegenstand haben. Das können Aushandlungen sein, deren unmittelbarer Gegenstand die Implementierung einer bestimmten Technologie ist. Es können aber auch Aushandlungen sein, die Technologie zum indirekten Gegenstand haben, zum Beispiel Konflikte um prekäre Beschäftigung, die teilweise mit den Flexibilisierungsmöglichkeiten der algorithmischen Arbeitssteuerung zusammenhängen. Prinzipiell ist der Analyserahmen der Technopolitik dabei so konzipiert, dass er auf verschiedene Arten von Technologien anwendbar ist.

Damit einher geht notwendigerweise auch eine Einschränkung in der Reichweite der Auswirkungen dieser Technopolitiken gegenüber Burawoys Regimebegriff: Im Fokus stehen die Auswirkungen der Technopolitiken um algorithmische Arbeitssteuerung auf diejenigen Beschäftigten, deren Arbeitsprozesse tatsächlich algorithmisch gesteuert werden. Dabei beschränkt sich die Untersuchung des Weiteren auf manuelle Arbeit in der deutschen Industrie und Lieferlogistik. Dabei ist es jedoch wichtig zu betonen, dass es nicht nur um die Auswirkungen der algorithmischen Arbeitssteuerung auf Machtverhältnisse im Arbeitsprozess geht. Stattdessen wird Technopolitik hier stets als multidirektional gedacht: Es geht also auch darum, wie Technologieimplementierungen ihrerseits im Rahmen von Aushandlungsprozessen angepasst und reguliert werden. Ähnlich wie Burawoys Regimebegriff zielt der Analyserahmen der Technopolitik also darauf ab, die Veränderung der objektiven und subjektiven Handlungsbedingungen der verschiedenen Interessengruppen der Produktionspolitiken zu identifizieren. Die vorliegende Analyse beschränkt sich dabei auf das Feld der algorithmischen Arbeitssteuerung, um diese Identifikation präzise zu leisten.

Einer der wichtigsten Vorzüge der Theorie der Produktionspolitik ist ihre empirisch fundierte Konzeption der

Interaktion zwischen Arbeitsprozess und institutioneller Regulation. Diese Konzeption soll hier in Bezug auf Technologie weiterentwickelt werden. Burawoy spricht in Bezug auf diese Interaktion meistens von einer Unterscheidung zwischen Mikro- und Makroebene. Demgegenüber wird in der deutschen Arbeits- und Industriesoziologie oft von Arenen der Aushandlung gesprochen. Walter Müller-Jentsch definiert eine solche Arena als

> einen ›Ort‹ geregelter Konfliktaustragung und institutionalisierter Problemlösung, aber auch einen ›Kampfplatz‹, auf dem die jeweiligen Akteure nicht nur ihre widerstreitenden Interessen durchzusetzen, sondern auch die prozeduralen Rahmenbedingungen zu verändern trachten. In diesem Sinne ist die Arena sowohl ein komplexes Institutionensystem, das festlegt, welche Formen, Interessen und Akteure zugelassen sind, als auch ein abgegrenztes Konfliktfeld, das den Akteuren für die Lösung spezifizierter Probleme Handlungsmöglichkeiten – mit definierten Grenzen – einräumt.[25]

Dieses Konzept ist für eine Analyse technopolitischer Aushandlungen insofern produktiv, als es sowohl die Varianz der Regeln als auch die Konflikthaftigkeit der industriellen Beziehungen betont. Vor allem aber ermöglicht es weitere Differenzierungen spezifischer Aushandlungsorte jenseits der schlichten Unterscheidung von Mikro- und Makroebene. Allerdings weist das Arenenkonzept mit seiner Eingrenzung auf »geregelte Konfliktaustragung und institutionalisierte Problemlösung« einen Bias in Richtung durch Gewerkschaften, Betriebsräte etc. vermittelte Repräsentationspolitik auf. Dadurch wird eine wichtige Arena der Technopolitik unsichtbar, nämlich die betrieblichen Aneignungspraktiken. Diese sollen hier stets mitgedacht werden. Deshalb wird im Folgenden zwischen drei Arenen der Technopolitik unterschieden.

Die drei Arenen der Technopolitik

In Anlehnung an Buraways Konzeption der politischen Produktionsapparate kann die *Arena der institutionellen Regulation* bestimmt werden. Sie ist der Ort, an dem die institutionellen Rahmenbedingungen der Technopolitik ausgehandelt werden. Die Rolle solcher Regulationen für die technologische Entwicklung wurde bereits in unterschiedlichen Konzepten betont. So zeigt etwa Kushida, wie verschiedene staatliche Liberalisierungsstrategien im Telekommunikationsbereich zum Ausgangspunkt divergierender Digitalisierungspfade geworden sind.[26] Andere Studien betonen in klassisch regulationstheoretischer Herangehensweise die Rolle des Staates bei der Herausbildung der Plattformökonomie.[27] Für die vorliegende Untersuchung ist die Rolle des Staates beim Aufkommen der algorithmischen Arbeitssteuerung ebenfalls wichtig. Sie wird jedoch ergänzt durch zwei weitere Akteursgruppen: Unternehmensverbände und Gewerkschaften. Erst dadurch wird es möglich, technopolitische Regulation als politischen Prozess im Sinne einer Aushandlung zu verstehen. Deshalb wird die technopolitische Regulation hier verstanden als die Arena, in der sich staatliche Institutionen, Unternehmensverbände und Gewerkschaften gegenüberstehen, um die institutionellen Rahmenbedingungen von Technisierungsprozessen auszuhandeln. Die bestimmende Aushandlungslogik ist dabei das volkswirtschaftliche Standortinteresse.

In der *Arena der Technikimplementierung* gilt dagegen vor allem eine betriebswirtschaftliche Logik. Technikimplementierung ist dabei meist Teil von Rationalisierungsstrategien, die auf eine Steigerung der Profitabilität abzielen.[28] Organisationale und technische Maßnahmen bilden bei diesen Rationalisierungsstrategien eine Einheit. Ausgehandelt werden konkrete Implementierungen im deutschen Produktionsmodell typischerweise zwischen

Management und Betriebsrat. Dabei bestehen insofern Interessenkonflikte, als zwar beide Seiten der Profitabilität des Unternehmens verpflichtet sind, der Betriebsrat jedoch die Aufgabe hat, innerhalb dieser Logik die Interessen der Beschäftigten zu vertreten. Als weitere Interessengruppe in der Aushandlung digitaler Arbeitssteuerung kommen die Entwickler:innen der Technologien hinzu, die zwar zum Steuerungspersonal gezählt werden können, jedoch keineswegs notwendigerweise dieselben Perspektiven einnehmen wie das Management.[29] Während Burawoy nur zwischen Regulation und Arbeitsprozess unterscheidet, muss in Bezug auf Technologie auf einer Unterscheidung der Logiken von Implementierung einerseits und Aneignung andererseits bestanden werden. Denn eine grundlegende Einsicht der Techniksoziologie besteht darin, dass Technologie in Organisationen selten tatsächlich so benutzt wird wie in der Implementierungsstrategie ursprünglich vorgesehen.[30]

Weitgehend unabhängig von den Aushandlungen auf der Implementierungsebene betreiben auch die Beschäftigten selbst in ihrem Arbeitsalltag Technopolitik mittels einer großen Bandbreite von Aneignungspraktiken. Der Prozess der *Aneignung* von Technologien ist die dritte Arena der Technopolitik. In dieser Arena werden kulturelle und handlungspraktische Bezüge auf die Technologien in der unmittelbaren Interaktion der Beschäftigten ausgehandelt. Ein wichtiges Element ist dabei die organisationskulturelle Bedeutung der Technologien. Diese Bedeutungszuschreibungen können als *organisationale Technokultur* bezeichnet werden. Damit ist gleichzeitig darauf verwiesen, dass es sich nicht um individuelle Aneignungsprozesse handelt, sondern dass kulturelle Aneignungsschemata stets Teil eines kollektiven Kooperations- und Kommunikationshandelns im Betrieb sind.[31] Wenn sich solche organisationalen Subkulturen von der offiziellen Organisationskultur entkoppeln, können widerständige Kulturen,[32] oder in unserem Fall widerständige Technokulturen, entstehen. Denn, so halten auch Sarah Nies und Dieter Sauer fest: »Im informellen Charakter des gebrauchswertbezogenen Arbeitsvermögens verbirgt sich die (potenzielle) Widerständigkeit (›das strukturell Andere‹) in einem tauschwertorientierten System.«[33]

Zwar sind die drei Arenen der Technopolitik nicht komplett identisch mit Makro- Meso- und Mikroebenen, es handelt sich aber dennoch um ein stratifiziertes Modell. Das betrifft einerseits den von Aneignung über Implementierung bis Regulation aufsteigenden Abstraktionsgrad der Aushandlungen. Andererseits ist damit jedoch auch eine Machtasymmetrie der Akteur:innen in den verschiedenen Arenen angesprochen. Ausführende Beschäftigte haben zwar die Möglichkeit, aufgrund ihrer Stellung im Produktionsprozess Widerstand gegen bestimmte Technologien zu leisten. Sie können aber selten direkt über Fragen der Technikgestaltung und -implementierung entscheiden und noch seltener über gesetzliche und anderweitige Regularien. Das bedeutet jedoch keineswegs, dass Entscheidungen einfach von ›oben‹ (die Arena des Regimes) nach ›unten‹ (über die Arena der Implementierung zur Aneignung) durchgesetzt werden können. Stattdessen können auch widerständige Praktiken in der Aneignungsarena die übergeordneten Arenen beeinflussen. So kann, wie wir im Weiteren sehen werden, bereits ein gehäuft auftretender technologischer Ungehorsam dazu führen, dass Implementierungsprojekte geändert oder gar abgebrochen werden. Das wiederum kann in die institutionelle Arena zurückwirken, sodass im Zweifelsfall sogar die Regulation angepasst werden muss. Mittels einer Repräsentation in Betriebsräten haben die Beschäftigten darüber hinaus die Möglichkeit, Technikimplementierung direkt zu beeinflussen. Zentrale Aufgabe einer gewerkschaftlichen Technopolitik ist es demgegenüber, Regulationen im Sinne der Beschäftigten zu beeinflussen und ihre Organisationsmacht einzusetzen, um konkrete Regularien durchzusetzen.

Mit den Möglichkeiten solcher Beeinflussung von Produktionspolitiken durch Beschäftigte befasst sich der Machtressourcenansatz. Dabei wird meist zwischen Organisationsmacht und struktureller Macht unterschieden. Organisationsmacht können Lohnabhängige dadurch erreichen, dass sie sich in Gewerkschaften oder Parteien zusammenschließen, um ihre Interessen durchzusetzen. Über strukturelle Macht hingegen verfügen Lohnabhängige aufgrund ihrer Stellung im Produktionsprozess. Sie kann unterteilt werden in Marktmacht und Produktionsmacht. Marktmacht haben Beschäftigte, wenn Unternehmen aufgrund von angespannten Arbeitsmärkten bestimmte Personen als Träger von Arbeitskraft nicht ersetzen können. Sie sind dann auf diese Beschäftigten angewiesen und können etwa Streiks schlechter abfedern. Demgegenüber basiert die Produktionsmacht auf der strategisch wichtigen Stellung der Lohnabhängigen in einem größeren Produktionszusammenhang. So zeigen verschiedene Studien, wie zum Beispiel die Einführung der Lean Production den Beschäftigten neue Produktionsmacht verschaffte, da sie durch die enge Taktung von Lieferketten bereits mit kurzen Streiks an bestimmten Zulieferpositionen ganze Industriesektoren einer Region zum Stillstand bringen können.[34]

Ein Problem des Machtressourcenansatzes ist jedoch, dass er keine ausreichende Unterscheidung zwischen den verschiedenen Formen und den damit einhergehenden divergierenden Logiken der Produktionspolitik vornimmt. So wird als Fragestellung des Ansatzes meist angegeben, welche Quellen von Lohnabhängigenmacht identifiziert werden können. Diese Frage wird dann jedoch vor allem mit einer Analyse der Machtressourcen von Gewerkschaften beantwortet. In diesem Sinne wird im Machtressourcenansatz und den Labour Studies im Allgemeinen auch nicht von einer Strategiefähigkeit der Beschäftigten, sondern von »gewerkschaftlichem Handlungsvermögen« gesprochen.[35] Die damit vorausgesetzte direkte Übertragung der Interessen von Lohnabhängigen auf ihre institutionellen Repräsentationsorgane der Gewerkschaften und Parteien ist jedoch problematisch. So haben verschiedenste Studien bereits aufgezeigt, dass sich im Zuge der institutionellen »Befestigung«[36] von Gewerkschaften und Parteien im Normalfall institutionelle Eigeninteressen herausbilden, die sich nicht mit denjenigen der zu repräsentierenden Basis decken.[37] Eine bloße Aufteilung der Lohnabhängigenmacht in Primär- und Sekundärmacht[38] oder in strukturelle Macht und Organisationsmacht,[39] die schlicht eine Vertretung derselben Interessen auf verschiedenen Ebenen meint, ist also nicht ausreichend. Deshalb wird hier der Begriff der Strategiefähigkeit akteursbezogen gedacht, sodass er gleichermaßen auf individuelles wie kollektives strategisch-politisches Handeln anwendbar ist.[40] Dies erlaubt einen einheitlichen Strategiebegriff für alle an den technopolitischen Aushandlungen beteiligten Akteure.

Freilich müssen trotzdem institutionalisierte Formen der Interessenvertretung für eine Technopolitik der Beschäftigten in Betracht gezogen werden. Diese sieht sich jedoch stets mit dem Dilemma der Macht konfrontiert. Wie unter anderem der Machtressourcenansatz zeigt, sind Beschäftigte darauf angewiesen, sich kollektiv zu organisieren, um Einfluss auf Produktionspolitiken zu nehmen. Erst dadurch wird eine Technopolitik von unten in allen drei Arenen möglich. Das Dilemma besteht nun darin, dass mit jeder Delegation von Macht auf eine höhere Ebene auch die Distanz zur Basis größer wird und sich die Wahrscheinlichkeit einer Herausbildung institutioneller Eigeninteressen erhöht. Die Frage, welche Interessen und Positionen dabei jeweils vertreten werden, kann jedoch nur empirisch und nicht a priori beantwortet werden. Dieser Umstand soll mit dem Konzept der Technopolitik von unten unterstrichen werden. Die Formel ›von unten‹ verweist auf eine Akteursposition außerhalb (oder eben unterhalb) übergreifender Herrschaftsstrukturen. Im Kontext kapitalistischer Produktion befinden sich die Beschäftigten in einer solchen herrschaftsunterworfenen Position. Politik von unten bezieht sich dann auf politisch-ökonomische und soziokulturelle Einflüsse dieser herrschaftsunterworfenen Akteure und deren Auswirkungen auf übergeordnete Strukturen. Insofern sie sich als widerständig klassifizieren lässt, impliziert eine solche Politik von unten immer auch eine praktische Herrschaftskritik.[41]

In diesem Sinne kann von einer Wechselwirkung zwischen den drei Arenen der Technopolitik ausgegangen werden. Diese Wirkung verläuft nicht nur von ›oben‹ nach ›unten‹ im Sinne einer reibungslosen Herrschaft, sondern auch von ›unten‹ nach ›oben‹. Letzteres ist zum Beispiel der Fall, wenn der Widerstand von Beschäftigten dazu führt, dass eine bestimmte Technologie nicht oder nur abgeändert implementiert wird. Die folgenden Kapitel zeigen empirisch, dass eine solche Technopolitik von unten alles andere als inexistent ist. Generell lässt sich festhalten, dass die Möglichkeit einer Kumulation von Konfliktpotenzialen wesentlich davon abhängt, wie durchlässig die Grenzen der Arenen mit ihren jeweiligen Aushandlungsmodi sind.

> Wenn in den einzelnen Arenen jeweils andere Regeln herrschen, andere Akteure zuständig sind und andere Interessen die Agenda bestimmen, wird der »Übersprung« von Konflikten unwahrscheinlich und die Koexistenz von Konflikten in der einen mit Kooperation in der anderen Arena möglich.[42]

Um diese Wechselwirkung zwischen den drei Arenen analytisch fassen zu können, wird hier Buraways Konzept der »externen Kräfte«[43] verwendet. Damit soll unterstrichen werden, dass die jeweils übergeordnete Arena aus der Feldperspektive als ein Bündel von Kräften erlebt wird, die von außerhalb des Feldes ausgehen und dieses zwar prägen, aber weitgehend außerhalb der Kontrolle der Akteure existieren. Diese Kräfte sind nicht statisch, sondern stets in

Bewegung, da sie selbst das Ergebnis kontinuierlicher Aushandlungen sind. Sie erscheinen und verschwinden jedoch auf eine Weise, die für die Akteure der anderen Arenen oft unverständlich und unvorhersehbar ist. Viele der hier beschriebenen Konflikte entstehen auch durch eine Kollision der Aushandlungslogiken der verschiedenen Arenen. So kommt es etwa des Öfteren vor, dass die gütliche Einigung zwischen Betriebsrat und Management in der Implementierungsarena bei Beschäftigten auf Ablehnung stößt und diese versuchen, die Einigung durch Widerstand in der Aneignungsarena zu kippen. Solche Konstellationen können als *Inter-Arenen-Konflikte* bezeichnet werden. Welche Art von Beziehung zwischen den verschiedenen Arenen besteht, kann also nicht allgemein postuliert werden, sondern ist politisch kontingent. Inwiefern die verschiedenen Aushandlungslogiken koexistieren oder in Konflikt zueinander geraten, bedarf deshalb stets der empirischen Überprüfung.

Das Modell der in drei Arenen unterteilten Technopolitik bildet den Analyserahmen für die hier durchgeführte empirische Untersuchung. Es wird in den jeweiligen Kapiteln zu Regulation, Implementierung und Aneignung weiter ausgearbeitet und präzisiert. Zunächst lässt sich jedoch festhalten, dass das Ziel des Analyserahmens darin besteht, Produktionspolitiken um Technologie in den Blick zu nehmen. Dafür wurde zunächst eine Ergänzung des Burawoy'schen Begriffs der Produktionspolitik um das Feld der Technologie vorgenommen. In einem zweiten Schritt wurden dann drei Arenen herausgearbeitet, in denen Technopolitiken in jeweils unterschiedlichen Logiken ausgehandelt werden. Entlang dieser drei Arenen der Regulation, Implementierung und Aneignung ist der folgende Text strukturiert. Empirischer Gegenstand sind dabei Technopolitiken der algorithmischen Arbeitssteuerung. In allen Kapiteln ist die leitende Frage, welche Interessenkonflikte bei der Aushandlung der algorithmischen Arbeitssteuerung entstehen und welche Strategien die beteiligten Akteure verfolgen. Der Fokus liegt jedoch auf einer Technopolitik von unten, also der Frage danach, welche Strategien und Praktiken Beschäftigte im Umgang mit der algorithmischen Arbeitssteuerung entwickeln und wie sie deren Ausgestaltung beeinflussen.

4.
DIE REGULATIONSARENA

Die Arbeiter:innen und Gewerkschafter:innen wirken müde, aber zufrieden, als sie zum Abschlussplenum der Konferenz über eine internationale Gewerkschaftsstrategie bei Smart Shopping *zusammenkommen. Drei Tage lang haben die Aktivist:innen aus Polen, Frankreich, den USA und Deutschland diskutiert, wie sie ihre Kämpfe besser abstimmen können. Das Management hat sich bislang kaum dialogbereit gezeigt, und an allen repräsentierten Standorten hat es bereits Streiks gegeben. Diese haben jedoch wenig Wirkung gezeigt, da das Unternehmen seine Warenströme mittels digitaler Ressourcenplanung jeweils an benachbarte Standorte umleitete. Deshalb wurde nun vereinbart, die Arbeitskämpfe in Zukunft international zu synchronisieren, um dem Management Tarifverträge abzuringen. Es bildet sich aber auch ein Komitee für den internationalen Austausch von Daten. Das soll verhindern, dass das Management auf der Grundlage unüberprüfbarer Kennzahlen die verschiedenen Standorte gegeneinander ausspielt. Trotz der ersten Erfolge sind sich die Anwesenden jedoch hauptsächlich über eines einig: Ihr Kampf wird weiterhin einen langen Atem fordern.*

Die Aushandlung über die institutionelle Regulierung technologischer Transformationen der Produktion ist eine zentrale technopolitische Arena. Entsprechend genießt das Thema Digitalisierung sowohl in Unternehmensverbänden als auch Gewerkschaften eine hohe Priorität. Aber auch in der Staatspolitik wird die Digitalisierung zum zentralen Thema. Für die hochentwickelten Ökonomien ist sie zum Grundpfeiler des Wachstums geworden – sie ist das Terrain, auf dem die Volkswirtschaften um Anteile an den zukünftigen Märkten konkurrieren. Die maßgeblichen Akteur:innen dieser Aushandlungsarena sind staatliche Institutionen, Unternehmensverbände und Gewerkschaften.[1]

Sie verhandeln in Bezug auf die Digitalisierung, wie wir im Folgenden sehen werden, vor allem vier Themen: (1.) die Automatisierung; (2.) die Flexibilisierung der Arbeitsorganisation, insbesondere in Bezug auf Arbeitszeiten; (3.) die digitale Überwachung und (4.) Fragen der benötigten Arbeitskraftqualifikationen und damit zusammenhängend der Migrationspolitik.

Dieses Kapitel rekonstruiert die Aushandlungen in der Regulationsarena gegliedert nach den drei zentralen institutionellen Akteuren und deren Strategien. Dabei geht es sowohl um bereits in der Umsetzung befindliche politische Maßnahmen als auch um Regulationsdiskurse, in denen Forderungen für zukünftige Veränderungen diskutiert werden. Konzeptionell kann von einer engen Verschränkung dieser beiden Ebenen ausgegangen werden, da institutionelle Diskurse vor allem eine Mobilisierungsfunktion haben.[2]

Nach einem kursorischen Überblick über die spezifische Konstellation industrieller Beziehungen in Deutschland wird zunächst die Technopolitik der Unternehmensverbände beleuchtet. Dabei wird aufgezeigt, dass diese die Digitalisierung insbesondere mit einer Deregulierungsoffensive verbinden. Der darauffolgende Abschnitt wendet sich der staatlichen Technopolitik zu. Diese versucht zwischen Unternehmen und Gewerkschaften zu vermitteln und den Wirtschaftsstandort Deutschland im internationalen Wettbewerb zu stärken. Dabei werden verschiedene korporatistische Institutionen geschaffen, in denen die verschiedenen Interessengruppen an konsensualen Lösungen arbeiten sollen. Der folgende Abschnitt zu den Industriegewerkschaften, auf dem der Schwerpunkt des Kapitels liegt, zeigt auf, dass diese sich sowohl auf betrieblicher als auch überbetrieblicher Ebene an diesen Institutionen beteiligen und einen gestaltungsorientiert-kooperativen Modus der Technopolitik ausbilden. Dieser führt jedoch, wie wir sehen werden, immer wieder zu einer Entfremdung der Belegschaften von den Gewerkschaftsorganisationen, wodurch das gestaltungsorientiert-kooperative Vorgehen destabilisiert wird. In der Plattformökonomie kann sich dieses Vorgehen jedoch nicht durchsetzen. Stattdessen kommt es hier zu einem eher antagonistischen Aushandlungsmodell. Auch dieses ist jedoch aufgrund einer zunehmenden Institutionalisierung der Aushandlungen nicht auf Dauer stabil. Sowohl in der Industrie 4.0 als auch in der Plattformlogistik kommt es also neben den typischen Intra-Arenen-Konflikten innerhalb der Regulationsarena (zwischen den verschiedenen Interessenvertretungen) auch zu Inter-Arenen-Konflikten. Bei Letzteren kollidieren die Aushandlungslogiken der verschiedenen technopolitischen Arenen – zum Beispiel, wenn Beschäftigte sich zu informellen widerständigen Handlungen entschließen, die einem gestaltungsorientiert-kooperativen Modell der Technopolitik zuwiderlaufen.

Industrielle Beziehungen in Deutschland

Der Zweck von Gewerkschaften ist die Einflussnahme auf Gestaltung und Kontrolle des Arbeitsmarktes entsprechend der Interessen der in ihnen organisierten Lohnabhängigen. Die konkrete Ausformung dieser Einflussnahme ist jedoch historisch kontingent. In Westdeutschland hat sich nach dem Zweiten Weltkrieg das Modell der »befestigten« Gewerkschaften herausgebildet.[3] Dieses drückt sich einerseits in der vollen Anerkennung der Gewerkschaften durch Gesetzgebung, Unternehmen und öffentliche Meinung aus, andererseits aber auch in einer Aufgabe von Klassenkampfpolitiken zugunsten einer sozialpartnerschaftlichen Haltung. Diese Entwicklung wird meist als ein Wandel von »Gegenmacht« zur »Ordnungsmacht« beschrieben.[4] Konkret heißt das etwa, dass in Deutschland Institutionen wie die Tarifautonomie und die Betriebsverfassung den Anreiz für Gewerkschaften reduzieren, Strategien des Organizing[5] einzuschlagen, die auf eine massenhafte Selbstorganisation der Beschäftigten in den Betrieben und konfrontative Auseinandersetzungen hinauslaufen.[6] Mit Müller-Jentsch können die sozialpartnerschaftlichen Gewerkschaften infolge dieser Entwicklung als »intermediäre Organisationen«[7] verstanden werden, die zwischen den Interessen von Kapital und Arbeit vermitteln sollen.[8]

Infolge dieser Entwicklung hin zur intermediären Gewerkschaft hat sich in Deutschland ein dreigliedriges System industrieller Beziehungen herausgebildet, in dem Arbeitsinteressen nicht mehr nur von Gewerkschaften vertreten werden.[9] Zunächst kommt es zu einer Aufteilung von Kollektivverhandlungen in das Feld der Tarifpolitik und der Betriebspolitik. Erstere fällt in den Zuständigkeitsbereich der Gewerkschaften, in dem insbesondere Aushandlungen über tarifliche Löhne geführt werden. Letztere ist der Zuständigkeitsbereich der Betriebsräte, in dem Aushandlungen über die konkrete Gestaltung der Arbeitsorganisation geführt werden. Die dritte Gliederung ist die staatliche Sozial- und Wirtschaftspolitik. Diese stellt im deutschen Wohlfahrtsstaat zunächst ein Netz sozialer Sicherungen zur Verfügung, das die materielle Existenzsicherung auch jenseits der Lohnarbeit gewährleistet. Gleichzeitig ist die staatliche Wirtschaftspolitik für die Regulierung der allgemeinen Verfahren des Wirtschaftslebens zuständig. Das beinhaltet sowohl die Herstellung internationaler Wettbewerbsfähigkeit als auch den gesellschaftlichen Interessenausgleich, also die beiden Eckpfeiler einer funktionierenden Volkswirtschaft. Damit erschöpft sich die Rolle des Staates nicht in einer Schadensbegrenzung gegenüber der kapitalistischen Ökonomie. Vielmehr bringt die staatliche Wirtschaftspolitik die Märkte (insbesondere die Arbeitsmärkte) erst hervor.[10] Dies ist auch und insbesondere für die staatliche Innovationspolitik der Fall, die stets die institutionelle Grundlage für die Technologieentwicklung darstellt.[11] In diesem Sinne werden hier technologische Entwicklungen in der Produktionssphäre nicht als das alleinige Resultat von einzelkapitalistischer Produktivitätssteigerung verstanden, sondern als wesentlich von staatlichen Regulationen geprägt.

Aufseiten der Unternehmen sind insbesondere die Arbeitgeberverbände für kollektive Aushandlungen der industriellen Beziehungen zuständig. Ihre Aufgabe ist es, regulatorische Rahmenbedingungen durchzusetzen, die ein profitables Wirtschaften sicherstellen. Dies drückt sich vor allem in der Eindämmung staatlicher Eingriffe in Arbeitsmärkte und der Verhandlung von Tarifverträgen mit Gewerkschaften aus. Im Zuge der Digitalisierung haben sie aber zunehmend auch mit Fragen der Regulierung spezifisch technisierter Arbeitsbedingungen zu tun, wie wir noch detaillierter sehen werden. Die meisten Unternehmensverbände, insbesondere Branchenverbände, haben jedoch mit dem Dilemma kapitalistischer Konkurrenz zu kämpfen. Da die Unternehmen zueinander in Konkurrenz stehen, ist meist der Vorteil des einen Unternehmens der Nachteil des anderen. Bei allen Fragen, die über allgemeine wirtschaftspolitische Bedingungen hinausgehen, ist deshalb die Möglichkeit umfassender unternehmerischer Kooperation eingeschränkt.[12] Deshalb repräsentieren Unternehmensverbände meist bestimmte Kapitalfraktionen, wie zum Beispiel der Verband Deutscher Maschinen- und Anlagenbau (VDMA) oder der Zentralverband Elektrotechnik- und Elektronikindustrie (ZVEI). Die Aufgabe dieser Verbände besteht vor allem in der Beeinflussung der Wirtschafts- und Innovationspolitik im Sinne der jeweils organisierten Branche – auch *gegen* die Interessen anderer Kapitalfraktionen. In Bezug auf die Aushandlung der technopolitischen Regulation geht es dabei insbesondere um die staatliche Förderung bestimmter technischer Entwicklungen. Durch diese Form der Technopolitik werden einerseits private Forschung und Entwicklung sowie die Modernisierung von Produktionsmitteln subventioniert. Andererseits werden regulatorische Bestimmungen (zum Beispiel hinsichtlich des Datenschutzes) ausgehandelt, die bestimmte technologische Entwicklungen befördern und andere benachteiligen.

Die über Jahrzehnte hinweg eingespielte Kooperation zwischen Gewerkschaften, Arbeitgeberverbänden und Staat hat dazu geführt, dass sich in Deutschland ein relativ stabiles Modell der »Konfliktpartnerschaft«[13] herausgebildet hat. Dieses zeichnet sich vor allem durch verlässliche Interaktionsmuster zwischen den Interessenparteien aus. Traditionell wird davon ausgegangen, dass eine solche kooperative Form industrieller Beziehungen nur in Zeiten des ökonomischen Aufschwungs funktioniert.[14] Allerdings konnte sich in Deutschland während und nach der Wirtschaftskrise von 2007 bis 2009 auch ein »Krisenkorporatismus« etablieren,[15] der die Gewerkschaften stärker an den staatspolitischen Apparat band und auch in der aktuellen Krise der Automobilindustrie wieder zum Zug kommt. So erklärte etwa die IG Metall, für die Tarifrunde Anfang 2020 in der Metall- und Elektroindustrie aufgrund der Krise der Branche keine konkreten Lohnforderungen stellen zu wollen. Stattdessen solle mit den Arbeitgeberverbänden ein »Zukunftspaket« ausgehandelt werden. Mit der Coronakrise wurden diese Zugeständnisse noch einmal ausgeweitet.

Korporatismus kann als eine politische Struktur verstanden werden, die organisierte sozioökonomische Produzent:innengruppen durch ein System der Repräsentation und kooperativen Interaktion auf der Führungsebene und der Mobilisierung und sozialen Kontrolle auf der Massenebene integriert. Solch eine Struktur ist keine bloße Ideologie, sondern besteht aus materiellen Verknüpfungen zwischen dem Staat und ökonomischen Interessengruppen, insbesondere Gewerkschaften und Unternehmensverbänden. In seiner ausgeprägtesten Form besteht der Korporatismus aus einer institutionalisierten Repräsentation der Interessengruppen in der Wirtschaftspolitik. Die Gruppen interagieren dann innerhalb dieses Prozesses und nicht mehr in einer Eins-zu-eins-Beziehung, wie sie etwa für Tarifverhandlungen typisch ist.[16]

Eine korporatistische Konstellation industrieller Beziehungen geht, wie Leo Panitch betont, keineswegs mit einem Machtgleichgewicht zwischen Gewerkschaften und Unternehmensverbänden einher.[17] Das liegt daran, dass die Macht der Gewerkschaften auf der Wirksamkeit der kollektiven Organisierung basiert. Die Macht der Kapitalseite basiert dagegen auf der Kontrolle der Produktionsmittel. Diese Kontrolle wird von den einzelnen Unternehmen nicht auf die Unternehmensverbände übertragen. Das bedeutet, dass die Einbindung dieser Verbände in staatliche Strukturen für die Unternehmen von geringerer Bedeutung ist als die Einbindung von Gewerkschaften für die Beschäftigten. Die Unternehmensverbände spielen für ihre Klasse als Institutionen der Interessenvertretung, der Repräsentation und der sozialen Kontrolle eine weniger kritische Rolle als die Gewerkschaften für ihre Klasse. Zudem werden die Gewerkschaften zunehmend dazu veranlasst, bei der Formulierung der Gewerkschaftspolitik kapitalistische Wachstumskriterien zur obersten Maxime zu machen. Der wichtigste Aspekt dabei ist die Anerkennung, dass der Profit die Voraussetzung für das zukünftige Wirtschaftswachstum, einschließlich des Lohnes, ist. Beim klassischen Korporatismus ist die zentrale Anforderung an die Gewerkschaften die Zurückhaltung bei Lohnforderungen im nationalen Interesse. Diese stößt jedoch immer wieder auf politischen Widerstand bei den Beschäftigten selbst. Das geschieht weniger über die politische Ablehnung des Korporatismus durch die Beschäftigten, sondern vielmehr, weil der Lohn die zentrale materielle Grundlage der Kooperation der Beschäftigten darstellt. Wenn die Lohnzurückhaltung kontinuierlich praktiziert oder intensiviert wird, steigt die Wahrscheinlichkeit, dass sich die Gewerkschaften durch die Mobilisierung der Opposition innerhalb der Gewerkschaftsorganisationen aus den korporatistischen Strukturen zurückziehen oder zumindest versuchen werden, ihren Platz in den entsprechenden politischen Strukturen neu zu verhandeln.[18] Dieses Dilemma ist, wie wir noch sehen werden, für die regulatorische Aushandlung der betrieblichen Digitalisierung von neuer Relevanz.

Neben den korporatistischen Konstellationen kommt es seit den 2000er-Jahren zu einem Prozess der kontrollierten Dezentralisierung in den deutschen industriellen Beziehungen.[19] Der weitreichendste Schritt dieser Dezentralisierung wurde durch das Pforzheimer Abkommen von 2004 vollzogen, das betriebsbezogene Tarifabweichungen von den Flächentarifverträgen ermöglicht.[20] Damit begann eine weitreichende Verlagerung auch tarifpolitischer Aushandlungen von der institutionellen Arena der Regulation in die betriebliche Arena, also in die Zuständigkeit der Betriebsräte.[21] Durch diese Dezentralisierung brechen teilweise strukturelle Voraussetzungen für korporative »Eliten-Deals« weg.[22] In den regulatorischen Aushandlungen über die Digitalisierung der Arbeit spielen jedoch sowohl Korporatismus als auch Dezentralisierung eine wichtige Rolle. In den folgenden Abschnitten werden diese technopolitischen Aushandlungen in der Regulationsarena, strukturiert nach den drei zentralen institutionellen Akteuren, rekonstruiert.

Unternehmerische Technopolitik

Digitalisierung ist zu einem wichtigen Thema für die deutschen Arbeitgeberverbände geworden, wie eine Vielzahl von Publikationen und eine eigene themenbezogene Website zeigen. Die zentralen Anliegen in der Technopolitik der Arbeitgeberverbände sind die Aufweichung der Arbeitszeitbeschränkungen, der Abbau der betrieblichen Mitbestimmung und der Abbau von Datenschutzvorschriften. Aber auch Fragen der Regulierung von Migration tauchen im

Zusammenhang mit der Digitalisierung immer wieder auf. Das zentrale Motto der Arbeitgeberverbände ist dabei: »Arbeiten 4.0 verlangt Flexibilisierung.«[23]

In Bezug auf die Arbeitszeit wird argumentiert, dass die globale Vernetzung digitaler Arbeitsprozesse schon aufgrund der verschiedenen Zeitzonen keine regelmäßigen Arbeitszeiten mehr ermögliche:

> Tritt z. B. in einer von Deutschland aus digital gesteuerten Fabrik in Mexiko ein technisches Problem auf, muss der zuständige Ingenieur auch außerhalb der regelmäßigen Arbeitszeiten die Möglichkeit haben, im Notfall per App in das entsprechende Steuerungssystem einzugreifen. Und auch eine deutsche Programmiererin muss sich als Teil eines internationalen Entwicklerteams bei schwierigen Fragen abends über Internettelefonie kurzfristig mit ihren Kollegen in Indien austauschen können.[24]

Darüber hinaus sei es in der digitalen Arbeitswelt notwendig, auch »am späteren Abend bis 23 Uhr die während des Tages liegen gebliebenen E-Mails ab[zu]arbeiten«. Die tägliche Höchstarbeitszeit von zehn Stunden sei »realitätsfern« und müsse, ebenso wie die tägliche Ruhezeit von 11 Stunden, abgeschafft werden. Mobiles Arbeiten werde im Zuge der Digitalisierung immer wichtiger und dürfe keinesfalls rechtlich eingeschränkt werden. Ein Rechtsanspruch der Beschäftigten auf Homeoffice hingegen gehe »komplett an der Realität in den Unternehmen vorbei«.[25] Auch mir gegenüber betonten Arbeitgebervertreter, dass Arbeit in Zukunft »zeit- und ortsunabhängig« zu erfolgen habe, weshalb Ruhezeiten und das Verbot von Sonntagsarbeit »nicht mehr zeitgemäß« seien. Insgesamt wird das Thema Zeit zu einem der wichtigsten arbeitspolitischen Konfliktfelder der Digitalisierung. Wir werden in den weiteren Kapiteln sehen, dass es in allen Arenen der Technopolitik diesbezüglich zu intensiven Aushandlungen kommt.

Im Bereich des Datenschutzes setzten die Europäische Datenschutzgrundverordnung und entsprechende nationale Gesetzgebung relativ hohe Standards, die den Arbeitgeberverbänden ein Dorn im Auge sind. In einer Befragung ihrer Mitglieder kommt die Bundesvereinigung Deutscher Arbeitgeberverbände (BDA) zu dem Ergebnis, dass für 64 Prozent der deutschen Unternehmen, die sich mit der möglichen Einführung von KI-Technologien beschäftigen, der Datenschutz das größte Hemmnis sei. Dieses Hemmnis müsse beseitigt werden, denn:

> Das kluge Erheben und Auswerten großer Datenmengen ist vor allem ein entscheidender Faktor für die Wettbewerbsfähigkeit unserer Wirtschaft und keine Bedrohung. Wir müssen das Datenschutzrecht daher flexibler gestalten [...] Das gilt insbesondere auch für die digitale Arbeitswelt. Der Einsatz digitaler Assistenzsysteme, die intelligente Steuerung von Produktionsprozessen oder auch KI-gestützte Softwareanwendungen im HR-Bereich sind ohne die sinnvolle und sensible Auswertung von Beschäftigtendaten nicht vorstellbar.[26]

Diese »Erhebung und Auswertung großer Datenmengen« über die Beschäftigten solle auch auf »aussagekräftige Kompetenzprofile der Mitarbeiter« ausgeweitet werden. Eine solche automatische Profilierung der Beschäftigten ist nach der gegenwärtigen Rechtslage nicht möglich. So hat das Bundesarbeitsgericht (BAG) entschieden, dass eine Betriebsvereinbarung zur Einführung eines digitalen Systems zur Leistungskontrolle unwirksam ist, da es eine dauerhafte Überwachung einzelner Beschäftigter erlaubt. Ebendies müsse laut BDA jedoch legalisiert werden, insbesondere um sogenannte Wearables wie Datenbrillen und Datenhandschuhe umfassend einführen zu können. Die Aushandlung über den Umfang der Verarbeitung personenbezogener Daten solle zudem nicht mehr kollektiv erfolgen, sondern mit individuellen Beschäftigten vertraglich festgelegt werden.[27]

Ein Thema, das für industrielle Beziehungen generell von großer Relevanz ist, aber im Zuge der Digitalisierung unter leicht veränderten Vorzeichen verhandelt wird, ist das Thema der Qualifikation. Bereits seit längerem beklagen Unternehmensverbände einen Mangel an Fachkräften. Dieser verstärke sich mit dem großen Bedarf an IT-Fachkräften noch einmal, so dass die BDA eine »alarmierende Fachkräftelücke«[28] sieht und entsprechende praxisnahe IT-Ausbildungen fordert. Gleichzeitig besteht jedoch neben der neuen digitalen Elite ein Bedarf an »einer Basis an vielen weniger Qualifizierten«, wie es ein Arbeitgeber im Gespräch mit mir ausdrückt. Die spezifische Hoffnung der BDA zur einfacheren Einbindung Geringqualifizierter im Zusammenhang mit der Digitalisierung setzt auf eine »Unterstützung intelligenter Systeme«. Diese sollen durch detaillierte digitale Anweisungen Fachkenntnisse ersetzen.[29]

Ein eng mit dem Problem der Qualifikationen verbundenes Thema ist die Regulierung von Migration. So fordert die BDA im Zusammenhang mit dem verstärkten Bedarf an IT-Fachkräften »qualifizierte Zuwanderung« zu erleichtern.[30] Gleichzeitig wird Migration aber auch als mögliche Lösung für den Bedarf an billiger, niedrigqualifizierter Arbeitskraft gesehen. So klagen in der Befragung Arbeitgeber über die niedrigen Arbeitslosenquoten in den süddeutschen Industrieregionen, die es ihnen unmöglich machten, billige Arbeitskräfte zu finden. Eine Lösung wird darin gesehen, Geflüchtete zu beschäftigen, die zwar der deutschen Sprache in der Regel nicht mächtig sind, aber für wenig Geld arbeiten. Diese könnten durch nicht sprachbasierte digitale Arbeitsleitsysteme in den Produktionsprozess eingebunden werden (hierauf wird noch einzugehen sein). Generell fordern die Arbeitgeberverbände bei in Deutschland ankommenden Geflüchteten »schnell mit der Integration in den Arbeitsmarkt zu beginnen« und bürokratische Hürden, wie etwa die Vorrangigkeitsprüfung, abzuschaffen.[31] Andererseits werden Gesetzesvorstöße begrüßt, die Sanktionen gegen Ausreisepflichtige verschärfen bzw. Abschiebungen beschleunigen sollen.[32] Insgesamt scheinen Arbeitgeber jenseits der Debatte um einen Mangel an hochqualifizierten Fachkräften auch und insbesondere an der Zufuhr billiger Arbeitskräfte Interesse zu haben. Daraus ergibt sich eine Haltung, die einerseits für den Abbau von Beschäftigungshürden wirbt. Andererseits sollen aber genau jene Regulierungen aufrechterhalten werden, die den Aufenthaltsstatus der betroffenen Personen prekär halten. Letzteres gewährleistet nicht nur niedrige Löhne, sondern auch zusätzlichen Gehorsam der migrantischen Arbeitskräfte.[33]

Ein weiterer Punkt, an dem die BDA Anstoß nimmt, sind die weitreichenden Mitbestimmungsrechte, die das Betriebsverfassungsgesetz (BetrVG) Betriebsräten in Bezug auf Technologieimplementierung einräumt. Mitbestimmungspflichtig sind nach § 111 Nr. 4 BetrVG Änderungen in der Betriebsorganisation und Betriebsanlagen und nach § 87 Abs. 1 Nr. 6 die »Einführung und Anwendung von technischen Einrichtungen, die dazu bestimmt sind, das Verhalten oder die Leistung der Arbeitnehmer zu überwachen«. Da die gegenwärtige Digitalisierungswelle gerade darin besteht, alle Produktionsmittel mit Sensorik auszustatten, trifft dies potenziell auf eine große Bandbreite technischer Innovationen zu. § 87 Abs. 4 und § 90 Abs. 1 Nr. 2 BetrVG verpflichten die Unternehmen darüber hinaus, den Betriebsrat über alle Planungen von technischen Einrichtungen und deren Auswirkungen auf den Arbeitsprozess zu informieren. Die Einführung der meisten digitalen Technologien macht bei Vorhandensein eines Betriebsrates deshalb den Abschluss einer Betriebsvereinbarung notwendig, also eines Vertrags, der die spezifische Verwendung der Technologie festlegt. In diesen Vereinbarungen können auch Interessenausgleiche festgelegt werden, die nicht unmittelbar mit der Techniknutzung zu tun haben. All diese Regelungen müssten laut BDA »auf ihre Zukunftsfähigkeit hin überprüft werden«, wobei »unnötige Verzögerungspotenziale« abgebaut werden müssten. So beklagt auch die BDA, dass

> nicht nur die Einführung einer Vielzahl von technischen Einrichtungen, sondern darüber hinaus jedes denkbare Update mitbestimmungspflichtig sein kann. Dies ist im Zeitalter der Digitalisierung, in dem neue Updates manchmal sogar mehrmals täglich erforderlich sind, realitätsfern und für viele Unternehmen kaum umzusetzen.[34]

Das ist ein zentraler Grund dafür, warum etwa *Smart Delivery* und viele andere Plattformen einen erbitterten Kampf gegen betriebliche Mitbestimmung führen. Nach dem Wunsch der BDA müsste anstelle der zeitraubenden Mitbestimmung »der Arbeitgeber entweder sofort eine Maßnahme umsetzen können oder nach Ablauf einer gesetzlich vorzugebenden Zeitspanne, z. B. wenn der Betriebsrat innerhalb eines Monats nicht mitwirkt oder ein Verfahren in die Länge zieht«.[35] Insbesondere der oben bereits genannte § 87 Abs. 1 Nr. 6 BetrVG, der die Mitbestimmungspflichtigkeit von Technologien der Leistungskontrolle festlegt, wird von der BDA als unzeitgemäß beschrieben.[36]

In der Begründung ihrer Kritik an der betrieblichen Mitbestimmung betont die BDA, dass beim Thema Digitalisierung »ALLE IN EINEM BOOT« säßen.[37] Damit wird einerseits nahegelegt, dass die Digitalisierung im allgemeinen Interesse sei und es keine sinnvolle Opposition gegen sie geben könne. Im Industriebereich wird dabei aber auch – anders als in der Plattformökonomie – die grundsätzliche Bereitschaft zu einem sozialpartnerschaftlichen Vorgehen signalisiert. Diese wird im Diskurs wesentlich in Abgrenzung zum oben beschriebenen Modell des CIM formuliert. Insbesondere wendet man sich von der Vision der Vollautomatisierung ab, die unter den Gewerkschaften starke Bedenken verursacht hatte. Vielmehr wird ein sogenanntes

Reshoring von Produktionstätigkeiten aus »Billiglohnländern« in Aussicht gestellt.[38] Ob ein solches Reshoring realistisch ist, wird vielfach bezweifelt,[39] insbesondere, weil die jeweiligen in Deutschland aufgebauten Produktionsanlagen sich gerade durch einen hohen Automatisierungsgrad auszeichnen sollen und damit einen geringen Bedarf an menschlicher Arbeitskraft aufweisen. Pikanterweise wurde die einzige Vorzeigefabrik, auf die sich die Reshoring-Argumentation stützte, wieder geschlossen – und die Produktion nach Asien verlagert.[40]

Unter dem Schlagwort »Sozialpartnerschaft 4.0«[41] signalisieren die Arbeitgeberverbände, dass sie bereit sind, die konkrete Ausgestaltung der Digitalisierung unter Einbezug der Beschäftigten auszuhandeln. Dabei aber sollen Gewerkschaften und Tarifverträge eine geringere Rolle spielen als zuvor. So argumentiert etwa Reinhard Göhner, bis 2016 Hauptgeschäftsführer der BDA, die Arbeitswelt habe sich im Zuge der Digitalisierung dermaßen individualisiert, dass Tarifverträge »oft als Ballast empfunden« würden. Stattdessen seien »individuell vereinbarte Arbeitsbedingungen [...] gefragt, weil viele Arbeitnehmerinnen und Arbeitnehmer das mit ihrem Arbeitgeber individuell auf ihre persönliche Situation und den individuellen Arbeitsplatz zugeschnitten vereinbaren können und wollen.«[42]

Zusammenfassend lassen sich die Forderungen der Arbeitgeberseite in der technopolitischen Arena der Regulation wie folgt beschreiben: An erster Stelle soll die Flexibilisierung der Arbeitsverhältnisse stehen, insbesondere in Hinblick auf eine Aufweichung von Arbeitszeitregularien. Des Weiteren soll die Mitbestimmungspflichtigkeit digitaler Technologien und Datenschutzvorschriften abgebaut werden. Außerdem besteht die Hoffnung, im Zuge der Digitalisierung verstärkt niedrig bezahlte migrantische Arbeitskräfte einbinden zu können. In Hinblick auf die Frage der Sozialpartnerschaft bestehen Differenzen zwischen Arbeitgebern in der Plattformökonomie und der Industrie. Während im Plattformsektor, wie wir unten noch sehen werden, meist jedweder Dialog mit Gewerkschaften oder Betriebsräten ausgeschlossen wird, signalisieren Industrieverbände starke Bereitschaft, die Gewerkschaften in die Ausgestaltung der Digitalisierung miteinzubeziehen. Eine zentrale Rolle spielen dabei staatliche Institutionen, die wesentlich als Vermittler der beiden Interessensgruppen auftreten.

Staatliche Technopolitik

Staatliche Innovationspolitik stellt eine wesentliche institutionelle Grundlage der technologischen Entwicklung dar.[43] So verweist etwa Philipp Staab mit Bezug auf die Schumpeter'sche Innovationstheorie auf die Rolle staatlicher Politik in der Entstehung des digitalen Kapitalismus.[44] Ein wichtiges Element der Technopolitik der deutschen Regierung ist die *Nationale Industriestrategie 2030* (NIS-30) des Bundesministeriums für Wirtschaft und Energie. Das zugehörige Papier leitet mit der Feststellung ein, dass industriepolitische Strategien in vielen Teilen der Welt eine Renaissance erleben.[45] In Deutschland wurde das entsprechende Programm mit dem Label Industrie 4.0 versehen, das zunächst als Teil einer umfassenden PR-Strategie geschaffen wurde.[46] Diese ruft »nach Dampfmaschine, Fließband, Elektronik und IT« eine vierte industrielle Revolution der »intelligenten Fabriken« aus, wie es auf der Website der *Plattform Industrie 4.0* heißt.[47] Die Akteur:innen, die das Label prägten, versprechen sich davon eine »Rückeroberung« der materiellen Produktion durch die hochtechnisierten Länder und eine damit einhergehende Steigerung der Profite.[48]

Industrie 4.0 trat die Nachfolge der im Jahr 2000 vom Europäischen Rat beschlossenen Lissabon-Strategie an. Darin erklärte die EU das Ziel, den USA innerhalb der folgenden zehn Jahre die Weltkmarktführerschaft in Sachen Internetdienstleistungen streitig zu machen.[49] Diese Strategie scheiterte jedoch fulminant. Das Zentrum der Internetdienstleistungen verbleibt weiterhin in den USA, dicht gefolgt von China.[50] Insbesondere die deutsche Volkswirtschaft generiert noch immer einen großen Teil ihrer Profite in der Industrie. Während der Anteil der Industrie am BIP in den USA bei rund zwölf und in Großbritannien bei rund zehn Prozent liegt, kommt er in Deutschland auf über 23 Prozent. Vor diesem Hintergrund fokussierte sich die deutsche Digitalisierungsstrategie in den folgenden Jahren auf die produzierende Industrie, ein Feld, in dem Deutschland einen klaren Wettbewerbsvorteil genießt.[51]

Der Fokus der staatlichen Digitalisierungspolitik liegt dabei auf einer Stärkung Deutschlands im internationalen Standortwettbewerb. So betont das Wirtschaftsministerium, dass die Digitalisierung den Kernbereich der kommenden wirtschaftspolitischen Bemühungen darstellen müsse: KI stelle »die bislang größte Basisinnovation seit Erfindung der Dampfmaschine« dar.[52] Und: »Nur wer über die neuen Technologien verfügt und sie beherrscht, kann seine Position im Wettbewerb dauerhaft behaupten.«[53] Direkt im Anschluss wird erklärt, die Frage der »industriellen und technologischen Souveränität« sei »*die* entscheidende Herausforderung für die Bewahrung der Zukunftsfähigkeit unseres Landes«, bei der es darauf ankomme, nicht vom »rule-maker«, zum »rule taker« derjenigen Länder zu werden, »die rechtzeitig gehandelt haben«.[54] Dieser Topos der technologischen Souveränität wird im Diskurs mit einem starken Nationalbezug aufgeladen: Das Logo des Labels Industrie 4.0 besteht aus dem Piktogramm einer Fabrik, die in den deutschen Nationalfarben gehalten ist; die deutsche Endung »-ie« wurde auch im internationalen Diskurs gegen das englische »industry« verteidigt, und die Titelseite der *NIS-30* ziert ein »Made in Germany«-Stempel, der sich über das gesamte Cover erstreckt.

In diesem Sinne identifiziert die *NIS-30* zunächst die zentralen internationalen Konkurrent:innen Deutschlands. Die USA werden dabei an erster Stelle genannt, da sie durch ihre starke Plattformökonomie einen zentralen Anteil an der Digitalisierung halten. Japan habe sich in den letzten Jahren in den Bereichen KI, vernetzte Maschinen und Robotik hervorgetan, und die VR China sei in allen genannten Bereichen auf dem Vormarsch. Auch hier wird noch einmal die Einschätzung wiederholt, dass Deutschland auf dem Gebiet der Plattformökonomie und der Internetdienstleistungen im Allgemeinen deutlich den USA hinterherhinke. Überdies wird befürchtet, dass auch alle erfolgreichen Internet-Start-ups aus Deutschland ab einer bestimmten Wachstumsphase von Venture Capital Fonds aus den USA finanziert würden: »Dadurch werden sie Schritt für Schritt US-amerikanische Unternehmen.«[55] Demgegenüber sei jedoch der industrielle Mittelstand in Deutschland in der internationalen Konkurrenz nach wie vor gut aufgestellt, weshalb sich Förderungsmaßnahmen auf diesen konzentrieren sollten. Von der ausländischen Konkurrenz ausgehende Bedrohungsszenarien sind ein zentraler Bestandteil der staatlichen Mobilisierungsstrategie für eine deutsche Digitalisierungspolitik. Beschworen wird »die Gefahr eines erheblichen Verlustes an Wertschöpfung, falls es nicht gelingt, auch bei den disruptiven Technologien eine Führungsposition zu bekommen«.[56] Auch das Herz der deutschen Industrie, die Automobilproduktion, sei bedroht. Diese Gefahr betreffe »nicht nur die Unternehmen der Branche, sondern alle wirtschaftlichen und staatlichen Akteure gleichermaßen«.[57] Mit Wendungen wie dieser werden die heterogenen ökonomischen Akteur:innen auf innere Einigkeit im Angesicht der äußeren Bedrohung eingeschworen.

Zusammenfassend lässt sich festhalten, dass sich die staatliche Technopolitik vor allem durch eine korporatistische Mobilisierung divergierender Interessengruppen auszeichnet. Das Ziel dieser Mobilisierung ist die Herstellung deutscher Wettbewerbsfähigkeit im Sinne einer »technologischen Souveränität«. Die beiden zentralen Techniken zur Herstellung dieser Wettbewerbsfähigkeit sind, wie wir in den folgenden Abschnitten sehen werden, die staatliche Subventionierung technologischer Entwicklung und die Vermittlung zwischen den Interessengruppen.

Staatliche Finanzierung

Für das deutsche Modell der staatlichen Technopolitik ist die Förderung privater Forschung und Entwicklung charakteristisch. Deutschland gehört weltweit zu denjenigen Ländern mit dem größten staatlichen Investitionsvolumen in Forschung und Entwicklung. Es rangiert dabei noch vor den USA, Frankreich und China. Im Mai 2019 wurde beschlossen, diese Investitionsquote von aktuell drei Prozent des BIP bis 2025 noch einmal auf 3,5 Prozent anzuheben.[58] Hierbei handelt es sich nicht um Wissenschaftsförderung, sondern um die Finanzierung von Innovationen, die dann privatwirtschaftlich verwertet werden. Der wichtigste institutionelle Träger derartiger staatlich subventionierter Technologieentwicklung ist die Fraunhofer Gesellschaft, die ein jährliches Forschungsvolumen von 2,6 Milliarden Euro bearbeitet, von denen 2,2 Milliarden auf die Vertragsforschung entfallen.[59] Ein Beispiel für die Entwicklung einer Industrie-4.0-Technologie ist das oben bereits genannte KapaflexCy-Projekt des Fraunhofer Instituts für Arbeits- und Organisationsforschung. Der Projektbericht erklärt, dass in der digitalen Ökonomie aufgrund von individualisierter Produktion erhöhte Marktvolatilitäten zu erwarten seien und deshalb mehr Flexibilität in der Personaleinsatzplanung geboten sei.[60] Als technologische Lösung für dieses Problem wurde eine digitale Anwendung entwickelt und in einem Unternehmen beispielhaft eingeführt, die eine halbautomatische Personaleinsatzplanung erlaubt. Mit diesem und vielen ähnlichen Projekten soll die tatsächliche Digitalisierung der deutschen Industrie beschleunigt werden. Hinzu kommen noch verschiedene andere direkte und indirekte Fördermaßnahmen für unternehmerische Innovationen.

Zusammen ergeben diese Maßnahmen eine staatliche Innovationsfinanzierung, die sich deutlich von den Modellen anderer Länder, insbesondere der USA, unterscheidet. In den USA werden technologische Innovationen vor allem durch private Risikokapitalgesellschaften (Venture Capitalists) und Militärforschung finanziert. Von der großen Verfügbarkeit von Risikokapital profitieren insbesondere Start-up-Unternehmen, die mit potenziell »disruptiven« Technologieversprechen antreten, also solchen Technologien, die ganze Märkte revolutionieren oder neu schaffen.[61] Das Fehlen dieser Art von Risikokapital hat dazu geführt, dass Deutschland bei der Entwicklung disruptiver Technologien weit hinter den USA herhinkt. Deshalb soll die Funktion der Venture Capitalists in Deutschland unter anderem von einer Agentur zur Förderung von Sprunginnovationen (SPRIN-D) übernommen werden. Die Agentur ist ein Unternehmen der Bundesregierung in der Rechtsform einer GmbH. Mit einer anfänglichen Finanzgrundlage von einer Milliarde Euro soll sie potenziell disruptive Technologieentwicklungen identifizieren und kapitalisieren.

Der deutsche Staat spielt also eine wichtige Rolle bei der Finanzierung der Digitalisierung. Das ist freilich in den meisten Volkswirtschaften der Fall,[62] das spezifisch deutsche Modell zeichnet sich hier durch drei Faktoren aus: erstens einen Fokus auf die Subventionierung der Modernisierung industrieller Produktionsmittel. Zweitens die staatlich finanzierte private Technologieentwicklung, etwa in den Fraunhofer Instituten. Drittens das Ersetzen von Risikokapitalaktivitäten im Bereich der Internetökonomie durch staatliche Fonds. Dieses Vorgehen wird von den beteiligten Institutionen meist als Krisenreaktion verstanden.

Der bei weitem größte Teil der für die Digitalisierung aufgebrachten staatlichen Mittel kommt zwar den Unternehmen zugute. Gleichzeitig werden aber auch sozialpartnerschaftliche Gewerkschaftsprojekte wie das Projekt Arbeit+Innovation[63] gefördert, auf das noch eingegangen werden soll. Wichtig ist dabei stets eine staatliche Vermittlungsposition zwischen Kapital und Arbeit, die sich auch in verschiedenen neugeschaffenen Institutionen manifestiert. Eine zentrale derartige Institution ist die Plattform Industrie 4.0. Bereits 2013 formulierte der vom Bundesministerium für Bildung und Forschung (BMBF) und der Forschungsunion Wirtschaft eingesetzte Arbeitskreis Industrie 4.0 in seinem Abschlussbericht konkrete Empfehlungen für die Umsetzung und Förderung der Digitalisierung der deutschen Industrie an die deutsche Bundesregierung.[64] Im selben Jahr ging aus diesem Arbeitskreis die Plattform Industrie 4.0 hervor. Dieser Zusammenschluss wurde von den Ingenieurs- und Informationstechnologieverbänden BITKOM, Verband Deutscher Maschinen- und Anlagenbau (VDMA) und Zentralverband Elektrotechnik- und Elektronikindustrie e. V. (ZVEI) getragen. Seit 2015 wird die Plattform unter Aufsicht des Wirtschaftsministeriums weitergeführt.[65] Ihre Aufgabe ist es, unter Einbeziehung von Unternehmensverbänden, Gewerkschaften und Wissenschaft die regulatorischen Rahmenbedingungen der industriellen Digitalisierung zu bestimmen.

Ein wichtiges Produkt dieser Kooperation war der vom Bundesministerium für Arbeit und Soziales (BMAS) moderierte Dialogprozess Arbeiten 4.0 von April 2015 bis November 2016. Der Prozess bestand aus einer Eröffnungskonferenz, einem *Grünbuch* über offene Fragen zum Thema, verschiedenen Einzeldiskussionen, einer Abschlusskonferenz und der Publikation eines *Weißbuchs Arbeiten 4.0*, in dem eine konsolidierte Position der verschiedenen Interessengruppen präsentiert wurde. Ein zentrales Ergebnis dieser Verständigung ist die Ausrufung eines »neuen Flexibilitätskompromisses«, der Regelungen insbesondere bezüglich der betrieblichen Mitbestimmung und der Arbeitszeiten den »Flexibilitätserfordernissen« der digitalen Arbeitswelt anpassen soll.[66] Unter dem Titel *Industrie 4.0 – Wie das Recht schritthält* hat die Plattform Industrie 4.0 Empfehlungen zur Anpassung rechtlicher Bestimmungen an die digitale Ökonomie veröffentlicht. Dort schlägt sie beispielsweise vor, die Begrenzung der täglichen Arbeitszeit auf acht bzw. zehn Stunden zu »überdenken« und eine Lockerung des Sonn- und Feiertagsarbeitsverbotes zu erwägen.[67] Über die Frage, ob die Digitalisierung einen Abbau der betrieblichen Mitbestimmungsrechte erforderlich mache, seien »Arbeitgeber- und Arbeitnehmervertreter nicht einheitlicher Meinung«.[68]

Auch der Themenkomplex Qualifikation und Migration ist ein wichtiges Feld staatlicher Arbeitsmarktpolitik und lässt sich auch als indirekte Technopolitik verstehen. Wie im vorhergehenden Kapitel bereits dargelegt, diagnostizieren Unternehmensverbände im Zusammenhang mit der Digitalisierung einen steigenden Fachkräftemangel[69] und fordern, diesen durch zusätzliche Qualifikationsmaßnahmen und gesteuerte Zuwanderung abzufedern. Eine Studie der Bertelsmann Stiftung geht deshalb davon aus, dass in den kommenden 30 Jahren ein jährlicher Zuwanderungsbedarf von 400 000 Arbeitskräften besteht, um das Erwerbspotenzial auf gegenwärtigem Niveau zu stabilisieren.[70] Deshalb wurde in Deutschland unter anderem 2012 die sogenannte Bluecard eingeführt, die Drittstaatsangehörigen das Arbeiten innerhalb der EU erleichtern soll.[71] 2016 wurde das Integrationsgesetz verabschiedet, das einerseits den Zugang zu Erwerbsarbeit für viele Geflüchtete erleichtert, andererseits aber auch eine Verknüpfung zwischen Aufenthaltsrechten und dem Zwang zur Erwerbsarbeit formuliert.[72] Tatsächlich stiegen in der Folge die Zahl und der Anteil von Migrant:innen aus Drittstaaten, die als erwerbstätig registriert werden, jedoch fast ausschließlich in Sektoren, die für die Ausbeutung billiger Arbeitskraft bekannt sind.[73] Das scheint durchaus intendiert zu sein: Da auch im Zuge der Digitalisierung ein hoher Bedarf an niedrigqualifizierten Arbeitskräften besteht,[74] wird derzeit eine Ausweitung der liberalen Regulierungen der Erwerbszuwanderung jenseits des Segments der Hochqualifizierten angestrebt.[75] Eine solche trat im März 2020 mit dem Fachkräfteeinwanderungsgesetz in Kraft. Diese Kombination aus liberalem Arbeitsmarktzugang und prekärem Aufenthaltsstatus spielt, wie wir im Folgenden noch detaillierter sehen werden, eine wichtige Rolle für die soziale Zusammensetzung der algorithmisch gesteuerten »Einfacharbeit« in Industrie und Plattformlogistik.

Für die direkte staatliche Technopolitik im Kontext der Implementierung algorithmischer Arbeitssteuerung sind die vom BMAS ausgerichteten »Experimentierräume« besonders relevant. Dabei handelt es sich um »ein Instrument, mit dem Unternehmensleitung und Beschäftigte gemeinsam und in einem kreativen Prozess Lösungen für die Arbeitswelt 4.0 entwickeln«.[76] Die Idee ist dabei, in Unternehmen Räume zu schaffen, in denen bestehende Regulierungen außer Kraft gesetzt werden, um die Implementierung digitaler Technologien und entsprechender Arbeitsorganisationsformen zu erproben. Diese Erprobung soll im Rahmen eines staatlich vermittelten Konsenses zwischen Management und Beschäftigten bzw. deren Vertreter:innen aus Betriebsrat und Gewerkschaft erfolgen.[77] In Anlehnung an den Begriff der Sonderwirtschaftszonen, der auf Territorien innerhalb von Nationalstaaten verweist, die zugunsten der dort ansässigen Unternehmen von nationalen Regulierungen ausgenommen sind, kann hier von *technologischen Sonderzonen* innerhalb von Unternehmen gesprochen werden.

Zunächst reicht es aus festzuhalten, dass die verschiedenen hier beschriebenen staatlichen Programme eine besondere Art der Technopolitik darstellen. Der wahrgenommene Innovationsdruck ist scheinbar so hoch, dass von den staatlichen Stellen selbst vorausgesetzt wird, dass bestehende Regulierungen unzureichend sind. Während der Zweck wirtschaftlicher Regularien üblicherweise gerade darin besteht, dass die zu regulierende Praxis sich den Vorschriften anpasst, ist hier das Gegenteil der Fall: Der Digitalisierung wird derart hohe Dringlichkeit zugeschrieben, dass nunmehr zur Frage wird, »wie das Recht schritthält«. Die technologischen Sonderzonen zeugen dabei von der Bereitschaft, bestehende Regularien außer Kraft zu setzen, noch bevor es konkrete Alternativen gibt. So entsteht eine neue Form von Korporatismus, an dem auch die Industriegewerkschaften mitwirken.

Industriegewerkschaften: gestaltungsorientiert-kooperative Technopolitik

Die Rolle der Gewerkschaften in technopolitischen Aushandlungen ist ambivalent. Da die Einführung neuer Technologien in den Produktionsprozess oft mit einer Ausweitung von Kontrolle, Dequalifizierung und dem Wegfall von Arbeitsplätzen einhergeht, kommt den Gewerkschaften strukturell eine bremsende Rolle im Innovationsprozess zu. In diesem Sinne wurde ein negativer Zusammenhang zwischen gewerkschaftlichem Organisierungsgrad und der Ausbreitung neuer Technologien diagnostiziert.[78] Bei genauerem Hinsehen ergibt sich jedoch für die DGB-Gewerkschaften ein widersprüchlicheres Bild. Die DGB-Gewerkschaften teilen zunächst die Position der unternehmerischen und staatlichen Akteure, dass die Förderung der Industrie im Rahmen des internationalen Standortwettbewerbs zentral sei. Im Interview erklärt ein mit der strategischen Entwicklung dieses Bereiches betrauter Funktionär:

> Wir finden das erstmal richtig, dass wir eine starke industrielle Basis in Deutschland haben. Wir verstehen das nicht als Modernisierungsrückstand, dass wir einen hohen Industrieanteil haben. [...] Und von daher finde ich das erstmal richtig zu sagen, wie kriegen wir Industrie in Deutschland gesichert wegen der vielen Arbeitsplätze und dem Wohlstand.

Auch die Einschätzung, dass die Vorreiterrolle Deutschlands derzeit von China und den USA bedroht werde, teilen die Gewerkschaften. Hier ruft der Interviewte zu noch größeren Anstrengungen im internationalen Wettbewerb auf: »Die Frage ist, verschläft die deutsche Autoindustrie ihren Wettbewerb mit anderen Ländern? Stichwort China, Stichwort vielleicht auch USA.« In diesem Wettbewerb messen auch die Gewerkschaften der technologischen Entwicklung eine wichtige Rolle bei. Von besonderer Bedeutung sei die technologische Entwicklung in der Industrie, »da wir erstmal natürlich auch mit Technik verbunden sind als Metallindustrie«.

Ähnlich wie den staatlichen Institutionen und den Unternehmensverbänden geht den DGB-Gewerkschaften die Digitalisierung scheinbar noch nicht schnell genug vonstatten. Die Unternehmen würden zu »defensiv« vorgehen, heißt es in einer Pressemitteilung der IG Metall. Stattdessen müsste »offensiv« vorgegangen und in neue Produkte, Prozesse und Geschäftsmodelle investiert werden.[79] In diesem Sinne grenzen sich die Gewerkschaften von einer generellen Kritik an der technologischen Entwicklung ab. Es gehe nicht darum »zu sagen, Industrie 4.0 ja oder nein, sondern immer zu gucken, lassen sich Technologien, lässt sich technischer Fortschritt dafür verwenden, dass Arbeitstage, Arbeitsbedingungen besser werden«. Diese für die Industriegewerkschaften charakteristische Position wurde bereits 1965 vom damaligen Präsidenten der IG Metall Otto Brenner im Rahmen der damaligen Automatisierungsdebatte vorgetragen: »Die Gewerkschaften lehnen den technologischen Fortschritt nicht ab. Wir wollen ihn weder aufhalten noch verlangsamen. Aber wir bestehen darauf, dass die Technologie sinnvoll eingesetzt, kontrolliert und geplant wird, zum Wohle aller.«[80] Hierin kommt eine stark gestaltungsorientierte Technopolitik zum Ausdruck, bei der die technologische Entwicklung als zwangsläufig vorausgesetzt wird und es dann darum geht, diese so zu beeinflussen, dass sie möglichst beschäftigtenfreundlich ist.[81] Im Zusammenhang der Debatte um die Industrie 4.0 wurde diese Gestaltung, wie wir im Folgenden sehen werden, sowohl auf der institutionellen als auch auf der betrieblichen Ebene vorangetrieben.

Institutionelle Technopolitik

Auf der institutionellen Ebene ist die Beteiligung des DGB an der Plattform Industrie 4.0 besonders wichtig. Aus ihr resultierten verschiedene andere Kooperationsformate, wie der bereits erwähnte Dialogprozess Arbeiten 4.0 sowie die daraus hervorgehenden Bände *Weißbuch* und *Grünbuch Industrie 4.0*. Die Beteiligung der Gewerkschaften an diesen Formaten bedeutet, dass sie das Label Industrie 4.0 gemeinsam mit der Arbeitgeberseite vorantreiben müssen. Ein befragter Gewerkschaftsfunktionär erklärt hierzu, dass »man sich keine Illusionen darüber machen [sollte], dass das eine eher wirtschafts- und wirtschaftsministeriumsgetriebene Sache ist, die da einfach auch in der Mehrheit sind.« Das Wichtigste sei für die Gewerkschaften jedoch gewesen, bei dem Prozess überhaupt »einen Fuß drin zu haben«. Dieses Vorgehen sei alternativlos, erklärt ein anderer Funktionär, da »es bei einer Verweigerungshaltung [...] doch gemacht wird, weil die technische Voraussetzung eben gegeben ist. [...] Sie werden uns dazu schlichtweg nicht fragen.« Aufgrund dieser starken Gestaltungsorientierung sei von Gewerkschaftsseite »sehr viel mitgegangen worden«, die Strategie sei aber dennoch «insoweit aufgegangen, dass zumindest der Fuß mit drin ist«. Erst diese Kooperation habe es den Gewerkschaften erlaubt, überhaupt Beschäftigteninteressen in den Prozess mit einzubringen.

Mit den meisten der oben genannten Forderungen der Unternehmensverbände stimmen die Gewerkschaften nicht überein. Ausnahme ist die Forderung nach mehr IT-Qualifikationen für Beschäftigte – einziger Streitpunkt ist hier, wer diese bezahlen soll. Teilweise Überschneidungen gibt es, wie wir unten sehen werden, beim Thema Flexibilisierung. Generell haben die beteiligten Gewerkschafter:innen den Eindruck, dass die Unternehmensverbände den Digitalisierungsdiskurs »ganz klar missbrauchen, um jeglicher Form von Regulierung von Arbeit entgegenzutreten«. Eines der zentralen Angriffsziele ist dabei das Arbeitszeitgesetz. So berichtet ein Gewerkschafter: »Es gibt immer den Hinweis, das Arbeitszeitgesetz, da hält sich ja eh keiner dran, dann könnte man's ja auch abschaffen. Das ist in etwa so überzeugend wie die Forderung, es fahren auch Leute in der 50er Zone 60, also braucht's das Tempo 50 nicht mehr.« Der zentralen Forderung der Unternehmensvertretungen nach einer Flexibilisierung der Arbeitszeiten stellen sich die Gewerkschaften nicht entgegen. Auch sie betonen, dass Arbeit im Zuge der Digitalisierung flexibler werden müsse. Allerdings machen sie dabei deutlich, dass Flexibilität vor allem auch mehr Zeitsouveränität für die Beschäftigten bedeuten müsse.[82] Dazu zählen unter anderem die Umwandlung von Schichtzulagen in Freizeit, die Flexibilität in der Schichtwahl, ein Anrecht auf Homeoffice sowie die Möglichkeit einer Absenkung der individuellen Wochenarbeitszeit.[83]

Auch das Thema der betrieblichen Mitbestimmung ist ein wichtiger Bestandteil technopolitischer Aushandlungen auf der institutionellen Ebene. Hier wehren sich die Gewerkschaften gegen den von den Unternehmensvertretungen geforderten Abbau der Mitbestimmungsrechte. Im Gegenteil argumentiert die IG Metall, dass sich nach einer Umfrage 72 Prozent der Beschäftigten in ihrem Organisationsbereich nicht ausreichend über Digitalisierungsprojekte in ihren Betrieben informiert fühlen und 62 Prozent der Betriebsrät:innen nicht in diesbezügliche Entscheidungen eingebunden werden. Deshalb wird eine Ausweitung der betrieblichen Mitbestimmung gefordert.[84] Neue Formen der individuellen Mitbestimmung, die im Zuge der Digitalisierung immer wieder diskutiert werden,[85] sehen die Gewerkschaftsvertreter:innen dagegen eher kritisch:

> Die Gefahr lautet in diesem Diskurs, dass die stärkere Mitsprache des Einzelnen, die ja in manchen Unternehmen auch gelebt wird, zulasten der kollektiven Formen der Mitbestimmung geht. Das heißt, dahinter steht bestimmt auch der Versuch, Betriebsräte, Gewerkschaften als kollektive Interessenvertretung zu schwächen und zu sagen, der Einzelne soll stärker mitbestimmen können.

Als Gegenstrategie schlägt der befragte Funktionär eine Ausweitung der Partizipationsmöglichkeiten in Gewerkschaften und Betriebsräten vor. Diese hätten die Aufgabe, »auch selber Beschäftigte mehr einzubinden und die Mitgliedschaft zu fragen, was sie denn wollen. Stellvertreterpolitik wird weniger Zukunft haben, als sie in der Vergangenheit Gewerkschaftshandeln geprägt hat.« Auch im Bereich des Datenschutzes stimmen die Gewerkschaften nicht mit den Forderungen der Unternehmensvertretungen nach einem Abbau der Datenschutzbestimmungen überein. Sie fürchten stattdessen, dass es durch die Digitalisierung zum »gläsernen Beschäftigten« kommt, und fordern eine entsprechend strenge Einhaltung der Vorschriften.

Insgesamt kann festgehalten werden, dass die gewerkschaftliche Beteiligung an den Dialogprozessen auf institutioneller Ebene vor allem damit begründet wird, überhaupt bei der Ausgestaltung der digitalen Zukunft gehört zu werden. Demgegenüber stehen die Konzessionen, die in dieser Form konsensorientierter Technopolitik gemacht werden müssen. Das ist hier insbesondere die prinzipielle Zustimmung zu Digitalisierungsmaßnahmen. Diese werden von den Gewerkschaften auch auf betrieblicher Ebene mit vorangetrieben.

Betriebliche Technopolitik

Ein wesentlicher Teil der gewerkschaftlichen Technopolitik spielt sich direkt auf der betrieblichen Ebene ab. Dabei kommt ein neues Format sozialpartnerschaftlicher Technologieimplementierung zum Einsatz, das meist entweder als staatlich vermittelte »Experimentierräume« bzw. »Praxislabore«[86] oder in Form von gewerkschaftlich initiierten »Leuchtturmprojekten«[87] auftritt. Oben wurden diese Formate zusammenfassend als technologische Sonderzonen bezeichnet. Gemeint ist damit die versuchsweise Implementierung digitaler Infrastrukturen in klar abgegrenzten Unternehmensbereichen. In den meisten Fällen werden dabei bestehende betriebliche und überbetriebliche Regulierungen mit Zustimmung von Arbeitgeber- und Arbeitnehmervertretungen vorübergehend außer Kraft gesetzt, um neue Formen digitalisierter Arbeit zu erproben.[88] Vorreiter sind etwa Initiativen wie das bundesweite Projekt der IG Metall Arbeit+Innovation,[89] aber auch das Projekt Arbeit 2020, das in NRW von IG Metall, IG BCE und NGG gemeinsam durchgeführt wird. Die Teilnahme an diesen Projekten erfolgt von allen Seiten freiwillig. Ein solcher Typus von Kooperation ist freilich nur dann realistisch, wenn auch die Unternehmensleitungen daran ein Interesse entwickeln und den dort verhandelten Themen freiwillig zustimmen würden. Themen, die im Vorfeld als zu konfliktreich identifiziert werden, entfallen, da Digitalisierung als Win-win-Thema verhandelt werden soll.[90]

In der hier untersuchten Fabrik des Maschinenbauers *Smart Electrics* wurde eine solche technologische Sonderzone in Form einer Modellfabrik eingerichtet. Diese ist vom Rest der Fabrik räumlich abgetrennt und verfügt über all jene Technologien zur Überwachung und Kontrolle, die der Betriebsrat in der eigentlichen Produktionshalle abgelehnt hat. Der zuständige Manager beschreibt die Modellfabrik als einzige Möglichkeit, seine Digitalisierungsvisionen trotz des Widerstands des Betriebsrats zu implementieren. Eine umfassende Digitalisierung konnte nicht umgesetzt werden, »weil wir da Probleme mit unseren Sozialpartnern haben [...], das war der Grund, warum wir das System nicht so scharf schalten können. [...] Aber in der Modellfabrik arbeiten wir trotzdem so weiter.« Die Modellfabrik stellt also angesichts der betrieblichen Kräfteverhältnisse eine Art materialisierten Digitalisierungskompromiss dar. Der Unterschied zur eigentlichen Produktion ist dabei, dass die Beschäftigten sich freiwillig zur Arbeit in der Modellfabrik melden. Sie schließen dann individuelle Vereinbarungen mit dem Management ab, in denen sie ihre Zustimmung zur digitalen Überwachung erteilen.

Damit besteht eine wichtige Funktion der technologischen Sonderzonen auch in der Verschiebung der technopolitischen Aushandlungen im Betrieb. Durch die individuelle Zustimmung der Beschäftigten zu den Bedingungen der Arbeit in der Modellfabrik kann demonstriert werden, dass es unter den Beschäftigten Digitalisierungsbegeisterte gibt, die mit Widerständen des Betriebsrats nicht einverstanden sind. Außerdem kann das Management ohne größere Investitionsrisiken die technopolitischen roten Linien der Belegschaft austesten. Möglicherweise können diese sogar dadurch verschoben werden, dass die teilnehmenden Beschäftigten von positiven Erfahrungen mit der Arbeit in der Modellfabrik berichten. Auch den Betriebsrat hofft der Manager im Rahmen des Dialogprozesses um die Modellfabrik umstimmen zu können:

> Erstmal haben wir denen [den Sozialpartnern] den Ablauf in unserer Modellfabrik gezeigt, was also wirklich da dann abgeht. Dann ab morgen, da bin ich beim [Dialogprozess], da läuft die Phase zwei an. Da ist der DGB mit drinnen und wir wollen gemeinsam erarbeiten, wie krieg ich das jetzt den Sozialpartnern rübergebracht, was da passiert. […] Da wollen wir eigentlich genau uns mal selber mal darauf vorbereiten, was müssen wir alles sagen.

Der Befragte sieht die Gewerkschaften in diesem Prozess also nicht als Verhandlungs-, sondern eher als Bündnispartner. Die Koordination mit dem DGB besteht für ihn vor allem darin, gemeinsam zu erarbeiten, wie bereits bestehende Digitalisierungspläne »den Sozialpartnern rübergebracht« werden können. Die Gewerkschaften sollen das Management Unternehmen dabei darauf vorbereiten, was sie sagen müssen, um dabei erfolgreich zu sein. Auch der Vorsitzende der IG Metall äußert ein ähnliches Verständnis der Sozialpartnerschaft, wenn er im Strategiepapier »Digitale Transformation gestalten« festhält: »Beteiligung schafft Legitimation«.[91]

Teilweise gehen diese Projekte so weit, dass sich Gewerkschaften aktiv an der Entwicklung konkreter Technologien beteiligen. So berichtet der *Smart-Electrics*-Manager:

> Übrigens, in der Phase zwei ist auch die [Gewerkschaft X] mit drin. Der sagt dann, der gibt 'nen tollen Hinweis: Gib [die Daten] nicht mir als Vorgesetztem, sondern stell dem Mitarbeiter die Zeiten zur Verfügung, die er braucht [im Vergleich] zu dem, der am besten ist. Dann kann der ja selber gucken, wo bin ich denn schlecht.

Technopolitisch relevant ist hier die Bemerkung des Managers, dass diese Idee aus dem »tollen Hinweis« eines Gewerkschafters geboren sei. Auf den feedbackbasierten Kontrollmodus wird später noch detailliert eingegangen.

Hier gilt es zunächst festzuhalten, dass technologische Sonderzonen Teil der »kontrollierten Dezentralisierung« des deutschen Systems der industriellen Beziehungen sind.[92] Diese besteht in einer weitreichenden Verlagerung auch tarifpolitischer Aushandlungen von der institutionellen Arena der Regulation in die betriebliche Arena, also in die Zuständigkeit der Betriebsräte. Diese Stärkung der Betriebsräte gegenüber den Gewerkschaften wird in den Gestaltungsprojekten auf technopolitischer Ebene fortgesetzt. Damit erfolgt jedoch teilweise auch eine Einbindung der Gewerkschaften in die Co-Management-Logik mancher Betriebsräte. In einigen Fällen wurden die Gewerkschaften sogar aus den von ihnen initiierten Gestaltungsprojekten verdrängt und durch eine »Elitenkooperation zwischen Unternehmensleitung und Betriebsratsspitze« ersetzt, die den Prozess noch konstruktiver fortsetzen wollte.[93] Das scheint zunächst folgerichtig, da die Gestaltungsorientierung dieser Projekte dem deutschen dualen Modell der industriellen Beziehungen zuwiderläuft. Damit werden die technologischen Sonderzonen für die Gewerkschaften zu einem Balanceakt, bei dem sie stets Gefahr laufen, sich selbst überflüssig zu machen, da die Betriebsräte in ihren Unternehmen naturgemäß die höhere Gestaltungskompetenz haben.

Die technopolitische Strategie der DGB-Gewerkschaften im Umgang mit industrieller Digitalisierung lässt sich insgesamt als gestaltungsorientiert-kooperativ beschreiben. Auf der institutionellen Ebene beteiligen sich die Gewerkschaften an Einrichtungen zur Digitalisierungsförderung wie der Plattform Industrie 4.0, um in dem Diskurs »einen Fuß drin zu haben«. Auf betrieblicher Ebene führen die Gewerkschaften vor allem Pilotprojekte durch, in denen Unternehmensleitung und Beschäftigte zu konsensuellen Einigungen über die Implementierung der Digitalisierung kommen sollen. Diese Konstellation von gestaltungsorientierten industriellen Beziehungen unter staatlicher Mediation geht noch über die traditionell starke Betonung der Sozialpartnerschaft in Deutschland hinaus. Industriesoziologische Studien erkennen in diesem Sinne einen »thematisch fokussierten Korporatismus«.[94] Die vom Wirtschaftsministerium getragene Plattform Industrie 4.0 ist ein Paradebeispiel für eine solche korporatistische Struktur. Angesichts einer wahrgenommenen externen Bedrohung der nationalen Souveränität Deutschlands sollen hier gegenläufige Interessen zurückgestellt und gemeinsam die Digitalisierung vorangetrieben werden. Die staatlich geförderten sozialpartnerschaftlichen betrieblichen Pilotprojekte stellen das Äquivalent dieser korporatistischen Institutionen auf Betriebsebene dar. In diesem Sinne kann von einem technikspezifischen Korporatismus oder »Technokorporatismus«[95] gesprochen werden.

Das klassische Modell des Korporatismus bedeutet meist einen Handel von Lohnverzicht aufseiten der Gewerkschaften gegen beschäftigungspolitische Konzessionen aufseiten der Unternehmen.[96] Dies ist im Technokorporatismus anders: Das Element des Lohnverzichts spielt hierbei keine Rolle. Der Grundkonsens des aktuellen Technokorporatismus ist, dass eine rapide Digitalisierung der deutschen Industrie die Voraussetzung für das Bestehen im internationalen Wettbewerb und die Sanierung der Wachstumsraten ist. Zu diesem Zweck sollen Unternehmensverbände, Gewerkschaften und Wissenschaft gemeinsam die technologische Entwicklung vorantreiben. Die wichtigste Forderung von Unternehmensseite ist dabei, um jeden Preis die Digitalisierung zu fördern. Das Zugeständnis an die Gewerkschaften besteht darin, dass sie an der konkreten Ausgestaltung dieser Digitalisierung teilhaben können. Ganz Ähnliches wurde bereits in den 1980er-Jahren gefordert (damals angesichts der japanischen Konkurrenz für die deutsche Automobilbranche):

> Von allen relevanten Kräften konsentierte Strategien und die Integration unterschiedlicher Disziplinen, verbunden mit der Kooperation von konkurrierenden Firmen, erlauben eine Definition und selektive Zusammenfassung aussichtsreich erscheinender Entwicklungen und Technologien und die wettbewerbsentscheide Beschleunigung des Technologietransfers zur Produktentwicklung und damit zur Marktrelevanz.[97]

Im Sinne eines solchen Technokorporatismus ist in der Aushandlung um eine Regulierung der digitalen Ökonomie nicht mehr die Frage, *ob* bestehende Regulierungen verändert werden müssen, sondern nur noch *wie* das geschehen soll. Durch die Teilnahme an Institutionen der Digitalisierungsförderung wie der Plattform Industrie 4.0 und das Vorantreiben eigener Digitalisierungsprojekte sind die Industriegewerkschaften jedoch auch in der Lage, diese in begrenztem Rahmen mitzugestalten. Diese Tatsache ist wohl mit dafür verantwortlich, dass Vollautomatisierungsfantasien, wie sie die Debatten um das »Computer Integrated Manufacturing« auszeichneten, bei der Industrie 4.0 in den Hintergrund treten. Teilweise akzeptiert werden im Gegenzug Schritte zu einer Flexibilisierung der Arbeitszeiten. Auch Ideen klassischer Überwachung konnten durch starke Datenschutzregelungen weitgehend zurückgedrängt werden. Stattdessen tragen die Gewerkschaften aber zur Durchsetzung eines feedbackbasierten Kontrollmodells bei. Diese Konstellation kann als *Technokorporatismus 4.0* bezeichnet werden.

Je mehr die Gewerkschaften an den Institutionen des Technokorporatismus, wie der Plattform Industrie 4.0 oder den Experimentierräumen, teilnehmen, desto mehr sind sie also gezwungen, die Digitalisierung selbst voranzutreiben, ohne dabei auf die Probleme der Beschäftigten Rücksicht zu nehmen. Bei vielen hier befragten Beschäftigten und Betriebsrät:innen führt diese Entwicklung zu ähnlichen Entfremdungserscheinungen von ihren Gewerkschaften, wie sie bezüglich der Lohnzurückhaltung beschrieben werden. Das beginnt mit einer Skepsis darüber, ob die Digitalisierung als arbeitspolitisches Thema gewerkschaftlich überhaupt ernst genommen werde: »Momentan ist zumindest hier unsere deutsche Wahrnehmung, die Gewerkschaften haben sich dieses Themas noch nicht angenommen«, berichtet ein Betriebsrat in einer Diskussion. »Die haben mögliche Problematiken noch nicht wirklich realisiert. Die sind da einfach noch nicht in Bewegung gekommen.« Ein anderer Betriebsrat erklärt:

> Ich habe ein Riesenproblem mit dem Verhältnis von Gewerkschaftsführungen zu dem Thema. Einfach weil es ja so als vierte industrielle oder vierte Stufe der industriellen Revolution [gesehen] wird und man sich keinerlei, wirklich keinerlei Gedanken macht über politische und gesellschaftliche Auswirkungen von dem Ganzen. Was die interessiert ist: Wie kriege ich denn da diese neue, gut ausgebildete Arbeiterklasse organisiert, ja, die dann die vollautomatisierten Betriebe betreut oder so. Aber viel mehr Diskussion ist da nicht.

Teilweise fallen die Kritiken noch deutlich heftiger aus. So erklären andere Beschäftigte, die Gewerkschaften seien entweder »total unfähig oder wollen nicht« oder hätten »noch gar nicht geistig reagiert, ums einmal freundlich zu sagen«. Ein zentraler Kritikpunkt der betrieblich Aktiven ist die starke Gestaltungsorientierung der Gewerkschaften, die ihrer Meinung nach zu viele Digitalisierungsmaßnahmen unkritisch mittragen würden:

> In den Ausschüssen sind halt eben wirklich 90 Prozent nur [Gewerkschaft X] drin. Zum einen werden wir desinformiert, zum anderen werden wir überhaupt nicht informiert. Zum anderen, egal was passiert, die winken es durch. Also wirklich, egal was für Maßnahmen, es wird durchgewunken.

Kritiklos »durchgewunken« worden sei in dem betreffenden Gremium beispielsweise auch ein sogenannter »smarter Handschuh«. Dieser verfügt über Sensoren in allen Fingergliedern und einen Prozessor auf dem Handrücken. Dadurch wird es möglich, die Handbewegungen der Beschäftigten detailliert zu erfassen. Wenn es zu einer Abweichung im Arbeitsablauf kommt, vibriert der Handschuh. Der Gewerkschafts-Betriebsrat habe den Handschuh deshalb akzeptiert, weil er der Verschiebung von der klassischen Überwachung hin zum »Feedback« dienen würde. Die Beschäftigten, die mit dem Handschuh arbeiten mussten, waren hierüber regelrecht empört. In einer Diskussion wird berichtet:

> Man muss sich das mal vor Augen führen mit dem Handschuh. Der degradiert eine Person so mechanisch mit Stellen, dass wir den hinten ausführen. Ja, was anderes ist es doch nicht. Wenn dir das Ding vorgibt, wie du zu greifen hast, was du zu machen hast, und dann kriegste irgendwie sone Vibration, wenn was falsch ist. Du bist doch nur noch die Mechanik, weil's keinen Roboter gibt, der [das] genauso handeln kann. Das ist eigentlich menschenverachtend. Aber total menschenverachtend.

Durch diese und andere ›gestaltungsorientierte‹ Maßnahmen habe der gewerkschaftlich dominierte Betriebsrat bei der Belegschaft deutlich an Rückhalt verloren: »Die schwächen [die Gewerkschaft X], weil das bekommt die Mannschaft mit. Wir haben klar uns dagegen ausgesprochen, aber eure Betriebsräte haben ihr Okay gemacht und die setzen das durch.« Diese kooperative Haltung der Gewerkschaften und ihrer Betriebsrät:innen wird im Kontext einer generell sinkenden Kampfbereitschaft verortet:

> Ich glaube auch, dieser Kampfgeist ist bei den Gewerkschaften nicht mehr vorhanden. Wir haben so viele Kürzungen gehabt. Diese Steinkühlerpausen zum Beispiel

oder dieser eine Tag Sonderurlaub, Waschgeld etc. Alles wurde abgeschafft. Also wirklich viele, viele Rechte. [...] Was macht denn die heutige [Gewerkschaft X] eigentlich? Die geben die Rechte der Arbeitnehmer, was wirklich schwer erkämpft worden ist, einfach ab. Das leuchtet mir wirklich alles nicht ein.

Aus dieser Kritik an den Gewerkschaften ziehen die betrieblich Aktiven unterschiedliche Schlussfolgerungen. Viele von ihnen sehen sich selbst in der Pflicht, eine Erneuerung der Gewerkschaften herbeizuführen:

Unser Gedanke war, Moment mal, eine Gewerkschaft ist ja nicht eine Institution, die für sich alleine existiert, sondern *wir* als Gewerkschaftsmitglieder sind die Gewerkschaften. Wir sind die Klientel der Gewerkschaften. Also liegt es auch an uns, das zum Thema zu machen in der Gewerkschaft. Wir müssten hingehen und sagen, liebe Gewerkschaft, hör zu, du kriegst jetzt von uns den Auftrag, dich mit diesem Thema zu beschäftigen. Du kriegst von uns den Auftrag, zumindest mal auf unseren Erkenntnisstand zu kommen und mit deinen Möglichkeiten und Mitteln vielleicht auch noch weiterzutreiben und ein *hilfreicher* Partner zu sein bei diesem Thema.

Auch in einer anderen Diskussion werden ähnliche Standpunkte geäußert:

Die Gewerkschaften sind ja nichts, was für sich alleine lebt. Wir sind ja quasi die Gewerkschaft im Grunde. [allgemeine Zustimmung] Das heißt, es ist ja Blödsinn, darauf zu warten, dass eine Gewerkschaft von sich aus auf die Idee kommt, ich muss mich mit dem Thema beschäftigen. Sondern wir als die Klienten müssen sie eigentlich herausfordern und auffordern, sich dieses Themas auf die gleiche Art und Weise anzunehmen wie wir.

Ein anderer Aktiver hat sich jedoch bereits so stark von seiner Gewerkschaft distanziert, dass er erklärt:

> Ich muss auch wirklich klar mich positionieren, ich bin gegen die [Gewerkschaft X] und deren Vorgehensweise. Weil ich bin der Meinung [...] [Gewerkschaft X] ist nicht mehr diese Gewerkschaft wie vor 20 Jahren, definitiv nicht. Es hat weder mit Globalisierung was zu tun noch mit Weltveränderung. Nein, [Gewerkschaft X] ist für mich jetzt mittlerweile unterlaufen von Arbeitgebervertretern.

Auf der Basisebene trifft also das kooperative Modell der Technopolitik, in dem die Gewerkschaft selbst an der Implementierung der Digitalisierung beteiligt ist, auf Widerstände. Scheinbar führt das Vorgehen bei einigen betrieblich Aktiven zu Entfremdungstendenzen von den Organisationen. Dieser Entfremdungsprozess ist bereits von früheren Formen des innerbetrieblichen Korporatismus bekannt, wie etwa den »Wettbewerbsbündnissen«, bei denen die Betriebsräte Zugeständnisse bei Arbeitszeiten und Löhnen gegen vorübergehenden Kündigungsschutz eintauschten.[98] Die betrieblichen Dissident:innen finden sich jedoch keineswegs schlicht mit der Situation ab, sondern setzen stattdessen stärker auf die Selbstorganisation der Beschäftigten, wie das Kapitel zur Aneignungsarena noch einmal detailliert zeigen wird.

Insgesamt lässt sich festhalten, dass das gestaltungsorientiert-kooperative Modell der Technopolitik bei vielen betrieblich Aktiven zu einer Distanzierung von den Gewerkschaften und teilweise auch den Betriebsräten führt. Diese Aufspaltung kann im Arenenmodell der Technopolitik als ein Inter-Arenen-Konflikt verstanden werden: Neben den für die Regulationsarena typischen Intra-Arenen-Konflikten zwischen Arbeitgeber- und Arbeitnehmervertretungen kommt es hier zu einem Konflikt zwischen den divergierenden Aushandlungslogiken der überbetrieblichen Regulations- und der innerbetrieblichen Aneignungsarena. Diese

Inter-Arenen-Konflikte untergraben das gestaltungsorientiert-kooperative Modell der gewerkschaftlichen Technopolitik, das wesentlich darauf angelegt ist, offene Konflikte zu vermeiden. In diesem Sinne wünscht sich ein Gewerkschaftsfunktionär:

> auch Beispiele aufzuarbeiten, wo wurde »nein« gesagt und auch erfolgreich »nein« gesagt. Weil wir haben eine Gestaltungsrhetorik, keine Frage, und das ist auch okay, das ist auch das Tagesgeschäft, aber nichtsdestotrotz muss man ja auch mal wissen, wenn es rote Linien gibt, wo sind die und was folgt dann daraus, wenn die berührt oder überschritten werden seitens des Arbeitgebers. Und das deklinieren wir in der Regel nicht aus.

Auf lange Sicht ist aufgrund dieser Spannungen davon auszugehen, dass sich das gestaltungsorientiert-kooperative Modell der Technopolitik nicht als stabil erweisen wird. Der Grund dafür liegt in seiner inhärenten Tendenz, sich an Projekten zu beteiligen, die von Teilen der Belegschaft abgelehnt werden, was zu einer Entfremdung von den offiziellen Organisationen führt. Diese wiederum führte in den hier untersuchten Fällen dazu, dass sich die betrieblich Aktiven einem antagonistischen Modell der Technopolitik zuwandten.

Die Plattformlogistik und das antagonistische Modell gewerkschaftlicher Technopolitik

Während die beiden hier untersuchten Industrieunternehmen von den bisher ausgeführten regulatorischen Rahmenbedingungen betroffen sind, stellen sich diese in der sogenannten Plattformökonomie, zu der auch die hier untersuchten Unternehmen *Smart Delivery* und *Smart Shopping* gezählt werden, anders dar. Die industriellen Beziehungen – und damit auch die technopolitischen Aushandlungen in der Regulationsarena – der Plattformökonomie sind weit weniger institutionalisiert als diejenigen der deutschen Industrie. Im Folgenden werden zunächst verschiedene Gründe dargelegt, die zu dieser Konstellation beitragen. Daran anschließend kann dann aufgezeigt werden, was dies für die technopolitischen Aushandlungen in der Plattformlogistik bedeutet. Dabei ist es jedoch wichtig, vorab den Begriff der Plattformökonomie zu klären. Darunter fallen verschiedenste Anbieter, die mittels digitaler Plattformen zwischen Produzent:innen und Konsument:innen von Gütern, meist aber Dienstleistungen, vermitteln. Eine wichtige Unterteilung, insbesondere in Hinblick auf die industriellen Beziehungen, ist diejenige zwischen der Erbringung lokal gebundener oder ortsunabhängiger Dienstleistungen. Die hier untersuchte Lieferlogistik gehört zur ersten Kategorie, der etwa auch Taxiplattformen wie Uber oder Hausarbeitsportale wie Care.com zuzurechnen sind. Unter die zweite Kategorie wird hauptsächlich das sogenannte »Clickwork« oder »Crowdsourcing« gefasst. Dabei geht es um die Distribution hoch fragmentierter Arbeitsschritte, die dann meist am Heimcomputer erledigt werden, insbesondere im Bereich der Sortierung und Erstellung von Onlinecontent. Aufgrund des atomisierten Arbeitsprozesses gilt das Crowdsourcing als gewerkschaftliches Brachland, während in der ortsgebundenen Plattformarbeit weltweit Organisierungserfolge erzielt werden. Die vorliegende Untersuchung beschränkt sich deshalb auf diesen Bereich der Plattformarbeit.

Ausbleibende Regulierung

Es ist auffällig, dass die meisten institutionellen Aushandlungen der Digitalisierung in Deutschland Anwendungen im Industriebereich betreffen.[99] Der Sektor der Plattformökonomie bleibt demgegenüber von einer institutionellen technopolitischen Regulierung weitgehend ausgenommen.[100] Ein Grund für die gering ausgeprägte Institutionalisierung technopolitischer Regulierung und industrieller Beziehungen im Allgemeinen ist die relative Erfolglosigkeit deutscher Plattformunternehmen. Wie bereits gezeigt, gab es um die Jahrtausendwende durchaus Bemühungen, die Internet- und Plattformökonomie institutionell zu fördern. Das Ziel, den USA den Führungsstatus in diesem Sektor abspenstig zu machen, ist jedoch verfehlt worden – vielmehr hat sich inzwischen China als zweite Heimat der Plattformökonomie etabliert.[101] Als Reaktion auf diesen Misserfolg machte die deutsche Wirtschaftspolitik aus der Not eine Tugend: Staatlich gefördert wurde ab 2010 vor allem die industrielle Digitalisierung, während die Plattformökonomie zur Gegnerin erklärt wurde. »Unser Problem besteht [...] darin, dass die Internetgiganten aus den USA uns immer mehr in die Abhängigkeit zwingen«, klagte schon 2016 der damalige Wirtschaftsminister Sigmar Gabriel. Alexander Dobrindt, Minister für digitale Infrastruktur, sieht gar eine »Lebensgefahr« für die deutsche Wirtschaft.[102] Diese Kontrastierung von (US-amerikanischer) Plattformökonomie und (deutscher) Industrie ist ein Topos, der sich durch fast alle staatlichen Diskursbeiträge zum Thema zieht. Dabei werden die Plattformunternehmen als existenzielle Bedrohung wahrgenommen. Entsprechend wird das US-amerikanische Modell der Plattformökonomie abgewertet. So führt etwa der baden-württembergische Ministerpräsident Winfried Kretschmann in einem Interview aus:

> Zur Heimat in Baden-Württemberg gehört zum Beispiel der Mittelstand. Wir haben praktisch in jedem Tal einen Hidden Champion, zumeist in Familienbesitz. Das gehört zu unserer DNA. [...] Das ist etwas völlig anderes als Google oder Apple. Das sind keine Monopolisten, die sich wie Kraken über die Welt stülpen. Das sind Leute, die denken nicht an den maximalen Profit, sondern daran, dass ihr Unternehmen auch noch für ihre Nachkommen existieren soll.[103]

In dieser Passage wird die starke politische Aufladung der Debatte um die digitalisierte Ökonomie deutlich. Der industrielle Mittelstand in Baden-Württemberg, dem es in den Genen liege, anstelle der Profitmaximierung an seine Nachkommen zu denken, ist für Kretschmann ein Ausdruck von deutscher Heimatverbundenheit. Dem gegenüber stehen die großen Plattformunternehmen, die zu US-amerikanischen »Kraken« stilisiert werden, die sich über die ganze Welt stülpen. Die Plattformbranche wird in diesem Sinne vor allem durch gerichtliche Verbote, wie etwa im Fall von Uber, begrenzt. Damit geht jedoch keine Regulierung der industriellen Beziehungen in diesem Sektor einher, weshalb die Herausbildung von sozialpartnerschaftlichen Institutionen fast vollständig ausbleibt. Dies gilt in besonderem Maße für Essenslieferdienste wie *Smart Delivery*. Bei diesen finden allgemeine Regulierungen, die auch für die Plattformökonomie gelten, wie Fahrgastbeförderungsgesetze im Falle von Uber oder lageristikspezifische Sicherheitsvorschriften im Falle von Amazon, keine Anwendung, da die Arbeit mit dem eigenen Fahrrad geleistet wird und es in kaum einem Land Gesetze darüber gibt, was Fahrradfahrer:innen in ihren Rucksäcken transportieren dürfen.[104]

Allerdings wird die Branche der Plattformlogistik durch eine andere staatliche Regulationsform indirekt unterstützt: durch die Migrationspolitik. Wie später noch ausführlicher diskutiert wird, besteht ein Großteil der Beschäftigten in den hier untersuchten Logistikbetrieben aus migrantischen Arbeitskräften. Übereinstimmend mit den Ankündigungen einer Liberalisierung der Erwerbszuwanderung, auch jenseits des Segments der Hochqualifizierten, wird in diesem Bereich hauptsächlich an einer Einbindung von Geflüchteten in die Betriebe gearbeitet. So berichten Betriebsrät:innen des Onlineversandhändlers *Smart Shopping* von Vereinbarungen des Unternehmens mit örtlichen Kommunalverwaltungen zur Überlassung von Geflüchteten direkt aus Asylzentren.

Von einem Standort wird berichtet, dass mehr als die Hälfte der Belegschaft aus dem lokalen Asylzentrum stammt:

> *Smart Shopping* hat jetzt in [Ort X] ein Lager eröffnet und die hatten ja [...] Werbung gemacht und versucht, Mitarbeiter zu kriegen, das heißt übers Arbeitsamt, über Jobcenter, und haben 1500 haben wollen und es hatten gerade mal sich 400 oder so beworben. [...] Und dann war irgendwo in der Nähe ein Flüchtlingsheim und dann sind die an den Bürgermeister getreten, haben mit dem geredet. [...] Wenn die eine Arbeitserlaubnis kriegen würden, dann können wir die beschäftigen. Und irgendwie ist dann das zustande gekommen, dass halt *Smart Shopping* komplett 700 oder so aus dem Flüchtlingsheim beschäftigt. [...] *Smart Shopping* hat dann sogar Busse organisiert, die werden direkt von diesem Heim abgeholt, die haben bei *Smart Shopping* gearbeitet und nach dem Feierabend wieder zurückgebracht.

An einem anderen Standort scheint sich Ähnliches abgespielt zu haben:

> *Smart Shopping* hat ja mit den befristeten Verträgen den Markt um [Ort Y] rundherum abgegrast gehabt. Die haben teilweise 60 Kilometer Anfahrt die Kollegen, die sind dann sogar auf hundert Kilometer zum Teil gekommen. [...] Die Rettung [von *Smart Shopping*] war, dass die Asylbewerber nach Deutschland kamen. Ein großer Teil der Beschäftigten, die wir immer befristet einstellen, sind die Asylbewerber. Die, die eine Arbeitserlaubnis bekommen haben, die arbeiten bei uns. Die sind dankbar, erstmal, dass sie einen Job kriegen, dass sie Geld verdienen. [...] Und die werden einfach dann wie die Lämmer durch den Betrieb geführt. Und *Smart Shopping* ist froh: Die kann ich wieder befristet einstellen, weil ich habe am Markt nichts mehr bekommen.

Aufgrund dieses Prozesses seien in seiner Schicht, so erklärt der Teamleiter, »ungefähr 70 Prozent« Geflüchtete beschäftigt, von denen sich viele noch im Asylbewerbungsprozess befänden. Diesen werde dann eine Arbeitserlaubnis erteilt, die nur für *Smart Shopping* gelte. Bei anderen Geflüchteten, die bereits den Asylbewerbungsprozess durchlaufen haben, werde die Aufenthaltserlaubnis teilweise an die Dauer des Arbeitsvertrags gekoppelt. Damit leistet die staatliche Migrationsregulierung einen Beitrag zum Zufluss billiger Arbeitskraft. Gleichwohl bauen diese Absprachen scheinbar vor allem auf lokalen Vereinbarungen auf und gehen nicht mit allgemeinen Regulierungen einher.

Einen wichtigen Beitrag zum weitgehenden Ausbleiben institutionalisierter industrieller Beziehungen, wie sie für das deutsche Modell typisch sind,[105] leisten auch die Plattformunternehmen selbst. Diese machen, insbesondere in der hier untersuchten Logistikbranche, immer wieder mit einer dezidiert gewerkschaftsfeindlichen Haltung Schlagzeilen. So ist der Versandhändler Amazon dafür bekannt, seine Führungskräfte darauf zu schulen, Gewerkschaftsaktivitäten und Betriebsratsgründungen zu bekämpfen.[106] Das Essenslieferunternehmen Lieferando teilte offiziell mit: »Ein Betriebsrat entspricht grundsätzlich nicht unserer Kultur als junges sowie modernes und offenes Unternehmen.«[107] Ähnlich ergeht es vielen anderen Unternehmen der Plattformökonomie. Ein wichtiger Grund dürfte hierfür wohl die Angst vor den weitreichenden technologischen Mitbestimmungsrechten sein, die das Betriebsverfassungsgesetz dem Betriebsrat einräumt. Da beispielsweise die smartphonebasierte Arbeitssteuerung bei *Smart Delivery* zentral auf der Überwachung des Standortes der Kurier:innen beruht, kann davon ausgegangen werden, dass prinzipiell jede Änderung an dieser Software mitbestimmungspflichtig ist. Derartige Änderungen werden von den Plattformen in einem sehr hohen Takt durchgeführt, weshalb sie betriebliche Mitbestimmung als Gefährdung ihres Geschäftsmodells sehen.

Insgesamt kann deshalb davon ausgegangen werden, dass die Plattformunternehmen ein Interesse an der Aufrechterhaltung des wenig formalisierten Status quo haben.[108]

Hinzu kommt, dass auch in den DGB-Gewerkschaften, zumindest anfänglich, Skepsis gegenüber einer Organisierung von Plattformbeschäftigten vorherrschte. So berichten etwa Fahrradkurier:innen von *Smart Delivery*, dass sie anfangs von einer DGB-Gewerkschaft abgewiesen worden seien, da diese den Plattformsektor aufgrund der hohen Prekarität der dortigen Arbeitsbedingungen für »unorganisierbar« gehalten habe. Ein Betriebsrat von *Smart Shopping* berichtet Ähnliches über die mangelnde gewerkschaftliche und staatliche Regulierung der Branche:

> Erschreckend war aber natürlich trotzdem auch gewesen, wie stiefmütterlich so eine Branche, auch von der Gewerkschaft und auch von der Politik, behandelt worden ist, weil die natürlich von den Umsatzzahlen her, oder wie das gewichtet worden ist, zwischen stationärem Einzelhandel, und was den E-Commerce letztendlich angeht, praktisch so ein Monster wie *Smart Shopping* ja gerade auch mit erschaffen haben, ja gerade die Politik letztendlich auch, weil sie es nicht auf dem Schirm hatten.

Diese Vernachlässigung durch Staat und Gewerkschaft führte jedoch nicht dazu, dass die Selbstorganisation der Beschäftigten ausblieb – im Gegenteil.

Das antagonistische Modell gewerkschaftlicher Technopolitik

Im Zuge des Ausbleibens formalisierter industrieller Beziehungen in der Plattformökonomie werden informelle Auseinandersetzungen auf der Betriebsebene wichtiger. Die Kurier:innen von *Smart Delivery* etwa wandten sich der Basisgewerkschaft FAU (Freie Arbeiter:innen Union) zu, die vor allem prekäre Arbeiter:innen organisiert, die durch das Raster der großen Gewerkschaften fallen. Basisgewerkschaften gehen wesentlich nach dem Modell des »Social Movement Unionism«[109] vor. Damit unterscheiden sie sich sowohl in ihrer Organisationsform als auch in ihren Taktiken von den offiziellen Gewerkschaften. In Hinblick auf ihre Organisation verfolgen sie ein basisdemokratisches Modell. In Hinblick auf ihre Arbeitskämpfe gehen sie konfrontativer vor und wählen eher die Taktik der direkten Aktion als die Methoden der Tarifverhandlung oder Betriebsratsgründung. Infolgedessen sind die Basisgewerkschaften in der Arena der Regulation kaum präsent, sondern konzentrieren sich auf direkte innerbetriebliche Auseinandersetzungen. In diesem Sinne stehen sie in einer langen historischen Tradition radikaler Bewegungen prekarisierter Beschäftigter.

Nach ersten Erfolgen der Basisgewerkschaften, insbesondere angesichts der prominenten Platzierung des Themas in den Medien, nahm sich auch eine DGB-Gewerkschaft dem Feld an. Dabei übernahm sie ein vormals von Kurier:innen selbstorganisiertes Projekt und machte daraus ein Pilotprojekt, das sich – ähnlich den basisgewerkschaftlichen Aktivitäten – stärker als sonst üblich auf Pressearbeit und Demonstrationen stützte. Auch im Onlineversandhandel sieht sich die entsprechende DGB-Gewerkschaft gezwungen, von ihrem sozialpartnerschaftlichen Modell Abstand zu nehmen – hier insbesondere aufgrund der oben erwähnten unkooperativen Haltung der Unternehmensleitung. Im Zuge der Coronapandemie spitzten sich die Auseinandersetzungen noch einmal zu, da etwa *Smart Shopping* vorgeworfen wurde, seine Lagerbeschäftigten fahrlässig zu gefährden. Die Auseinandersetzung mündete in einer Reihe von Streiks. So nähert sich das Vorgehen auch hier dem Modell des »Social Movement Unionism« an.[110]

Die Involvierung der DGB-Gewerkschaften sorgt nun dafür, dass das von einer antagonistischen Konfliktkultur geprägte Feld der Plattformökonomie zunehmend mit den Institutionen des deutschen Produktionsmodells versehen wird. So verhalfen diese Gewerkschaften auch den Beschäftigten von *Smart Delivery* und *Smart Shopping* dazu, an verschiedenen Standorten nach langen Kämpfen Betriebsräte zu gründen. Außerdem unterstützen sowohl DGB- als auch Basisgewerkschaften die Beschäftigten bei juristischen Auseinandersetzungen. Zentrale Streitpunkte sind dabei Fragen der digitalen Überwachung und der Auslagerung der Kosten für die Betriebsmittel an die Beschäftigten. Dabei konnten Gewerkschaften in verschiedenen Ländern bereits juristische Erfolge für die Beschäftigten erringen.[111] So sorgen sie dafür, dass im bislang noch immer kaum regulierten Feld der Plattformökonomie arbeitsrechtliche Absicherungen institutionalisiert werden. Das wiederum sorgt immer wieder für Inter-Arenen-Konflikte zwischen den eher auf die Implementierungs- und Aneignungsarena fokussierten basisgewerkschaftlichen Aktivitäten und den auf die Regulationsarena abzielenden Strategien der DGB-Gewerkschaften.

Insgesamt kann also in Bezug auf die industriellen Beziehungen in der Plattformökonomie von einer Informalisierung[112] gesprochen werden. Damit geht durch die dort stark vertretenen Basisgewerkschaften ein antagonistisches Modell gewerkschaftlicher Technopolitik einher. Auch bei diesem Modell ist jedoch eher nicht zu erwarten, dass es sich auf Dauer durchsetzt. So zeichnet sich in der deutschen Plattformökonomie eine Entwicklung in Richtung einer Institutionalisierung von Arbeitskonflikten ab. Darauf deuten zumindest die Gründung und Aufrechterhaltung von Betriebsräten in den größten deutschen Plattformunternehmen und das Engagement größerer Gewerkschaften hin. Ein Anzeichen für den Versuch, sozialpartnerschaftliche Beziehungen in der Plattformökonomie herzustellen, ist die Erarbeitung eines freiwilligen Code of Conduct zwischen der IG Metall und acht kleineren Plattformunternehmen. Mit dem Projekt Fair Crowd Work wurde darüber hinaus von den Organisationen IG Metall, Arbeiterkammer Wien, ÖGB (beide Österreich) und Unionen (Schweden) eine internationale gewerkschaftliche Informationsplattform zum Thema geschaffen. Sollte sich dieser Institutionalisierungsprozess fortsetzen, so wird die Logik der Intermediärsorganisationen (Betriebsräte und DGB-Gewerkschaften) möglicherweise zu einer Stärkung des gestaltungsorient-kooperativen Modells der Technopolitik auch im Plattformsektor führen.

Technokorporatismus 4.0?

Die institutionelle Rahmung der algorithmischen Arbeitssteuerung wird in der Arena der Regulation durchaus kontrovers ausgehandelt. Dabei bilden sowohl die Aushandlungsmodi als auch die inhaltlichen Ergebnisse der Technopolitiken in der Regulationsarena wichtige Rahmenbedingungen für die Implementierung der algorithmischen Arbeitssteuerung in den Betrieben. Deshalb werden hier zunächst die in diesem Kapitel identifizierten inhaltlichen Verhandlungsthemen und dann die dabei entstehenden Verhandlungsmodi zusammengefasst.

Wie oben beschrieben, geht vonseiten der Unternehmensverbände mit der Digitalisierung eine Deregulierungsoffensive einher. Sie fordern die Abschaffung von Arbeitszeitregelungen, die Einschränkung von betrieblicher Mitbestimmung und die Lockerung des Datenschutzes, um den Arbeitsmarkt an die Digitalisierung anzupassen. Da all diese Forderungen auf Kosten der Beschäftigten gehen, vertreten die Gewerkschaften in den meisten Bereichen die gegenteilige Auffassung. Die Rolle der staatlichen Technopolitik wird vor allem in der Vermittlung zwischen Unternehmens- und Beschäftigtenseite gesehen. Die deutsche staatliche Technopolitik zeichnet sich dabei durch eine Mischung aus Subvention und Mediation von Digitalisierungsprojekten aus. Mit dem Label Industrie 4.0 soll dabei insbesondere eine Modernisierung der industriellen Produktionsmittel gefördert werden.

Aus den hier rekonstruierten Aushandlungen der algorithmischen Arbeitssteuerung in der Regulationsarena lassen sich zusammenfassend vier zentrale Themen identifizieren. Erstens die *Automatisierung*: Hier gibt es ein weitgehendes Einvernehmen darüber, dass im Zusammenhang mit der Industrie 4.0 keine Vollautomatisierung angestrebt wird, teilweise wird sogar ein »Reshoring« von Arbeitsplätzen in Aussicht gestellt. Zweitens die Debatte um die *Überwachung*, bei der die weitreichenden gesetzlichen Bestimmungen des BetrVG und der DSGVO relativ enge Grenzen setzen. Stattdessen wird ein feedbackbasiertes Modell der Kontrolle gefordert, das uns im Folgenden immer wieder begegnen wird. Drittens die Forderung nach *Flexibilisierungen*, insbesondere in Hinblick auf Arbeitszeit. Hier konnte sich die Arbeitgeberseite mit einigen ihrer Deregulierungsforderungen durchsetzen, und auch die Gewerkschaftsseite trägt verschiedene technische Flexibilisierungsmaßnahmen mit. Viertens das Thema der *Qualifikation* der Beschäftigten, bei dem Arbeitgeber- und Arbeitnehmervertretungen weitgehend in ihrer Forderung nach zusätzlichen IT-Qualifikationen übereinstimmen. Gleichzeitig wird jedoch auch der hohe Bedarf der Unternehmen an gering qualifizierten Arbeitskräften deutlich. Beide Bedarfe sollen unter anderem durch die Einbindung migrantischer Arbeitskräfte gelöst werden. Diese zentralen Themen strukturieren auch die technopolitischen Aushandlungen in den Arenen der Implementierung und der Aneignung. Nicht selten kommt es dabei aber auch zu Widersprüchen zwischen den verschiedenen Arenen, wie wir in den folgenden Kapiteln sehen werden.

Bezüglich der hier rekonstruierten technopolitischen Aushandlungsmodi lassen sich starke Differenzen zwischen Industrie 4.0 und Plattformlogistik erkennen. Wichtige Aushandlungen bezüglich der industriellen Digitalisierung finden auf überbetrieblicher Ebene in Institutionen wie der

Plattform Industrie 4.0 und auf betrieblicher Ebene etwa in Experimentierräumen statt. Diese Institutionen stellen den Versuch dar, die Digitalisierung konsensuell voranzutreiben. Diese Konstellation wurde hier als Technokorporatismus 4.0 bezeichnet. Dieser zeichnet sich durch die Teilnahme der Gewerkschaften an der Durchsetzung der Digitalisierung aus, für die ihnen im Gegenzug Mitsprache bei deren konkreter Ausgestaltung zugesprochen wird. Der traditionelle Korporatismus war auf ein zentralistisches Modell der industriellen Beziehungen angewiesen, da nur dieses Eliten-Deals unter den Spitzen der jeweiligen Interessenvertretungen erlaubte. Das ist beim Technokorporatismus nicht der Fall. Dieser zeichnet sich im Gegenteil mit seinen betrieblichen Leuchtturmprojekten durch eine teilweise Verlagerung der gewerkschaftlichen Technopolitik auf die betriebliche Ebene aus. Damit ist er Teil eines Prozesses der kontrollierten Dezentralisierung industrieller Beziehungen in Deutschland. Charakteristisch sind hier also keine »Eliten-Deals« der Gewerkschaftsspitzen, sondern vielmehr die Übernahme betriebswirtschaftlicher Logiken im Zuge der Teilnahme an Technikimplementierungsprojekten.

Mit diesem Technokorporatismus entsteht im deutschen Industriesektor ein gestaltungsorientiert-kooperatives Modell gewerkschaftlicher Technopolitik. Dieses hat aus Gewerkschaftssicht einige Erfolge mit sich gebracht. Beispielsweise erfolgte mit dem Slogan »der Mensch steht im Mittelpunkt« eine Abgrenzung von den Vollautomatisierungsutopien des CIM. Auch in Hinblick auf Datenschutz können Gewerkschaften und Betriebsräte – gestützt auf das BetrVG und die DSGVO – eine radikale digitale Überwachung der Beschäftigten bislang abwenden. Allerdings wurden mit einer Übernahme des Begriffs der Flexibilisierung einige Deregulierungsvorstöße der Arbeitgeberseite in Kauf genommen. Der Technokorporatismus weist jedoch durchaus Brüche auf. So geht das gestaltungsorientiert-kooperative Modell gewerkschaftlicher Technopolitik mit der Beteiligung an konkreter Technologieimplementierung und damit notwendigerweise der Übernahme einer betriebswirtschaftlichen Logik einher. Wie bereits gezeigt, führt dies wiederum bei einigen befragten Beschäftigten und Betriebsrät:innen zu einer Entfremdung von den Gewerkschaften. Diese drückt sich auch in der Tendenz zur Abkopplung einer Technopolitik von unten von den Gewerkschaftsorganisationen und in der Häufung informeller Auseinandersetzungen aus. Deshalb ist es zweifelhaft, ob das gestaltungsorientiert-kooperative Modell der gewerkschaftlichen Technopolitik sich als stabil erweisen wird.

In der Branche der Plattformlogistik stellt sich die Situation gewissermaßen umgekehrt dar. Diese Branche wird nicht staatlich subventioniert, sondern dient im Gegenteil oft als Abgrenzungsfolie für die Legitimierung einer »guten« industriellen Digitalisierung. Damit geht auch einher, dass sich die Institutionen des deutschen Modells der industriellen Beziehungen nur sehr zögerlich in diesem Bereich durchsetzen. Im Zuge dessen hat das gestaltungsorientiert-kooperative Modell gewerkschaftlicher Technopolitik wenig Durchsetzungschancen. Stattdessen kommt es zu einem antagonistischen Modus der Konfliktaustragung. Immer dann, wenn dieser Erfolge zeitigt, kommt es jedoch zu neuen Schritten der Institutionalisierung, wie zum Beispiel der Gründung von Betriebsräten. Diese wiederum tragen ihrer Logik nach zu einer Entschärfung des antagonistischen Modus der Technopolitik bei. In beiden Bereichen sorgen derartige Inter-Arenen-Konflikte dafür, dass weder das gestaltungsorientiert-kooperative noch das antagonistische Modell gewerkschaftlicher Technopolitik auf Dauer stabil bleiben.

5.
DIE IMPLEMENTIERUNGSARENA

»Das ist unsere Smart Factory«, eröffnet der Produktionsleiter von Smart Electrics *mit leuchtenden Augen, als wir den Raum betreten, in dem jede Maschine mit einem Bildschirm ausgestattet ist. Die Fabrik sei ein Vorreiter der »Industrie 4.0«, also der vierten, diesmal digitalen, industriellen Revolution, heißt es auf einem großen Zertifikat, das prominent im Eingangsbereich hängt. Der Produktionsleiter demonstriert ein Regalsystem, das erkennt, wenn Artikel entnommen werden, und diese dann automatisch nachbestellt. Er zeigt mir einen Schrank, in dem Werkzeuge verwahrt werden, die einer anderen Firma gehören. Sensoren registrieren, wenn beispielsweise ein Akkuschrauber entnommen, also quasi gemietet wird, sodass eine sekundengenaue Abrechnung möglich ist, die sofort auf die richtige Kostenstelle verbucht wird. Außerdem registriert der Akkuschrauber, ebenfalls mittels digitaler Sensorik, wie viele Umdrehungen ausgeführt werden, und kann so direkt erkennen, ob eine Schraube fest genug angezogen wurde. Die Werker:innen in der Smart Factory tragen Datenbrillen, auf denen Arbeitsschritte gescannt und automatisch unterstützende Informationen eingeblendet werden. Auch die Logistik ist »smart«: Ein autonom fahrender Transportroboter liefert die Teile genau dann an die Arbeitsplätze, wenn sie benötigt werden. Ich bin beeindruckt, aber wundere mich, dass in der Smart Factory gar niemand zu arbeiten scheint. Tatsächlich dreht sich der Produktionsleiter, nachdem er seine Führung beendet hat, schnell zu ein paar Schaltern an der Tür. Nacheinander erlöschen die Neonröhren an der Decke. Ein großes Rolltor schließt sich, und die Smart Factory verschwindet hinter uns im Dunkeln. Auf dem Weg zur Kantine gehen wir durch zwei belebte Produktionshallen. Hier sitzen Monteur:innen an Tischen und schrauben Steckdosenpanele zusammen. Sie arbeiten mit normalen Schraubenziehern, niemand trägt eine Datenbrille. Die*

einzigen Computer, die ich entdecke, sind fünf Desktop-PCs, die in der Produktionshalle stehen und auf denen ab und zu etwas in eine Tabellenkalkulation eingegeben wird. Obwohl hier die eigentliche Produktion stattfindet, scheinen diese beiden Hallen nicht zur Führung zu gehören. Der Produktionsleiter schweigt. Als wir in der Kantine mittagessen gehen, frage ich ihn nach dem Verhältnis der Hallen zueinander. Der Produktionsleiter lacht und sagt: »Wenn da hinten jemand die Smart Factory startet, bekommt das hier in der Produktion niemand mit.« Später erklärt ein anderer Manager, dass in der Produktion selbst die umfassende Digitalisierung nicht umgesetzt wurde. Das liege an Problemen mit den Sozialpartner:innen, die dazu geführt hätten, dass man die digitalen Systeme nur in der Modellfabrik nutzen könne.

Diese Episode zeigt eine typische Frontstellung bei der betrieblichen Digitalisierung in der Industrie: Nicht zuletzt aufgrund der Popularität des Labels Industrie 4.0 verspüren viele Unternehmensleitungen einen starken Digitalisierungsdruck. Dem gegenüber stehen die verschiedenen Bedenken von Betriebsrät:innen, die oft zu einer Ausbremsung dieser Euphorie führen. Resultat sind meist betriebliche Kompromisskonstellationen, wie etwa die räumlich begrenzte Modellfabrik bei *Smart Electrics*.

Die Aushandlungslogik der Technopolitiken in der Implementierungsarena unterscheidet sich stark von derjenigen in der Regulationsarena. So schreibt etwa Rainer Trinczek:

> Obwohl die Arbeitsbeziehungen in Deutschland durch ein komplexes Geflecht von gesetzlichen und tariflichen Normierungen geprägt sind, die wesentlich auch in anderen Arenen als dem Betrieb ausgehandelt werden, und die der betrieblichen Regulierung von Arbeit gleichsam vorgegeben sind, können alle diese Normierungen in der betrieblichen Alltagspraxis der Arbeitsbeziehungen modifiziert und mitunter auch gänzlich negiert werden.[1]

In Bezug auf betriebliche Technopolitiken bedeutet das unter anderem, dass Fragen von technologischer Entwicklung und volkswirtschaftlicher Gesamtsituation nur vermittelt relevant werden. Im Zentrum einer betrieblichen Technisierung von Arbeit steht stattdessen die betriebswirtschaftliche Rationalität, bei der Kosten-Nutzen-Abwägungen ausschlaggebend sind. In diesem Sinne unterscheidet Sabine Pfeiffer drei allgemeine Ziele der Technisierung von Arbeit: (1.) *Arbeitsersparnis*, (2.) *Effektivitätssteigerung* und (3.) *Prozesskontrolle*. Aus diesen Zielen ergibt sich bereits das zentrale Konfliktpotenzial in der technopolitischen Arena der Implementierung. Denn, wie Pfeiffer schreibt, »zielt Technikeinsatz und insbesondere die Technisierung der Produktionsarbeit immer darauf, entweder lebendige Arbeit zu ersetzen oder deren Inhalte zu verändern«.[2] Das trifft, wie wir im Folgenden sehen werden, auch auf die Implementierung der algorithmischen Arbeitssteuerung zu.

Dieses Kapitel untersucht die entsprechenden technopolitischen Aushandlungsprozesse in den beiden Industrieunternehmen *Smart Solutions* und *Smart Electrics* sowie den beiden Plattformunternehmen *Smart Shopping* und *Smart Delivery*. Das Kapitel ist entlang der drei von Pfeiffer vorgeschlagenen Kategorien der Arbeitsersparnis, Effektivitätssteigerung und Prozesskontrolle strukturiert. In Bezug auf Arbeitsersparnis stehen Fragen der Automatisierung im Zentrum. In den untersuchten Betrieben kam es jedoch im Zuge der Digitalisierung zu keiner Automatisierungswelle. Es deutet sich aber eine spezielle Form der datengetriebenen Automatisierung an, die in Zukunft noch an Bedeutung gewinnen könnte. In allen vier Unternehmen ist mit der algorithmischen Arbeitssteuerung demgegenüber vor allem die Hoffnung auf eine gesteigerte Kapitaleffektivität in Bezug auf den Arbeitskräfteeinsatz verbunden. Diese drückt sich insbesondere in der Strategie aus, mittels Arbeitsleitsystemen die Arbeitsprozesse derart zu vereinfachen, dass einerseits billigere Arbeitskräfte genutzt und andererseits bestehende Arbeitskräfte flexibler verschoben werden können. In Bezug auf Prozesskontrolle kann im Zuge der Implementierung algorithmischer Arbeitssteuerung von der Durchsetzung eines kybernetischen Modus der Kontrolle gesprochen werden, der wesentlich auf feedbackbasierte Selbstoptimierung setzt. Die meisten dieser Vorstöße werden von den befragten Betriebsrät:innen kritisch gesehen, sodass sie entsprechende Gegenstrategien entwickeln. Die tatsächlich implementierten Technologien sind dann meist als Ausdruck des Kräfteverhältnisses zwischen den Interessengruppen zu verstehen. Zunächst werden im Folgenden jedoch die Handlungslogiken der zentralen Akteur:innen der Implementierungsarena skizziert.

Implementierung als technopolitische Arena

Wie wir oben gesehen haben, ist für die technopolitische Arena der Regulation die volkswirtschaftliche Standortlogik maßgeblich. Auf der betrieblichen Ebene müssen sich jedoch alle Implementierungsprojekte anhand der feldspezifischen Vorstellungen betriebswirtschaftlicher Rationalität rechtfertigen. Die zentralen Akteure sind dabei im deutschen Produktionsmodell typischerweise Management und Betriebsrat, wobei für technopolitische Aushandlungen zunehmend auch den Technologieentwickler:innen eine wichtige Rolle zukommt.

Das *Management* hat in Unternehmen wesentlich die Funktion, die Profitabilität der Produktion sicherzustellen. Diese Funktion lässt sich in zwei Subfunktionen aufteilen: Koordination und Kontrolle.[3] Mit Koordination ist die organisatorische Anordnung von Produktionsmitteln und Arbeitskräften gemeint, die das Ziel verfolgen soll, Produktionsabläufe möglichst effizient zu gestalten. Kontrolle bezeichnet dagegen diejenigen Aktivitäten, die darauf abzielen, dass gekaufte Arbeitskraft in effektiv verausgabte

Arbeit umgesetzt wird. Aus dieser Doppelfunktion ergibt sich eine teilweise widersprüchliche Stellung des Managements in der Technopolitik. Einerseits ist es den Maximen der ökonomischen Rationalität verpflichtet und muss deshalb bei jeder Entscheidung über Technologieimplementierung Kosten und Nutzen für das Unternehmen abwägen. Andererseits nimmt das Management durch seine Kontrollfunktion eine Herrschaftsposition in den Unternehmen ein, an deren Erhalt es ein strukturelles Interesse hat. Logiken dieser persönlichen Herrschaft müssen sich jedoch keineswegs mit den Logiken ökonomischer Rationalität decken.[4]

Der Verhandlungspartner des Managements für Fragen der Arbeitsgestaltung (und damit auch der algorithmischen Arbeitssteuerung) ist im deutschen Produktionsmodell der *Betriebsrat*. Nach dem Betriebsverfassungsgesetz stehen Betriebsräten in arbeitsrelevanten Fragen Informations- und Mitbestimmungsrechte zu. Andererseits ist den Betriebsräten auch eine sogenannte Friedenspflicht auferlegt. In Bezug auf Technopolitik bedeutet das vor allem, dass sie sich Rationalisierungsvorhaben nicht grundsätzlich versperren dürfen. Aus dieser Ambivalenz ergibt sich eine große empirische Varianz in der Betriebsratsarbeit vom Co-Management bis zum Klassenkampf.[5] Diese Ambivalenz zeigt sich auch hinsichtlich der betrieblichen Technopolitik: Entgegen dem Ruf von Betriebsräten als Innovationsbremsen gibt es bislang keine empirische Evidenz dafür, dass Unternehmen mit Betriebsrat einen geringeren Digitalisierungsgrad aufweisen würden.[6] Scheinbar haben sich in den meisten Unternehmen beim Thema Digitalisierung zwischen Management und Betriebsrat bislang noch nicht die bei anderen Themen üblichen tradierten und normierten Aushandlungsriten eingestellt. Stattdessen herrscht vor allem Unsicherheit vor.[7] Bei aller Kritik an der Umsetzung der algorithmischen Arbeitssteuerung sehen sich die meisten hier befragten Betriebsrät:innen nicht als Technikkritiker:innen. Gleichzeitig sind die meisten Betriebsrät:innen selbst nicht mit digitalen Technologien aufgewachsen, und viele berichten, dass sie sich von der technischen Entwicklung überfordert fühlen:

> Die technische Evolution oder Revolution geht mit extrem schnellen Schritten voran. Und ich habe die Befürchtung, dass der Betriebsrat oder unsere gesellschaftlichen Formen, diese Gewerkschaften, Betriebsräte, da nicht mehr mithalten können, weil das so schnell vor sich geht, wo selbst die Spezialisten immer wieder überrumpelt werden mit neuen Ideen, neuen Erfindungen.

Aus diesem Grund werden Implementierungsaushandlungen von vielen Betriebsräten in Expertengremien oder an Sachverständige ausgelagert. Die meisten Befragten sehen darin jedoch eine Depolitisierung, die der zentralen arbeitspolitischen Relevanz des Themas nicht gerecht wird. Deshalb sehen sich die Betriebsrät:innen vor der Aufgabe, sich kontinuierlich in Sachen digitale Technologien weiterzubilden.

Die *Entwickler:innen* der zu implementierenden Technologien sehen sich in den Aushandlungen meist zwischen den Stühlen. In den meisten soziologischen Analysen wird in diesem Sinne vor allem die Interessenambivalenz der Ingenieur:innen im kapitalistischen Produktionsprozess betont. Als hochausgebildete Angestelltenelite fühlen sie sich traditionell weder den Beschäftigten noch den Unternehmer:innen voll zugehörig.[8] In der Implementierung des algorithmischen Managements verschmilzt die Rolle von Ingenieur:innen und Management jedoch zunehmend zu derjenigen des Steuerungspersonals im Unternehmen. Wenn Computer Produktions- und Arbeitsprozesse steuern, also die traditionelle Rolle des Managements übernehmen, dann kommt den Vorstellungen derjenigen, die diese Computer programmieren, eine wichtige Rolle in der Technopolitik zu. Da die Rolle der Entwicker:innen der algorithmischen Arbeitssteuerung zum Teil in der Automatisierung des Managements besteht, können zwar beide zum Steuerungspersonal gezählt werden, es können jedoch keine identischen Perspektiven und Interessen unterstellt werden. Anders als das Management treten Entwickler:innen üblicherweise nicht mit den Vertretungen der Beschäftigten in direkte Verhandlungen – in den meisten Fällen gehören sie nicht einmal demselben Unternehmen an. Aus diesem Grund wurden hier die engen betrieblichen Grenzen der klassischen Betriebsfallstudie nicht eingehalten und jenseits der betrieblichen Akteure auch organisationsexterne Technologieentwickler:innen befragt, um die Implementierungslogiken besser verstehen zu können.

Datenbasierte Automatisierung

Von den befragten Betriebsrät:innen wird die Automatisierung ambivalent beurteilt. Alle großen Unternehmen der deutschen Automobilindustrie kündigten Ende 2019 einen massiven Stellenabbau an, wobei teilweise auch die technologische Entwicklung als Grund angeführt wurde. Im Zuge der Coronakrise kam es dann Mitte 2020 abermals zu Ankündigungen größerer Entlassungswellen. Die Wirkung dieser Ankündigungen reicht freilich weit über die Automobilindustrie hinaus. Aus diesem Grund fürchten viele Betriebsrät:innen um den Erhalt der Arbeitsplätze in ihren Unternehmen:

> Verdammt nochmal, wie bitte soll das System weiterlaufen, wenn wir sagen, wir brauchen keine Arbeiter mehr? Dann habe ich nämlich ganz wenig produzierende Menschen, also alles produziert der Roboter. Und verdammt nochmal, wenn ich jetzt als Mensch kein Einkommen hab … [bricht ab]

Auf der anderen Seite sehen die meisten Betriebsrät:innen Automatisierung nicht als zentralen Faktor für den Stellenabbau. So erklärt ein Betriebsrat von *Smart Solutions*:

> Das Problem ist einfach: die Kosten sind immens hoch. Also man liegt da wahrscheinlich im mehrstelligen Millionenbereich, was man da rechnen muss. Und die Frage ist natürlich, bei anfangs niedriger OEE, also niedrigem Ausbringungsgrad, hat sich's dann auf Dauer auch gerechnet? (...) Und du kommst an einen Punkt, wo im Moment bei gleicher Leistung menschliche Arbeitskraft eigentlich billiger wird.

Von befragten Manager:innen wird diese These bestätigt: »Einerseits wollen wir viel automatisieren. Das Problem ist aber, dass große teure Maschinen zur Inflexibilität der Produktion führen.« Dieser Flexibilität der Produktion wird, wie wir noch ausführlich sehen werden oberste Priorität eingeräumt. Sie kann jedoch von menschlichen Arbeitskräften weit eher geleistet werden, als von Maschinen, die auch Kapital viel langfristiger binden.[9] Ein befragter Manager plädiert in diesem Sinne für eine Rückkehr zu billiger Arbeitskraft:

> Wenn ich jetzt bei uns in Deutschland schaue, warum haben wir alles automatisiert? Weil wir nicht mehr wettbewerbsfähig sind, weil die anderen zu teuer sind, also unsere anderen Mitarbeiter. Also insofern ändert sich die Kultur bei uns.

Von den befragten Betriebsrät:innen wird hingegen eine Automatisierung gewünscht, die zur Reduktion gesundheitsgefährdender Arbeit beiträgt. Diese Hoffnung wird jedoch meist enttäuscht:

> Natürlich würde ich begrüßen, wenn wir diese Maschinen halt eben für etwas hernehmen könnten, wo, sagen wir mal, den Menschen zu sehr belastet. Sagen wir mal mit den Exoskeletten oder so. Dann würde ich sagen, okay, das passt. Aber leider geht es uns nicht darum. Es geht eher darum, ah, die Maschine ist schneller, das könnten wir mit der Maschine machen. Das dumme Heben und dahin tun, das soll wieder der dumme Mitarbeiter machen.

In den hier untersuchten Betrieben deutet sich eine radikale Automatisierung also nicht an. Trotzdem kommt es, gerade in Verbindung mit der algorithmischen Arbeitssteuerung, zu neuen Automatisierungsstrategien, die durchaus technopolitisch relevant sind. Dabei spielt das digitale Tracking von Arbeitsvorgängen eine wichtige Rolle. So berichten zum Beispiel hier befragte Beschäftigte in der Intralogistik, dass ihre Fahrten nicht nur digital dirigiert, sondern auch getrackt werden. Die so erhobenen Daten werden dann wiederum genutzt, um komplett fahrerlose Transportsysteme zu programmieren, die die Logistiker:innen ersetzen. Einer von ihnen erklärt dazu:

> Klar sind immer die Hintergedanken dabei: Wenn das funktioniert, das System, dann kommen nächstes Jahr noch so'n FTS mehr, dann kommt noch eins mehr. Und dann hängen am Ende keine Logistiker mehr da, sondern nur noch Instandhalter mit ihren Laptops. Das ist die Gefahr, die ist da und die ist auch jedem bewusst.

Auch der hier untersuchte Essenslieferdienst *Smart Delivery* kündigt eine ähnliche Automatisierungsstrategie an: So sollen die erhobenen Trackingdaten über die Wege der Kurier:innen genutzt werden, um die Auslieferung zu automatisieren oder die Essenszubereitung von den unabhängigen Restaurants in automatisierte Großküchen zu verlagern. Die spezifische Form der Automatisierung, die hier zum Tragen kommt, zeichnet sich dadurch aus, dass sie wesentlich datengetrieben ist: Der Arbeitsprozess der Beschäftigten wird zur direkten Datengrundlage für die Programmierung von Robotik, mit der selbige Beschäftigte ersetzt werden sollen.

Vorbild sind dabei vermutlich die Ideen von Uber und Amazon, die Daten über Arbeitsprozesse für Automatisierungsvorhaben zu nutzen. So erklärt das Management der Taxiplattform Uber immer wieder, dass ihr derzeitiges Geschäftsmodell, das auf der Arbeit menschlicher Fahrer:innen beruht, in Zukunft durch selbstfahrende Taxis abgelöst werden solle.[10] Das intensive Erheben von Daten über Fahrstrecken und Verhalten von Kund:innen und Fahrer:innen solle die digitale Basis für die zukünftige künstliche Intelligenz liefern.[11] Ähnliche Ankündigungen sind von Amazon zu hören, das 2012 das Robotikunternehmen Kiva aufgekauft hat. Auch hier sollen auf Basis der intensiven Datenerhebung in den Lagerhäusern Roboter programmiert werden, die in Zukunft die Arbeit der menschlichen Beschäftigten übernehmen können.[12] Das Generieren von Daten tritt im digitalen Zeitalter in diesem Sinne als tendenziell gleichberechtigter Zweck neben die direkte Güterproduktion. Diese Daten können neben der Rationalisierung des Arbeitsprozesses als zusätzliche Waren verkauft werden – oder eben zur Grundlage von Automatisierungsprozessen werden.

Bislang kann das Ausmaß der Automatisierung noch nicht seriös eingeschätzt werden. Deutlich wird aber, dass sich die oben genannten Vorhersagen bislang nicht bewahrheiten. Das liegt vor allem an ihrer technikdeterministischen Argumentationsweise. Diese lässt die betrieblichen und überbetrieblichen Gestaltungsbedingungen sowie politisch-ökonomische Einbettungen weitgehend außer Acht: Entscheidend ist für die Implementierung nicht die technologische Machbarkeit, sondern die zu erwartende Profitabilität der Investition. Diese ist angesichts dauerhaft niedriger

Wachstumsraten gering, weshalb in den letzten Jahren die Investition in avancierte Robotik eher ab- als zugenommen hat.[13] Dabei dürften auch die oben genannten Aushandlungen in der Regulationsarena eine Rolle spielen, deren Ergebnis unter anderem die zumindest vorläufige Abwendung von der Vollautomatisierung ist. Allerdings haben gerade große Industrieunternehmen das temporäre Herunterfahren ihrer Produktionsanlagen in der Coronakrise dazu genutzt, Produktionsinfrastrukturen zu erneuern. Die Zukunft der Automatisierung ist damit offen. Die hier angesprochene spezifische Form der datengetriebenen Automatisierung, bei der das Tracking von Arbeitsprozessen zur direkten Grundlage von Automatisierungsprojekten wird, könnte in ihrer Bedeutung in Zukunft durchaus wachsen. Von aktuellerer technopolitischer Bedeutung für eine Verdrängung menschlicher Arbeitskraft scheinen jedoch, insbesondere im Zusammenhang mit der algorithmischen Arbeitssteuerung, die Konfliktfelder der Dequalifizierung und der Arbeitsverdichtung, um die es im Folgenden gehen wird.

Dequalifizierte Flexibilisierung

Die Debatte um eine Dequalifizierung industrieller Arbeit ist so alt wie die Industriesoziologie selbst. Schon Marx erklärt, wie durch die industrielle Maschinerie das Wissen der Arbeiter:innen absorbiert und entwertet wird: »Das Wissen erscheint in der Maschinerie als fremdes außer ihm [dem Arbeiter]; und die lebende Arbeit subsumiert unter die selbständig wirkende vergegenständlichte. Der Arbeiter erscheint als überflüssig.«[14] Wissen und Fähigkeiten werden also vom Körper der Arbeitenden getrennt und in der Maschinerie »objektiviert«. In der ersten Hälfte des 20. Jahrhunderts trat das als Taylorismus bekannt gewordene Programm des wissenschaftlichen Managements mit dem Ziel an, diese Enteignung des Produktionswissens technischorganisatorisch voranzutreiben.[15] Das erwünschte Resultat waren eine Dequalifizierung der Arbeit und die damit verbundene Senkung von Lohnkosten sowie eine Reduktion der Produktionsmacht der Beschäftigten.[16] Später wurde die These vertreten, dass insbesondere in der hochautomatisierten Industrieproduktion ab den 1980er-Jahren ein allgemeiner Trend zur qualifikatorischen Aufwertung und zur Aufhebung der Arbeitsteilung vorherrsche.[17] Diese Perspektive wurde jedoch verschiedentlich kritisiert. So wurde etwa argumentiert, dass die Technisierung der Arbeit die Qualifikationspaletten zwar erweitere, nicht aber vertiefe.[18] In Bezug auf die aktuelle Welle der Digitalisierung gehen die meisten Studien von einer Polarisierung der Arbeitsmärkte aus.[19] Damit ist eine Ausweitung unterer und (teilweise) auch oberer Einkommens- und Qualifikationssegmente bei gleichzeitigem Abbau eines Mittelfeldes gemeint. Diese Polarisierung wird in einem Zusammenhang zur Digitalisierung gesehen.[20] Aufwertungen betreffen hauptsächlich diejenigen Beschäftigten, die die digitalen Systeme programmieren und steuern. ›Auf der anderen Seite‹ des Algorithmus, also bei der hier untersuchten manuellen Arbeit in Industrieproduktion und Logistik, können jedoch in Zusammenhang mit der algorithmischen Arbeitssteuerung hauptsächlich Abwertungstrends festgestellt werden. So wird in diesen Bereichen seit dem Ende der 1990er-Jahre wieder ein Anstieg von Routinetätigkeiten festgestellt.[21] Auch am Gesamtbedarf nach niedrigqualifizierten Arbeitskräften ändert die Digitalisierung kaum etwas.[22] Insbesondere in Zusammenhang mit digitalen Arbeitsleitsystemen wird dabei eine qualifikatorische Abwertung diagnostiziert.[23] Letztere Befunde können mittels der hier dargestellten qualitativen Daten bestätigt und weiter konkretisiert werden. Ein wesentliches Ziel bei der Implementierung der digitalen Arbeitsleitsysteme scheint tatsächlich eine Dequalifizierung zu sein. Diese tritt jedoch in einer besonderen Form auf: Sie zeichnet sich erstens durch eine Flexibilisierung der Arbeitskräftenutzung und zweitens durch eine verstärkte Einbindung migrantischer Arbeitskräfte aus. Beides wird hauptsächlich mittels Arbeitsleitsystemen erreicht. Dabei kann unterschieden werden zwischen einer betriebsinternen Dequalifizierungsstrategie in der Industrie 4.0, die im nächsten Abschnitt dargestellt wird, und einer betriebsexternen Dequalifizierungsstrategie in der Plattformlogistik, von der im darauffolgenden Abschnitt die Rede sein wird.

Interne Dequalifizierung in der Industriearbeit

Im Zentrum der Digitalisierungsstrategie des Maschinenbauers *Smart Electrics* steht die Implementierung von Arbeitsleitsystemen. Diese Systeme bestehen aus einem Bildschirm, der an den Montagearbeitsplätzen angebracht ist und durch Bilder und Text detailliert einzelne Arbeitsschritte erklärt. Im Gegensatz zu mündlichen Erklärungen folgen die digitalen Arbeitsleitsysteme dabei immer denselben Regeln. Das sei ein zentraler Vorteil für die Qualitätssicherung, erklärt mir ein mit der Entwicklung eines entsprechenden Systems befasster Ingenieur: »Ein Vorarbeiter oder irgendwelche Kollegen, die den Leuten jetzt irgendwas erzählen, was sie tun sollen, die sind halt möglicherweise unstrukturiert [...] Und das sichert halt nicht einen gleichbleibenden Standard und Qualität.« Den Vorarbeiter stellt sich der Ingenieur als eine ineffiziente Informationsmaschine vor:

> Ein Vorarbeiter wäre für mich auch ein Werkerinformationssystem. Natürlich. Man kann natürlich auch einen Vorarbeiter so strukturieren, dass er halt die Leute dirigiert und immer auf eine gleiche Weise den Leuten das gibt, [...] aber das passiert halt nicht strukturiert.

Hier wird der Mensch insofern als Fehlerquelle verstanden, als er zwangsläufig »unstrukturiert«, also nicht nach einem standardisierten Muster vorgeht und damit die Einhaltung von Qualitätsstandards gefährdet. Eine weitere Absicherungsmaßnahme gegen menschliche Fehler bietet das Prinzip der »Prozessverriegelung«. Diese sei ein essenzieller Bestandteil von Arbeitsleitsystemen, erklärt der Entwicklungsleiter eines entsprechenden Systems:

> Vom Prozessablauf her wird dann gesagt, ich bin fertig mit diesem Schritt. Das heißt, ich kann es nicht nochmal machen, das System stellt das sicher, du kannst es nicht nochmal machen. Das nennen wir Prozessverriegelung. So kann nicht einmal der betrunkenste Arbeiter diesen Fehler machen.

Auch bei *Smart Electrics* müssen die Arbeiter:innen nach jedem Schritt bestätigen, dass sie wie angezeigt vorgegangen sind, bevor ihnen das Programm erlaubt fortzufahren. Das soll die Arbeit weniger fehleranfällig und gleichzeitig einfacher machen: So erklärt der Entwickler eines solchen Systems:

> Wir wollen den Mitarbeiter entlasten. Indem wir ihm perfekte Informationen geben, wird er mental entlastet. Er hat nicht mehr den Stress, dass er was falsch macht, sondern er wird besser geführt, besser geleitet.

Diese »mentale Entlastung« der Beschäftigten ist jedoch keineswegs Selbstzweck. Das Ziel sei vielmehr, wie der *Smart-Electrics*-Manager erklärt, »entweder, dass es schneller geht, oder dass es weniger Qualifizierte machen können.« Dabei geht es einerseits um eine Flexibilität der Arbeitskräftenutzung: Die Produktion kann leichter auf Nachfrageschwankungen reagieren, wenn Arbeitskräfte ohne weiteres Einlernen zwischen den verschiedenen Arbeitsstationen verschoben werden können. Das soll durch die Leitsysteme erreicht werden. So erklärt der Manager weiter: »Jetzt gebe ich ihm unterstützte Handlungskompetenz. Das heißt, er macht heute was, das macht er in drei Monaten wieder, das heißt, er kann da nicht Spezialist werden. Aber wenn er in drei Monaten wieder drangeht, braucht er Unterstützung.« Damit unterstützt das Leitsystem das flexible Verschieben der Arbeitskräfte. Vor allem aber ist das Ziel eine Senkung der Lohnkosten durch die Beschäftigung weniger qualifizierter Arbeitskräfte. Dies war auch das zentrale Anliegen der Implementierung der Arbeitsleitsysteme bei *Smart Electrics*, die im Rahmen dieser Untersuchung ethnografisch begleitet wurde. So erklärt ein Manager:

> Wir brauchen eine Basis an vielen weniger Qualifizierten. Man kann nämlich vieles nicht unbedingt über den Roboter machen, sondern wenn die Mitarbeiter günstiger wären, könnte ich das per Hand machen lassen. [...] Warum haben wir alles automatisiert? Weil wir nicht mehr wettbewerbsfähig sind, weil unsere Mitarbeiter zu teuer sind.

Dieses Vorgehen versteht der Manager als einen Kampf um das Wissen der Beschäftigten:

> Da sitzt einer dran, macht was und erzeugt Unterlagen und Arbeit, die nicht digitalisiert werden. Das heißt, da ist jedes Mal ein kompletter Prozess. Gerade in den intelligenten Köpfen der Entwickler, die glauben, dass sie das alles beherrschen und keinem was kundtun müssen und sehr viel Daten erzeugen, die sie im Kopf haben, aber nicht digitalisieren. [...] Weil, wenn es ja dann fertig ist, von mir entwickelt, funktioniert es ja. Also warum soll ich etwas aufschreiben. So ist die Denkweise. Man macht sich ja auch dann entbehrlich, wenn man alles weitergibt. [...] Jetzt saug ich ja sein Wissen ab. Er wäre ja jetzt ersetzbar.

In diesem Sinne trug das Management den Produktionsbeschäftigten auf, selbst ihr Wissen in die Arbeitsleitsysteme einzugeben. Letztere verfügten über eine entsprechende Software zur Erstellung von Anleitungen, die von den Beschäftigten in Wort und Bild angelegt wurden. Als Ziel wurde dabei vorgegeben, dass die Anleitungen so detailliert sein müssten, dass »jeder von der Straße« den Montageprozess durchführen könne. Im nächsten Schritt wurden die Systeme dann an einzelnen Arbeitsplätzen eingeführt. Dabei wurde den entsprechenden Beschäftigten aufgetragen, dass sie etwaige Ungenauigkeiten in den Anleitungen zu ergänzen hätten. Nach der Testphase wurde das System in einer ganzen Abteilung eingesetzt. Im letzten Schritt erklärte das Management, als Resultat der nunmehr vereinfachten Arbeit seine Rekrutierungsstrategie ändern zu wollen: »Wir verlagern Arbeit wirklich an billigere, ne, an weniger qualifizierte und damit günstigere Arbeitskräfte, logisch.«

Teil dieser Dequalifizierungsstrategie, so erklären die befragten Manager, sei es auch, verstärkt fremdsprachige migrantische Arbeitskräfte zu rekrutieren. Diese könnten durch Arbeitsleitsysteme in den Produktionsprozess integriert werden: »Wir haben im Wareneingang jetzt einen Rumänen eingestellt, der kann schlecht Deutsch, aber der muss qualifizierte Arbeit machen. Der kriegt jetzt deutsch-rumänisch da angezeigt, mit Bild.« Denkbar sei auch, auf sprachliche Anweisungen komplett zu verzichten und auf rein bildliche Darstellung umzusteigen. Diese verstärkte Einbindung migrantischer Arbeit sei nötig, weil es angesichts der geringen Arbeitslosenzahlen in den süddeutschen Industrieregionen kaum möglich sei, billige Arbeitskräfte zu rekrutieren. Neben den direkten Lohneinsparungen ist ein zentrales Anliegen der digitalen Dequalifizierung jedoch auch eine Flexibilisierung der Arbeitsverhältnisse.

Wie wir bereits gesehen haben, ist Flexibilität im unternehmerischen Diskurs zur Industrie 4.0 das zentrale Thema. Während dieser Diskurs in der Regulationsarena vor allem auf eine Deregulierung der industriellen Beziehungen abzielt, wird er in der Implementierungsarena zur Leitlinie für neue Technologieprojekte. So geht mit der Vision der Industrie 4.0 wesentlich die Idee einer individualisierten Massenproduktion einher, die tendenziell auf eine »Losgröße 1«, also komplett einzigartige Produkte abzielt.[24] Wenn diese nicht massive Zusatzkosten verursachen soll, muss sie mit einer flexiblen Nutzung von Maschinen und Arbeitskräften einhergehen. Genau darauf zielen die verschiedenen Formen des flexiblen Verschiebens der Beschäftigten ab. Voraussetzung dafür ist jedoch, dass Beschäftigte ohne längere Anlernzeiten an neuen Arbeitsplätzen eingesetzt werden können. Genau dies ermöglichen die beschriebenen digitalen Arbeitsleitsysteme mit ihren detaillierten Anweisungen. Besonderes Flexibilisierungspotenzial bietet sich, wenn diese Anweisungen individuell an die jeweiligen Beschäftigten anpassbar sind. So erklärt ein Entwickler eines entsprechenden Systems:

> Das ist schon relativ dynamisch momentan für den Werker, weil natürlich die Information an die [Produkte] angepasst wird. Aber man sieht da eben noch Entwicklungspotenzial hinsichtlich einer Individualisierung. Sprich, die Inhalte anpassen an die Mitarbeiter, an deren Kompetenz. Also eine Zeitarbeitskraft, ein Auszubildender, eine junge Arbeitskraft, die nicht so viel Erfahrung hat, braucht zwangsläufig mehr Informationen als jemand, der schon zehn Jahre dabei ist.

Aber auch bereits ohne eine solche Konfigurierbarkeit erleichtern die Arbeitsleitsysteme sowohl das Verschieben bestehender Belegschaften innerhalb des Unternehmens als auch das Einbinden von temporär Beschäftigten. Neben der Vereinfachung der Arbeit selbst bietet die algorithmische Arbeitssteuerung jedoch auch zwei weitere Flexibilisierungsinstrumente: die Delokalisierung der Arbeit und die halbautomatische Schichtplanung.

In Bezug auf Erstere kann zwischen betriebsinterner und -externer Delokalisierung unterschieden werden. Interne Delokalisierung entsteht dadurch, dass die Beschäftigten mittels Arbeitsleitsystemen ohne Einarbeitung an den verschiedensten Arbeitsplätzen eingesetzt werden können. So erklärt der Manager von *Smart Electrics*:

> Die neue Vision ist dann, dass wir flexible Arbeitsplätze haben, keinen starren Platz, also du bist heute da, und da bist du dann dein Leben lang. Sondern der kommt hin mit seinem Handy und da sind alle seine Daten drauf, und wenn der dann kommt, geht die Türe auf, der Tisch schaltet sich dann ein, die Qualifikation ist da [gespeichert].

Diese interne Delokalisierung der Arbeit trägt dazu bei, dass die Produktion leichter auf Schwankungen in der Nachfrage reagieren kann. Es ist damit theoretisch nicht mehr nötig, eine gleichbleibende Menge von Beschäftigten bereitzuhalten. Stattdessen können die Beschäftigten je nachdem, welches Produkt gerade nachgefragt wird, zwischen den verschiedenen Arbeitsplätzen verschoben werden.

Dasselbe Prinzip kann auch auf externe Delokalisierung erweitert werden. Hier können Arbeitsleitsysteme dazu genutzt werden, Steuerung und Ausführung der Arbeitsschritte räumlich komplett zu trennen. So erklärt ein *Smart Electrics* Manager, dass er mit dem Leitsystem direkt von Deutschland aus Arbeitsschritte in Saudi-Arabien überwachen könne: »Da mach ich das Gleiche, was ich im WLAN mache, mache ich von hier aus in Saudi-Arabien. [...] Wir können dem von hier aus auf die Finger klopfen, wenn er Mist baut.« So kann die räumliche Distanz zwischen Steuerung und Ausführung problemlos überbrückt werden: »Saudi-Arabien ist hier, da ist der Monitor, hier bei uns.«

Diese Variante der Steuerung kommt vor allem im Bereich der Servicetechnik zum Einsatz. Wo früher ein hochqualifizierter Servicetechniker um die Welt fliegen musste, um Maschinen in Betrieb zu nehmen oder zu warten, können nun am Einsatzort Techniker:innen ferngesteuert werden, die mit den zu wartenden Geräten selbst nicht vertraut sind. Beispielsweise erklären die Manager eines Industriepumpenherstellers, dass sie für ihre Pumpen einen Augmented-Reality-Service anbieten. Das heißt, Techniker:innen tragen am Ort der Wartung eine digitale Brille, die alles, was sie sehen, in die Zentrale des Herstellers überträgt, der ihnen dann Anweisungen direkt ins Sichtfeld einblenden kann. Dadurch würden teure mobile Servicetechniker:innen überflüssig. Dasselbe technische Prinzip kann auch dafür genutzt werden, das Outsourcing einzelner Arbeitsschritte zu erleichtern. So erklärt ein Betriebsrat:

> Also du setzt das Ding auf, und die Datenbrille sagt dir, was an dem Ding kaputt ist. Und sagt dir dann, was du machen musst, welches Werkstück. [...] All das provoziert eigentlich das Thema Prekarisierung, weil dann brauch ich nicht den Dauerarbeiter, sondern kann auch tendenziell nicht alle, aber in vielen Bereichen irgendwie einen Austauschbaren [reinholen].

Mithilfe solcher Arbeitsleitsysteme können externe Werkverträge auch in Bereichen vergeben werden, die besonderer Qualifikationen oder besonderer Qualitätsprüfung bedürfen. Auch ein Betriebsrat bei *Smart Solutions* berichtet über ein digitales Ressourcenplanungssystem, das Arbeitsaufgaben im Sinne des sogenannten Crowdsourcing kleinteilig zergliedert und global verteilt:

> Da hast du schon die Tendenz, dass bestimmte Entwicklungsaufgaben nach außen vergeben werden. Und ob das Ein-Mann-Betriebe oder Zwei-Mann-Betriebe sind, das

merkst du gar nicht. Da gibt es die Plattform, da wird so etwas angeboten, ja. Wer würde das machen? Und gebt ein Angebot ab. Und der kriegt es dann irgendwann. Also so über Ausschreibungsverfahren oder so was.

Die algorithmische Arbeitssteuerung ermöglicht mit der externen Delokalisierung der Arbeit also wesentlich auch neue Formen des Outsourcings – oder eben des plattformbasierten Crowdsourcings.

Das zweite technische Flexibilisierungsinstrument, das mit der algorithmischen Arbeitssteuerung angestrebt wird, ist die automatisierte Personaleinsatzplanung. Auch bei *Smart Electrics* bildet diese ein zentrales Element der Digitalisierungsstrategie. So erklärt der zuständige Manager:

> Das MES legt dann von dem Arbeiter C ein Profil an. Also der wird wie eine Maschine behandelt. Der hat eine Durchschnitts-Durchlaufzeit von zwanzig Minuten. Der andere hat eine Durchlaufzeit, egal wo der steht, von zehn Minuten. Der kann aber nur das, das, das, das. Das liegt alles im MES. Und das MES steuert jetzt auch diesen Menschen als Anlage.

Erster Schritt der automatisierten Personaleinsatzplanung ist also das Anlegen von Datensätzen über einzelne Beschäftigte. Diese werden dann unter anderem zur Schichtplanung genutzt. So erklärt der Entwickler eines solchen Systems:

> Es dreht sich alles um die Orchestrierung von Arbeitsschritten. […] Ich bitte einen Roboter, Job eins auszuführen, das heißt etwas von links nach rechts zu bewegen. Ein Arbeiter mit einer bestimmten Qualifikation ist auch so etwas wie ein Roboter, den ich orchestrieren kann. […] Wir müssen eine Reihe von Fertigkeiten orchestrieren, und die Fertigkeiten müssen zusammen mit etwas Material ausgeführt werden. Und warum nicht? Es ist schon

> seit Jahren so, dass man die Fähigkeiten von Arbeitern verplant. Ich mache meine Schichtplanung, und es ist nicht politisch inkorrekt zu sagen, dass ich eine Reihe von Fähigkeiten für meine Schicht brauche, denn wenn ich am Samstag eine Extraschicht haben will, brauche ich jemanden, der sehr geschickt darin ist, diese [Produkte] dort drüben zu montieren.

Die Stärke einer solchen automatisierten Personaleinsatzplanung wird auch hier vor allem in ihrer Flexibilität gesehen. Arbeitskräfte können so »orchestriert« werden, dass sie genau dann einsetzbar sind, wenn die entsprechende Nachfrage besteht. Darüber hinaus könnten Aushandlungen über die Schichtvergabe, die bislang jedes Mal mühsam mit dem Betriebsrat abgestimmt werden mussten, nun algorithmisch »formalisiert« werden, erklärt ein in die Implementierung eines solchen Systems involvierter Personalpsychologe. Es sei nun auch einfacher, temporär Beschäftigte und Leiharbeiter:innen in die betrieblichen Abläufe einzuplanen.

Die befragten Betriebsrät:innen stehen den verschiedenen Maßnahmen der dequalifizierten Flexibilisierung kritisch gegenüber. Dabei unterscheidet sich jedoch das Konfliktpotenzial von Dequalifizierung und Flexibilisierung erheblich. Die Maßnahmen der digitalen Dequalifizierung mittels Arbeitsleitsystemen bei *Smart Electrics* liefen weitgehend ohne Widerstand des Betriebsrates ab. Das lag vor allem daran, dass der Abbau von hochqualifizierten Stellen nicht die Form betriebsbedingter Kündigungen annahm, sondern dass auslaufende Stellen nicht neu besetzt wurden. Höher ist das Konfliktpotenzial bei technischen Flexibilisierungsmaßnahmen, bei denen aufgrund längerer Erfahrung mit Leiharbeit und Outsourcing ein größeres Problembewusstsein unter den Betriebsrät:innen bestand. So erklärt eine Betriebsrätin zur zunehmenden Möglichkeit des digitalen Outsourcings:

> Das erzeugt auf jeden Fall Ängste. Zumindest bei denen, die im Operations-Bereich sozusagen den Betrieb machen. Weil theoretisch kann dieser Job ja auch aus anderen europäischen Ländern gemacht werden oder aus China, oder Slowakei oder wo auch immer. Und die Menschen, die arbeiten rund um die Uhr und zu anderen Löhnen. Natürlich entstehen da Ängste, was ist mit mir? Wo ist meine Zukunft?

Übereinstimmend berichten die meisten Betriebsrät:innen von einem zunehmenden Konkurrenzdruck. Dieser entstehe zum einen durch die neuen Möglichkeiten des Crowdsourcings und andere Formen der digitalen Delokalisierung der Arbeit. Dadurch sehen sich die Beschäftigten einer globalen Konkurrenz von billigen Arbeitskräften ausgesetzt, die sie potenziell ersetzen könnten.

> Das öffnet Tür und Tor aus meiner Sicht, um Arbeiter, arbeitende Gruppen, gegeneinander auszuspielen, ja. [...] Das ist das eine, und das andere ist natürlich so, der, der nicht verfügbar ist, sei es aus Krankheitsgründen, sei es aus familiären Gründen, weil er die Oma pflegen muss, oder was auch immer, dem wird der Boden unter den Füßen sozusagen weggezogen, weil er nur noch auf Abruf und vielleicht gar nicht mehr über eine Zeit zur Verfügung stehen kann und dann die Gefahr besteht, dass die Leute komplett aus der Sozialsicherung rausfallen. Und was mir noch aufgefallen ist, das sind dann ähnliche Strukturen, wie man sie heute schon aus dem Crowdworking-Bereich kennt, dass, ich sag mal, die, die am schnellsten rennen, die ernten am Schluss irgendwas und die anderen bleiben außen vor.

Diese verschiedenen Formen des Konkurrenzdrucks zusammengenommen, so berichten die Betriebsrät:innen, führen zu einem Arbeitsdruck, der die Beschäftigten dazu bringt, ihre Leistungen noch über die ohnehin schon hohen Anforderungen hinaus steigern zu wollen:

> Das geht so weit, dass sie dann, einfach um diese Anforderungen an sich selbst zu erfüllen, dann ihren Kaffee halt während der Arbeitszeit trinken und nicht in der Kurzpause. Mit Ach und Krach dann noch ihre halbe Stunde Mittagspause durchziehen. Aber ansonsten halt beim Arbeiten essen und es eher das Gefühl gibt: der Kollege, der alle zwei Stunden eine rauchen geht, lässt uns im Stich.

Aufgrund dessen geht der Betriebsrat von *Smart Solutions* vehement gegen Prekarisierung, insbesondere in Form von Leiharbeit, vor. So konnte der Betriebsrat zumindest die zusätzliche Einbindung von temporär Beschäftigten unterbinden:

> Wir haben als Betriebsrat den Einsatz von Prekären begrenzt. Wir haben zum Beispiel konsequent abgelehnt, dass auslaufende befristete Verträge durch neue Befristungen ersetzt werden. Das geht eine Weile. Natürlich holen die sich dann an bestimmten kritischen Stellen, ja, so über das Arbeitsgericht dann die Leute doch rein. Aber an vielen Stellen ist es dann auch so, dass sie dann wesentlich vorsichtiger mit solchen Instrumenten umgehen, weil sie nicht schon wieder einen Prozess am Hals haben wollen.

Damit konnte, wie der Betriebsrat erklärt, der »Betrieb gezwungen [werden], die Mitarbeiter von der externen Firma, die seit Jahren nur für uns gearbeitet haben, jetzt einzustellen. Ja, also da haben wir eher die Tendenz, dass es auch andersrum geht.« Generell ist es also durchaus möglich, dass der Betriebsrat den digitalen Prekarisierungstendenzen entgegenwirkt. Die Durchsetzungsfähigkeit variiert jedoch stark zwischen den verschiedenen hier untersuchten Betriebsräten.

Zusammenfassend kann festgehalten werden, dass mit der algorithmischen Arbeitssteuerung in den untersuchten Industriebetrieben die Managementstrategie einherging, Lohnkosten zu senken und die Austauschbarkeit der Beschäftigten zu erhöhen. Das erfolgt vor allem durch die Vereinfachung des Arbeitsprozesses mittels genauer Anweisungen durch Arbeitsleitsysteme. Dies zielt zunächst darauf ab, mehr niedrigqualifizierte und temporär beschäftigte Arbeitskräfte einzubinden. Ebenso wichtig ist jedoch eine Flexibilisierung des Arbeitskräfteeinsatzes. Dabei ermöglicht die algorithmische Arbeitssteuerung ein einfacheres Verschieben von Arbeitskräften, aber auch ein digitales Outsourcing oder gar halbautomatische Personaleinsatzplanung. Die digitale Dequalifizierung steht also in engstem Zusammenhang mit einer Flexibilisierung der Produktion. Die befragten Betriebsrät:innen sehen darin die Gefahr einer Prekarisierung. Deshalb sind sowohl das digitale Outsourcing einzelner Arbeitsschritte als auch die automatische Schichtplanung als zentrale technische Instrumente der Flexibilisierung umstritten. Während digitale Dequalifizierung und Outsourcing in vielen Fällen durchgesetzt werden können, stößt die automatische Schichtplanung meist auf erfolgreichen Widerstand der Betriebsräte. Das liegt vor allem daran, dass Letztere das BetrVG ins Feld führen können, das dem Betriebsrat ein Mitbestimmungsrecht bei der Personaleinsatzplanung zugesteht. Insgesamt kann aber in der hier untersuchten algorithmisch gesteuerten industriellen Produktionsarbeit durchaus von einem Prozess der betriebsinternen digitalen Dequalifizierung gesprochen werden. Interne Dequalifizierung heißt hier, dass Produktionsprozesse grundsätzlich bestehen bleiben, aber durch verschiedene technische Maßnahmen vereinfacht werden. Das ist die altbewährte Form der Dequalifizierung, die auch schon die klassische Studie zum Thema von Harry Braverman anspricht.[25] Ein wichtiger Unterschied ist jedoch, dass ein zentrales Ziel der digitalen Dequalifizierung in einer flexibleren Produktion und damit auch einer Flexibilisierung der Personaleinsatzplanung besteht. Diese Tendenz wurde bereits für die industrielle Einfacharbeit beschrieben.[26] Dabei erscheint sie jedoch als Spezifikum eines »Lowtech«-Sektors, während sie hier gerade durch die Implementierung digitaler Technologie erzeugt werden soll. Auch in der zweiten hier untersuchten Branche, der Plattformlogistik, kommt es zu Tendenzen der dequalifizierten Flexibilisierung. Dort stellt sich diese Tendenz jedoch etwas anders dar.

Externe Dequalifizierung in der Plattformlogistik

Auch bei *Smart Delivery* und bei *Smart Shopping* kommen Arbeitsleitsysteme und halbautomatische Schichtplanung als zentrale technische Instrumente zur Herstellung dequalifizierter Flexibilisierung zum Einsatz. Die Arbeit bei *Smart Delivery* erfordert – neben dem Vermögen ein Fahrrad zu fahren – nur sehr wenige Fähigkeiten. Ein zentraler Grund dafür ist die algorithmische Arbeitssteuerung. Die Kurier:innen werden durch eine App auf ihrem Smartphone gesteuert. Diese zeigt auf einer Straßenkarte die Adresse des Restaurants an, bei dem das Gericht abgeholt werden muss, und die der Kund:in, zu der es gebracht werden muss. Darüber hinaus weist die App die Kurier:innen auf die schnellste Route zwischen diesen Punkten hin. Gleichzeitig überwacht sie jedoch auch den Arbeitsprozess mittels GPS-Tracking über das Smartphone. Auch hier kommt es zur oben beschriebenen Prozessverriegelung: Wer beispielsweise zu lange bei einem Restaurant verweilt, wird von der App aufgefordert, den Grund für die Verzögerung einzugeben. Erst nachdem das geschehen ist erlaubt die App weiterzuarbeiten.

Ein ähnliches Arbeitsleitsystem kommt bei *Smart Shopping* in Form eines Scanners zum Einsatz. Auch hier gibt das System den Lagerbeschäftigten räumliche Anweisungen und überwacht sie gleichzeitig. Ein Beschäftigter erklärt:

»Ich kann keine Entscheidungen selber treffen. Also der Scanner sagt mir: geh nach rechts oder nach links. Der Scanner sagt mir: Jetzt nicht arbeiten, jetzt schneller arbeiten.« Durch diese Kombination aus detaillierten automatischen Anweisungen und gezielter Einschränkung der Handlungsmöglichkeiten der Beschäftigten wird der Arbeitsprozess stark vereinfacht. Das hat aus Sicht der Unternehmen verschiedene Vorteile. So kann durch den einfachen Arbeitsprozess auf einen beinahe unbeschränkten Pool an Arbeitskräften zurückgegriffen werden, was es erlaubt, die Lohnkosten zu drücken, wie in Kapitel sieben ausführlicher diskutiert wird.

Ein wichtiger Faktor für das Zustandekommen der geringen Löhne ist der große Anteil migrantischer Arbeitskräfte. An dem Standort, an dem ich meine teilnehmende Beobachtung bei *Smart Delivery* durchführte, arbeiteten zu ca. 70 Prozent nichtdeutsche Personen als Kurier:innen. Die Mehrzahl von ihnen waren nichteuropäische Migrant:innen. Bei *Smart Shopping*, so erklären befragte Betriebsrät:innen, arbeiten in den verschiedenen Versandzentren zwischen 15 und 50 Prozent Personen mit unsicherem Aufenthaltsstatus. Die meisten von ihnen befinden sich im Asylbewerbungsprozess. Wie wir oben gesehen haben, werden hierfür nach Angaben der Befragten spezielle Vereinbarungen mit den lokalen Kommunalverwaltungen getroffen. Diese starke Einbindung migrantischer Arbeitskräfte wird wesentlich durch die digitale Arbeitsinfrastruktur ermöglicht. Bei *Smart Delivery* ist dabei ein wichtiger Faktor, dass die Bewerbung weitgehend automatisch über ein Onlineformular abläuft. Somit sind keine Kenntnisse des lokalen Arbeitsmarkts oder ›Beziehungen‹ nötig, um den Job zu bekommen. Schwerer wiegt jedoch in beiden Fällen vermutlich, dass die Mehrzahl der Migrant:innen aufgrund mangelnder Deutschkenntnisse keinen ›besseren‹ Job findet. Auch hier werden diese fremdsprachigen Arbeitskräfte, wie im oben beschriebenen Industriefall, dadurch eingebunden, dass sie ihre Anweisungen nicht mehr von menschlichen Vorgesetzten, sondern von digitalen Arbeitsleitsystemen bekommen. Diese lassen sich sprachlich verschieden konfigurieren oder kommen komplett ohne Sprache aus. So erklärt ein Betriebsrat von *Smart Shopping*: »Die müssen jetzt kein Deutsch mehr sprechen. Es reicht, wenn sie Englisch und mittlerweile auch Arabisch sprechen.« Auch bei *Smart Delivery* kann die Arbeitsapp in verschiedensten Sprachen genutzt werden.

Aufgrund der digitalen Dequalifizierung kann auf eine Bindung der Arbeitskräfte an das Unternehmen weitgehend verzichtet werden. Diese ist normalerweise wichtig zur Vermeidung von Kosten, die bei einer hohen Personalfluktuation entstehen. Bei *Smart Shopping* wird eine solche Fluktuation jedoch bewusst in Kauf genommen. Auch der bereits zitierte Rider Captain von *Smart Delivery* schätzt gar die durchschnittliche Dauer der Arbeitsverhältnisse an seinem Standort auf drei Monate. Das stellt für das Unternehmen kein Problem dar, da aufgrund des hohen Digitalisierungsgrades kaum Suchkosten entstehen. Schon der Bewerbungsprozess läuft ausschließlich über eine Website ab – zu einem persönlichen Gespräch kommt es nicht. Das ist wiederum möglich, weil aufgrund der algorithmischen Arbeitssteuerung keine spezifischen Qualifikationen für den Job nötig sind. Die einzige Einarbeitung besteht aus einem einstündigen Videochat. Bei *Smart Shopping* konnte die Einarbeitungszeit, so erklärt eine Teamleiterin, aufgrund der algorithmischen Arbeitssteuerung auf eineinhalb Tage reduziert werden. Auch hier hängt die digitale Dequalifizierung also, wie in den Industriefällen, unmittelbar mit einer Flexibilitätssteigerung in der Personaleinsatzplanung zusammen.

Für diese Flexibilisierung ist, wie bei den Industriefällen, die digitale Delokalisierung der Arbeitsprozesse ein wichtiger Faktor. So liefert *Smart Delivery* in mehreren Ländern Essen aus, wird aber fast komplett von einer einzigen Zentrale aus gesteuert. Dort ist nicht nur das strategische Management ansässig, sondern auch die sogenannten Dispatcher, die den Arbeitsprozess der Kurier:innen kontrollieren. Nur durch die algorithmische Arbeitssteuerung ist es dem Unternehmen möglich, die große Zahl seiner Kurier:innen über räumliche Distanzen hinweg zu koordinieren, ohne dass ein persönlicher Kontakt zwischen Management und Beschäftigten notwendig ist. Es ist diese Delokalisierung, die die Voraussetzung für die neuartige, »flexible« Arbeitsorganisation der Plattformökonomie bildet, die sich durch eine sehr lose Anbindung der Beschäftigten an die Unternehmen und eine damit einhergehende Prekarisierung der Arbeitsverhältnisse auszeichnet.

Das zweite zentrale Flexibilisierungsinstrument der algorithmischen Arbeitssteuerung sind *halbautomatische Schichtplanungssysteme*. Ein Personalverantwortlicher erklärt, dass diese Systeme weitgehend ohne menschliche Eingriffe funktionieren:

> Keiner von irgendwelchen Chefs sagt: wir machen jetzt dies oder jenes [...], das macht das System komplett eigenständig. Wir geben dem System nur die Mitarbeiterzahl, die wir zur Verfügung haben, und alles andere macht das System komplett alleine. [...] Wo mindestens noch ein Zweiter dazugehört oder ein Dritter, das sagt das System alles ganz alleine. Und dann gehen wir nur auf ›akzeptieren‹, und dann tut das System auch die ganzen Bestellungen auch alleine erarbeiten und schickt sie auch ganz von alleine auf die [Arbeitsleitsysteme]. Und wir sagen nur: Wir haben so und so viele Mitarbeiter zur Verfügung. Und das System weiß auch, wie lange das in der Regel dauert.

Das Unternehmen plant die Arbeitseinsätze der Kurier:innen in Abhängigkeit kurzfristiger Nachfrageschwankungen, zum Beispiel im Anschluss an Werbemaßnahmen. Aufseiten der Beschäftigten erfolgt die Schichtplanung über eine eigene Handyapp. Basierend auf einer Evaluation ihrer Leistung durch das permanente Tracking werden die Kurier:innen in verschiedene Gruppen eingeteilt. Diese Gruppen werden nacheinander für die Auswahl von Schichten freigeschaltet. Wer also schlechtere Werte aufweist, darf sich erst später die Schichten aussuchen. Manchmal werden die Schichten jedoch schlicht zugewiesen. Aber auch wenn die Rider einmal bestimmte Schichten zugewiesen bekommen haben, ist deren Dauer oft nicht vorhersehbar. So sind die Kurier:innen verpflichtet, Überstunden zu leisten, da sie auch noch eine Minute vor Ende ihrer Schicht neue Aufträge annehmen müssen. Das bedeutet nicht selten, dass sich die Arbeitszeit um bis zu 40 Minuten verlängert. Insgesamt führt das System dazu, dass 70 Prozent der Kurier:innen angeben, regelmäßig nicht genügend Schichten zu erhalten oder solche, die sie nie wollten.[27]

Ein an der Implementierung eines automatisierten Schichtplanungssystems beteiligter Arbeitspsychologe erklärt, dass arbeitszeitrechtliche Regularien in das System einprogrammiert würden. Ein Betriebsrat bei *Smart Delivery* hingegen sieht genau diese Berücksichtigung des Arbeitszeitgesetzes in der dortigen automatischen Schichtplanung nicht gegeben:

> Diese App war nicht so programmiert, dass sie das Arbeitsrecht immer einhält. [...] Dass das System nicht erkennt, dass diese Person gar nicht mehr arbeiten dürfte, weil sie an diesem Tag schon so viel gearbeitet hat. Oder dass Schichten verlängert werden, weil einfach eine Order offen ist und das System nicht erkennt, dass die Person jetzt eine Pause machen müsste.

Einig sind sich beide Seiten darüber, dass die automatische Schichtplanung vor allem ein Flexibilisierungsinstrument ist, das dazu beitragen soll, kurzfristig über den Einsatz von Arbeitskräften zu entscheiden. »Dadurch öffnen sich natürlich neue Möglichkeiten, um die Reaktion auf diese Anfrage [nach einem Arbeitseinsatz] kurzfristiger zu bekommen«, erklärt der Psychologe. »Und so können natürlich dann auch bestimmte Zeitfristen eingestellt werden, zu denen eine Rückmeldung eingegangen sein muss.« Für die Kurier:innen bedeutet das allerdings, wie ein Betriebsrat berichtet, dass sie »überhaupt gar nicht mehr wissen, wie man die nächste Woche arbeitet«.

Aus diesen Gründen war die Schichtplanung auch das erste Thema, das der junge Betriebsrat bei *Smart Delivery* nach seiner Gründung in Angriff nahm. Unter Rückgriff auf die Mitbestimmungspflichtigkeit von Technologien, die zur Verhaltenskontrolle geeignet sind, ging das Gremium gegen die leistungsbasierte Schichtvergabe vor. So konnte in der Stadt des entsprechenden Betriebsrats eine Ausnahme vom deutschlandweiten System erzwungen werden. Während der Verhandlungen wurden die Kurier:innen in dieser Stadt bei Bezahlung der vertraglichen Mindeststunden freigestellt, da die Rechtsgrundlage zur Nutzung der App fehlte, die ihrerseits die Voraussetzung für die Arbeit war. Nach sechs Wochen erreichte *Smart Delivery* eine einstweilige Verfügung, mit der die Kurier:innen zur weiteren Arbeit mit der Software gezwungen wurden. Im weiteren Verlauf konnte der Betriebsrat jedoch durchsetzen, dass statt der leistungsbasierten Schichtvergabe zunächst eine Mindestbasis an Schichten den Arbeitsverträgen entsprechend vergeben wurde, während die übrigen von den Kurier:innen entsprechend ihrer Verfügbarkeit ausgewählt werden konnten. Damit ging der Betriebsrat nicht nur gegen die permanente Leistungskontrolle vor, sondern konnte auch erreichen, dass die Flexibilität der digitalisierten Arbeitsverhältnisse nicht nur dem Unternehmen, sondern auch den Beschäftigten zugutekommt. Auch bei den untersuchten Industrieunternehmen konnte das Management keine automatisierte Schichtvergabe durchsetzen. Grund hierfür ist vor allem, dass das BetrVG eine Zustimmung des Betriebsrates zu allen Schichtplänen vorsieht.

Die angeführten Beispiele zeigen, dass die angesprochenen Flexibilitätsgewinne vor allem aufseiten der Unternehmen verortet werden können. Auf der Seite der Beschäftigten hingegen, so betont auch der bereits zitierte Psychologe, muss mit Flexibilitäts*verlusten* gerechnet werden: »Dass der Arbeitsweg umgeplant werden muss, dass private Besorgungen, Termine umgeplant werden müssen und dass auch soziale Aktivitäten teilweise entfallen, das muss halt auch auf der Rechnung drauf sein.« Diese Flexibilisierung der Personaleinsatzplanung ist wiederum nur möglich auf Grundlage einer vorgängigen Dequalifizierung der Arbeitsschritte durch die digitalen Arbeitsleitsysteme. Dieser Prozess kann in der Plattformlogistik als *externe Dequalifizierung* beschrieben werden. Anders als in den oben untersuchten Industriefällen gab es bei *Smart Delivery* und *Smart Shopping* nie einen anspruchsvolleren Arbeitsprozess. Die digitale »Einfacharbeit« ist vielmehr zentraler Bestandteil des Geschäftsmodells. Das heißt, die Bemühungen der Unternehmen um eine digitale Vereinfachung des Arbeitsprozesses zielten nicht auf eine Umschichtung der betriebsinternen Zusammensetzung der Arbeit, sondern auf betriebsexterne Arbeitsmärkte. So steht ihnen ein prinzipiell unbegrenzter Pool an Arbeitskräften zur Verfügung. Diese sind in den meisten Fällen für die Tätigkeiten überqualifiziert, können aber aufgrund von Sprachbarrieren oder Arbeitsmarktengpässen keinen anderen Job finden. Ein Kurier berichtet etwa: »Ich habe tatsächlich sieben Jahre lang in Santiago als Ingenieur gearbeitet. Hier war es dann wegen der Sprache etwas schwierig, einen Job zu finden.« Diese Ausgangssituation verschärft auch die Machtasymmetrien der betrieblichen Kontrolle, um die es im nächsten Abschnitt gehen wird.

Kybernetische Arbeitsverdichtung

Digitale Überwachung ist eines der wichtigsten Themen technopolitischer Aushandlungen um die algorithmische Arbeitssteuerung. Auch in den hier untersuchten Betrieben nimmt dieses Thema eine zentrale Stellung ein. Dabei ist jedoch eine Verschiebung zu beobachten, die tendenziell von der klassischen Überwachung wegführt, bei der Daten aus dem Arbeitsprozess den Vorgesetzten zu Disziplinarzwecken zugeleitet werden. Stattdessen findet in den Unternehmen eine Hinwendung zu einem feedbackbasierten Modell digitaler Kontrolle statt, bei dem die erhobenen Daten aufbereitet an die Beschäftigten zurückgeleitet werden, damit diese selbst den Arbeitsprozess optimieren. Dieser Modus kann als *kybernetische Kontrolle* bezeichnet werden.[28] Im Folgenden wird diese Entwicklung in den untersuchten Betrieben beleuchtet. Dabei kann die Arbeitsverdichtung als zentrale Maßnahme zur Effektivitätssteigerung identifiziert werden.

Von der Überwachung …

Das zentrale Element digitaler Überwachung ist ein »measuring of everything«[29], also das minutiöse Protokollieren jedes Arbeitsschritts. Diese Tendenz erreicht mit der gegenwärtigen Welle der Digitalisierung und ihrem allumfassenden *Industrial Internet of Things* (IIoT) einen vorläufigen Höhepunkt. So wurde aus historischer Perspektive zusammenfassend diagnostiziert, dass das Ausmaß technischer Überwachung am Arbeitsplatz klar zugenommen hat.[30] Über die verschiedenen historischen Produktionsregime hinweg scheinen technische Kontrollinnovationen zentral darauf abzuzielen, eine vollständige Transparenz der Produktion herzustellen und mittels fortschreitender Automatisierung die lebendige Arbeit an diejenige der vollständig determinierbaren Maschinen anzugleichen. Überwachung ist in diesem Sinne wohl das zentrale Thema in der kritischen Debatte zur Digitalisierung.

Auch in den vier hier untersuchten Betrieben ist Überwachung ein zentrales technopolitisches Thema. Bei *Smart Electrics* etwa gibt das bereits beschriebene Arbeitsleitsystem nicht nur Anweisungen, sondern misst auch die

Zeit zwischen den einzelnen Arbeitsschritten. Nach jedem Schritt müssen die Beschäftigten auf dem Bildschirm mit einem Klick bestätigen, dass sie getan haben, was ihnen aufgetragen wurde. Das System stoppt auf die Zehntelsekunde genau die Zeit zwischen diesen Klicks und die Gesamtzeit bis zur Beendigung des gesamten Montageschritts. Hierzu erklärt der verantwortliche Manager:

> Dann braucht der zehn Minuten, der andere braucht zwanzig Minuten. An welcher Stelle braucht der denn vielleicht länger? War der fünf Mal auf Toilette oder zehnmal Zigaretten rauchen und, und. Also ich tracke ja alles, wir erfassen alles. Wann fährt er den Tisch hoch, wie hält er den Lötkolben. Alles.

Darüber hinaus wünscht sich das Management eine noch weitergehende Durchdringung der Arbeitsplätze mit digitaler Sensorik: beispielsweise Sensorik in Stühlen, mit der die Transpiration der Beschäftigten gemessen werden kann, um festzustellen, ob diese bei bestimmten Arbeitsschritten nervös werden. Von Interesse sei generell

> alles, was man irgendwie wahrnehmen kann durch Sensoren. Ich könnte genauso gut die Augen messen und wenn die anfangen zu flackern oder wenn die groß werden, dass Sie sagen, oh, bei dem ist was am Platz los. […] Oder, wenn ich sag, ich bin jetzt mittags, ab jetzt brauch ich Motivationslicht, dann macht das der Rechner. Der stellt dann Motivationslicht ein.

So sollen die Beschäftigten also bis zu den biologischen Körperfunktionen hin evaluiert werden, um allen möglichen Produktivitätsverlusten vorzubeugen.

Beim Lieferdienst *Smart Delivery* überwacht das Arbeitsleitsystem in Form einer Smartphoneapp detailliert das Verhalten der Kurier:innen. Zentrale technische Grundlage ist dabei das Tracking des GPS-Standorts des Smartphones. Allerdings verfügt die App auch über die Berechtigung, auf dem Telefon gespeicherte Dateien auszulesen und sogar Telefongespräche der Kurier:innen mitzuschneiden. Aus den Überwachungsdaten werden automatisch Leistungsprofile über die Beschäftigten erstellt, die unter anderem Fahrgeschwindigkeit, Pünktlichkeit, Zeit bei den Kund:innen und andere Faktoren beinhalten. Die Kurier:innen gehen davon aus, dass diese Profile die Grundlage für die Entscheidung über Weiterbeschäftigung nach dem jeweiligen Vertragsende bilden.

Extrem fällt die digitale Überwachung bei *Smart Shopping* aus. Vor allem werden die Lagerbeschäftigten dort durch ihre Handscanner überwacht. Diese Überwachung fällt in vielen Fällen klassisch aus: Die Daten werden direkt an die menschlichen Vorgesetzten geleitet. So erklärt ein Beschäftigter:

> Die überprüfen das, ja. Die können sogar sehen, welche Schritte du machst. Also die sehen, wo du gerade stehst, wie viel du gerade arbeitest, wie viel du gerade machst, wie oft du nichts machst oder wann du auf der Toilette warst, wann du nicht auf der Toilette warst. Das sehen die alles, und dann wirst du teilweise auch angesprochen und die sagen: »hier, du hast 15 Minuten lang nichts gemacht, wo hast du dich rumgetrieben, was hast du da gemacht?«

Außerdem berichten Betriebsrät:innen, dass die Lagerhallen von *Smart Shopping* flächendeckend videoüberwacht werden und dass die Scanner mit Mikrofonen ausgestattet sind, über die potenziell Gespräche mitgehört werden können. Das Unternehmen versuchte bereits, Beschäftigte auf Grundlage der Überwachungsdaten wegen »Minderleistung« zu kündigen. Dagegen gingen Betroffene jedoch mithilfe von Betriebsrat und Gewerkschaft erfolgreich juristisch vor. Auch das direkte Ansprechen von Beschäftigten auf Grundlage der

Überwachungsdaten wurde an einzelnen Standorten durch den Betriebsrat erfolgreich unterbunden.

Insgesamt kann festgehalten werden, dass bei allen befragten Betriebsrät:innen auf Fragen des Datenschutzes ein besonderer Fokus liegt. Eine basale Forderung ist dabei, dass die in der Europäischen Datenschutzgrundverordnung (DSGVO) vorgeschriebene Zweckgebundenheit der Daten eingehalten wird und Daten vom Unternehmen nicht zu beliebigen Zwecken umgenutzt werden können. Das bedeutet, dass jeder neue Nutzungszweck auch neu vereinbart werden muss. So kann der Betriebsrat einen Überblick darüber behalten, was genau vom Unternehmen erfasst wird. Diese Forderung lässt sich aufgrund der rechtlichen Absicherung verhältnismäßig leicht durchsetzen. Allerdings berichten auch manche Personalverantwortliche, dass in ihren Unternehmen Verstöße gegen Datenschutzrichtlinien zur Tagesordnung gehören und sie teilweise von ihren Vorgesetzten dazu aufgefordert werden, entsprechende Technologien auch entgegen entsprechenden Regelungen einzusetzen:

> Dieser Konzern sagt das eben, das sind eure Tools, die ihr eben benutzen könnt. In [Standorten], die gerade im Aufbau sind, die ersten zwei Jahre und ohne Betriebsrat, dass diese Dinge dann eben vorfallen und, dass von oben her dieser Druck kommt auf das untere Management. [...] Der, der das einatmet, der kommt bei uns weiter. Und der, der sich daran verschluckt, der bleibt auch nicht lange bei uns. Auch wir haben lange an viele Dinge geglaubt und auch mit unseren Mitarbeitern so gemacht, weil wir vieles für total normal gehalten haben und selber von Datenschutz keine Ahnung hatten. [...] Wir haben dann auch klar gesagt: ich sehe, dass du schon seit einer Viertelstunde ... geht's dir nicht gut? Oder irgendwie so was. Aber wir hätten das nie tun dürfen. Aber [...] es ist normal und selbstverständlich, wenn du das erstmal zwei, drei, vier Jahre so durchgezogen hast. Und dann kriegt man das nicht mehr raus.

Rechtlich bietet die Gesetzeslage jedoch, wie in Kapitel vier gezeigt, für Betriebsräte beim Thema Datenschutz einige Hebel. Alle technologischen Einführungen im Betrieb, die dazu geeignet sind, Leistung und Verhalten der Beschäftigten zu kontrollieren, also fast alle digitalen Technologien, sind mitbestimmungspflichtig. Das gibt dem Betriebsrat im Zweifelsfall die Möglichkeit, Implementierungsprojekte der Unternehmensleitung, die sie hinsichtlich des Datenschutzes für bedenklich halten, abzublocken. Das geschah in mehreren hier untersuchten Fällen.

Der Betriebsrat von *Smart Electrics* stellte sich den oben beschriebenen Managementvisionen einer vollständigen Durchleuchtung der Beschäftigten entschieden entgegen. Damit war er erfolgreich. Keiner der Überwachungspläne – von der Erfassung der Toilettengänge bis hin zur sensorischen Erfassung der Augenbewegungen – konnte umgesetzt werden. Das lag teilweise auch daran, dass die entsprechenden Technologien oft noch in den Kinderschuhen stecken, zentral war aber auch der Widerstand des Betriebsrates. Eingeführt wurden jedoch verhältnismäßig einfache Arbeitsleitsysteme, die erheben, welche Arbeitsschritte ausgeführt wurden und wie viel Zeit darauf aufgewendet wurde. Auch hierfür wurden jedoch umfangreiche Verhandlungen zwischen Management und Betriebsrat geführt. So erklärt der Manager weiter:

> Das sind die Daten, die der Mitarbeiter erzeugt, und die Daten gehen irgendwohin. So und jetzt liegen sie dauerhaft irgendwo oder nicht. Wir sagen dauerhaft und der Betriebsrat sagt dann, nee, das können wir nicht. Also können wir nur sagen, o. k., dann machen wir halt nur 60 Prozent Einführung. Also wir haben hier also ganz klar gesagt, die Daten werden erzeugt. Zum Beispiel was hat er da gerade alles gemessen und wie lang hat der gemessen. Jetzt brauch ich die Daten ja nicht. Aber ich kann sie sehen, weil ich komm ja ran. So, jetzt muss ich mich ver-

pflichten, die Daten zwar zu sehen, aber ich darf sie nicht verwenden, keine Auswertung anfangen. Das müsste ich dann in einer Betriebsvereinbarung regeln. Das heißt also, wir gehen jetzt hier über den Weg, ja die Daten sind da und was ist jetzt erlaubt, was ist nicht erlaubt – und das müssen wir gemeinsam ausarbeiten.

Auch hier konnte also das Management keineswegs all seine Vorstellungen durchsetzen, sondern musste vielmehr Konzessionen an den Betriebsrat machen, die dazu führten, dass »nur 60 Prozent« der geplanten Datenerhebungsverfahren implementiert wurden. So konnte der Betriebsrat ausschließen, dass die erhobenen Daten zur Verhaltenskontrolle und Leistungsüberprüfung genutzt werden. Die Daten über die Arbeitsgeschwindigkeit der Beschäftigten werden deshalb nicht zentral gespeichert. Stattdessen werden die gestoppten Zeiten den Beschäftigten angezeigt, in der Hoffnung, dass diese ihren Arbeitsprozess selbst optimieren. Eine ähnliche Entwicklung trat, wie noch zu sehen sein wird, auch bei den drei anderen Unternehmen ein.

Zusammenfassend kann festgehalten werden, dass die Überwachung der Beschäftigten im Zuge der algorithmischen Arbeitssteuerung erheblich vereinfacht wird und viele Unternehmen eine entsprechende Radikalisierung der Überwachung anstreben. Allerdings herrscht bei den befragten Betriebsrät:innen eine große Sensibilität hinsichtlich des Datenschutzes. In diesem Sinne ist es ihnen möglich, insbesondere auf Grundlage der neueren Gesetzeslage viele Überwachungsprojekte zu stoppen. Kompromisslösungen sind dabei oft geschlossene Feedbacksysteme, in denen keine Leistungsprofile von Beschäftigten angelegt werden, sondern die Evaluationen nur an diese zurückgeleitet werden. Dem liegt die Hoffnung des Managements zugrunde, dass die Beschäftigten sich auf Grundlage dieser Daten selbst optimieren. Ein Prozess, dem die Betriebsrät:innen wenig entgegenzusetzen haben, der jedoch trotzdem konfliktträchtig ist.

Bei den meisten Formen algorithmischer Arbeitssteuerung in den hier untersuchten Betrieben steht das automatische Feedback als Kontrollmodus im Zentrum. So werden etwa bei *Smart Delivery* die erhobenen Daten dafür genutzt, den Kurier:innen unmittelbare, automatische Rückmeldungen zu ihrer Arbeitsleistung zu geben. Wenn sie zu langsam fahren oder zu wenige Aufträge annehmen, spielt die App automatisch Nachrichten und Töne ab. Führen diese Signale nicht zum erwünschten Resultat, bekommen die Kurier:innen einen automatisierten Telefonanruf, bei dem sie von einer Roboterstimme ermahnt werden. Außerdem erhalten die Kurier:innen in regelmäßigen Abständen per E-Mail eine automatische Auswertung ihrer Leistung. Dabei wird nicht nur detailliert wiedergegeben, wie schnell sie gefahren sind und wie viel Zeit sie bei den Kund:innen verbracht haben, sondern es wird auch angegeben, wie diese Werte im Vergleich mit anderen Beschäftigten ausfallen. Sind die Werte überdurchschnittlich, werden die Kurier:innen dazu aufgefordert, weiterhin ihr Bestes zu geben, sind sie unterdurchschnittlich, wird ihnen nahegelegt, an sich zu arbeiten. So wird der größte Teil der Kontrollarbeit des Managements automatisiert.

Diese Selbstoptimierungsapelle sind, insbesondere bei den beiden Plattformlogistik-Unternehmen, meistens mit einer Firmenideologie verbunden. Durch die Inszenierung des Unternehmens als besonders ›hipp‹ sollen die Beschäftigten dazu gebracht werden, sich stärker mit diesem zu identifizieren und entsprechend größere Leistung zu bringen. Das geht mit verschiedenen Formen von symbolischen Boni einher. So bekommen bei *Smart Delivery* diejenigen Kurier:innen, die regelmäßig im Winter bei Schnee ausliefern, einen Fünf-Euro-Gutschein für ein Sportgeschäft. Bei *Smart Shopping* wird ein ausgefeiltes Incentivierungssystem in Form von Plastikchips eingesetzt, die die Beschäftigten für herausragende Leistungen bekommen:

> Die sehen aus wie Autoscooter-Chips oder Fahrgeschäfts-Chips und davon kriegst du dann welche. Zu gewissen Tagen kriegst du mal einen geschenkt, wenn irgendwelche Leistung ist. Oder Monatsende darfst du dir dann auch irgendwie maximal sechs Stück abholen.

In Kapitel sechs wird deutlich werden, dass diese Selbstoptimierungsanreize in der Praxis oft nicht funktionieren. Viele andere Feedbacktechnologien setzen jedoch überhaupt nicht mehr auf die ideologische Einbindung der Beschäftigten. Stattdessen scheinen sie darauf abzuzielen, die kognitive Reflexion des Feedbacks überflüssig zu machen, indem sie die Lücke zwischen Handlung und Feedback möglichst vollständig schließen. Das soll vor allem durch eine Eliminierung des Interface erreicht werden, sodass die Beschäftigten sich nicht mehr einem Bildschirm zuwenden und die darauf angezeigten Informationen kognitiv verarbeiten müssen. Eine Möglichkeit, dies zu erreichen, sind körpernahe Technologien, sogenannte Wearables. Ein Beispiel dafür ist der bereits erwähnte »smarte Handschuh«. Dieser erfasst die Handbewegungen der Beschäftigten und vibriert, wenn es zu einer Abweichung im Arbeitsablauf kommt. Das erklärt ein Entwickler der Technologie wie folgt:

> Wenn also ein Fehler auftritt, wenn irgendetwas passiert, wird er darüber direkt an seinem Körper informiert. [...] Er bekommt sofort das Feedback, ob es das richtige Teil war, das er ausgewählt hat, oder das falsche. Wir bestätigen richtige Teile und lesen sie ins System ein durch ein grünes Licht, und wir haben eine Vibration und einen Ton, wenn etwas schiefgeht. [...] Das ist der beste Aspekt von Wearables. Da das Wearable am Körper angebracht ist, muss er sich nicht mehr auf einen externen Bildschirm oder Ähnliches konzentrieren.

Darüber hinaus soll der Handschuh die verschiedenen Bewegungsabläufe miteinander vergleichen und so selbstständig herausfinden, welcher Ablauf der effizienteste ist. Das soll eine »Selbstorganisation« des Arbeitsprozesses ermöglichen: »Dadurch, dass man ihm [dem Arbeiter] mehr Informationen gibt, ermöglicht man am Ende, dass er seine Arbeit besser organisiert«, erklärt der Entwickler. So soll ein Selbstoptimierungsprozess etabliert werden, der auf automatisierter Rekursivität beruht, also einem maschinellen Echtzeitfeedback zu jeder Arbeitshandlung. Eine weitere Möglichkeit der Überwindung des Interfaces ist die Verlegung des Feedbacks auf die auditive Ebene. So erklärt ein Entwickler ein musikbasiertes Feedbacksystem. Auch hier soll der Arbeitsprozess detailliert getrackt werden. Auf jedes besondere Vorkommnis soll das System mit dem Abspielen einer bestimmten Melodie in der Fabrikhalle reagieren. So können die Beschäftigten ihr Verhalten sofort entsprechend anpassen, ohne dass sie von Vorgesetzten informiert werden müssten oder auch nur ein Informationsbildschirm nötig wäre:

> Wenn die Zeit knapp wird, bekommen sie [die Arbeiter:innen] im Hintergrund automatisch diese Musik eingespielt. Und dafür haben die Arbeiter selbst votiert. Die hören dann dieses typische, daran erinnern Sie sich vielleicht gar nicht mehr, »Andale, Andale«, also um zu sagen, bewegt euch schneller, schneller. Und so haben die für jedes Vorkommnis ihre eigene Melodie.

Auch hier wird also auf die Handlungen des Arbeitsprozesses ein unmittelbares maschinelles Feedback gegeben. Das Ziel dieser automatisierten Rekursivität ist das reflexive Handeln der Beschäftigten an die Steuerungsziele zu koppeln. Die Stärke dieser »Selbstorganisation« sehen die meisten Entwickler:innen der algorithmischen Arbeitssteuerung explizit darin, dass das menschliche Management überwunden werde. Ein Entwickler einer Software, die verschiedene Ebenen der Prozesssteuerung – von der Kontrolle individueller Arbeitsschritte bis zur Ressourcenplanung – zusammenführen will, erklärt, dass die Effizienzsteigerung, die seine Software ermögliche, ebendiesem Ausschluss menschlicher Planung zu verdanken sei:

> Da hat man ja eigentlich keine Managementbeeinflussung. Gerade beim Stichwort kleine Losgrößen, da geht es ja darum, dass sich die Planung möglichst so selbst zurechtrüttelt, dass das Material immer da ist, dass das Material rechtzeitig da ist, dass die Maschinen immer laufen und so weiter.

Ziel seines Systems sei es, dass Managemententscheidungen nur noch dann stattfänden, wenn entweder Ressourcenknappheit bestehe oder außergewöhnliche Situationen einträten. Die typische Oberfläche für solche halbautomatischen Ressourcenplanungssysteme ist das sogenannte Dashboard, das in verschiedenen Diagrammen und Tabellen den Zustand der Produktion visualisiert. Signalfarben im Ampelsystem signalisieren dabei, ob in den jeweiligen Bereichen Handlungsbedarf besteht. »Dann spaziert der Manager mal kurz ins Büro, sieht grün, läuft weiter, geht Kaffee trinken«, erklärt der Entwickler einer solchen Software. »Wenn da irgendein Filter rot ist und das vielleicht sogar noch blinkt, dann weiß er, oh Scheiße, da ist der Umsatz gefährdet, wir sind in Lieferschwierigkeiten und so weiter, und dann fängt er an zu rennen und zu handeln.« Diese Tätigkeit der Überwachung und der Krisenintervention, so behauptet der Manager von *Smart Electrics*, lasse sich jedoch nicht automatisieren: »Das können nur wir beobachten, weil wir müssen es vergleichen. Das ist das Schöne, das geht nur über uns. Also insofern werden wir nie automatisiert sein ... Also nie sag ich jetzt mal nicht, aber absehbar nicht.«

Die Idee der sich selbst organisierenden Fabrik läuft also auf die weitgehende Automatisierung des menschlichen Managements auf der operationalen Ebene bzw. dessen Reduktion auf eine vorerst nicht substituierbare Krisenintervention hinaus. Das ist die logische Konsequenz einer individualisierten Massenproduktion, die im Zentrum der Vision einer Industrie 4.0 steht.[31] Wenn jedes Produkt individuell angefertigt wird, ist es unmöglich, dass eine Teamleiterin oder ein Vorarbeiter zu jedem dieser Produkte eigene Anweisungen gibt. Auch die tayloristische Arbeitsvorbereitung wird tendenziell unmöglich, da eine unendliche Anzahl potenzieller Varianten vorbereitet und von den ausführenden Werker:innen erinnert werden müsste. Diese Individualisierung bedeutet, wie eine Softwareentwicklerin erklärt,

> dass der Kunde sich das, was er sich bestellt, selbst zusammenstellen kann, wie in einem Einkaufswagen […] Das heißt, er kann es sich selber zusammenstellen und dadurch entsteht praktisch schon das Produkt, was er kauft. Und über diesen Katalog entsteht dann die Anforderung, was bei uns zu tun ist.

Die Produktionsanweisungen sollen direkt aus Kundenbestellungen emergieren. Die digitale Technologie liefert dabei die Grundlage dafür, dass nunmehr nicht nur die Produktionskontrolle, sondern auch die Arbeitssteuerung automatisiert werden kann. So erklärt die Entwicklerin weiter:

> Da entstehen praktisch die Arbeitsschritte direkt aus der Anforderung, die der Kunde hat, wie das installiert sein muss. Und dann kriegen die Mitarbeiter Anweisungen und haben gewisse Zeitvorgaben, um diese Schritte dann zu machen. […] Das, was vorher ein Teamleiter gemacht hat, also seine Ressourcen zu kennen, wer hat welche Qualifikationen, um zu steuern, wenn jetzt was reinkommt, okay

das könnte dann der Herr Mayer nächste Woche machen, da hat der zum Beispiel Zeit, das wird immer obsoleter.

So wird also nicht nur die Vergabe von Schichten, sondern auch deren tatsächlicher Arbeits*inhalt* durch die informatische Selbstorganisation geplant. Damit wird an den Diskurs der teambasierten Selbstorganisation des *Lean Managements* der 1990er-Jahre angeschlossen.

Als zentraler Pfeiler des Toyota-Produktionsmodells war das Kaizen-Kontinuum postuliert worden.[32] Im deutschen Diskurs wurde das als Kontinuierlicher Verbesserungsprozess (KVP) bekannt. Damit ist auf das Prinzip verwiesen, die Optimierung von Prozessabläufen vom oberen Management auf möglichst niedrige Hierarchieebenen zu delegierten. Gleichzeitig sollte die »selbstorganisierte Teamarbeit« durch gegenseitige Unterstützung und Kontrolle Teile des mittleren Managements ersetzen.[33] Angesichts der damaligen plötzlichen Popularität des Selbstorganisationsprinzips hatten zeitgenössische Beobachter:innen den Eindruck, Zeugen »einer Art Bekehrungs-Erlebnis« zu werden.[34] Freilich sollte es sich um eine *kontrollierte* Form der Selbstorganisierung handeln. In diesem Sinne wurden im Zuge der Einführung des Lean-Modells nicht nur Techniken der direkten Partizipation an der Arbeitsgestaltung eingeführt, sondern gleichzeitig demokratische Mitbestimmungsformate systematisch ausgehöhlt.[35] So geben denn auch Hans Pongratz und Günter Voß zu bedenken: »Die Reorganisationskonzepte zielen ausschließlich darauf ab, die Arbeitsleistung (und damit die Produktivität und letztlich den Profit) zu erhöhen. Darin liegen Anlaß (erinnert sei an die verschärfte Konkurrenzsituation) und primärer Zweck der Reorganisation.«[36] In diesem Sinne wurde die »selbstorganisierte Teamarbeit« auch als »Management-by-stress« bezeichnet.[37]

Auch bei der algorithmischen Arbeitssteuerung steht eine kontrollierte Selbstorganisation im Zentrum, hier jedoch in einer technisierten Form der Kontrolle. So erklärt ein Personalmanager von *Smart Delivery*, dass die Abwesenheit menschlicher Aufsicht über den Arbeitsprozess keineswegs bedeute, dass das Unternehmen den Beschäftigten »alles durchgehen lässt«. Seine Aufgabe bestehe jedoch nur darin, in den automatisch erhobenen Leistungsdaten der Kurier:innen Ausreißer zu identifizieren und diese dann telefonisch zu kontaktieren: »Die Leute reagieren dann immer ganz witzig, weil die merken dann erst, ach da ist ja doch jemand, das ist ja doch nicht nur das Handy.« Auch von anderen befragten Manager:innen und Entwickler:innen wird die Überwachung des Arbeitsprozesses keineswegs als Widerspruch zum Prinzip der digitalen Selbstorganisation gesehen. So erklärt ein befragter Manager, dass die Voraussetzung für die automatische Ressourcenplanung »hauptsächlich Tracking in den verschiedensten Bereichen« sei, um so Effizienzsteigerungspotenziale aufzudecken.

In diesem Zusammenhang ist es wichtig zu betonen, dass informatische Selbstorganisation und soziale Selbstorganisation nicht dasselbe sind. Informatische Selbstorganisation bezieht sich auf die Anwendung von ›intelligenten‹ cyberphysischen Systemen in der Produktionssteuerung, während soziale Selbstorganisation sich auf Übernahme von Steuerungsverantwortung in den unteren Hierarchieebenen bezieht (und teilweise mit Autonomie gleichgesetzt wird). Viele Interviewte sehen jedoch einen direkten Zusammenhang zwischen den beiden Formen der Selbstorganisation. So erklärt ein Wissenschaftler, der an der Implementierung einer Software für automatisierte Personalzuweisung beteiligt ist:

> Selbstorganisation ist auf der technischen Ebene ein starkes Thema. Wenn wir schauen, dass in der Industrie 4.0 die Maschinen und Anlagen miteinander kommunizieren sollen, dass durch die Sensorik-und-Aktorik-Verknüpfungen sehr viel Selbststeuerung prinzipiell möglich wird und

> dass die Anlagen dann immer intelligenter werden, dass am Ende für die Mitarbeiter die Herausforderung vor allem besteht, nachzuvollziehen, wie hat denn jetzt, oder wie haben die beteiligten Systeme sich gegenseitig abgestimmt, welche Zustände wurden übermittelt und wie hat dann die intelligente Software denn entschieden, warum jetzt die und die Aufträge in der und der Weise gefertigt werden sollen.

Informatische Selbstorganisation kommt hier offenbar an erster Stelle, während sich die Beschäftigten an diese anpassen sollen. In dieser Anpassung sieht der Interviewte jedoch eine Herausforderung:

> Dass der Mensch eben weiter auf Augenhöhe mit der Technik bleibt. Weil die Technik eben immer intelligenter steuert und sich selbst organisiert. Wie dann der Mensch sich in diese Selbstorganisation mit einklinkt, das ist eigentlich die entscheidende Frage. In [unserem Projekt] war die Idee, dass die Mitarbeiter sich auch selbst organisieren, quasi als Ergänzung zur maschinellen oder zur IT-Selbststeuerung. Deshalb hat man da von Selbstorganisation der Mitarbeiter gesprochen.

Die »Selbstorganisation der Mitarbeiter« wird hier also als *Reaktion* auf die informatische Selbstorganisation gedacht. Interessant ist dabei, dass der Befragte als Ziel angibt, dass die Beschäftigten auf Augenhöhe mit der Technik bleiben sollen. Dies veranschaulicht das Paradoxon der Unterordnung der menschlichen Reflexivität unter die technologische Rationalisierung des Arbeitsprozesses einerseits und der potenziell stärkeren Beteiligung der Beschäftigten an der Entscheidungsfindung andererseits. Wie eine solche soziale Selbstorganisation als Konsequenz informatischer Selbstorganisation konkret aussehen kann, erklärt die bereits zitierte Softwareentwicklerin folgendermaßen:

> Verantwortung wird immer mehr in das Team gegeben werden. Also da wird zum Beispiel gesagt, ihr müsst halt [diese Aufgabe] abdecken. [...] Das heißt, das Team darf zwar eigenverantwortlich sozusagen regeln, wer [verantwortlich] ist, aber es kann sich keiner aus dem Team rausziehen, weil sonst ist das sozusagen der Arsch vom Team. Sorry jetzt für das Wort, aber das heißt, das ist nicht mehr eigenverantwortlich, es ist nicht mehr freiwillig, sondern es entsteht ein Gruppenzwang. Und es wird auch nicht mehr über einen Manager delegiert, sondern es heißt, ihr habt das zu machen, wie ihr das regelt und ob ihr jetzt freitags, montags oder donnerstags oder am Wochenende das macht ist mir egal. [...] Ob es einer allein macht oder es alle zusammen machen, die Verantwortung liegt sozusagen in diesem Team.

Diese »Selbstorganisation der Mitarbeiter« bleibt also auf die Selbstverantwortlichkeit bei der Erreichung vorgegebener Ziele beschränkt. Die Zielvorgaben dagegen sind nicht selbstorganisiert.[38] Gemeinsam ist den verschiedenen hier untersuchten Steuerungsstrategien also eine starke Betonung der Elemente des Feedbacks und der Selbstorganisation. Darin kommt eine Revitalisierung der kybernetischen Steuerungstheorie zum Ausdruck, in der ebendiese Idee einer feedbackbasierten Selbstorganisation im Zentrum stand.[39]

Die Theorie der Managementkybernetik ist vor allem mit dem Namen von Stafford Beer verbunden, dem »Hexenmeister des Managements«.[40] Dieser bezieht sich auf die von Norbert Wiener formulierten universalwissenschaftlichen Ansprüche der Kybernetik:

> Kybernetik ist die Wissenschaft von Kommunikation und Regelung. Sie ist auf die verschiedensten Forschungsbereiche anwendbar: u. a. auf die Technik, die Biologie, die Physik, die Soziologie. In ihrer Formalisierung zielt die

> neue Wissenschaft auf eine allgemeine Theorie der Regelung, die von den verschiedenen Anwendungsgebieten abstrahiert und dadurch allen angemessen ist.[41]

Beer erhebt den Anspruch, einen völlig neuen Begriff organisationaler Steuerung zu entwickeln, dessen Ziel das Paradox einer *kontrollierten Selbstorganisation* ist. Diese solle sich an der Selbstorganisation lebendiger Organismen orientieren:

> Ein Industrieunternehmen ist natürlich kein Lebewesen, dennoch muß es sich ganz ähnlich wie ein lebender Organismus verhalten. Es muß Techniken entwickeln, die ihm in einer sich verändernden Umwelt das Überleben ermöglichen: Es muß sich an seine ökonomische, kommerzielle, soziale und politische Umgebung anpassen und aus Erfahrungen lernen können.[42]

Als »vielleicht wichtigste kybernetische Technik« zum Verständnis von Organisationen (und anderen Systemen) bezeichnet Beer das Konzept der *Blackbox*. Ursprünglich von dem Psychiater Ross Ashby entwickelt,[43] ist die Blackbox das abstrakte Modell einer Maschine, von der nur Input und Output bekannt sind, deren innere Funktionsweise jedoch verborgen bleibt. Ebenso ergeht es dem Management im Umgang mit der Organisation: Es gibt eine Anweisung und sieht das Resultat; da die Organisation in Beers Begriffen jedoch kein »determiniertes«, sondern ein »äußerst komplexes probabilistisches System« ist,[44] bleiben die genauen Abläufe auch bei einem hohen Grad der Formalisierung strukturell intransparent. Daraus wird ein zentrales Argument der Managementkybernetik abgeleitet, das auch im Diskurs um die algorithmische Arbeitssteuerung immer wieder auftaucht. Die äußerst komplexe probabilistische Natur von Organisationen muss die Kognition eines jeden menschlichen Managements strukturell überfordern – weil der Mensch, um Wiener zu paraphrasieren, ein *ineffizienter* Spezialfall der Informationsmaschine ist: Er kann nicht genug Daten verarbeiten. Deshalb, so Beer, wird ein Steuermechanismus benötigt, der »auch praktisch in der Lage [ist], viele Hunderte von Faktoren in die Entscheidung hineinzunehmen und damit das Leistungsvermögen des Menschen bei weitem zu überbieten«.[45]

Die zentrale Technik zur kybernetischen Steuerung eines Unternehmens oder »der Kern jeder Regelung«[46] ist bei Beer wie bei Wiener das Feedback. Durch konstanten Informationsfluss zwischen den verschiedenen Subsystemen des Unternehmens und vor allem zwischen dem Gesamtsystem und seiner sich verändernden Umwelt soll die Arbeitsorganisation zu einem »viable system«, einem anpassungs- und damit überlebensfähigen Organismus werden.[47] Als Teile des Gesamtsystems Unternehmen sollen die Beschäftigten durch Feedback zum erwünschten Verhalten gebracht werden. Dieses Feedback soll aber keineswegs nur nach dem Modell von Überwachung und Repression in eine Richtung fließen. Stattdessen soll ein Feedbackkreislauf etabliert werden, der es den Beschäftigten ermöglicht, ihre Kenntnisse des Produktionsprozesses zur Optimierung desselben zu nutzen.[48]

Hier kommt es zu einer wichtigen Abweichung vom Kontrollmodell des Taylorismus. Während Taylors Modell darauf abzielte, die Autonomie der Planung zu erweitern, indem es die Autonomie der Beschäftigten einschränkte, zielt das Modell der Managementkybernetik auf das Gegenteil ab: An die Stelle der Herrschaft des Managements soll die Selbstorganisation des Systems treten. Dabei legt Beer einen wesentlich biologistischen Selbstorganisationsbegriff an, der die Abwesenheit kognitiver Planung ins Zentrum stellt. So passen sich biologische Systeme quasi ›automatisch‹ an veränderte Umweltbedingungen an, ohne dass dazu vorherige Planung und hierarchische Anordnungen nötig wären.[49]

Beer selbst stieß bei der Realisierung seiner Vision der kontrollierten Selbstorganisation jedoch schnell an eine Grenze. Ihm fehlte eine Komponente für seinen »Organismus«: das »zentrale Nervensystem«. Wie sollen die ersehnten allgegenwärtigen Feedbackkreisläufe realisiert werden, nachdem der Mensch als Feedbackgeber für zu ineffizient erklärt wurde? Dies musste Beer unbeantwortet lassen – schließlich war digitale Sensorik in den 1950er-Jahren noch unbekannt. Erst die neuen Möglichkeiten der digitalen Sensorik erfüllen die technischen Voraussetzungen für die reale Umsetzung der feedbackbasierten Selbstorganisation des Kapitals. In diesem Sinne kann von einer *Kybernetisierung der Produktion* gesprochen werden.[50] Dabei werden zwar große Mengen von Daten über Arbeitsprozesse erhoben, diese werden aber nicht im Sinne der klassischen Überwachung von Vorgesetzten ausgewertet (was allein schon die schiere Menge der Daten schwierig macht). Stattdessen werden die Daten idealtypischerweise nur aufbereitet an die Beschäftigten selbst zurückgeleitet.

Die Kybernetisierung bezieht sich jedoch nicht nur auf den einzelnen Arbeitsplatz. Es handelt sich vielmehr um eine neue Welle der digital gestützten systemischen Rationalisierung.[51] Das heißt, Arbeitsprozesse sollen nicht nach tayloristischer Manier isoliert, sondern in ihrem gesamten betrieblichen und überbetrieblichen Zusammenhang (zum Beispiel in Bezug auf Lieferketten) analysiert und optimiert werden. Dabei kommen wesentlich die Prinzipien der *Lean Production* zum Einsatz. Es sollen also auch hier »Verschwendungen« in Form von unnötigen Arbeitsverzögerungen oder suboptimalem Ressourceneinsatz erkannt und eliminiert werden.[52] Dieses Prinzip wird durch umfassende digitale Ressourcenplanung radikalisiert. So erklärte beispielsweise der Volkswagen-Konzern, in Kooperation mit Amazon und Siemens die überbetriebliche Datenverarbeitung auf eine neue Stufe heben zu wollen. Dabei sollen künftig die Daten aller Produktionssysteme aus allen VW-Fabriken weltweit auf einer Cloud-Plattform zusammenlaufen. In diese Cloud sollen langfristig auch die über 1500 Zulieferer und Partnerfirmen von VW mit über 30 000 Standorten integriert werden. Das soll es erlauben, Produktionsabläufe in ihrem globalen systemischen Kontext zu optimieren.[53]

Trotz aller Innovation ist das Kontrollmodell der algorithmischen Arbeitssteuerung also nicht so neu, wie es zunächst den Anschein hat. Teilweise beziehen sich befragte Ingenieur:innen bei der Beschreibung ihrer Systeme explizit auf die kybernetische Steuerungstheorie. Einer von ihnen erklärt, dass die Kybernetik erst durch die Digitalisierung zu ihrem vollen Recht komme: »Dadurch wird jetzt viel mehr möglich, als Stafford Beer am Anfang gedacht hat. [...] Wahrscheinlich ist die Frage, ob die Aussagen von Stafford Beer noch valide sind in diesem Fall. Ich würde sagen ja.« Insgesamt lässt sich festhalten, dass die befragten Ingenieur:innen eher in Richtung einer kybernetischen Automatisierung des Managements argumentieren, während die befragten Manager die digitalen Technologien eher zur klassischen Überwachung und Kontrolle nutzen wollen, um so ihre eigene Position in den Betrieben zu stärken. In vielen Fällen kommt es deshalb zu einer Kombination klassischer Überwachung und kybernetischer feedbackbasierter Steuerung. Bei *Smart Delivery* etwa werden die Leistungsdaten der Kurier:innen sowohl zentral gespeichert als auch für automatische Feedbacks genutzt. So wird ein Großteil der Kontrollfunktionen des Managements automatisiert.

Aufseiten der befragten Betriebsrät:innen herrscht ein ambivalentes Verhältnis zu den Feedbacktechnologien. Einige halten geschlossene Feedbackkreisläufe, bei denen keine übergeordnete Leistungskontrolle, sondern nur Selbstoptimierung stattfindet, für unproblematisch. Wie oben ausgeführt, war bei den Aushandlungen des Arbeitsleitsystems bei *Smart Electrics* der Datenschutz das zentrale Thema für den Betriebsrat. Infolgedessen wurden diejenigen Elemente des Systems, die einer Speicherung von Leistungsdaten dienen sollten, nicht implementiert. Stattdessen wurde auf eine Lösung gesetzt, in der das System die Arbeit der Beschäftigten zwar evaluiert, die erhobenen Daten jedoch nur als Feedback an die Beschäftigten selbst zurückleitet – und nicht an das Management. Auch in anderen Unternehmen schließen Betriebsrat und Management regelmäßig Kompromisse zur Verwendung digitaler Feedbacksysteme. So erklärt ein Betriebsrat eines Automobilherstellers, dass er zwar gegen die zentralisierte Speicherung von Daten über Beschäftigte vorgehe, geschlossene Feedbacksysteme aber für »begrüßenswert« halte:

> Wenn Arbeiter ihre Werke am Ende des Tages sehen könnten, oder nur ein Feedback bekommen würden, in der Hinsicht, heute fehlerfrei getan, keine weiteren Infos. Und die Daten werden definitiv innerhalb der nächsten sechzig Minuten gelöscht, von mir aus. [...] Als unterstützendes System nehmen wir das, um Fehler zu beseitigen, etc. Aber dann müsste man etwas fordern, und zwar, dass diese Maschine wirklich nicht netzwerkintegriert ist. [...] Man kann ja eine optische Lichtanlage oder eine Sirene von mir aus, akustische Anlage hin montieren, wo das sagt, hey, da passt was nicht. Dann könnte wiederum ein Mensch halt eben kommen und das genau ausrichten.

Tatsächlich setzen in diesem Sinne viele Arbeitsleitsysteme eher auf Feedback als auf klassische Überwachung. Bei *Smart Electrics* erklärt der zuständige Manager, dass anstelle klassischer Überwachung nun das Handeln der Beschäftigten zwar sensorisch erfasst, die Ergebnisse aber nicht an die Vorgesetzten gegeben, sondern an die Beschäftigten als Feedback zurückgeleitet würden, damit diese sich »selber tunen«.

Andere Betriebsrät:innen betonen jedoch, dass es sich bei den Feedbacks keineswegs um neutrale Daten handle, sondern dass auch diese Systeme wesentlich der Kontrolle der Beschäftigten dienen:

> Was ich verblüffend finde in diesen Sachen, dass es scheinbar neutral mir gegenüber kommt. Ich füttere das und es kommt zu mir zurück, das ist ja nicht die Maschine, sondern wir selbst. Das sind die Daten von uns selbst, die da zurückkommen. Da scheint mir schon, es ist eine neue Auseinandersetzung. Es wird die Kontrolle verlegt in diese Tools, in diese Maschinen, die vermeintlich neutral sind. Also da scheint für mich ein Handlungsfeld zu sein, dass wir das nicht zulassen dürfen, dass das nicht politisch ist. Das ist nicht neutral. All diese Software, diese Systeme sind nicht neutral, sondern wir müssen sie weiter politisieren.

In diesem Sinne sind die meisten befragten Betriebsrät:innen skeptisch ob der Rhetorik des angeblichen Hierarchieabbaus und der Selbstorganisation. Ein Befragter hält diese vielmehr für eine vorgeschobene »Alibibehauptung«, mit der Rationalisierungsmaßnahmen gerechtfertigt werden sollen. Ein anderer führt aus:

> Letztendlich muss ich es doch eigentlich aus Perspektive desjenigen sehen, der arbeitet, und dann ist es doch, mit Verlaub, scheißegal, ob mir ein Vorgesetzter oder eine Maschine sagt, was ich zu tun und was ich zu lassen habe. [...] Dann ist die wesentliche Frage nicht der Hierarchieabbau, sondern am Ende immer wieder die Frage, wem nutzt denn das? Wer profitiert denn davon?

Eine andere Betriebsrätin diagnostiziert zwar eine Entwicklungstendenz hin zum Abbau mittlerer Managementstrukturen, diese führe jedoch nicht zu einem Hierarchieabbau, sondern vielmehr zu einer Polarisierung:

> Ich denke, dass das automatisch zu Hierarchieeinsparungen führen wird, sogar sehr bald. Aber es sind erstmal die unteren Hierarchien, die wegfallen. Und ich glaube, das führt auch wiederum zu einer neuen Angst. [Das führt] auf

> der Seite von den Mitarbeitern, die die Produktivität erzeugen, zu noch mehr Unzufriedenheit, weil sie noch mehr diese Zweispaltung sehen, also das oberste Management und sie. [...] Dann bringt dieses Hierarchiewegfallen nichts, dann ist es immer noch da. Vielleicht nicht in drei Hierarchiestufen, sondern nur noch in zwei, aber es ist nicht weg.

Insgesamt scheint die technopolitische Praxis der Betriebsrät:innen – unter Bezug auf die entsprechenden Aushandlungen in der Regulierungsarena – zur Stärkung des kybernetischen Kontrollmodells beizutragen. Dabei wird dieses meist als datenschutzkonforme Alternative zur klassischen Überwachung gesehen. Deshalb liegt vielen Technologien algorithmischer Arbeitssteuerung die kybernetische Idee einer feedbackbasierten Selbstorganisation zugrunde. In den meisten Fällen werden diese Feedbacks über die Bildschirme von Arbeitsleitsystemen gegeben. Wie gesehen, gibt es jedoch auch die Tendenz, diese Interfaces abzubauen und stattdessen auf unmittelbarere, zum Beispiel haptische oder auditive Feedbacks zu setzen. Da die meisten Feedbacksysteme die Beschäftigten dazu anhalten, ihre Arbeit zu beschleunigen, ist ein zentraler Diskussionspunkt bei der Implementierung dieser Systeme die Frage der Arbeitsverdichtung. Deshalb soll es im Folgenden um die technopolitischen Aushandlungen der Arbeitszeit gehen, die von der Implementierung algorithmischer Arbeitssteuerung angestoßen werden.

Kampf um die Arbeitszeit

Die Frage, wie viel Arbeitskraft die Beschäftigten verausgaben müssen, um ihren Lohn zu erhalten, ist eine der zentralen Aushandlungskategorien aller Produktionspolitik. Dabei geht es prinzipiell um zwei Variablen: erstens die Gesamtarbeitszeit, also die Frage, wie viele Stunden pro Tag, Woche, Monat gearbeitet werden muss. Zweitens die Arbeitsdichte, also die Frage, wie schnell gearbeitet wird und wie viele Pausen während der Arbeitszeit gemacht werden. Im Zuge der Implementierung algorithmischer Arbeitssteuerung wird vor allem die zweite Variable zum Gegenstand technopolitischer Aushandlungen. Verschiedene Studien weisen darauf hin, dass die Arbeitsverdichtung momentan das zentrale Mittel zur quantiativen Reduktion des Einsatzes von menschlicher Arbeitskraft ist.[54] Technische und organisatorische Rationalisierungsmaßnahmen greifen dabei ineinander. Quantitative Daten zeigen, dass digitalisierte Arbeit besonders von dieser Verdichtung betroffen ist. So haben in einer repräsentativen Befragung von Beschäftigten im produzierenden Gewerbe 45 Prozent derjenigen, die in hohem Maße mit digitalen Mitteln arbeiten, den Eindruck, immer mehr Arbeit in derselben Zeit leisten zu müssen. Bei niedrig digitalisierten Tätigkeiten liegt dieser Wert bei 31 Prozent.[55] Die hier erhobenen qualitativen Daten bestätigen diesen Eindruck. Im Zuge der Coronapandemie rücken dabei Fragen des Homeoffice ins Zentrum der Aufmerksamkeit. Dieses wird meistens mittels einer Kombination aus telefonischer Erreichbarkeit, Videokonferenzen und Kontrollsoftware zur Erfassung von Arbeitszeiten und Produktivität organisiert. In Bezug auf Arbeitszeit wird dabei von den Befragten eine Tendenz zur Entgrenzung problematisiert. So erklärt ein Betriebsrat von *Smart Solutions*:

> Wenn ich Homeoffice mit einer definierten Arbeitsmenge und auch definierten Zugriffszeiten auf betriebliche Computersysteme oder so kombinieren könnte, dann würde auch ich öfter mal gerne zuhause arbeiten. Aber ich weiß ganz genau, dass es im Moment nicht funktioniert. Sondern dass es immer dazu führt, dass du mehr machst und dass du öfter machst, weil du nämlich gar nicht mehr entscheiden kannst, wie lang habe ich denn jetzt wirklich für den Betrieb gearbeitet. Und war es jetzt eine Viertelstunde oder eine halbe Stunde, in der ich nach meiner Tochter geguckt hab. Also da ist diese Vermischung von

> Privatleben und Erwerbsleben. Die kommt dann an einen Punkt, wo du plötzlich nicht mehr trennen kannst. Und dann wird es halt extrem gefährlich. Weil dann lebst du nur noch für die Arbeit und passt deine Familie der Arbeit an und nicht mehr umgekehrt.

Jenseits des Homeoffice ist ein Ziel der digitalen Überwachung, aber auch der Feedbacksysteme die Beschleunigung des Arbeitsprozesses und die Eliminierung von Leerläufen. Dieses Ziel wird von den meisten befragten Manager:innen und Ingenieur:innen als zentrale Maxime bestätigt. Ein für die Implementierung eines Arbeitsleitsystems zuständiger Ingenieur erklärt in diesem Sinne:

> Dadurch, dass die Werker sich die Informationen nicht mehr selber zusammensuchen müssen, haben sie mehr Zeit zum Montieren, also ist quasi eine produktivitätssteigernde Maßnahme. […] Der Takt war damals so zehn oder dreizehn Minuten, wo die Leute noch mit technischen Zeichnungen gearbeitet haben, heute haben wir eine Taktzeit von fünf Minuten.

Nach dieser Aussage wurde also die Taktzeit durch die algorithmische Arbeitssteuerung um mehr als die Hälfte reduziert. Sensorbasierte Feedbacksysteme eröffnen hier die Möglichkeit, auf Grundlage der konstanten Evaluation des Arbeitsprozesses auch kleinste Optimierungspotenziale zu erkennen. So erklärt ein Betriebsrat:

> Speziell in meinem Bereich haben wir jetzt Vorrichtungen: Roboter fährt rein mit Motor und Getriebe zusammen, dann schaut er, ob alles dran ist, ob alles angezogen ist, also per Infrarot. Aber der merkt sich wirklich, nach wie viel Sekunden da dieser Motor freigegeben worden ist, halt eben auch, ob die Schrauben sitzen. Alles schön und gut, aber daraus verlangen sie wieder von uns, hey ihr seid ja

> in der Lage, tatsächlich sagen wir mal, jetzt haben wir einen Sekundentakt von 59, ach ihr könnt das in 57 locker schaffen.

Diese Vorgehensweise wird als »Totzeiteliminierng« bezeichnet. Dabei werden einerseits Arbeitsprozesse beschleunigt und andererseits neue Aufgaben hinzugefügt. Ziel ist es, den Arbeitsprozess so weit wie möglich zu verdichten. Ein Betriebsrat bei *Smart Solutions* erklärt das folgendermaßen:

> Wenn das jetzt alles erfasst wird, dann kommt die Logik, die mittlerweile bei uns in den Betrieben auch Einzug gehalten hat, der sogenannten Totzeiteliminierung, nennen die das. Allen Ernstes. Die beobachten Werker, was sie denn machen, was überflüssige Schritte sind, und dann sagen sie, wenn du das soundso machst, bist du um so viel schneller, und dann kannst du die und die Zusatzaufgaben übernehmen.

Das Prinzip der kontinuierlichen Reduktion von Taktzeiten und der Eliminierung von Leerlauf ist nicht neu. Neu im kybernetischen Kontrollmodell ist nur, dass keine Zeitstudien nach tayloristischer Manier durchgeführt werden, bei denen allgemeinverbindliche Vorgaben berechnet werden. Stattdessen sollen die Vorgaben zur Optimierung der Abläufe mittels Tracking direkt aus dem Arbeitsprozess selbst emergieren – quasi eine Zeitstudie in Permanenz.[56]

In einem Werk von *Smart Solutions* mit hohem Automatisierungsgrad wurde in diesem Sinne ein System implementiert, das die Arbeit der Maschinenbediener:innen neu organisiert. Das System misst die Auslastung der menschlichen Arbeitskraft. Wenn diese unter 80 Prozent fällt, wird ihr eine Zusatzaufgabe zugewiesen. Ein Betriebsrat erklärt das folgendermaßen:

> Es wird verplant, wie viel Prozent der Werker ausgelastet ist, also in der Regel fahren die zwischen zwei und drei Maschinen und können dann, wenn sie jetzt bei achtzig, fünfundachtzig Prozent Auslastung sind, was menschlich möglich ist, sag ich mal noch fünfzehn oder fünfundzwanzig Prozent noch leisten. Und dann wird das entsprechend nochmal über eine Fülltätigkeit ergänzt.

Im Betriebsrat von *Smart Solutions* waren diese und ähnliche Systeme intensiv diskutiert worden. Am Ende willigte das Gremium unter dem Vorbehalt der Einhaltung von Datenschutzstandards in die Implementierung ein. Jenseits der konkreten Implementierung wurde jedoch auch darüber verhandelt, wie die durch derartige Systeme eingesparte Zeit verteilt werden solle:

> Da geht es um die Verfügbarkeit über die Rationalisierungsgewinne. Und zwar auch um die aus der Selbstrationalisierung. Das heißt, egal mit welchem System, Sinn und Zweck ist, dass du dich selbst optimierst, nur wenn ein Betrieb eine Arbeit plant und weiß, das ist die eigentliche Zeit, die ich mir vorstelle, und du übererfüllst die, ist doch der Zeitgewinn eigentlich deine Belohnung dafür, dass du mitgemacht hast.

Gegenstand der Aushandlungen war also, wem die aus der Arbeitsverdichtung gewonnene Zeit zugutekommen sollte. Konkret war die Forderung des Betriebsrates, dass der Produktivitätszuwachs durch zusätzliche Urlaubstage ausgeglichen werden sollte. Solche Aushandlungen über Arbeitszeiten fallen nach dem deutschen dualen Tarifmodell jedoch typischerweise in den Zuständigkeitsbereich der Gewerkschaft und nicht des Betriebsrates. Um deshalb in der Aushandlung einen Zugriff nicht nur auf die Arbeitsbedingungen, sondern auch auf die Arbeitszeit zu erreichen, wurde gemeinsam mit einer Gewerkschaft ein Haustarifvertrag ausgehandelt. Bei der Aushandlung wurde eine partizipative Strategie gewählt, indem während der Vertragsverhandlungen eine Betriebsversammlung einberufen wurde. Einerseits ermöglichte dieses Vorgehen einen Austausch zwischen Verhandlungskommission und Belegschaft und erweiterte so die Partizipationsmöglichkeiten der Letzteren. Andererseits erhöhte das Vorgehen den Druck auf die Unternehmensleitung, nicht nur durch die zusätzliche Aufmerksamkeit, sondern auch durch die Arbeitsausfälle. Am Ende wurden in dem Haustarifvertrag unter anderem drei zusätzliche bezahlte Urlaubstage als Beteiligung der Belegschaft an den Produktivitätsgewinnen festgeschrieben.

Insgesamt kann festgehalten werden, dass die Arbeitszeit, insbesondere die Arbeitsdichte, ein zentrales technopolitisches Aushandlungsthema ist. Einerseits können durch digitales Tracking potenziell auch die kleinsten Lücken im Arbeitsablauf aufgedeckt und mit zusätzlichen Tätigkeiten gefüllt werden. Andererseits werden Taktzeiten reduziert oder die Beschäftigten durch kontinuierliche Feedbacks dazu aufgefordert, ihre Arbeit zu beschleunigen. Die meisten befragten Betriebsrät:innen sehen hierin die Gefahr der zusätzlichen Aneignung unbezahlter Arbeit durch das Unternehmen. Vor allem aber wird das Risiko von stressbedingten Gesundheitsbelastungen benannt, das noch detaillierter thematisiert werden wird. Im oben genannten Fall konnte der Betriebsrat gemeinsam mit der Gewerkschaft zusätzliche Urlaubstage als Ausgleich für die Rationalisierungsmaßnahmen durchsetzen. Die Durchsetzungsfähigkeit derartiger Forderungen variiert jedoch mit der wirtschaftlichen Lage des Unternehmens und mit den Machtressourcen, die von den Beschäftigten mobilisiert werden können.

Verdrängung, Reintegration und Kontrolle menschlicher Arbeit

Die zentrale technische Innovation der gegenwärtigen Welle betrieblicher Digitalisierung ist die Kombination von digitalen Ressourcenplanungs- und Arbeitsleitsystemen. Dabei kommen alle drei eingangs genannten Funktionen einer Technisierung von Arbeit – in unterschiedlichem Ausmaß – zum Einsatz. Im ersten Abschnitt dieses Kapitels haben wir mit der Automatisierung die klassische Form der Arbeitsersparnis (Ersetzen von Beschäftigten durch Maschinen) untersucht. Momentan scheinen jedoch im hier untersuchten Bereich der physischen Arbeit in Produktion und Logistik verschiedene politisch-ökonomische Faktoren eine weitreichende Automatisierung zu verhindern. Es konnte aber eine spezifische Form der datenbasierten Automatisierung beobachtet werden, deren Ausmaß noch nicht seriös eingeschätzt werden kann. Diese zielt darauf ab, im Arbeitsprozess Daten zu erheben, die dann zur Grundlage von software- bzw. KI-basierter Automatisierung werden sollen, wie etwa im Falle der fahrerlosen Transportsysteme in der Intralogistik.

Eine Effektivitätssteigerung wurde in den hier untersuchten Fällen im Zusammenhang mit der algorithmischen Arbeitssteuerung hauptsächlich im Sinne einer gesteigerten Kapitaleffektivität angestrebt. Während in Bezug auf Gesamtarbeitsmärkte eine Polarisierungstendenz diagnostiziert wird, kommt es im hier untersuchten Bereich zu deutlichen Dequalifizierungsprozessen. Insbesondere durch digitale Arbeitsleitsysteme sollen Qualifikationsanforderungen an menschliche Arbeit abgesenkt werden, um billigere Arbeitskräfte einbinden zu können. Eine zentrale Zielgruppe sind hier, wie oben gezeigt, Migrant:innen und vor allem Geflüchtete. Diese können durch sprachlich konfigurierbare oder komplett bildbasierte Arbeitsleitsysteme leichter in die Produktionsprozesse eingebunden werden. Darüber hinaus wird die digitale Dequalifizierung aber auch zur Grundlage einer Flexibilisierung des Arbeitskräfteeinsatzes. Durch den vereinfachten Arbeitsablauf entfällt etwa die Notwendigkeit von Einarbeitungsprozessen, was sowohl das Verschieben bestehender Belegschaften innerhalb des Unternehmens als auch das Einbinden von temporär Beschäftigten erleichtert. Hier haben wir es also sowohl mit einer qualitativen als auch quantitativen Verdrängung von Arbeitskraft zu tun. Erstere spart dadurch Lohnkosten ein, dass aufgrund der Vereinfachung billigere Arbeitskräfte genutzt werden können. Letztere reduziert relativ gesehen die Anzahl an Arbeitskräften, die für eine flexible Produktion benötigt werden. Durch die Möglichkeit des flexiblen Einsatzes und Verschiebens bestehender Belegschaften müssen insgesamt weniger Arbeitskräfte bereitgehalten werden. Die so erzielte gesteigerte Kapitaleffektivität läuft jedoch explizit *entgegen der Strategie einer Arbeitsersparnis*. So sehen die hier befragten Manger:innen die dequalifizierte Flexibilisierung als eine Alternative zur kostspieligen Automatisierung. Die algorithmische Arbeitssteuerung zielt also sowohl auf die Verdrängung als auch auf die Reintegration menschlicher Arbeit in die Produktionsprozesse ab (hierzu ausführlicher in Kapitel sieben).

Im dritten Abschnitt dieses Kapitels konnte mit der Kybernetisierung auch die Prozesskontrolle als wesentlicher Bestandteil der algorithmischen Arbeitssteuerung ausgewiesen werden. Dabei haben wir gesehen, dass die technische Entwicklung eine Allgegenwärtigkeit digitaler Sensorik ermöglicht, die den Arbeitsprozess umfassend überwacht. Unter anderem aufgrund von technopolitischen Aushandlungen in der Regulations- und der Implementierungsarena kam es jedoch in allen hier untersuchten Unternehmen zu einer mehr oder minder ausgeprägten Verschiebung hin zu einem kybernetischen Kontrollmodell. Das bedeutet, dass die erhobenen Daten nicht vor allem zur Verhaltenskontrolle durch das Management gespeichert, sondern als Feedbacks an die Beschäftigten zurückgeleitet werden. So soll, wie oben gezeigt, ein kontinuierlicher Optimierungsprozess in Gang gesetzt werden, der sich von den standardisierten Zeitvorgaben des Taylorismus unterscheidet. Wie Letzterer zielt aber auch die kybernetische Kontrolle auf eine digitale Erfassung und Eliminierung von »Totzeiten« und damit auf eine Verdichtung der Arbeit.

Die meisten befragten Betriebsrät:innen legten ihren Fokus in der Aushandlung von Digitalisierungsprojekten auf den Datenschutz. Dementsprechend konnten sie unter Rückgriff auf die Gesetzeslage Implementierungsprojekte verhindern, die auf eine klassische Überwachung der Beschäftigten abzielten. Stattdessen trugen sie jedoch teilweise zur Durchsetzung des kybernetischen Kontrollmodus bei. Die kybernetische Logik der Feedbacks scheint zunächst sowohl für die Unternehmensseite als auch für viele Betriebsrät:innen attraktiv, da sie theoretisch ohne zentrale Speicherung der Daten umgesetzt werden kann. Damit sind zwar Datenschutzbedenken weitgehend beruhigt, die Probleme einer konstanten Arbeitsverdichtung werden jedoch eher verstärkt als abgefedert. Diese Gefahren sind den meisten befragten Betriebsrät:innen durchaus bewusst. Allerdings stehen ihnen, anders als beim Datenschutz, für deren Abwehr weniger gesetzliche Druckmittel zur Verfügung.

Ein zentrales Aushandlungsinstrument ist die Mitbestimmungspflichtigkeit aller Implementierungsprojekte, die zur Leistungskontrolle eingesetzt werden können, also nahezu aller digitalen Technologien. Über die entsprechenden Betriebsvereinbarungen konnten die Befragten verschiedene Prekarisierungsoffensiven abwehren. Die digitale Arbeitsverdichtung wird teilweise über Vereinbarungen zum Gesundheitsschutz bekämpft, mit denen Belastungen reduziert werden sollen. Insgesamt wird deutlich, dass sowohl für das Management als auch für den Betriebsrat der untersuchten Unternehmen beim Thema algorithmische Arbeitssteuerung viel auf dem Spiel steht. Damit lassen sich auch die starke Konflikthaftigkeit und der teilweise eher informelle Charakter der hier rekonstruierten Aushandlungen erklären.

Trotz dieser Konflikthaftigkeit ist es für die Frage nach einer Technopolitik von unten wichtig zu betonen, dass der Betriebsrat auch in technopolitischen Aushandlungen eine intermediäre Institution ist. Das heißt, er kann nicht als direkte Stimme der Beschäftigteninteressen verstanden werden, weil er auf die betriebswirtschaftliche Logik verpflichtet ist. Für technopolitische Aushandlungen bedeutet das vor allem, dass der Betriebsrat die meisten Rationalisierungen des Betriebsablaufs mittragen muss. Mehr noch als Gewerkschaften sehen sich Betriebsräte dem Standorterhalt verpflichtet, mit dem die meisten Rationalisierungsmaßnahmen gerechtfertigt werden. Im konkreten Fall bedeutet dies, dass die befragten Betriebsrät:innen zwar verschiedene Datenschutzverletzungen abwenden konnten, die dahinterliegenden Rationalisierungsmaßnahmen, die meist auf eine Arbeitsverdichtung hinauslaufen, jedoch in der einen oder anderen Form akzeptieren mussten. Diese zwangsläufige Inkorporierung der Betriebsrät:innen in die Managementlogiken führt, wie im nächsten Kapitel zu sehen sein wird, regelmäßig zu einer Entfremdung von den Belegschaften. Teilweise berichten die Betriebsrät:innen aber auch über einen Verfall widerständiger Solidaritätskulturen aufseiten der Beschäftigten, den sie teilweise direkt auf die atomisierenden Praktiken der Digitalisierung zurückführen. Hierdurch kann es umgekehrt zu einer Entfremdung kritischer Betriebsrät:innen von den »Digitalisierungseuphorikern« unter den Beschäftigten kommen. In diesen Fällen sehen die Befragten Betriebsrät:innnen ihren Auftrag in einer politischen Bildung der Belegschaften. Generell kann die institutionalisierte Technopolitik keineswegs autonome Aneignungspraktiken der Beschäftigten selbst ersetzen.

6.
DIE ANEIGNUNGSARENA

Ich sitze an meinem Arbeitsplatz in der Fabrikhalle von Smart Electrics *und schraube Steckdosenpanele zusammen. Ich bin mir unsicher, wie der Konstruktionsprozess genau funktioniert, lehne mich immer wieder zu dem Arbeiter neben mir hinüber und frage nach. Als der Teamleiter auf seiner Route durch die Halle an mir vorbeikommt, bleibt er sofort stehen und hält mir eine Standpauke. Es gäbe einen vorgeschriebenen Abstand zwischen den Arbeitern, der einzuhalten sei, ansonsten komme es, wie sich hier bestätige, dauernd zu Gesprächen. Das lenke von der Arbeit ab und schlussendlich sei Zeit doch immer Geld. Sofort als der Teamleiter wieder weg ist lehnen sich die zwei Arbeiter der benachbarten Stationen zu mir herüber. Der eine legt zwei Finger an die Lippen, um einen Hitlerbart zu imitieren, und sagt: »Der macht wieder einen auf Führer«. Der andere erklärt lachend, ich solle den Teamleiter nicht zu ernst nehmen, das würden alle hier regelmäßig zu hören bekommen.*

Ein halbes Jahr später sitze ich wieder in derselben Fabrikhalle. Einiges hat sich verändert. Zwar schraube ich noch immer Steckdosenpanele zusammen, aber nun werde ich von einem Assistenzsystem angeleitet. Auf einem Bildschirm wird mir mit Fotos und Schriftzügen angezeigt, was ich zu tun habe. Jeden Arbeitsschritt muss ich durch einen Klick bestätigen. Dann beginnen auf dem Display die Zehntelsekunden zu rasen, sodass am Ende genau sichtbar ist, wie lange ich an dem Produkt gearbeitet habe. Noch immer kenne ich mich nicht gut aus in der Fabrik, und als das System plötzlich ein Teil anzeigt, das ich noch nie gesehen habe, dauert es eine Weile, bis ich es gefunden habe. Beim Abschluss des Produkts zeigt das System an, dass ich um ein Dreifaches hinter meine durchschnittliche Arbeitszeit zurückgefallen bin. Ich drehe mich zu meinem Sitznachbarn, um einen flapsigen Spruch loszuwerden, aber der starrt auf seinen Bildschirm und bemerkt mich nicht. Ich wende mich wieder meinem Steckdosenpanel zu. Unwillkürlich erhöhe ich meine Arbeitsgeschwindigkeit.[1]

Beide beschriebenen Situationen beinhalten zwei zentrale Elemente von Arbeitskontrolle: Evaluation und Disziplinierung.[2] Im ersten Fall wurden beide vom Teamleiter verkörpert. Er patrouillierte durch die Fabrikhalle, um die Arbeit seiner Abteilung zu überwachen. Wenn er Abweichungen bemerkte, verteilte er eine Rüge, um die Disziplin wiederherzustellen. Es handelte sich also um einen Fall organisierter personaler Herrschaft. Im zweiten Fall nahm die Evaluation die Form des digitalen Tracking an. Durch die Interaktion mit dem Assistenzsystem wurde der Arbeitsablauf detailliert überwacht, ohne dass der Teamleiter mir über die Schulter schauen musste. Auch die Ergebnisse dieser Überwachung landeten nicht beim Vorgesetzten, sondern bei mir selbst, in Form eines unmittelbaren Feedbacks. Wenn ich hinter meine eigene Leistung zurückfiel, wurde mir das angezeigt. Damit verbunden war die implizite Erwartung, dass ich mich auf Grundlage dieses Feedbacks selbst optimierte. Aber es gibt noch einen weiteren Unterschied. In der ersten Situation folgte unmittelbar auf die Konfrontation die Solidarität der Kollegen, die nicht nur emotional unterstützten, sondern auch mit einer Gegenoffensive reagierten und den Teamleiter verspotteten. In der zweiten Situation fehlte dieses Element der Solidarität. Denn wer könnte verspottet werden, wenn der »Führer« durch einen Algorithmus ersetzt wurde? Solche Aspekte einer widerständigen Organisationskultur in der digitalisierten Arbeit stehen im Zentrum dieses Kapitels.

Der erste Abschnitt des Kapitels wird zunächst theoretisch einordnen, inwiefern Praktiken der Aneignung von Technologien im Arbeitsalltag als technopolitische Arena verstanden werden können. Die Aneigung wird daraufhin empirisch in den Blick genommen, wobei es zunächst um individuelle und dann um kollektive Aneignungspraktiken gehen wird. Die individuelle Aneignung wird mit einem Fokus auf die Verwendung der Arbeitsleitsysteme untersucht, da das die Form der algorithmischen Arbeitssteuerung ist, mit der die Beschäftigten im Alltag am häufigsten zu tun haben. Dabei zeigt sich, dass die Leitsysteme einerseits als Arbeitserleichterung wahrgenommen werden, die jedoch teilweise zur Banalisierung ihrer Tätigkeiten führt. Andererseits entsteht bei vielen Beschäftigten durch die permanente Evaluierung ihrer Arbeit eine konkrete Leidenserfahrung, die als *Selbstoptimierungsstress* bezeichnet werden kann. Im dritten Abschnitt zeige ich, dass die Beschäftigten diese Situation keineswegs einfach hinnehmen, sondern stattdessen abweichende Aneignungspraktiken entwickeln, die als *technologischer Ungehorsam* bezeichnet werden können. In der zweiten Hälfte des Kapitels wird es um kollektive Aneignungspraktiken gehen. Dabei werden jedoch zunächst die verschiedenen Formen der sozialen und technischen Atomisierung der Beschäftigten aufgezeigt, die diesen kollektiven Praktiken in den untersuchten Fällen entgegenstehen. Trotzdem kann in allen untersuchten Fällen die Entstehung widerständiger *organisationaler Technokulturen* nachgewiesen werden. Diese werden wiederum teilweise, wie wir im letzten Abschnitt dieses Kapitels sehen werden, zur Basis von politischer Selbstorganisation der Beschäftigten. Dabei greifen die betrieblichen Aktivist:innen auf neue Machtressourcen zurück, die ihnen der digitalisierte Arbeitsprozess liefert. Am Ende des Kapitels werden die verschiedenen Aneignungspraktiken noch einmal rekapituliert und daraufhin befragt, inwiefern sie als widerständig verstanden werden können.

Aneignung als technopolitische Arena

Der Produktionsprozess erschöpft sich, insofern er von menschlicher Arbeit abhängig ist, nicht in seinen objektiv-materiellen Bedingungen, sondern umfasst immer auch eine subjektive Dimension. Dieses Problem nahmen sich verschiedene Generationen von Forschenden zum Anlass, die Perspektiven und Erfahrungen der Arbeitenden ins Zentrum ihrer Analyse zu stellen.

Eine der ersten Systematisierungen in dieser Richtung wurde von Claude Lefort erarbeitet.[3] Er argumentiert, dass die entscheidende Frage für eine Analyse kapitalistischer Produktion sei, wie sich Arbeiter:innen ihre Situation aneignen und verändern. Im Zentrum müsse deshalb die praktische Aneignung der Produktion durch die Arbeitenden stehen. Diese – potenziell konflikthaften – Aneignungsprozesse beziehen sich dabei wesentlich auf die materiell-technologische Infrastruktur des Arbeitsprozesses und sind hier deshalb besonders relevant.

In der deutschsprachigen Arbeitssoziologie wurde in den letzten Jahrzehnten immer wieder die wichtige Rolle eines »erfahrungsgeleitet-subjektivierenden Arbeitshandelns« betont, das im Konflikt steht mit der sich immer weiter durchsetzenden technisch-wissenschaftlichen Rationalität des industriellen Arbeitsprozesses.[4] Während auf den ersten Blick durch die Digitalisierung lebendige Arbeit nahezu vollständig rationalisierbar scheint, so nimmt das Konzept des subjektivierenden Arbeitshandelns gerade die Grenzen der technischen Beherrschung des Arbeitsprozesses in den Blick. Dabei wird die permanente Bewältigung von Unwägbarkeiten im Rahmen digitalisierter Arbeit als Kernkompetenz menschlichen Arbeitsvermögens verstanden. So erlangen ebendiejenigen Qualitäten lebendiger Arbeit neue Bedeutung, die sich der Digitalisierung entziehen.[5] Eine wichtige Rolle spielen jedoch auch Aneignungsprozesse, die sich auf die Nutzung der digitalen Technologie selbst beziehen.

Ein technisches Artefakt kann theoretisch auf viele verschiedene Arten benutzt werden. Es ist jedoch unwahrscheinlich, dass ich meinen Laptop benutzen werde, um meine Ohren zu kratzen. Stattdessen scheinen die aus dem Gehäuse herausragenden Tasten mich einzuladen, sie zu drücken. So strukturiert die materielle Konfiguration eines Objekts zumindest teilweise, was wir damit tun. Das gilt insbesondere für Technologien, die für einen bestimmten Einsatzzweck entwickelt wurden. Der Psychologe James J. Gibson nennt die Handlungsmöglichkeiten, die ein bestimmtes Objekt bietet, Affordanzen.[6] Objekte sprechen jedoch nicht für sich selbst und können, begrenzt durch ihre materiellen Eigenschaften, vielfältig eingesetzt werden. Während zum Beispiel meine Universität mir einen Computer zur Verfügung stellt in der Erwartung, dass ich ihn für die Arbeit benutze, widerspricht es keineswegs seinen Affordanzen, ihn stattdessen zum Ansehen von Katzenvideos zu verwenden. So ist Technologienutzung immer in soziale Kontexte eingebettet, die von Nutzer:innen in die Praxis umgesetzt werden müssen. Dieser Prozess wird als Aneignung bezeichnet.

Wir können also nicht davon ausgehen, dass die Rolle, die eine Technologie in einem gegebenen sozialen Gefüge spielt, allein durch die in ihr materialisierten Implementierungsintentionen determiniert ist. Stattdessen ist der tatsächliche Bezug auf die Technologie von kontingentem sozialem Handeln abhängig und entsteht erst durch die wiederholte Interaktion mit dem technischen Objekt. Technologien müssen in diesem Sinne, wie Wanda Orlikowski es ausdrückt, kulturell »inszeniert« werden, um stabile Sinnbezüge zu ihnen herstellen zu können.[7] Gerardine DeSanctis und Marshall S. Poole haben gezeigt, dass sich solche Inszenierungs- oder Aneignungsprozesse auf verschiedenste Weise zur bei der Implementierung intendierten Nutzung verhalten und diese etwa erhalten, ersetzen, kombinieren oder negieren können.[8] Sowohl die objektorientierte Position von DeSanctis und Poole als auch die subjektorientierte Position von Orlikowski scheinen jedoch den institutionellen Kontext der Technologieaneignung zu vernachlässigen. Obwohl beide Ansätze Technologien primär in Organisationen erforschen, konzentrieren sie sich auf die unmittelbare Interaktion von Nutzer:innen und Technologie. Damit tritt jedoch ein wichtiger Aspekt in den Hintergrund, nämlich die betriebliche Herrschaft. Teilweise wird zwar erwähnt, dass die Interpretationen von Technologie in unterschiedlichem Maße durch Interessen, Kontext, Macht, Wissen und die materiellen Eigenschaften des Artefakts selbst geprägt und eingeschränkt werden.[9] Diese Feststellung verbleibt jedoch bei einem individualistischen Verständnis von Macht, das abstraktere Herrschaftsstrukturen, aus denen Organisationen weitgehend bestehen, vernachlässigt. Wenn Beschäftigte eines Unternehmens mit einer Technologie interagieren, entstehen die Verwendungsroutinen nicht einfach zufällig. Der organisierte Einsatz von Technologie am Arbeitsplatz wird in erster Linie durch organisationale Hierarchien bestimmt, also weniger durch die unmittelbaren Interpretationen der Nutzer:innen selbst als vielmehr durch deren Vorgesetzte, die in der Lage sind, eine bestimmte Nutzungsweise anzuordnen. Daher impliziert die »Untreue« gegenüber den in einer bestimmten Technologie verankerten Strukturen auch eine Form von »organisationalem Ungehorsam«.[10] In einem Kontext der Herrschaft, das heißt von strukturellen Machtasymmetrien, kann eine solche abweichende Technikaneignung zu einem Akt des Widerstands werden.

Der Übergang von der Implementierungsstrategie zur tatsächlichen Verwendung bietet damit Potenziale für Intra- und Inter-Arenen-Konflikte. Die Potenziale für Intra-Arenen-Konflikte liegen vor allem in den strukturell verschiedenen Interessenlagen von Management und Beschäftigten begründet. Während das Management die Aufgabe hat, Technologien so zu implementieren, dass sie die Profitabilität des Unternehmens steigern, sind Beschäftigte meist eher daran interessiert, Belastungen durch den Arbeitsprozess zu reduzieren. Das äußert sich regelmäßig auch in Formen der Technikaneignung, die den Intentionen der Implementierung zuwiderlaufen.

Inter-Arenen-Konflikte um Technologieaneignung lassen sich vor allem im Feld der Organisationskulturen verorten. Im Laufe der Einführung von Technologien in den Arbeitsalltag kommt es so zu einer Integration in die kulturellen Schemata der Organisation. In den meisten Organisationen bilden sich jedoch verschiedene, oft konfligierende organisationale Subkulturen heraus, die die Aneignung von Technologie zu einem kontingenten Prozess machen. Ich werde deshalb im Folgenden von *organisationalen Technokulturen* sprechen, wobei ich zwischen offiziellen Technokulturen und potenziell widerständigen Subkulturen unterscheide. Diese Verschränkung von Organisationskultur und Herrschaft spielt bereits bei Burawoy eine wichtige Rolle, dort jedoch hauptsächlich im Hinblick auf die Herstellung von Konsens. Demgegenüber hat Boltanski ein konfliktzentriertes Konzept kultureller Herrschaft entwickelt, das für die hier formulierte Fragestellung besonders relevant ist. Mit diesem kann – in der zweiten Hälfte dieses Kapitels – gezeigt werden, dass die kollektive Interpretation der Realität immer umstritten ist und so Möglichkeiten der Kritik eröffnet werden. Wenn sich solche kritischen kulturellen Interpretationen kollektiv etablieren, können sie zur Grundlage widerständiger Solidarität der herrschaftsunterworfenen Akteur:innen werden. Zunächst werden wir jedoch individuelle Aneignungsprozesse der algorithmischen Arbeitssteuerung näher beleuchten, wobei ein Fokus auf den Arbeitsleitsystemen liegen wird.

Individuelle Aneignungspraktiken

Algorithmische Arbeitssteuerung besteht meist aus einer Kombination von Ressourcenplanungs- und Arbeitsleitsystemen. Während die Ressourcenplanungssysteme tatsächlich weitreichendere Funktionen haben, sind es im Alltag doch fast ausschließlich die Arbeitsleitsysteme, mit denen die Beschäftigten interagieren. Deshalb liegt der Fokus hier zunächst darauf, wie die Beschäftigten diese Systeme wahrnehmen und wie sie sie sich aneignen. In diesem Abschnitt wird dabei zunächst der Aspekt der Arbeitserleichterung beleuchtet. Im Anschluss daran geht es um Belastungserfahrungen, von denen die Beschäftigten im Zusammenhang mit der digitalen Evaluation berichten. Abschließend werden individuelle Umgangsstrategien mit diesen Belastungen skizziert, wobei es insbesondere um das Verlernen der Selbstkontrolle und die abweichende Nutzung der Technologien geht.

Arbeitserleichterung

Für viele Beschäftigte in den hier untersuchten Industriebetrieben sind Arbeitsleitsysteme zunächst vor allem eine Erleichterung. Viele von ihnen fühlen sich angesichts der Komplexitätssteigerung der Arbeitsumgebungen durch die Digitalisierung überfordert. Ein Instandhalter erklärt: »Wir dürfen uns eigentlich gar nicht mehr Facharbeiter schimpfen, weil wir es einfach gar nicht mehr verstehen. [...] Ich kann drei Wochen davorsitzen und verstehe es einfach nicht. Weil solche Anlagen bauen Leute auf, [...] Programmierer, die [...] träumen null und eins.«

Zusätzlich ist etwa bei *Smart Electrics* die Palette der in der Fabrik gefertigten Produkte sehr breit gefächert, und es herrscht ein geringer Grad an Standardisierung. So fertigen hochqualifizierte Facharbeiter:innen die Produkte vor allem unter Rückgriff auf ihr Erfahrungswissen. Wiederkehrende Arbeitsschritte und regelmäßig auftauchende Probleme werden neuen Beschäftigten mündlich erklärt. Vor der Einführung der Arbeitsleitsysteme fertigten die Beschäftigten zusätzlich selbst behelfsmäßige Anleitungen an, die dann in der Fabrik kursieren. Einer berichtet etwa, dass er solche Anleitungen auf Kaugummipapier oder aufgeklappte Zigarettenschachteln gezeichnet habe. Später habe er sich bemüht, diese improvisierten Anleitungen im Sinne einer besseren Nachvollziehbarkeit zu standardisieren:

> Ich habe mir gedacht gehabt, das kann es aber nicht sein. Und dann bin ich hergegangen und habe dann in meiner Freizeit einen Vordruck gemacht für mich selber, […] habe mir Schalter pauschal gemalt, allgemeine Schalter, die schließt man immer unterschiedlich an und Notizen und habe mir das am Kopierer 30 Mal kopiert. Habe mir dann das hier mitgenommen und jedes Mal, wenn ich was gebaut habe, habe ich die Type oben draufgeschrieben und habe das praktisch eingeplant. Also ich habe so einen Vordruck gemacht und habe das dann nachher eingetragen daheim, Samstag, Sonntag, wo ich das gemacht habe. Und am Schluss habe ich immer am Platz, weil mir hat das gestunken, wenn ich jemand fragen muss, und ich habe auch keinen Bock, mir unnötig Stress zu machen.

Diesen Bedarf an systematischen Anleitungen nahm das Management bei *Smart Electrics* zum Anlass für die Einführung der Leitsysteme. Aufgrund der Tatsache, dass viele von ihnen bereits zuvor in Eigeninitiative Anleitungen angefertigt hatten, war es für die Beschäftigten zunächst auch nicht verwunderlich, dass sie nun dazu aufgefordert wurden, ihr Erfahrungswissen in Schrift, Fotos und Videos zu digitalisieren.

Wie oben dargestellt, war ein zentrales Anliegen des Managements von *Smart Electrics* in Bezug auf die Digitalisierung eine Flexibilisierung des Produktionsprozesses. Beschäftigte sollten entsprechend der Nachfrage eingesetzt und zwischen den verschiedenen Arbeitsstationen verschoben werden. Da diese Verschiebungen in einem relativ engen Takt abliefen, blieb meist keine Zeit für eine gründliche Einarbeitung. Deshalb nehmen die digitalen Leitsysteme bei dieser Arbeitsorganisation eine besonders wichtige Funktion ein. Tatsächlich äußerten sich Beschäftigte angesichts dieser häufigen Umstellung ihrer Aufgaben positiv über Leitsysteme. So berichtet beispielsweise eine Auszubildende: »Für mich, dadurch, dass ich da halt nur drei Wochen eingesetzt war, war das dann schon relativ neu, oder ich musste mich auch immer wieder neu reindenken. Und dann hilft so was schon auch, wenn man sich da nochmal durchklicken kann.«

Ein weiterer Faktor der Arbeitserleichterung war für die befragten Beschäftigten die Abwesenheit menschlicher Vorgesetzter. So erklärt die Auszubildende, dass ihr die anonyme Direktion durch das Leitsystem die Angst nehme, die jedes Mal entstehe, wenn sie bei einem Vorgesetzten nachfragen müsse, was zu tun sei. Diese Unabhängigkeit von menschlichen Vorgesetzten und deren teilweise als ungerecht empfundenen Stimmungen und Idiosynkrasien nennen auch andere Beschäftigte als Vorteil der digitalen Leitsysteme: »Für mich ist das viel angenehmer«, erklärt beispielsweise ein Kurier von *Smart Delivery*: »Menschen haben immer irgendwelche Stimmungen. Das kann man bei den Dispatchern sehen. Wenn du stattdessen von einer App deine Anweisungen bekommst, gibt sie dir einfach nur Befehle: Bestellung abholen, Bestellung ausliefern.« So können die Leitsysteme auch in Hinblick auf die Reduktion des von Vorgesetzten hervorgerufenen Stresses für die Beschäftigten eine Arbeitserleichterung sein.

Für viele Beschäftigte, insbesondere für die befragten Facharbeiter:innen, geht die Arbeitserleichterung aber deutlich zu weit. Bislang mussten sie zur Ausführung ihrer Tätigkeit ihre verschiedenen Qualifikationen und ihr Erfahrungswissen einsetzen und vor allem stets mitdenken. Das ändert sich durch die digitalen Leitsysteme, die ihnen detailliert vorschreiben, was sie zu tun haben. So etwa in der Intralogistik: Hier fahren ausgebildete Logistiker:innen Transportfahrzeuge mit Produktionskomponenten durch die Fabrikhalle. Bislang war diese Aufgabe relativ anspruchsvoll, da die Logistiker:innen stets im Blick haben mussten, welche Komponenten als nächste nachgeliefert werden mussten, damit die Produktion nicht ins Stocken gerät. Nun werden sie jedoch von einem digitalen Leitsystem durch die Hallen dirigiert:

> Der kann durch die Halle fahren, an zehn leeren Kisten vorbei und darf aber keine mitnehmen, sondern nimmt die ganz am Ende der Halle, wo der Computer sagt, die ist jetzt leer, die nimmst du jetzt mit. Und dann fährt er wieder ganz zurück durch die Halle, weil dann der Computer sagt, als Nächstes ist jetzt eine ganz vorne leer. [...] Das sieht er vielleicht schon, wenn er hinten steht bei der ersten Kiste, dass die nebendran noch fünf Teile hat, dann ist sie leer. Also ich bleib hier jetzt noch drei Minuten stehen, dann ist sie leer, dann nehme ich sie gleich mit. Darf er nicht, weil der Computer ihm sagt: »Nee du fährst jetzt erst vor und nimmst die andere.

In den Interviews berichten Logistiker:innen von anfänglichen Missachtungen der Anweisungen, die ihnen unsinnig erschienen. Da das Leitsystem aber stets die Position des Transportfahrzeugs erfasst, fiel dieser Ungehorsam sofort auf und führte zu Abmahnungen. Mittlerweile, so erklärt der Befragte, hätten die Logistiker:innen »völlig resigniert«: »Wenn ihr nicht wollt, dass ich aktiv mitdenke, dann lass ich es gut sein.« Damit wird wiederum deutlich, dass die Leitsysteme neben ihrer Assistenzfunktion fast immer auch eine Kontrollfunktion haben. Diese Kontrolle nimmt, wie oben ausgeführt, meist die Form von unmittelbaren Feedbacks an. Viele Beschäftigte empfinden diese Feedbacks jedoch als Belastung, teilweise sogar als Angriff auf ihre Würde als denkende Menschen.

Selbstoptimierungsstress

Das Gefühl der Fremdbestimmung dominiert die Erfahrungen vieler Beschäftigter im Umgang mit der algorithmischen Arbeitssteuerung. In einer Umfrage erklären 63 Prozent der Kurier:innen bei *Smart Delivery,* dass sie sich sehr häufig oder oft der digitalen Technologie ausgeliefert fühlen.[11] »Man ist halt von diesem Scheißgerät abhängig«, erklärt ein Beschäftigter von *Smart Shopping*. Eine wichtige Rolle spielen dabei die automatischen Feedbacks. Wie wir oben gesehen haben, ist das unmittelbare digitale Feedback das zentrale Moment eines kybernetischen Kontrollmodus, der darauf abzielt, bei den Beschäftigten einen Prozess der Selbstoptimierung in Gang zu setzen. So arbeitet etwa *Smart Delivery* mit einem Feedbacksystem, das unmittelbare Feedbacks in Form von Direktnachrichten auf die Handys der Kurier:innen verbindet mit einer umfassenden Leistungsevaluation, in der die Werte der Beschäftigten miteinander verglichen werden. Ein Kurier erklärt dazu: »Ich weiß von ein paar Leuten, dass es da das große Ziel ist, ganz oben zu stehen.« Dieser Selbstoptimierung stehen jedoch die Belastungen der körperlichen Arbeit gegenüber. So gibt ein Kurier trotz des großen sportlichen Ethos bei *Smart Delivery* zaghaft zu, dass die 60 Kilometer Fahrradfahren, die eine durchschnittliche Schicht mit sich bringt, durchaus eine körperliche Belastung darstellen: »Das Positive ist, dass man die ganze Zeit mit dem Fahrrad unterwegs ist; das Negative ist, dass man die ganze Zeit mit dem Fahrrad unterwegs ist. Es ist eigentlich nicht so schön, etwa fünf Stunden lang zu radeln. In der Theorie schon, aber in der Praxis nicht.« Auch bei den Befragten aus den Industriebetrieben kommt es zu starken körperlichen Belastungen. Ein Betriebsrat berichtet, dass seine Abteilung eines Automobilkonzerns unter den Beschäftigten als »Vietnam« bezeichnet werde, weil die Arbeit dort derart gesundheitsschädigend sei. Von der Industrie 4.0 habe er sich deshalb einen Ergonomiezuwachs versprochen. Dieser sei jedoch bislang nicht eingetreten. Im Zuge der Coronapandemie sind Sorgen um die körperliche Gesundheit noch stärker ins Zentrum der Auseinandersetzungen gerückt. So sehen Beschäftigte von *Smart Shopping* ihre Arbeit in den Lagerhäusern als Ansteckungsrisiko, und auch Beschäftigte von *Smart Delivery* beklagen sich über unzureichende Infektionsschutzmaßnahmen.

Zu diesen physischen Gesundheitsrisiken kommt durch die algorithmische Arbeitssteuerung noch ein psychischer Faktor hinzu: Auf die Dauer erzeugen die permanenten digitalen Feedbacks bei vielen Beschäftigten eine Leidenserfahrung, die als *Selbstoptimierungsstress* bezeichnet werden kann. So merkt eine Beschäftigte von *Smart Shopping* zu den digitalen Feedbacks an: »Also für mich ist das Stress pur. Man fühlt sich einfach überwacht.« Eine Betriebsrätin von *Smart Solutions* erklärt:

> Das ist natürlich eine psychische Belastung. [...] Es werden Ängste geschürt bei den Leuten. Weil man nicht weiß, was macht das mit mir. Der Leistungsdruck wird erzeugt. Weil es ja heißt, die Maschine gibt die Daten zurück und sagt, du bist mit dem Handschuh jetzt das Modell und sagt du bist nicht effektiv, du musst mehr Leistung erzielen.

Der von dieser Betriebsrätin beschriebene Stress rührt vor allem von der permanenten Evaluation der Arbeitsleistung her. So fügt ein anderer Betriebsrat hinzu:

> Der Druck praktisch, der ausgeübt wird, dass man sagt, heute mache ich zehntausend Stück und morgen, weil ich gut bin, mach ich fünfzehntausend, dadurch, das ist nur ein Beispiel, kann die Psyche leiden und Stress entstehen.

Ein weiterer Betriebsrat ergänzt in derselben Diskussion: »Du hast den Druck ja immer indirekt. Du weißt, du wirst kontrolliert, und das sitzt dir ständig im Nacken.« Auch quantitative Studien bestätigen die hier vorliegenden qualitativen Ergebnisse. So geben in einer groß angelegten Umfrage 49 Prozent der Befragten, die »in sehr hohem Maß« oder »in hohem Maß« mit digitalen Mitteln arbeiten, an, dass ihre Arbeitsbelastung durch die Digitalisierung zugenommen hat, wohingegen nur 7 Prozent die gegenteilige Erfahrung gemacht haben.[12] Dieser Befund sei, so die Studie

> besonders alarmierend, wenn man sich das seit Jahren ohnehin schon hohe Niveau arbeitsbedingter psychischer Belastung in Deutschland vor Augen führt. Die Art und Weise, wie die Arbeitswelt digitalisiert wird, trägt hier ganz offensichtlich zu einer Verschärfung der Situation bei.[13]

Diese Form von Stress wird vor allem durch eine Erfahrung der Selbstentfremdung intensiviert. So erklärt eine Beschäftigte bei *Smart Solutions*, dass ihr die Technologie zwar nicht direkt vorgebe, was sie zu tun habe, aber sie sich andererseits selbst in ihren eigenen – von den Feedbacks induzierten – Entscheidungen nicht mehr wiedererkenne: »Ich entscheide nicht mehr selbst, sondern irgendwann krieg ich dann Input und eigentlich bin ich nicht ich, die entscheidet, was ich mache […], sondern alles, was dann an Rückflüssen zurückkommt.« Eine Beschäftigte von *Smart Shopping* erklärt, dass »das so weit geht, dass man selber guckt und sich selber quasi maßregelt oder kontrolliert: schaff ich denn überhaupt das? Das ist ja wie selbst geißeln.« Ein Weiterer berichtet von ähnlichen Erfahrungen:

> Ich fühle mich nicht mehr ich, sondern sobald ich bei *Smart Shopping* drin bin, bin ich *Smart Shopping*. Ich kann keine Entscheidungen selber treffen. […] Man ist halt von diesem Scheißgerät abhängig. […] Eine Zeit lang habe ich zu Hause im Schlaf sogar noch weitergepickt. Ich hatte wirklich immer Panik, dass jetzt der [Vorgesetzte] gleich zu mir kommt und mich fragt: »Was machst du, wieso stehst du da rum?«

Insgesamt haben nur wenige Beschäftigte den Eindruck, dass die digitale Technologie in stärkerem Maße ein vorgegebenes Arbeitshandeln erzwingt, als dies zuvor der Fall war. In der bereits zitierten Befragung geben nur 13 Prozent der Beschäftigten, die »in sehr hohem Maße« von der Digitalisierung betroffen sind, an, dass diese ihre Entscheidungsspielräume bei der Arbeit verkleinere. 87 Prozent hingegen glauben, dass die Spielräume gleich bleiben oder größer werden.[14] Diese Ergebnisse widersprechen den hier festgestellten Heteronomieerfahrungen nur auf den ersten Blick. Ein von der digitalen Arbeitssteuerung erzwungener »Ablaufdeterminismus«[15] scheint eher selten zum Tragen zu kommen. Erzwungen wird durch die digitalen Feedbacks jedoch eine Maxime der permanenten Selbstoptimierung.[16] So scheinen es gerade diejenigen Beschäftigten zu sein, die die Feedbacks ernst nehmen und tatsächlich versuchen, sich auf ihrer Grundlage zu verbessern, bei denen sich das Gefühl der Selbstentfremdung am stärksten einstellt.[17]

Ähnliche Belastungen wie die hier erhobenen wurden bislang vor allem in sogenannten »subjektivierten« Arbeitsverhältnissen diagnostiziert. Dabei ging es vor allem um Gefühle der Überforderung und des Verlusts von Authentizität als Folge der permanenten Aufforderung, die gesamte Persönlichkeit in den Arbeitsprozess einzubringen.[18] Konstitutiv ist dabei

> ein systematisch erzeugtes Missverhältnis zwischen Arbeitsanforderungen einerseits und den Ressourcen, diese zu erfüllen, andererseits. Dies wird zu Wege gebracht, indem die »maßlosen« Anforderungen des Marktes an die Beschäftigten durchgereicht werden und zugleich eine beständige Steigerung der Arbeitsleistung zu einem allgemeinen Prinzip wird. Für die Beschäftigten wird damit unklar, was eine »normale« und damit ausreichende Arbeitsbelastung ist [...] Wie empirische Untersuchungen hierzu aufzeigen, ist dabei – im Unterschied zum Taylorismus – gerade die »Nicht-Planung« der konkreten Arbeitsprozesse ein wesentliches Steuerungsprinzip.[19]

Auch in den hier erhobenen Daten finden wir mit der Idee der kybernetischen Selbstorganisation ähnliche Prinzipien der »Nichtplanung« und den mit der permanenten Selbstoptimierung verbundenen Stress. Während die bisher beschriebenen Phänomene jedoch fast allesamt aus der hochqualifizierten Arbeit, insbesondere im Dienstleistungssektor, stammen, ist dies hier anders. Es handelt sich bei den hier untersuchten Tätigkeiten größtenteils um einfache manuelle Arbeit. Zusätzlich kommt es zu einer scheinbar paradoxen Mischung von klassischer Rationalisierung, Dequalifizierung und neuer Steuerung, die sich durch eine Technisierung der unpersönlichen Kontrolle auszeichnet. In den hier untersuchten Fällen resultiert aus den Selbstoptimierungsanforderungen jedoch eher selten eine entsprechende Subjektivierung der Beschäftigten.

Selbstoptimierung verlernen

Sowohl aus den hier durchgeführten teilnehmenden Beobachtungen als auch aus den Interviews mit Beschäftigten wird deutlich, dass die Hoffnung der Manager:innen auf eine durch digitale Feedbacks induzierte Selbstoptimierung der Beschäftigten in den vielen Fällen enttäuscht wird. Die meisten Befragten behalten eine kritische Distanz zu den permanenten Feedbacks. So erklärt beispielsweise ein Kurier von *Smart Delivery* über den Countdown, der auf seinem Handy die verbleibende Zeit anzeigt, die ihm zum Abschließen der Lieferung noch zur Verfügung steht: »Ich schaue auf den Countdown. Vielleicht heißt das, dass ich in gewisser Weise dumm bin, aber diese Information ist das, was an den Kunden geht.« Obwohl der Befragte sein Arbeitshandeln also tatsächlich nach dem Countdown ausrichtet, wird offensichtlich, dass er Zweifel an der Sinnhaftigkeit der Selbstoptimierung hegt. Tatsächlich sind die Vorgaben oft unrealistisch, so dass die Kurier:innen die Motivation verlieren, sich überhaupt um eine Einhaltung zu bemühen:

> Für mich ist das nicht realistisch. Wenn ich den Ort des Kunden sehe, zum Beispiel wenn er weit weg ist, sagen wir drei Kilometer, und sie sagen mir, dass ich in zwei Mi-

> nuten da sein soll, dann ist das nicht sinnvoll. Zwei Minuten geht nicht. Und ich sehe nicht ein, warum. Ich werde entsprechend meiner Geschwindigkeit fahren, ich werde mich nicht beeilen oder stressen, weil ich weiß, dass ich in zwei Minuten keine drei Kilometer zurücklegen kann. Also werde ich nicht über die Zeit nachdenken.

Diese Missachtung der Feedbacks ist jedoch das Resultat eines aktiven Lernprozesses. Die meisten Befragten berichten, dass sie sich zu Beginn viel abverlangten, um die Vorgaben einzuhalten und auf die Feedbacks zu reagieren. Später geben fast alle diese Anstrengung auf. Eine typische Antwort von *Smart-Delivery*-Kurier:innen auf die Frage, ob der Countdown beachtet wird, lautet deshalb: »Am Anfang ja, aber jetzt tue ich, was ich tun muss, und wenn das Restaurant zu spät dran ist, dann ist das nicht meine Schuld.« An die Stelle der Selbstoptimierung tritt also nach einer gewissen Zeit der Dienst nach Vorschrift. Auch das Versprechen von Boni verliert seine Motivationswirkung bald:

> Am Anfang habe ich versucht, mein Bestes zu geben, um den Bonus zu bekommen. Dann habe ich gemerkt, dass es keinen Sinn macht, meinen Körper und mein Fahrrad zu sehr zu pushen. Es lohnt sich nicht, zu versuchen, schnell zu fahren, das Produkt so schnell wie möglich zu liefern, also vergesse ich jetzt den Bonus.

Andere Kurier:innen machen sich von Anfang an über die mageren Boni lustig:

> Das fanden wir dann auch mehr so eine Verarschung, so einen Fünf-Euro-Gutschein. Plus, wer bei Hitze im Sommer gefahren ist, das war dann noch mehr Hohn oder Schlag ins Gesicht, da gibt es ein Gratis-McDonalds-Eis. Da hat sich jeder kaputtgelacht. Aber die haben das für eine gute Idee gehalten.

Ähnliches berichten Beschäftigte des Versandhändlers *Smart Shopping* über ein System von Plastikchips, das zur Incentivierung von Leistungssteigerungen eingesetzt wird:

> Die [Chips] haben aber einen Wert, ich glaube, von umgerechnet, ich weiß es nicht, 20 Pfennig oder so. Also, ich rede noch nicht mal von Cents, sondern Pfennig. Und dafür darfst du dir dann, wenn du dann davon 20 Stück zusammen hast, kannst du dir dann eine Plastiksonnenbrille im [Bonus]-Store – alles mit Branding immer, alles mit [Unternehmens]-Branding – darfst du dir dann kaufen. Ja, das ist Wertschätzung.

In diesen sarkastischen Worten deutet sich bereits an, dass die Befragten derlei Belohnungssysteme eher als Infantilisierung denn als Motivationsanreiz verstehen.

Allem Anschein nach wird die Selbstkontrolle, die durch die digitalen Feedbacks induziert wird, von den Beschäftigten aktiv verlernt, um den Arbeitsprozess bewältigen zu können. Dieses aktive Verlernen von Selbstkontrolle scheint bei vielen Beschäftigten das wirksamste Mittel zu sein, um gegen den Selbstoptimierungsstress und die Selbstentfremdung anzugehen. Gleichwohl bedeutet eine solche Behauptungsstrategie gegenüber den digitalen Zumutungen nicht notwendigerweise, dass die kybernetische Kontrolle letztlich unwirksam ist. Deutlich wird jedoch, dass ihr Funktionieren von verschiedenen zusätzlichen subjektiven und objektiven Faktoren abhängig ist. Teilweise gehen die abweichenden Praktiken jedoch auch einen Schritt weiter, und es kommt zu verschiedenen Formen von technologischem Ungehorsam.

Technologischer Ungehorsam

Ein Grundmerkmal der kapitalistischen Produktionsweise ist, dass die Beschäftigten diejenigen sind, die tatsächlich mit der Produktionstechnik im Arbeitsprozess in Kontakt stehen, während das Management strukturell davon getrennt ist. Das führt zu einer systematischen Unbestimmtheit des tatsächlichen Einsatzes von Technik. Aus diesem Grund ist eine Umnutzung der Technik, also deren Verwendung entgegen den vom Management vorgesehenen Zwecken, in den meisten Unternehmen eher die Norm als die Ausnahme.[20] So versuchen Beschäftigte üblicherweise Technik im Arbeitsalltag so einzusetzen, dass sie selbigen erleichtert oder zumindest nicht zusätzlich erschwert. Im dieser Untersuchung zugrunde liegenden empirischen Material findet sich eine Vielzahl von Beispielen für einen derartigen technologischen Ungehorsam.

Ein zentraler Hebel für die Beschäftigten der hier untersuchten Betriebe, um sich die Arbeit angenehmer zu gestalten, war die Umnutzung der digitalen Technologien. Eine bei *Smart Delivery* verbreitete Maßnahme zur Entschleunigung des Arbeitsprozesses war das Herauszögern der Ablieferungsbestätigung. Wenn die Kurier:innen eine Verschnaufpause brauchten, übergaben sie eine Essenslieferung einfach der Kund:in, bestätigten dies jedoch zunächst nicht in der App. So verhinderten sie, unmittelbar zum nächsten Auftrag geschickt zu werden. Diese Taktik wurde insbesondere am Ende der jeweiligen Schichten relevant. Denn die Kurier:innen waren dazu verpflichtet, bis zur letzten Minute ihrer Schicht neue Aufträge anzunehmen, was bis zu 40 Minuten Überstunden nach Schichtende bedeuten konnte. »Du kannst natürlich auch deinen letzten Auftrag einfach rauszögern und dann einfach auf abgeliefert drücken, wenn deine Schicht vorbei ist. Dann bist du sicher«, erklärt einer von ihnen. Um dieser Taktik entgegenzuwirken, begann *Smart Delivery* auf Basis der GPS-Position der Kurier:innen die »beim Kunden verbrachte Zeit« zu evaluieren. Die meisten Kurier:innen ließen sich davon jedoch nicht von der Nutzung der – durch die Abwesenheit eines menschlichen Vorgesetzten entstehenden – Kontrolllücke abbringen.

Eine weitergehende Umnutzungsmöglichkeit war die Manipulation des GPS-Signals der Smartphones. Zu Beginn einer Schicht mussten sich die Kurier:innen an einem vom Unternehmen vorgegebenen Ort, dem »Zentrum der Zone«, in die App einloggen. Wenn sie zu spät an diesem Ort erschienen, führte dies automatisch zu einer Abmahnung. Um das zu verhindern, verschoben einige Beschäftigte ihr GPS-Signal in dieses »Zentrum der Zone«. Teilweise wurde diese Technik auch eingesetzt, um die algorithmische Verteilung der Aufträge zu manipulieren. Das Unternehmen rüstete jedoch alsbald mit einem Softwareupdate nach, das die GPS-Manipulation verhinderte. Ähnliche Entschleunigungsmaßnahmen ergriffen auch die Beschäftigten eines der untersuchten Industriebetriebe. Dort waren in einem Fertigungsprozess digitale Arbeitsleitsysteme implementiert worden, die unter anderem vorausberechneten, wie hoch die Wahrscheinlichkeit war, dass in der nächsten Zeit ein Fehler auftritt. Da ein Eingreifen der Beschäftigten in den Fertigungsprozess im Normalfall nicht nötig war, gingen sie dazu über, sich eine zusätzliche Zigarettenpause zu genehmigen, wenn die Fehlerwahrscheinlichkeit besonders niedrig ausfiel. Das war nur deshalb möglich, weil durch die Digitalisierung zuvor das mittlere Management in der Fabrik deutlich reduziert worden war und so weniger menschliche Kontrolle der Arbeit stattfand.

Bei den bislang beschriebenen Praktiken handelt es sich um individuelle Reaktionen auf die algorithmische Arbeitssteuerung. Zusammenfassend lässt sich dabei festhalten, dass die digitalen Feedbacks in den hier untersuchten Fällen meist nicht im Sinne der oben beschriebenen managerialen Vorstellungen einer permanenten Selbstoptimierung der Beschäftigten genutzt werden. Zwar stellen die Arbeitsleitsysteme für viele Befragte durchaus eine Arbeitserleichterung dar, die angesichts der flexiblen und komplexer werdenden Arbeitsprozesse als Entlastung gesehen wird. Allerdings schaffen die Systeme auch – und dies überwiegt die Wahrnehmung – neue Belastungen, vor allem in Form von Stress. Diese werden abgefedert durch verschiedene abweichende Praktiken, wie etwa das gezielte Verlernen der Selbstkontrolle und den technologischen Ungehorsam. Im Folgenden wird es darum gehen, inwiefern diese individuellen Aneignungen sich auch in kollektive Aneignungspraktiken übersetzen.

Kollektive Aneignungspraktiken

Angesichts des sozialwissenschaftlichen Forschungsstandes zur digitalisierten Arbeit muss es zunächst als unwahrscheinlich erscheinen, dass Beschäftigte in diesem Bereich überhaupt kollektive Handlungsfähigkeit erreichen können. Ein zentrales Thema der Forschung zu algorithmischer Arbeitssteuerung ist deren atomisierende Wirkung auf die Beschäftigten. Verschiedene Studien legen nahe, dass mit der Substitution menschlicher durch maschinelle Direktion auch Kommunikationszusammenhänge getilgt werden, die bislang zum Aufbau von Solidaritätsbeziehungen zwischen den Beschäftigten genutzt wurden.[21] Dies wurde in besonderem Maße in Bezug auf Plattformarbeit (wie etwa bei Uber, aber auch bei den hier untersuchten Essenslieferdiensten) betont, bei der keine Begegnung der Beschäftigten im Arbeitsprozess vorgesehen ist.[22] Für Shoshana Zuboff ist diese Tendenz sogar so weit fortgeschritten, dass die Allgegenwart digitaler Sensorik das Transformationsproblem der Arbeitskraft ein für alle Mal gelöst habe: Die strukturelle Unvollständigkeit des Arbeitsvertrags, der niemals alle zu erledigenden Aufgaben im Voraus definieren kann, sowie die Unsicherheit über die tatsächliche Verausgabung der Arbeitskraft bestehe in einem Zeitalter des ubiquitären Tracking schlicht nicht mehr. Die Unsicherheitszonen der Verträge würden eliminiert, und es komme zu einer neuen Form des »Unvertrags«.[23] Deshalb sei auch keine Verinnerlichung der Disziplinarmacht durch die herrschaftsunterworfenen Akteure mehr nötig, sie hätten aufgrund der »Kombination von totaler Überwachung und Fernsteuerung«[24] schlicht keine Möglichkeit der Abweichung oder der Solidarität mehr.

Schon seit Beginn der soziologischen Diskussion um den Solidaritätsbegriff Ende des 19. Jahrhunderts wurde größtenteils über die Abwesenheit von Solidarität diskutiert. So ist bei Emile Durkheim Solidarität nur in längst vergangenen Zeiten oder in »primitiven«, segmentären Gesellschaften unproblematisch.[25] Die organische oder mechanische Solidarität moderner Gesellschaften müsse dagegen immer institutionell produziert und gepflegt werden. Dies gilt insbesondere für die Solidarität der Lohnabhängigen, weshalb die historische Arbeiter:innenbewegung die Solidarität zu ihrem zentralen ethischen Prinzip gemacht hat. Damit ist bereits eine besondere Form der Solidarität angesprochen, die sich von Durkheims Grundformen der mechanischen und organischen Solidarität unterscheidet, nämlich die widerständige Solidarität.[26] Gemeint ist damit der freiwillige Zusammenschluss herrschaftsunterworfener Akteure im Namen eines gemeinsamen Kampfes oder gegenseitiger Hilfe. Diese manifestiert sich nicht nur in kollektiven widerständigen Praktiken, sondern beinhaltet auch soziale Unterstützung.[27] Diese Art von Solidarität ergibt sich, wie zum Beispiel Rainer Zoll gezeigt hat, nicht automatisch aus einer gemeinsamen objektiven Interessenlage, sondern muss in kontinuierlichen Kommunikationsakten im Alltag hergestellt werden.[28] Solche Solidaritätskulturen sind die Vorbedingungen für kollektives widerständiges Handeln.[29] Aus ebendiesem Grund ist eines der zentralen Anliegen von Herrschaft, unkontrollierte Solidaritätsbeziehungen aufzulösen und durch offizielle Strukturen (in unserem Fall offizielle Organisationskulturen) zu ersetzen.[30] Dass diese Auflösung von Solidaritätsbeziehungen auch technisch vorangetrieben werden kann, ist durchaus kein Novum. So wurde bereits in den 1990er-Jahren diagnostiziert, dass die zunehmende Vermittlung von Arbeitstätigkeiten durch Computer die Entstehung von Solidaritätsbeziehungen, wie sie aus den Massenfabriken des frühen 20. Jahrhunderts hervorgingen, erschwere.[31] Durch die aktuelle Welle der algorithmischen Arbeitssteuerung werden diese Tendenzen noch einmal erweitert.

Den Beschäftigten in den hier untersuchten Unternehmen gelingt es jedoch regelmäßig, trotz aller technischen, betrieblichen und institutionellen Hindernisse Solidaritätskulturen aufzubauen. Dabei spielt, wie wir sehen werden, die organisationskulturelle Aneignung der digitalen Technologien eine wichtige Rolle. Dies geschieht zunächst dadurch, dass Beschäftigte den Technologien bestimmte Identitäten zuweisen. Dabei konkurrieren manageriale Identitätszuschreibungen mit denjenigen der ausführenden Beschäftigten. Bei *Smart Electrics* und *Smart Solutions*, den beiden hier ethnografisch untersuchten Industrieunternehmen, war subversiver Humor der dominante Modus der kulturellen Aneignung der digitalen Technologien durch die Beschäftigten. Sie gaben den Technologien spöttische Namen, die sich dann als Bezeichnungen durchsetzten. Damit übten sie im Arbeitsalltag eine relativ gefahrlose Variante der Herrschaftskritik aus. Bemerkenswerterweise fehlte bei *Smart Delivery* eine solche humoristische Aneignung der Technologie. Hier wurde Kritik an der digitalen Arbeitssteuerung im Alltag – allem Anschein nach aufgrund des Fehlens menschlicher Manager:innen – offener und harscher geäußert. Im letzten Abschnitt wird es um die Möglichkeiten kritischer organisationaler Technokulturen und darauf basierende Formen der technopolitischen Selbstorganisation der Beschäftigten gehen. Den betrieblichen Organisationen ist jedoch daran gelegen, das zu verhindern, wofür ihnen wiederum die algorithmische Arbeitssteuerung neue Möglichkeiten bietet.

Atomisierung im digitalisierten Arbeitsprozess

In den hier untersuchten Unternehmen gab es zahlreiche Faktoren, die der Entstehung widerständiger Solidaritätskulturen entgegenwirkten. Einen atomisierenden Effekt hatten bei *Smart Electrics* etwa, wie zu Beginn dieses Kapitels gezeigt, die digitalen Arbeitsleitsysteme. Auch der zersplitterte Arbeitsprozess bei *Smart Delivery*, der keine Begegnung der Kurier:innen vorsieht, ist ein Atomisierungsfaktor. Relevant ist in diesem Fall aber auch der Umgang mit arbeitsbezogenen Chatgruppen. Diese werden vom *Smart-Delivery*-Management eingesetzt, um Personalverwaltungsaufgaben in Form von Selbsthilfe an die Kurier:innen auszulagern. In der Folge wurden sie von diesen allerdings auch für Kritik am Unternehmen und Selbstorganisationsversuche genutzt. Als dies zum Unternehmen durchdrang, wurde die Chatfunktion wieder eingeschränkt. So erklärt ein Betriebsrat:

> Früher gab es noch einen Städtechat, den haben sie jetzt aber wieder gestoppt, vermutlich um uns als Betriebsrat da nicht kommunizieren zu lassen. Das war so ein interner Fahrerchat über die App. [...] Das wurde abgestellt, nachdem wir halt auch mal so Sachen geschrieben haben wie, ja wir haben jetzt hier so eine Versammlung, Betriebsrat, wer will vorbeikommen und so. Das war dann schon so ein Zeichen.

Wichtiger als rein technische Kontrollversuche sind jedoch klassische organisationale Maßnahmen, die die Entstehung von Solidaritätskulturen behindern. Dabei spielt insbesondere in prekären Arbeitsverhältnissen, wie sie in der digitalen Ökonomie zunehmen,[32] die hohe Personalfluktuation eine Rolle. So war bei *Smart Delivery* die Befristung der Arbeitsverträge ein wichtiges Hindernis in der Selbstorganisation der Beschäftigten. Die Verträge sind in der Regel auf ein Jahr begrenzt, wobei die Hälfte davon aus »Probezeit« besteht, in der die Beschäftigten ohne Angabe von Gründen fristlos entlassen werden können, was auch regelmäßig geschieht. So erklärt ein Betriebsrat: »Man wusste bei *Smart Delivery* am Anfang nicht, wie man mit Betriebsräten verfahren will. Und man hat die günstige Situation, jetzt aus Arbeitgebersicht, dass man befristete Verträge einfach hat auslaufen lassen.« Aber auch bei normalen Kurier:innen wirken die kurzfristigen Arbeitsverhältnisse teils demobilisierend. Da sie ohnehin nur kurz im Unternehmen bleiben, interessieren sich die meisten von ihnen wenig für betriebliche Mitbestimmung. Wenn ihnen die Arbeitsbedingungen zu lästig werden, wählen sie eher die Option der Kündigung als des Widerstandes. »Das betrifft natürlich auch die Betriebsgruppen«, also die informellen Zusammenschlüsse der gewerkschaftlich Aktiven im Betrieb, erklärt ein Gewerkschafts-Organizer. Diese würden durch die kontinuierliche Personalfluktuation empfindlich geschwächt.

Auch Industriebetriebsrät:innen erklären, dass die zunehmende Prekarisierung die betriebliche Mitbestimmung erschwere. So berichtet ein Betriebsrat zum Beispiel von einer Entfremdung zwischen Leiharbeiter:innen und Stammbelegschaften.

> Es sind nicht mehr die Kollegen, die wir dauernd kennen. Das heißt, wie gehen wir mit diesen Kollegen um? Viele sehen ja gar nicht die Leihbeschäftigten oder die anderen als Kollegen an, sondern das sind Bedroher. Die kommen her und nerven uns, weil sie schneller arbeiten, weil sie einen Job wollen, das heißt, die sind gar keine Kollegen.

Betriebsrät:innen von *Smart Solutions* berichten diesbezüglich auch von einer starken kulturellen Distanz zwischen den Beschäftigten:

Gerade wenn du viel prekär Beschäftigte in einer Abteilung hast. Wenn die dann rüberbringen, was es eigentlich heißt, keinen Kredit bei der Bank zu kriegen, nicht wirklich als ein halbes Jahr planen zu können. Und der Wunsch dann ist fast schon einfach nur normal leben zu wollen. Das sind schon so Momente, wo du dann auch so dir selber mal eine Vorstellung, weil wir sind ja in extrem gesicherten Verhältnissen, als Betriebsräte. Wo du dir selber mal so Gedanken machst: Hey, das hast du überhaupt nicht verinnerlicht, was es heißt, prekär beschäftigt zu sein.

Dies wird, so der Betriebsrat, durch die digitale Delokalisierung der Arbeit, insbesondere infolge der Coronapandemie, noch einmal verschärft, da damit der gemeinsame Kommunikationsraum verlorengehe, der die Basis für eine Solidarisierung zwischen den Beschäftigten sei:

> Also wir haben extrem viele Anfragen, aus dem Angestelltenbereich: Hey, kann ich nicht zwei Tage ins Homeoffice. [...] Durch die Digitalisierung wird der Ort, an dem du deine Arbeit verrichtest, bei vielen Arbeiten vollkommen unerheblich. Das führt letztendlich zu einer Entsolidarisierung, weil jeder eigentlich dort sitzen kann, wo er will. [...] Du musst sehen, dass der arme Teufel in der Tschechei genau die gleichen Probleme hat wie du im teuren München oder so. Das ist eher ein schwerer Weg, das zu erkennen. Also da muss schon zum einen, dass es überhaupt funktioniert, eine räumliche Nähe da sein, oder du musst sehen, dass du andere Formen der gemeinsamen Kommunikation möglich machst. Und das wird wahrscheinlich die schwerste Aufgabe überhaupt sein: Wie bring ich Leute dazu, dass der italienische Innendienstler mit dem tschechischen überhaupt kommunizieren kann?

Das Problem der Atomisierung stellt sich in wesentlich radikalerer Form für migrantische Beschäftigte. So hat

Jacqueline Kalbermatter gezeigt, dass bei dieser Gruppe eine Verschränkung von prekären Beschäftigungsverhältnissen und prekärem Aufenthaltsstatus eine besondere Disziplinierungsfunktion ausübt.[33] Die so entstehende Gehorsamkeit wird von Personalverantwortlichen positiv hervorgehoben. So erklärt ein Manager von *Smart Electrics*, dass nichtdeutsche Beschäftigte »überhaupt keine Angst vor Kontrolle« hätten. »Da sind wir Deutschen viel schlimmer.« Auch ein Rider Captain von *Smart Delivery* erklärt: »Wenn es Probleme gibt, dann sind das meistens die Deutschen.« Geflüchtete sind hier, auch gegenüber anderen Migrant:innen, in einer besonders schwierigen Situation. Das wird seit einer Gesetzesänderung von 2016 noch einmal dadurch verschärft, dass ihr Aufenthaltsstatus in vielen Fällen an eine Erwerbsarbeit gekoppelt ist.[34] Ein Betriebsrat von *Smart Shopping* erklärt entsprechend zu den Geflüchteten, die in seinem Betrieb arbeiten:

> Die haben dann halt auch Angst [...]. Allein, dass die diesen Status haben, die können sich auch gar nicht organisieren, die sind vom Arbeitgeber praktisch abhängig. Wenn der sagt, du machst, der muss das machen. Sonst wird sein Vertrag bzw. auch seine Aufenthaltserlaubnis nicht verlängert.

Der Betriebsrat stellt in diesem Sinne Migrant:innen mit sicherem Aufenthaltsstatus und Geflüchtete folgendermaßen gegenüber: »Wenn man vergleicht, die jetzt schon länger da sind, die bringen immer noch 100 Prozent, aber jetzt, wenn jemand auf irgendwas angewiesen ist, dann bringt er 300 Prozent.« In der Hoffnung auf einen dauerhaften Aufenthaltsstatus entstehe teilweise ein implizites Bündnis zwischen den Geflüchteten und dem Unternehmen. Der Betriebsrat erklärt dazu:

> Die sind auch langsam Lieblinge der Manager, weil die machen ja alles. Also wenn der zu mir kommt und ein Manager sagt, hier [Name], mach 40 Kilo alleine hochheben, dann sag ich natürlich nein. Aber wenn er jetzt zu jemandem kommt, der auf *Smart Shopping* angewiesen ist, sprich durch seine Aufenthaltserlaubnis oder wie auch immer, dann macht der einfach. Ohne Widerworte.

Das führe dazu, dass es auch eine rassifizierte Aufteilung von Tätigkeiten innerhalb der Lager gebe: »Die Weißen machen das, die anderen machen das. Und dann sieht man gruppenweise, wo halt … dann merkt man den Unterschied: Der eine fegt und der andere sitzt und guckt zu. Und das ist schon krass.« Das wiederum führe, zusätzlich zu sprachlichen und kulturellen Hürden, teilweise zu einer Entfremdung gegenüber den deutschen Beschäftigten: »Es gibt schon Konflikte zwischen den anderen Kollegen, weil er sagt, guck, der macht alles, der lässt alles mit sich machen.« Daraus ergibt sich die Gefahr der Entstehung von »exklusiven Solidaritäten«[35] zwischen den deutschen Beschäftigten, bei denen Migrant:innen und insbesondere Geflüchtete außen vor bleiben.

Eine weitere, weniger existenzielle Spaltungslinie der Beschäftigten in Bezug auf algorithmische Arbeitssteuerung ist das Alter. Die Befragten berichten von zunehmend gegensätzlichen Positionen, die in den Belegschaften gegenüber der digitalen Technologie eingenommen werden. Viele ältere Beschäftigte stünden der Digitalisierung grundsätzlich ablehnend gegenüber. Ihnen seien digitale Technologien fremd, und sie hätten vor allem Angst vor einer Veränderung des Arbeitsprozesses. Viele junge Beschäftigte würden die Digitalisierung dagegen euphorisch begrüßen und seien oft nicht in der Lage, deren interessenpolitische Einbettung zu durchschauen.

Zusammenfassend lässt sich festhalten, dass es mit der algorithmischen Arbeitssteuerung zu verschiedenen, oft intendierten Atomisierungstendenzen kommt. Diese verschränken sich mit verschiedenen anderen Formen der sozialen Atomisierung und Spaltung. Da jedoch das gemeinsame Alltagserleben und die damit einhergehende Kommunikation die Voraussetzung für die Entstehung von Solidaritätsbeziehungen sind,[36] scheint es zunächst unwahrscheinlich, dass solche in den hier untersuchten Kontexten überhaupt entstehen können. Wie wir im Folgenden sehen werden, gelingt es den Beschäftigten in den untersuchten Unternehmen jedoch regelmäßig, diese Atomisierung zu überwinden und kollektive, kulturelle Aneignungspraktiken zu entwickeln. Dabei werde ich zunächst auf die Industrie- und dann auf die Plattformfälle eingehen.

Humoristische Technokulturen in der »Industrie 4.0«

Für Luc Boltanski steht der Kampf um die Definition der Realität im Mittelpunkt aller Herrschaftsregime. Auch in Organisationen bildet das Wissen darum, »was ist«, die Grundlage des Wissens darum, wie wir zu handeln haben.[37] Mit Boltanski kann davon ausgegangen werden, dass Beschäftigte prinzipiell dazu in der Lage sind, Managementrhetoriken und offizielle Interpretationsschemata als Herrschaftsstrategien zu durchschauen und sich entsprechend strategisch zu ihnen zu verhalten:

> Um die Zwänge zu reduzieren, denen sie ausgesetzt sind, entwickeln die Akteure eine spezifische interpretative Kompetenz, Freiheitsräume auszumachen und Lücken in den Kontrolldispositiven zu nutzen. Was auch besagt, dass die solchen Auswirkungen von Herrschaft ausgesetzten »gewöhnlichen« Menschen weder ihren Gerechtigkeitssinn noch ihren Freiheitsdurst noch ihre Urteilsfähigkeit über das verlieren, was wirklich los ist – oder, wenn man will: ihre Luzidität.[38]

Das zentrale Problem betrieblicher Herrschaft wäre damit auf kultureller Ebene, dass die offizielle Interpretation der Realität potenziell anfechtbar ist. Betriebliche Herrschaft zielt auf kultureller Ebene deshalb darauf ab, diese Anfechtbarkeit zu verbergen und so Gehorsam zu erzeugen. Diese Funktion wird von der offiziellen Organisationskultur erfüllt. Eine solche kann definiert werden als eine Menge von Symbolen und Bedeutungsstrukturen, die nach den Präferenzen des Managements angeordnet sind.[39] Es gelingt solchen offiziellen Organisationskulturen jedoch nie, die Interpretation der Realität vollständig zu bestimmen. Denn die Möglichkeit des nicht vollständig determinierten Handelns, auf die jede Organisation angewiesen ist, geht immer einher mit Reflexivität und damit der Möglichkeit der Kritik. So entstehen regelmäßig organisationale Subkulturen. Diese können die offizielle Kultur herausfordern, modifizieren oder sogar ersetzen.[40]

Für die vorliegende Untersuchung ist in diesem Zusammenhang insbesondere die kulturelle Aneignung der digitalen Technologien durch die Beschäftigten, also die *organisationale Technokultur*, relevant. Der Begriff der Technokultur wird meist als die digital mediatisierte Form kultureller Äußerungen verstanden.[41] Das ist hier jedoch nicht gemeint. Stattdessen geht es um die Etablierung kollektiver Sinnbezüge auf technische Artefakte, die sich in der Alltagsinteraktion herausbildet. Organisationale Technokulturen sind also derjenige Teil der Organisationskultur, der Technologien ihre soziale Bedeutung zuweist. Wie wir im Folgenden sehen werden, spielt dabei die organisationskulturelle Zuweisung von Identitäten an Technologien eine wichtige Rolle. In den hier untersuchten Industrieunternehmen nahmen diese Identitätszuschreibungen meist eine humoristische Form an.

Am ersten Tag meiner teilnehmenden Beobachtung bei *Smart Electrics* kam ein Monteur eines externen Unternehmens in die Fabrik, um einen Teil der neuen Produktionsinfrastruktur zu installieren. Es handelte sich um ein Regalsystem für kleine Produktionskomponenten, wie Schrauben und Kabel, das mit Sensoren ausgestattet ist. Diese sollten registrieren, wenn Kartons entnommen werden, und Teile automatisch beim Zulieferer nachbestellen. Eine kleine Gruppe von Beschäftigten in der Nähe begann sich darüber zu unterhalten, dass dieses System in der Vergangenheit nie funktioniert habe. In der Zwischenzeit hatte der Elektriker das Regal angeschlossen. Hunderte von LED-Leuchten fingen sofort an zu blinken. Ein Mitarbeiter kommentierte: »Zumindest haben wir jetzt einen Ersatzweihnachtsbaum.« Ein weiterer fügte hinzu »oder eine Disco«. Mehrere der Umstehenden imitierten kurz Tanzbewegungen, alle lachten.

Derartige humoristische Identitätszuschreibungen entwickelten die Beschäftigten für die meisten neuen Technologien. Der bereits mehrfach erwähnte intelligente Handschuh, der bei unerwünschten Bewegungen vibriert, firmierte bei den Beschäftigten als »das Sextoy«. Ein Betriebsrat berichtet im Interview: »Wir machen diese Witze über die Handschuhe. Sagen wir, du hast dich an ... einem Ort gekratzt, du weißt, was ich meine? (lacht) Oder, das wäre noch schöner, dann sitzen die Frauen nur noch die ganze Zeit mit diesem Ding herum ...« Unmittelbar danach fährt er mit der Vorstellung fort, dass die Reaktion des Managements bald sein werde, dass der Handschuh statt Vibrationen Elektroschocks verteile. Auch diesen Gedankengang begleitet er mit einem Lachen. Bei den Betriebsratsworkshops von *Smart Solutions* verwandelte ein Teilnehmer seine Vorstellung des Handschuhs in eine komische Performance. »Bssbss«, imitierte er die Vibration des Handschuhs. »Man kennt das aus den Charlie-Chaplin -Filmen von früher [*lacht*]. Bssbsssssss. Du könntest daraus einen tollen Film machen! Bsssbsss [*schüttelt seinen ganzen Körper, alle lachen*].« Ein weiteres Beispiel ist ein bei *Smart Electrics* eingeführter autonomer Transportroboter, der bei den meisten Beschäftigten nur als »Fiffi« bekannt war.

Dieser stereotype Name für einen dummen Hund betonte die Dysfunktionalität des Geräts, das ständig gegen Hindernisse in der Fabrikhalle fuhr. Interessanterweise blieben diese Identitätszuschreibungen, nachdem sie sich einmal durchgesetzt hatten, relativ stabil und bestanden auch noch bei der zweiten teilnehmenden Beobachtung, die ein halbes Jahr später stattfand. Manche der humoristischen Aneignungen waren eher praktischer Natur. So firmierte ein digitaler Werkzeugschrank, der mittels WLAN registrierte, wenn Werkzeug entnommen wurde, unter den Beschäftigten als »der Süßigkeitenautomat« – und tatsächlich lagerten sie dort immer wieder ihre Schokoriegel ein.

Mit all diesen spöttischen Identitätszuschreibungen für die neuen Technologien machten sich die Beschäftigten auch über die aus ihrer Sicht problematischen Aspekte der Systeme lustig. Sie betonten einerseits die Dysfunktionalität der digitalen Technologien (im Fall von »Fiffi« oder der »Disko«) und andererseits deren Kontrollfunktion (im Fall des »Sextoys« bzw. des »Elektroschockers«). Diese Identitätszuschreibungen waren nicht nur spontane Witze, sondern setzten sich als gängige Bezeichnungen unter den Beschäftigten durch. Damit entstand eine organisationale Technokultur, die sich von den offiziellen Bedeutungszuschreibungen durch das Management abgrenzte.

Teilweise kollidierten die Identitätszuschreibungen des Managements offen mit denen der Beschäftigten. So zum Beispiel im Fall des Transportroboters. Zwei Auszubildende hatten die Aufgabe erhalten, den Roboter dazu zu bringen, Gegenstände durch die Fabrik zu transportieren. Während sie versuchten, den Roboter zu starten, erklärten sie, dass er zuvor schon Probleme verursacht habe. Zuerst sei der Roboter gar nicht gestartet, dann habe er plötzlich angefangen, auf Niederländisch zu sprechen. Plötzlich fuhr der Roboter los, und die Auszubildenden folgten ihm. Unterwegs trafen sie einen anderen Beschäftigten, der lachte und rief: »Ah, Fiffi wird wieder trainiert!« Die Auszubildenden entgegneten ihm: »Das ist nicht Fiffi, das ist Mir!« Damit verwiesen sie auf die Identitätszuschreibung eines Managers, der den Roboter in Anlehnung an die internationale Raumstation stolz als »unsere Mir« präsentiert hatte. In diesem Beispiel wird die konflikthafte Aushandlung technologischer Identitäten besonders deutlich: Auf der einen Seite stand die vom Management vorgeschlagene Identität, für die der Transportroboter ein Symbol für modernste Technologie war. Auf der anderen Seite stand die von den Beschäftigten vorgeschlagene Identität, die das Gerät mit einem Hund gleichsetzte, der nicht einmal die einfachsten Aufgaben lernen kann und viel Training braucht. Die beiden Auszubildenden bemerkten sofort die Kollision dieser konkurrierenden Identitäten und positionierten sich offenbar auf der Seite des Managements. Beide Fiktionen transportieren die unterschiedlichen Perspektiven auf die Technologie, die stark von der organisatorischen Rolle der jeweiligen Person abhängig sind.

Insgesamt bestand in den hier vorgestellten Fallstudien eine zentrale Interpretationsstrategie im Einsatz von Technologie darin, Maschinen zu benennen und damit ihre Identitäten zu definieren. Dabei stellte Humor einen Modus kritischer Aneignung der neuen digitalen Technologien durch die Beschäftigten dar. Das Objekt des Spottes hatte sich gegenüber der am Anfang dieses Kapitels beschriebenen Situation vom menschlichen Vorgesetzten zu den digitalen Technologien verschoben. Aus dem »Führer« war das »Sextoy« geworden, aber der Modus der Distanzierung war in beiden Fällen derselbe, nämlich subversiver Humor. Dieser schien ein wichtiger Faktor für die Entstehung einer kritischen organisationalen Subkultur unter den Beschäftigten zu sein. Er fungierte einerseits als eine Sprache für Eingeweihte, an der nur die zur Subkultur Zugehörigen teilnehmen konnten, und signalisierte andererseits immer wieder eine Distanz zur offiziellen organisationalen Technokultur.

Diese Beobachtungen bestätigen teilweise die Ergebnisse von Erika Summers-Effler, die auf Basis ethnografischer Forschung zu sozialen Bewegungen feststellt, dass Lachen eine wichtige Quelle für Solidarität auf emotionaler Ebene ist. Während sie jedoch argumentiert, dass es »spezifisch selbstironischer Humor ist, der für die Aufrechterhaltung der Solidarität von zentraler Bedeutung ist«, weil er »als eine Art Geständnis« wirke und dadurch das Individuum von Scham befreie,[42] wirkt die Art von Humor, die widerständige Solidarität in den beschriebenen Unternehmen förderte, keineswegs als Geständnis. Sie ist vielmehr eine Anklage – eine Funktion, die vor allem durch Spott erfüllt wird. Diese Form des Humors trägt dazu bei, kritische Gegendiskurse in der Organisation zu etablieren. Auch Phil Taylor und Peter Bain erklären in diesem Sinne, dass in ihrer ethnografischen Studie über zwei Callcenter deutlich wurde, dass »das Management als Teil einer bewussten Strategie der Autoritätsuntergrabung verspottet wurde«.[43] Das legt nahe, dass es kein Zufall war, dass der Teamleiter und die digitalen Technologien bei *Smart Electrics* zum Ziel des Spotts wurden.

Mehrere Studien haben bereits einen positiven Einfluss von Humor auf die Entwicklung von Gruppenzielen, das effektive Management von Emotionen und Produktivität oder Effektivität im Allgemeinen festgestellt.[44] Diese Forschung baut auf der soziologischen und psychologischen Theorie auf, die Humor als universellen Modus menschlicher Interaktion und als *conditio sine qua non* der sozialen Integration identifiziert. Peter Berger fasst zusammen, dass Humor eine primär »positive« Funktion habe: »Humor funktioniert sozio-positiv, indem er den Gruppenzusammenhalt fördert. Die Formel hier lautet in etwa so: Diejenigen, die zusammen lachen, gehören zusammen.«[45] Er räumt ein, dass es auch eine »sozionegative« Funktion des Humors gebe, die darin bestehe, Grenzen zwischen Gruppenmitgliedern und Nichtmitgliedern oder normalem und unerwünschtem Verhalten zu ziehen. Er behauptet jedoch, dass die »soziopositive« Funktion die »negative« überwiege. In den hier vorgestellten ethnografischen Daten wird hingegen sowohl eine kohäsive als auch eine antagonistische Seite des Humors deutlich.

Oft ist es gerade der antagonistische Inhalt von Humor und vor allem Spott, der eine wichtige Rolle bei der Gruppenbildung und -abgrenzung spielt. Spott kann den Zusammenhalt und die Solidarität von Gruppen fördern und so die Bildung von Subkulturen oder Gegenkulturen innerhalb einer Organisation erleichtern.[46] Humor spielt eine wichtige Rolle bei der Aushandlung von Machtverhältnissen zwischen Gruppen, indem er dazu beiträgt, die Unterscheidung zwischen In-Group und Out-Group herzustellen und aufrechtzuerhalten. Das ist ein wichtiges Merkmal für eine widerständige organisationale Subkultur, bei der es nicht nur um die soziale Kohäsion der Beschäftigten, sondern auch um die Abgrenzung vom Management geht. Andere Studien betonen darüber hinaus, dass die subversiven Qualitäten des Humors Machtunterschiede abbauen und damit direkt zur Erosion von Herrschaftsstrukturen beitragen können.[47]

Es wurde jedoch auch in die Gegenrichtung argumentiert, dass Humor wesentlich repressiv sei. Michael Billig präsentiert in seiner Sozialkritik des Humors eine detaillierte Ausarbeitung dieser Position.[48] Er argumentiert, dass Humor die Funktion hat, dominante Normen und Diskurse zu stabilisieren, indem er Überschreitungen mit Spott sanktioniert. Dominante Normen und Diskurse sind wiederum meist die Normen der Herrschenden. Deshalb betont er die disziplinierende Seite des Humors. Tatsächlich findet sich diese Seite auch in der hier vorgestellten Ethnografie wieder, zum Beispiel als der Geschäftsführer von *Smart Electrics* Vertreter:innen des Konzernbetriebsrates durch die Fabrik führte. Als er den Arbeitsplatz eines Beschäftigten passierte, der auch Mitglied des örtlichen Betriebsrats war, erklärte der Manager: »Hier sieht man einmal ein Betriebsratsmitglied, das echte Arbeit leistet, also schaut genau hin.« Obwohl sich der Witz gegen Betriebsratsarbeit im Allgemeinen richtete, schlossen sich die Betriebsratsmitglieder der Gruppe in höflichem Lachen dem Manager an. Dieser Witz kann als Sanktion eines unerwünschten Verhaltens verstanden werden, da der Geschäftsführer versuchte, die Teilnahme an Betriebsräten als Gegenteil »echter Arbeit« darzustellen und sie so lächerlich zu machen. Dieses Beispiel zeigt, dass Humor keineswegs zwangsläufig rebellisch ist. Billig geht mit seinem Argument jedoch noch einen Schritt weiter, indem er argumentiert, dass Humor insbesondere dann eine disziplinierende Funktion habe, wenn er als rebellisch wahrgenommen wird. Dabei behauptet er, dass rebellischer Humor rebellische Handlungen ersetze. Wenn wir uns in rebellischem Humor üben, so sein Argument, können wir uns selbst als rebellisch betrachten, obwohl wir keinen »echten« Widerstand leisten.[49]

Angesichts der hier vorgestellten ethnografischen Daten scheinen sowohl die Position, die Humor als wesentlich subversiv darstellt, als auch jene, die ihn für wesentlich repressiv hält, fragwürdig. Humor ist vielmehr eine Machtressource, die auf unterschiedliche Weise zum Einsatz kommen kann. Die Frage, ob er zu subversiven oder repressiven Zwecken verwendet wird, kann nur in Bezug auf die Position beantwortet werden, die die entsprechenden Akteur:innen in einem gegebenen Herrschaftsverhältnis einnehmen, sowie im Bezug darauf, worauf sich der Humor selbst richtet. Subversiver Humor ist im betrieblichen Kontext dann gegeben, wenn das Objekt des Humors die offiziellen Ziele des Managements repräsentiert. Das kann ein Vorgesetzter, eine Regel oder, wie in unserem Fall, eine bestimmte Technologie sein.

Zusammenfassend kann subversiver Humor als zentrales Element der organisationalen Technokultur bei *Smart Electrics* beschrieben werden. Damit überwinden die Beschäftigten ihre Atomisierung und schaffen eine kollektive Praxis der Technikaneignung. Darüber hinaus kann subversiver Humor als eine relativ gefahrlose Variante der Herrschaftskritik gedeutet werden. Kritik, die im Modus des Humors geäußert wird, kann als eine echte Herausforderung verstanden werden, aber sie kann auch ignoriert werden, weil sie nicht in ernsthafter Weise geäußert wurde.[50] Die Verhöhnung von menschlichen oder algorithmischen Vorgesetzten ist damit eine Möglichkeit für Beschäftigte, Machtpositionen anzugreifen und gleichzeitig Sanktionen und Vergeltungsmaßnahmen zu vermeiden. So vermittelt sie gleichzeitig kritische Luzidität und Machtlosigkeit. Humor ist zwar nicht direkt Teil einer ernsthaften Diskussion um Arbeitsbedingungen, aber er kann einen dominanten Diskurs herausfordern oder sogar in organisationalen Subkulturen einen Gegendiskurs durchsetzen. Subversiver Humor und andere Formen der kritischen Technikaneignung können also nicht notwendigerweise selbst als widerständig eingestuft werden, sie stellen aber ein wichtiges Mittel der kontinuierlichen gegenseitigen Bestätigung einer gemeinsamen kritischen Haltung dar. Einer der zentralen kritischen Effekte ist in dieser Hinsicht, dass die Anrufungen der datenbasierten Selbstoptimierung zurückgewiesen werden. Wenn die Feedbacks (zum Beispiel durch den intelligenten Handschuh) verspottet und als Disziplinarmaßnahmen entlarvt werden, wird es weniger wahrscheinlich, dass sich bei den Beschäftigten tatsächlich eine Haltung der Selbstoptimierung durchsetzt. Bemerkenswerterweise fehlte diese kritische Aneignung der digitalen Technologien durch Humor jedoch in den beiden hier untersuchten Plattformunternehmen.

Die gespaltene Organisationskultur der Plattform

Obwohl *Smart Delivery* schon lange zu einem multinationalen Konzern geworden ist, legt das Unternehmen noch immer großen Wert auf ein Image als Start-up. Die Zentrale des Unternehmens und die untergeordneten lokalen Verwaltungsbüros bilden den organisationalen Kern von *Smart Delivery* und definieren dementsprechend die offizielle Organisationskultur.[51] Dabei versuchen sie, so ein Personalmanager, den Geist der »locker-flockigen Start-up-Familie« aufrechtzuerhalten, in der alle an einem Strang ziehen. Diese Kultur beinhaltet laut dem Personalmanager eine

> horizontale Führungsstrategie oder was auch immer. Also ist alles sehr gleich. Natürlich gibt es Menschen, die mehr zu sagen haben, Menschen, die weniger zu sagen haben, aber man gibt ihnen dieses Gefühl nicht. Es fühlt sich an wie ein Studentenprojekt. Es ist alles etwas entspannter.

Sogar vom Großkonzern *Smart Shopping* berichten Betriebsrät:innen, dass das Unternehmen versucht, eine ähnliche Kultur nach dem Motto: »Wir sind alle eine große happy Family« zu verbreiten. Es würden sogar regelmäßig Rituale durchgeführt, mit denen diese offizielle Organisationskultur gefestigt werden solle.

In beiden Plattformunternehmen läuft jedoch ein kultureller Riss durch die Betriebe. Bei *Smart Shopping* gibt es im Arbeitsprozess nur selten einen Kontakt zwischen Beschäftigten und Management. Das ist vor allem dann der Fall, wenn es zu disziplinierenden Ermahnungen kommt. Das macht den Umgang besonders konfliktanfällig und erschwert die Verbreitung der offiziellen Organisationskultur deutlich. Bei *Smart Delivery* ist der Kontakt zwischen Beschäftigten und Management sogar nahezu ausgeschlossen, da Erstere ausschließlich mittels der Smartphone-App gesteuert werden. Diese App ist für die Kurier:innen jedoch eine Blackbox. Die Beschäftigten kennen nur den Input in Form der entsprechenden Arbeitsaktion und den Output in Form von automatisierten Feedbacks. Kontextinformationen und Erklärungen, wie die jeweiligen Entscheidungen getroffen werden, fehlen völlig. »Ich war schon immer daran interessiert, wie das funktioniert, aber das ist das große

Geheimnis von *Smart Delivery*«, erklärt ein Kurier. Die App ist jedoch die einzige Schnittstelle zwischen den Beschäftigten und dem Unternehmen. Ein persönlicher oder telefonischer Kontakt zur Verwaltung wird systematisch ausgeschlossen. Stattdessen erfolgt die sofortige Koordination bei Komplikationen im Arbeitsprozess über einen Chat-Messenger. Organisatorische Fragen zu Unfällen, Urlaub oder Krankenstand müssen per E-Mail gestellt werden. »Wenn man eine Frage hat, dauert es mindestens zehn bis fünfzehn Tage, bis man eine richtige Antwort erhält«, erklärt ein Fahrer. Auch bei Urlaubsanträgen oder im Fall von nicht gezahlten Löhnen (der während meiner Ethnografie regelmäßig auftrat) haben die Kurier:innen keine persönlichen Ansprechpartner:innen. Die meisten Kurier:innen geben nach einiger Zeit ihre Versuche auf, das Unternehmen zu erreichen, und versuchen stattdessen, ihre Probleme selbst zu lösen. »Inzwischen mache ich das nicht mehr, weil ich denke, dass das Zeitverschwendung ist. [...] Du erreichst eigentlich nie was.« So kommt es zu einer effektiven Aufspaltung der Organisation in ein kleines Verwaltungszentrum und eine große Peripherie von ausführenden Beschäftigten.

Diese Abschirmung der Unternehmen gegenüber ihren Mitarbeiter:innen ist in der Plattformökonomie kein Einzelfall.[52] Die mangelnde Responsivität der Plattform gegenüber ihren Beschäftigten ist ein strukturelles Merkmal der Plattformökonomie. Der Grund dafür liegt im Geschäftsmodell der Plattformen selbst: Die Anzahl der operativen Beschäftigten ist so hoch und ihr Arbeitsaufkommen in der Regel so gering, dass die personelle Unterstützung durch (meist höher bezahlte) Verwaltungsangestellte die Rentabilität der Unternehmen ernsthaft gefährden würde.

Diese Spaltung hat auch eine beinahe vollständige Trennung der Organisationskulturen zur Folge: Die Kurier:innen bei *Smart Delivery* sind nicht Teil der Start-up-Kultur, wie der Personalmanager bestätigt. Die meisten von ihnen distanzieren sich stattdessen stark von der Verwaltung, deren

Büroarbeit sie als abstrakt und unpraktisch wahrnehmen. So wurden während meiner teilnehmenden Beobachtung viele der häufig auftretenden Ankündigungen von Veränderungen im Arbeitsprozess von den Kurier:innen sogleich mit dem Verdacht belegt, dass es sich um »eine weitere absurde Idee eines Berliner Hipsters« handle. Darüber hinaus fühlen sich viele Kurier:innen vom Management nicht respektiert. Sie haben das Gefühl, dass sie als minderwertig behandelt werden: »Ich muss sagen, dass ich mich in gewisser Weise nicht respektiert gefühlt habe. Ich hatte wirklich das Gefühl, dass sie denken, wir sind alle dumm«, berichtet einer von ihnen.

Aufgrund dessen kommt es kaum zu einer kulturellen Integration der Beschäftigten in das Unternehmen. Bei den Kurier:innen führt die Spaltung der Organisationskulturen zu Desintegrationserfahrungen. So geben in einer Umfrage 61 Prozent von ihnen an, dass sie sich nur sehr wenig oder gar nicht mit ihrem Job identifizieren. Im deutschen Durchschnitt liegt der entsprechende Wert bei 13 Prozent.[53] Die starke Trennung zwischen Beschäftigten und Verwaltung verhindert also die Verbreitung der offiziellen Organisationskultur. Entgegen der verbreiteten Annahme der vollständig atomisierten Plattformarbeit entstehen unter den Beschäftigten allerdings eigene organisationale Subkulturen, die meist in Opposition zur offiziellen Organisationskultur stehen. In diesen Subkulturen war jedoch die in den Industriefällen beschriebene humoristische Technokultur kaum anzutreffen. Stattdessen wurde die Kritik wesentlich offener kommuniziert. Bei *Smart Shopping* sind insbesondere die digitalen Feedbacks Gegenstand solcher Kritik. Eine Beschäftigte fasst diese in deutliche Worte:

> Wenn die Auftragslage so hoch ist, dann wird eine Sammel-SMS geschickt, eine Nachricht an alle Mitarbeiterinnen, und dann steht da »Jetzt ein bisschen Gas geben!« Da wird man dann halt aufgefordert, schneller zu ar-

> beiten. Also man kriegt eine Nachricht [auf das Leitsystem]. Man kann leider nicht zurückschreiben, sonst hätte ich schon längst den Mittelfinger gezeigt.

Ähnlich explizit wird die Kritik an den Technologien bei *Smart Delivery* formuliert. So schreibt ein Kurier in einer Chatgruppe über die mangelnde Informationstransparenz der algorithmischen Arbeitssteuerung:

> Das ist mehr als lächerlich! Es gibt überhaupt keine Erklärung [des Unternehmens], was los ist! [...] Nur die typische automatisierte »Nicht antworten«-E-Mail [...] Ich finde es absolut lächerlich, dass man nicht mit der Person sprechen kann, die für die Gehälter oder so verantwortlich ist, und Auskunft darüber bekommt, was los ist!!! Nicht nur dieses Versteckspiel mit diesem armen Kerl im Büro, der nicht wirklich mehr weiß als man selbst ... Ich kann nicht glauben, dass [der Vorgesetzte] nicht einmal eine direkte Telefonverbindung mit diesen Typen in Berlin hat! Es geht alles nur über E-Mails!

Diese Differenz zwischen den Industrie- und den Plattformfällen lässt sich vor allem durch zwei Faktoren erklären: Erstens sind in den Plattformunternehmen die technopolitischen Konflikte wesentlich zugespitzter als in den untersuchten Industrieunternehmen. Dies begünstigt eine antagonistische Frontstellung zwischen Management und Beschäftigten, bei der Kritik nicht mehr hinter Witzen verborgen wird. Zweitens kommt es in der Plattformarbeit kaum zu einer physischen Kopräsenz von Management und Beschäftigten. Dies ist auch für die Äußerung von Kritik relevant. So unterscheidet der Anthropologe James Scott zwischen verschiedenen Formen der Kommunikation von Kritik, den »public transcripts« und den »hidden transcripts«.[54] Er argumentiert, dass in fast jeder Herrschaftssituation Widerstand präsent sei, dieser jedoch unterschiedliche Formen annehme, je nachdem, ob »die Mächtigen« anwesend sind oder nicht. Bei *Smart Electrics* und *Smart Solutions* ist ihre Anwesenheit im Arbeitsalltag der Fall. Dadurch müssen die Beschäftigten bei offener Kritik Sanktionen fürchten. Durch die gemeinsame Anwesenheit der verschiedenen Statusgruppen hat die offizielle Organisationskultur zudem mehr Chancen auf Durchsetzung, und die Möglichkeiten der Entstehung von abweichenden Subkulturen sind geringer. In den Fällen der untersuchten Plattformunternehmen, insbesondere bei *Smart Delivery*, kommt es stattdessen zu einer starken organisationskulturellen Spaltung, die auch eine offene Kritik innerhalb der Subkulturen der Beschäftigten begünstigt.

Zusammenfassend kann festgehalten werden, dass in den hier untersuchten Unternehmen die Beschäftigten im Umgang mit den digitalen Technologien eigenständige organisationale Technokulturen entwickelten. Diese unterscheiden sich stark von der offiziellen, durch das Management vorgeschlagenen Technokultur. In diesem Sinne können die abweichenden Technokulturen als alltägliche Herrschaftskritik verstanden werden. In den beiden Industrieunternehmen war subversiver Humor die vorherrschende Art der kulturellen Aneignung der Technologien durch die Beschäftigten. In den Plattformunternehmen wurde die Kritik dagegen offen kommuniziert. Inwiefern aber können sich in einem atomisierten Arbeitsprozess wie demjenigen von *Smart Delivery* Solidaritätsbeziehungen zwischen den Beschäftigten herausbilden? Diese Frage steht im Zentrum des nächsten Abschnitts.

Solidaritätskulturen

Die Voraussetzung für die Entstehung von Solidaritätsbeziehungen ist, wie zu Beginn dieses Kapitels geschildert, nicht nur eine gemeinsame Interessenlage, sondern auch kontinuierliche Alltagskommunikation.[55] In den untersuchten Industrieunternehmen hatten die Beschäftigten den Vorteil, dass sie durch den in den Fabriken schlicht räumlich enger organisierten Arbeitsprozess leicht miteinander in Kommunikation treten konnten. Das begünstigt die Entstehung kollektiver Aneignungspraktiken und damit auch Solidaritätsbeziehungen. Das bedeutet zunächst nichts anderes, als dass die gegenseitige Hilfe als Norm galt. So hatte beispielsweise unter den Montagearbeiter:innen bei *Smart Electrics* ein bestimmter Arbeiter deshalb einen schlechten Ruf, weil er nicht bereit war, anderen sein Werkzeug auszuleihen, und damit den Solidaritätserwartungen nicht gerecht wurde. Während diese Form der gegenseitigen Hilfe Voraussetzung für das reibungslose Funktionieren eines jeden Arbeitsprozesses ist, waren aber auch explizit widerständige Solidaritätskulturen unter den Beschäftigten zu beobachten.

Ein Betriebsrat bei *Smart Solutions* berichtet, dass die Beschäftigten einer Abteilung der digitalen Arbeitsverdichtung entgegenwirkten, indem sie gemeinsam ihre Arbeitsgeschwindigkeit reduzierten: »Dann überlegt sich der eine oder andere schlaue Mitarbeiter: Ich tricks dich aus, du System! Ich bin schlauer als du. Dann mach ich eben einen Gang weniger. Und dann versuchen auch die Kollegen einen Gang weniger zu machen.« Diese Strategie des gemeinsamen Bummelstreiks ist im kybernetischen Modus der Kontrolle einfacher geworden. Einerseits halten die kontinuierlichen Feedbacks die Beschäftigten zwar permanent zur Steigerung des Arbeitstempos an. Andererseits aber werden die Vorgaben selbst direkt aus dem von der digitalen Sensorik erfassten Arbeitshandeln abgeleitet. Wenn also die durchschnittliche Arbeitsgeschwindigkeit sinkt, so wirkt sich das auch auf die neuen Vorgaben aus. Während einem menschlichen Vorgesetzten derartige Strategien der Beschäftigten vermutlich schnell auffallen würden, scheinen die digitalen Kontrolltechnologien dazu (noch) nicht imstande zu sein.

Im Gegensatz zu den Industriebetrieben sieht der Arbeitsprozess bei Plattformen wie *Smart Delivery* keine Begegnung der Beschäftigten vor. Deshalb wird dort die Entstehung von Solidaritätskulturen in der Forschungsliteratur weitgehend als unwahrscheinlich eingeschätzt.[56] In der ethnografischen Untersuchung zeigt sich jedoch, dass es auch den Plattformkurier:innen regelmäßig gelingt, die digitale Atomisierung zu überwinden.

Bei *Smart Delivery* ist dabei bereits technologischer Ungehorsam notwendig, um überhaupt Kommunikation zwischen den Beschäftigten zu ermöglichen. Üblicherweise nutzten die Kurier:innen zur Kommunikation offizielle Chatgruppen. Nach der oben beschriebenen Schließung der offiziellen Chatgruppen durch das Management riefen die Beschäftigten eigene Kommunikationskanäle ins Leben. Dabei kopierten sie die Kontakte der anderen Kurier:innen aus den offiziellen Chats und erstellten Gruppen ohne die jeweiligen Manager:innen. Wichtiger als diese autonomen Chatgruppen war für die Organisierung jedoch die Kommunikation von Angesicht zu Angesicht. Erst dadurch konnten sich die Kurier:innen persönlich kennenlernen und Vertrauen entwickeln. Hierzu wurde die oben bereits genannte Log-in-Zone genutzt. Zu dieser Zone mussten sich die Kurier:innen nicht nur zum Starten ihrer Schicht begeben, sondern auch wenn sie einen Auftrag abgeschlossen hatten und keinen direkten Anschlussauftrag zugeteilt bekamen. Während meiner teilnehmenden Beobachtung wurden neue Kolleg:innen (die an ihren grellen Uniformen erkennbar waren) auf der Straße angesprochen und dazu eingeladen, an einen bestimmten Ort in der Log-in-Zone zu kommen, an dem sich die Kurier:innen trafen, wenn sie gerade keinen Auftrag hatten. So durchbrachen die Beschäftigten den Versuch des Unternehmens, einen vollständig atomisierten und kontrollierten Arbeitsprozess zu implementieren. Auch hier reagierte das Management mit technischen Maßnahmen, etwa der Erweiterung der Log-in-

Zone, um die Kommunikation zu unterbinden, doch blieb es damit erfolglos. Entsprechend geben in einer Umfrage 61 Prozent der Kurier:innen an, oft oder sehr häufig in Kontakt zu ihren Kolleg:innen zu stehen.[57]

Der zentrale Inhalt der Kommunikation zwischen den Kurier:innen war die gegenseitige Hilfe bei Problemen im Arbeitsprozess. Das konnte vom Tauschen von Schichten über technische Probleme mit Smartphone oder Fahrrad bis hin zu Nothilfe bei Unfällen reichen. Einerseits übernehmen die Beschäftigten damit selbst in unbezahlter Arbeit die Aufgaben, die in den meisten Unternehmen dem Personalmanagement zufallen würden. Neben der Hilfe bei der Arbeit geht es aber auch oft um allgemeine Unterstützung bei den verschiedensten Problemen, die durch die oft sehr prekäre Lebenslage der Kurier:innen entstehen. Die Tatsache, dass bei *Smart Delivery*, ähnlich wie bei anderen Plattformunternehmen, Löhne regelmäßig falsch, verzögert oder gar nicht ausgezahlt wurden, stellt in dieser Situation schnell eine existenzielle Bedrohung dar. Deshalb betraf ein Teil der gegenseitigen Hilfe auch Grundbedürfnisse, wie etwa das Teilen von Essen oder das Vermitteln von Übernachtungsplätzen. Da viele Beschäftigte nichteuropäische Migrant:innen mit unsicherem Aufenthaltsstatus sind, spielt auch die gegenseitige Unterstützung beim Umgang mit Behörden eine wichtige Rolle.

Zusammenfassend lässt sich festhalten, dass die Beschäftigten in allen hier untersuchten Unternehmen im Arbeitsalltag Solidaritätskulturen entwickelten. Obwohl dies zunächst unwahrscheinlich erscheint, entstehen auch in der Plattformarbeit Solidaritätskulturen, die weit über den Ersatz von Managementaufgaben hinausgehen. Diese bestehen vor allem aus gegenseitiger Hilfe, die sich teilweise gegen die betriebliche Herrschaft wendet. Die starke Spaltung zwischen Management und Beschäftigten bei *Smart Delivery* macht dabei eine Kooperation zwischen diesen beiden Gruppen unwahrscheinlich und befördert dagegen antagonistische Solidaritätsbeziehungen. Solche Solidaritätskulturen wiederum sind die Grundlage für die technopolitische Selbstorganisation der Beschäftigten.

Technopolitische Selbstorganisation

Wenn Technopolitik von unten die individuelle Ebene verlässt und eine kollektive, strategische Dimension annimmt, kommt es meist zu einer Verschiebung hin zu repräsentativen Formen der Politik. Die klassische Form der Selbstorganisation von Beschäftigten ist die Gewerkschaft. Im Industriesektor ist die gewerkschaftliche Technopolitik vor allem gestaltungsorientiert-kooperativ ausgerichtet. So sind die DGB-Gewerkschaften, wie in Kapitel vier deutlich wurde, aktiv an der Ausformulierung und Verbreitung des Programms der Industrie 4.0 beteiligt. Auch viele Gewerkschaftsbetriebsrät:innen folgen dieser kooperativen Haltung in der Technopolitik. In den untersuchten Fällen wurden viele Implementierungsprojekte von den Beschäftigten jedoch als problematisch wahrgenommen. Vor diesem Hintergrund führte eine affirmative Haltung von Gewerkschaft und Betriebsrat zur Entfremdung von diesen Institutionen. Im Sektor der Plattformökonomie sind Gewerkschaften weit weniger vertreten. Zudem herrscht auch von Unternehmensseite eine gewerkschaftsfeindliche Grundhaltung vor. In beiden Fällen haben diese Probleme jedoch keine Abwendung der Beschäftigten vom betrieblichen Aktivismus zur Folge, sondern viel eher eine Verlagerung zu informellen Arbeitskämpfen und alternativen Organisationsformen, wie etwa Betriebsgruppen.

Bei *Smart Delivery* wurden die oben genannten inoffiziellen Kommunikationsstrukturen für das Aufstellen von Betriebsgruppen und eine gewerkschaftliche Organisierung genutzt. Zudem wurden sie zur Grundlage dafür, dass in mehreren Städten Betriebsräte bei *Smart Delivery* gegründet werden konnten. Auch die Beschäftigten von *Smart Shop-*

ping berichten von gewerkschafts- und mitbestimmungsfeindlichen Strategien des Unternehmens. Da in der Versandlogistik die Beschäftigten jedoch gemeinsam in großen Lagerhallen arbeiten, ist eine Atomisierung des Arbeitsprozesses weniger gegeben als bei den Fahrradkurier:innen. So gelang es den Beschäftigten nicht nur an den meisten Standorten Betriebsräte zu gründen, sondern sich auch überbetrieblich zu arbeitspolitischen Zwecken zu vernetzen. Daraus entstand unter anderem ein internationales Netzwerk von Beschäftigten und Betriebsrät:innen des Unternehmens, das grenzüberschreitend Arbeitskampfstrategien koordiniert.

In den untersuchten Industriebetrieben ist dagegen die Präsenz von Gewerkschaften und Betriebsräten weitgehend unstrittig. Trotzdem finden auch jenseits dieser Strukturen Selbstorganisationsprozesse der Beschäftigten statt. Diese treten hauptsächlich dann auf, wenn es Unzufriedenheit mit dem gestaltungsorientiert-kooperativen Modell der Gewerkschaftspolitik gibt. Bei *Smart Solutions* hatte dies etwa die Gründung einer eigenständigen Betriebsgruppe zur Folge. So erklärt ein Aktiver:

> Bei uns sind es eher die Kollegen im Betrieb selber. Also das sind natürlich schon die Vertrauensleute, die Gewerkschaften, ja. Aber dieser, in Anführungszeichen, Arbeitskampf würde stattfinden, ob das [Gewerkschaft Y] will oder nicht. Also wir sind als Ortsorganisation oder auch als Betriebsgruppe stark genug, um unabhängig von denen agieren zu können.

Diese Verschiebung der Organisierungsebene von der Gewerkschaft zur Betriebsgruppe hat auch für die Auseinandersetzungen im Betrieb Konsequenzen. So fährt der Aktive fort: »Wir führen fast nur informelle Arbeitskämpfe. Wir haben schon ganze Schichten, die am Streiken sind, aber die Gewerkschaft hat noch nie einen Cent Streikgeld bezahlt. Ja, das haben wir von unseren französischen Kollegen gelernt.« Das sei aber nur möglich, weil der Betriebsrat mit anderen betrieblich Aktiven gut zusammenarbeite und einen sehr guten Kontakt zu den Beschäftigten habe. Dafür sei es zentral, dass die Konflikte partizipativ geführt würden: »Du musst halt auch einen relativ guten Stand im Betrieb haben. Also, wenn die keine Angst mehr haben müssen, weil niemand mehr marschiert, dann ist das vorbei. Das ist klar. Aber das wissen auch die Leute.« Dieses Vorgehen habe durchaus auch zu Konflikten mit der Gewerkschaft geführt. Allerdings sei der Erfolg der informellen Arbeitskämpfe bisher immer ein überzeugendes Argument gewesen, sodass auch der lokale Gewerkschaftssekretär auf die Seite der Betriebsgruppe geholt werden konnte:

> Wir [sind] so erfolgreich, dass sie uns nichts anhaben können. Also die haben eher das Problem, dass wir in der Vergangenheit Abschlüsse gemacht haben, die schon sehr hart an der Grenze ihrer Forderungen waren für die Fläche. Und es gibt dann auch dem Gewerkschaftssekretär vor Ort halt gewisse Freiheiten, ja, weil er sagen kann: Was wollt ihr denn? Macht erst mal die Abschlüsse, die wir haben.

Diesen Erfolg der Betriebsgruppe sieht der Befragte gerade darin begründet, dass sie nicht nach dem gestaltungsorientiert-kooperativen Modell der Gewerkschaft vorgehe. Stattdessen gehe sie kämpferischer vor und stelle wesentlich weitreichendere Forderungen:

> Hey, Schere aus dem Kopf weg. Wenn ihr den Mercedes haben wollt, dann müsst ihr den Rolls-Royce fordern, weil wenn ihr einen Mercedes fordert, kriegt ihr nur einen Golf. [...] Und das hatte schon ganz gewaltige Auswirkungen bei uns im Betrieb. Also wir haben im Moment, das ist unglaublich, aber es ist so, eine Umsetzungsquote von fast 80 Prozent der Vorschläge von Kollegen.

Freilich stellen die am Anfang dieses Kapitels genannten Spaltungslinien ein Hindernis für solche widerständigen Formen der Selbstorganisation dar. In den hier untersuchten Fällen waren neben den technischen Kontrollmaßnahmen der Unternehmen vor allem die sozialen Spaltungslinien Alter und Herkunft relevant. Das Alter spielte für die Haltung gegenüber den neuen Technologien eine wichtige Rolle. Hier hatten die organisierten Beschäftigten meist zwischen jungen Digitalisierungseuphoriker:innen und alten Technikkritiker:innen zu vermitteln. In den meisten Fällen gelang ihnen dieser Balanceakt. Schwieriger gestaltete sich der Umgang mit der Spaltungslinie Herkunft. Wie oben beschrieben, stellt ein prekärer Aufenthaltsstatus, insbesondere wenn es sich um Asylsuchende handelt, ein wesentliches Hindernis für Selbstorganisierung dar. In besonderer Weise stellt sich dieses Problem bei *Smart Shopping*. Wie oben deutlich wurde, besteht dort ein Großteil der Beschäftigten aus Migrant:innen, die in den verschiedenen Selbstorganisierungsformaten jedoch kaum vertreten sind. Bei *Smart Delivery* hingegen, wo ein ähnlich hoher Anteil migrantischer Arbeitskräfte besteht, konnte die Heterogenität in eine Stärke verwandelt werden. Erstens wurde gegenseitige Hilfe bei aufenthaltsrechtlichen Fragen zu einem wichtigen Mobilisierungsfaktor für die Betriebsgruppen. Zweitens arbeiten die migrantischen Beschäftigten meist länger beim Unternehmen als die zweite große Statusgruppe, die Studierenden. Damit geht ein größeres Interesse an einer Verbesserung der Arbeitsbedingungen einher. Drittens sind einige der Migrant:innen aus ihren Herkunftsländern vertrauter mit Traditionen des Arbeitskampfes als viele Studierende, weshalb diese in vielen Fällen von den Migrant:innen lernen konnten. Diese Faktoren führten etwa dazu, dass in der Basisgewerkschaft FAU, die viele der Kurier:innen in Deutschland organisiert, die Zuständigkeit für diesen Bereich bei der *foreigners section* liegt. Insgesamt entstehen also trotz der verschiedenen Hindernisse auf Basis der betrieblichen Solidaritätskulturen diverse Formen der widerständigen Selbstorganisation der Beschäftigten. Diese Selbstorganisation ist die Voraussetzung dafür, dass eine Technopolitik von unten sich Zugang zu den Arenen der Implementierung und Regulation verschaffen kann.

Da gerade auch im Zuge der Digitalisierung die Transnationalisierung der Unternehmen einen weiteren Schub erfahren hat,[58] ist für eine erfolgreiche Technopolitik von unten oft ebenfalls eine transnationale Selbstorganisation notwendig. Die hier untersuchte internationale Koordination der betrieblich Aktiven bei *Smart Shopping* ist ein herausragendes Beispiel für eine solche Transnationalisierung. Wie später noch eingehender erläutert wird, kommt es gerade in der Plattformökonomie zu verschiedenen solcher internationalen Zusammenschlüsse. Die Möglichkeit dafür wird nicht zuletzt auf der Ebene der Aneignung der algorithmischen Arbeitssteuerung selbst geschaffen. Die algorithmische Arbeitssteuerung führt dazu, dass die Arbeitsprozesse unabhängig vom Ort ihrer Ausführung identisch ablaufen. Ob ein Kurier von *Smart Delivery* oder eine Lagerarbeiterin von *Smart Shopping* in Stuttgart oder in Oslo arbeitet, spielt deshalb kaum eine Rolle. Die Algorithmen, die die Arbeit strukturieren, sind überall dieselben. Wie dargestellt, ist das gemeinsame Erleben eines Arbeitsalltags eine wichtige Voraussetzung für die Entstehung widerständiger Solidaritätskulturen. Die globale Angleichung der Arbeitsprozesse im Zuge der algorithmischen Arbeitssteuerung macht in diesem Sinne die Entstehung internationaler Solidarität wahrscheinlicher, als dies bei international völlig unterschiedlichen Arbeitsprozessen der Fall wäre.

Neben der offiziellen Interessenrepräsentation kann die politische Selbstorganisation der Beschäftigten auch informelle Ausdrucksformen wählen. Unter anderem demonstrierten die in der Basisgewerkschaft organisierten Kurier:innen vor der Zentrale von *Smart Delivery* für eine Verschleißpauschale, indem sie dort gemeinsam ihren Fahrradschrott abluden. Zuvor hatten sie das Unternehmen mit verschiedenen Fahrraddemonstrationen und Logout-Aktionen zu Verhandlungen gezwungen. Zentrale Forderungen waren dabei die Erhöhung des Stundenlohns um mindestens einen Euro über den Mindestlohn, die Abdeckung aller Reparaturkosten durch das Unternehmen und Verbesserungen im Schichtplanungssystem. Als diese Verhandlungen scheiterten, besetzten Kurier:innen zeitweise ein Büro von *Smart Delivery*. All diese Aktionen wurden begleitet von intensiver und erfolgreicher Pressearbeit. So wurde das Unternehmen gezwungen, tatsächlich eine kleine Verschleißpauschale einzuführen.

Für die Technopolitik ist auch die Sabotage ein relevantes Machtmittel. Die Drohung, Maschinen abzuschalten oder gar zu zerstören, ist eine Quelle von Lohnabhängigenmacht, die historisch fast ebenso wichtig war wie die Drohung, die Arbeitskraft zurückzuhalten.[59] Dieses Machtpotenzial wird durch die besondere Verwundbarkeit der digitalen Infrastruktur noch einmal erhöht. Bereits das Aufkommen der Lean Production mit ihrer Just-in-Time-Logistik hat fragile Nadelöhre entstehen lassen. Werden diese blockiert, können schnell ganze Lieferketten lahmgelegt werden. Durch die algorithmische Prozesssteuerung wurden die Lieferketten, wie gezeigt, noch einmal enger getaktet und radikalisiert. Das nutzte die Betriebsgruppe in einem der hier untersuchten Unternehmen aus. Sie positionierte sich an einem spezifischen »neuralgischen Punkt«, an dem sie durch Arbeitsverlangsamung und andere Aktionen maximale Wirkung erzielen konnte. Durch die im Zuge der Digitalisierung noch einmal enger getaktete Logistik können Verzögerungen an diesem Punkt die Lieferketten des Unternehmens in ganz Europa ins Stocken bringen. In einem anderen der hier untersuchten Unternehmen berichten Beschäftigte von einer Form digitaler Sabotage. Dort wurde durch einfache Eingriffe in der Intralogistik das digitale System lahmgelegt, das diese steuerte. Infolgedessen

»spielte das gesamte System verrückt«, wie ein Aktiver erklärt, und musste schlussendlich neu aufgesetzt werden. Mit dieser Aktion protestierten die Beschäftigten gegen die Verschärfung der digitalen Kontrolle im Betrieb.

In einigen Fällen bringt der technologische Ungehorsam der Beschäftigten auch ganze Implementierungsstrategien zum Stillstand. Dies war etwa beim bereits mehrfach erwähnten digitalen Kontrollhandschuh der Fall. Während der Betriebsrat diesen »durchgewunken« hatte, setzten sich die Beschäftigten mit verschiedenen Formen von organisiertem technologischem Ungehorsam zur Wehr. Das taten sie so lange, bis das Management nachgeben musste. So erklärt ein Manager: »Mit Werkerführungssystemen, wie zum Beispiel der Datenbrille oder dem Handschuh, haben wir schlechte Erfahrungen gemacht. Das scheitert vor allem am Widerstand der Werker.« Die Einführung des Datenhandschuhs wurde demnach in der Testphase abgebrochen. Informeller Widerstand auf der Ebene des Arbeitsprozesses hat also Auswirkungen auf den Verlauf von Digitalisierungsprozessen.

Zusammenfassend lässt sich sagen, dass es den Beschäftigten in den hier untersuchten Unternehmen gelang, sich trotz vielfältiger Hürden selbst zu organisieren und so das voranzutreiben, was ich als eine Technopolitik von unten bezeichnet habe. Diese Selbstorganisation kann einerseits zu einer Repräsentationspolitik in Gewerkschaften oder Betriebsräten führen, die den Beschäftigten Zugang zu den technopolitischen Arenen der Implementierung und Regulation verschaffen. Andererseits kann sie aber auch für autonome Widerstandspraktiken, wie etwa die hier beschriebenen Aktionen, genutzt werden. Beide können den konkreten Verlauf betrieblicher Digitalisierung stark beeinflussen. Im Folgenden werden die verschiedenen in diesem Kapitel beschriebenen Aneignungspraktiken noch einmal zusammengefasst. Dabei geht es insbesondere darum, inwiefern sie als widerständig klassifiziert werden können.

Betriebliche Kritik und Solidarität im digitalen Arbeitsprozess

Technologieaneignung ist der Prozess der tatsächlichen Verwendung und kulturellen Bedeutungszuschreibung von Technologien durch Beschäftigte. Die Logiken dieser Aneignungsprozesse unterscheiden sich strukturell von den Logiken der Implementierungsstrategien. So bilden sich im Umgang mit den Technologien im Arbeitsprozess organisationale Technokulturen heraus, die deutlich von den Vorstellungen des Managements über die entsprechenden Technologien abweichen können. Teilweise entwickeln sich diese Subkulturen sogar in einem expliziten Gegensatz zur offiziellen Technokultur, sodass von kritischen Technokulturen gesprochen werden kann. Diese Kritik geht in den hier untersuchten Fällen daraus hervor, dass die algorithmische Arbeitssteuerung oft als zusätzliche Belastung empfunden wird. Diese drückt sich sowohl in Form von Stress als auch von starken Heteronomieerfahrungen aus.

In den hier untersuchten Industriebetrieben war die zentrale kulturelle Praxis einer kritischen Technokultur der Beschäftigten der subversive Humor: Die Beschäftigten gaben den neuen Technologien spöttische Namen. Damit betonten sie in Abgrenzung zur offiziellen Technokultur die Dysfunktionalitäten, aber auch die Kontrollfunktion der Technologien. Diese Form von subversivem Humor kann als eine relativ ungefährliche Variante der betrieblichen Herrschaftskritik identifiziert werden. Einerseits spricht sie reale Probleme an, andererseits aber können sich die Beschäftigten leicht darauf berufen, doch nur einen Witz gemacht zu haben. Im Plattformunternehmen *Smart Delivery* konnte während der teilnehmenden Beobachtung kein entsprechender subversiver Humor beobachtet werden. Die Kritik der Kurier:innen an der algorithmischen Arbeitssteuerung und ihren Beschäftigungsverhältnissen im Allgemeinen lief dort wesentlich direkter und offener ab. Das kann damit erklärt werden, dass die Beschäftigten ausschließlich algorithmisch gesteuert werden und keine Manager:innen körperlich anwesend sind. So können sich kritische Technokulturen wesentlich gefahrloser und damit offener etablieren als unter Bedingungen persönlicher Kopräsenz von Management und Beschäftigten.

In allen vier Fällen wurde die kritische Technokultur zur Grundlage für technologischen Ungehorsam, da sie die Funktion einer permanenten gegenseitigen Versicherung über eine gemeinsame kritische Haltung erfüllte. Dieser Ungehorsam erfolgte sowohl individuell als auch kollektiv. Beschäftigte bei *Smart Delivery* versuchten etwa, die Algorithmen ihrer Liefer-App zu manipulieren. Beschäftigte in den Industriebetrieben versuchten die Informationen der Arbeitsleitsysteme zu nutzen, um sich zusätzliche Pausen zu verschaffen. Dies erfordert eine Kultur der Solidarität, die sich in den untersuchten Fällen nicht nur in technologischem Ungehorsam, sondern vor allem auch in gegenseitiger Hilfe ausdrückte. Aus dieser Kultur der Solidarität kann wiederum, wie wir im letzten Abschnitt gesehen haben, eine Selbstorganisierung der Beschäftigten resultieren.

Teilweise lassen sich die hier beobachteten Praktiken als widerständig klassifizieren. Widerstand kann definiert werden als strategische individuelle oder kollektive herrschaftskritische Praxis der einem Herrschaftsverhältnis unterworfenen Akteure.[60] Im Vordergrund stehen also weniger Meinungen und Einstellungen als vielmehr Praktiken, die jedoch auch und gerade kulturelle Praktiken umfassen können. Dabei stehen Herrschaft und Widerstand in einem Wechselverhältnis zueinander: Die eine kann ohne den anderen nicht gedacht werden. Herrschaft und Widerstand bringen sich gegenseitig hervor, ihre Praktiken stellen zumeist Reaktionen auf die jeweils andere Seite dar. Ebenso wie Herrschaft ist auch Widerstand produktiv, nicht zuletzt, weil er bei den widerständigen Akteur:innen selbst Spuren hinterlässt, etwa wenn alternative Formen der Macht und der Selbstorganisation geschaffen werden.[61]

In diesem Sinne können die hier beschriebenen Praktiken als eine Pyramide des Widerstands gedacht werden, bei der die Widerständigkeit nach oben zu- und die Häufigkeit der entsprechenden Praktiken im empirischen Material abnimmt. Die Basis der Pyramide bilden organisationale Subkulturen. Diese sind im Normalfall nicht widerständig – vielmehr ist die informelle Kommunikation eine Grundvoraussetzung für das Funktionieren jeder Organisation.[62] Auch die sich in den meisten Unternehmen herausbildenden Solidaritätskulturen sind im Normalfall nicht widerständig. Stattdessen wären die meisten Arbeitsprozesse ohne die gegenseitige Hilfe der Beschäftigten zum Scheitern verurteilt. Der Arbeitsprozess bei *Smart Delivery* ist hierfür ein extremes Beispiel. Diese kulturellen Praktiken *können* jedoch widerständig werden, sie sind sogar die Voraussetzung für kollektiven Widerstand.[63] Der technologische Ungehorsam bildet die zweite Stufe der Pyramide. Er kann als eine schwache Form des Widerstands klassifiziert werden, da er den Anweisungen und damit der betrieblichen Herrschaft direkt zuwiderläuft. In den meisten Fällen fehlt jedoch das Element der widerständigen Strategie, und es handelt sich eher um individuelle Arbeitserleichterungen. Kommt es hingegen zu einer Selbstorganisation der Beschäftigten, die das Ziel verfolgt, die eigenen Interessen zu stärken und damit die betriebliche Herrschaft anzugreifen, so kann dies als starke Form des Widerstands klassifiziert werden. Er bildet die Spitze der Pyramide. Eine Technopolitik von unten erschöpft sich nicht im Widerstand gegen bestehende Implementierungsprojekte. In der Aneignungsarena ist dies jedoch bei weitem ihre dominante Form. Positive Vorschläge und Forderungen werden demgegenüber eher in der Implementierungs- und Regulationsarena formuliert.

Wie gezeigt, hinderten weder die digitale Atomisierung noch die verschiedenen Spaltungslinien die Beschäftigten der hier untersuchten Unternehmen daran, Solidaritätsbeziehungen zu knüpfen und für ihre Interessen einzutreten.

So zeigt sich auch hier, dass es aufgrund von Inter-Arenen-Konflikten zu Wechselwirkungen zwischen den verschiedenen technopolitischen Arenen kommt, beispielsweise als aufgrund von Widerstand auf der Aneignungsebene die Implementierung des Kontrollhandschuhs aufgegeben werden musste. Damit schließt sich der Kreis der Technopolitik von unten wieder und weist von der Aneignungsarena zurück in die Regulationsarena, in der die zentralen gewerkschaftlichen Aushandlungen stattfinden.

Was aber bedeuten diese technopolitischen Regulierungs-, Implementierungs- und Aneignungsprozesse zusammengenommen für betriebliche und gesellschaftliche Kräfteverhältnisse? Lässt sich aus ihnen ein technopolitisches Regime in Buraways Sinne ableiten? Diese Fragen sollen im abschließenden Kapitel adressiert werden.

7. KYBERNETISCHE PROLETARISIERUNG

»Hat schon jemand für Februar sein Gehalt bekommen?«, fragt einer der Kurier:innen im Gruppenchat von Smart Delivery. *Im Minutentakt kommen die Antworten.*
»Bei mir nicht!«
»Noch nicht.«
»Nein.«
»Nein.«
»Ich weiß es nicht, aber ich brauche das Geld wirklich.«
»Ich habe letzten Sommer, als ich anfing, zwei Monate lang nur vom Trinkgeld gelebt.«
»Wie hast du das gemacht?«
»Miete?«
»Er hat im Park geschlafen.«

Dieses Kapitel unterscheidet sich von den vorhergehenden. Es reflektiert noch einmal die in den bisherigen Kapiteln dargestellten empirischen Erkenntnisse, indem es sie stärker als zuvor in Dialog mit theoretischen Überlegungen über die sozialen Auswirkungen der beschriebenen Prozesse bringt. Die beiden zentralen Elemente, die dabei erklärt werden sollen, sind erstens die deutliche Abwertung der hier untersuchten Tätigkeiten im Zuge der algorithmischen Arbeitssteuerung und zweitens die hohe Konfliktintensität der Digitalisierungsprozesse. Das obige Zitat zu dem obdachlos gewordenen Kurier zeigt deutlich, wie weit die materielle Abwertung der algorithmisch gesteuerten Arbeit gehen kann. Es stellt jedoch keineswegs einen Einzelfall dar. So wird etwa auch aus Großbritannien von Kurier:innen berichtet, dass sie, während sie für eine Essenslieferplattform arbeiteten, so arm wurden, dass sie ihre Wohnung verloren.[1] Während meiner Arbeit bei *Smart Delivery* geschah es regelmäßig, dass Gehälter falsch oder zu spät ausgezahlt wurden, was auch nach anderen Darstellungen in der Plattformökonomie regelmäßig vorkommt.[2] Dies hatte teilweise zur Folge, dass sich die Beschäftigten ihr Essen oder ihre Wohnung nicht mehr leisten konnten. Es geht hier jedoch nicht nur um derartige Extremfälle. Stattdessen lassen sich in den hier untersuchten Fällen verschiedene Abwertungsprozesse beobachten, die ich im Folgenden als kybernetische Proletarisierung bezeichnen werde.[3] Diese Abwertungstendenzen weisen allerdings auch ein hohes Konfliktpotenzial auf, weshalb sie regelmäßig eine Technopolitik von unten hervorbringen, mit der sich Beschäftigte zur Wehr setzen. Auch dieses Element soll hier noch einmal stärker theoretisiert werden, indem gegen Ende des Kapitels Überlegungen zu neuen Möglichkeiten angestellt werden, die Beschäftigte nutzen können, um sich für ihre Rechte einzusetzen.

Da das Konzept der Technopolitik auf Burawoys »Produktionspolitiken« aufbaut, stellt sich die Frage, ob aus der Technopolitik als einer besonderen Form der Produktionspolitik ebenfalls ein »Produktionsregime« folgt. Bei Burawoy ist das Produktionsregime definiert als »die allgemeine politische Form der Produktion, einschließlich der politischen Auswirkungen des Arbeitsprozesses und der politischen Produktionsapparate«.[4] Eine solche »allgemeine politische Form der Produktion« aus den hier erhobenen Daten ableiten zu wollen, wäre schon deshalb unsinnig, weil nur ein sehr spezieller Bereich untersucht wurde: algorithmisch gesteuerte manuelle Arbeit in Industrie und Lieferlogistik. Nichtsdestotrotz lassen sich aus dieser Analyse Aussagen über ein Kräfteverhältnis als Ergebnis der Technopolitiken ableiten, die zwar auf das spezifische Untersuchungsfeld beschränkt bleiben müssen, dabei jedoch womöglich weiter in die Tiefe gehen als allgemeinere Bestimmungen. Wie bei Burawoy ist das Ergebnis der Technopolitiken gleichsam der politische Handlungsrahmen für weitere Auseinandersetzungen. Das heißt, es beschränkt sich nicht auf Aussagen über ein spezifisches Kontrollregime, sondern umfasst ermöglichende und beschränkende Elemente sowohl für Beschäftigte als auch für das Management. Während bei Burawoy das Regime jedoch als relativ statische Kompromisskonstellation gedacht wird, setzen die hier untersuchten Technopolitiken eine zyklische Dynamik in Gang: die kybernetische Proletarisierung.

Wie in Kapitel zwei beschrieben, geht mit der algorithmischen Arbeitssteuerung die Hoffnung auf eine Sanierung der stagnierenden Wachstumsraten einher. Die zugrunde liegende Strategie zielt sowohl auf eine intensivierte Vernutzung lebendiger Arbeit als auch auf die Verdrängung derselben aus den Produktionsprozessen. Als kybernetisch kann die neue Welle der Proletarisierung verstanden werden, weil die Beschäftigten in digitale Rückkopplungsschleifen eingebunden sind, die ihre Arbeit nicht nur rationalisieren, sondern gleichzeitig die Basis ihrer zukünftigen Automatisierung bilden. Insofern sie in diese Rückkopplungsschleifen eingebunden sind, besteht ein Teil ihrer Arbeit also darin, sich selbst überflüssig zu machen. Gleichzeitig geht mit dieser kybernetischen Proletarisierung aber auch eine neue Welle von Arbeitskonflikten einher, die hier als Technopolitik von unten beschrieben wurde. Diese Konflikte äußern sich vor allem in informellen Auseinandersetzungen, die oft als individueller oder kollektiver technologischer Ungehorsam erscheinen. Teilweise führen sie aber auch, wie oben deutlich wurde, zu einer politischen Selbstorganisation der Beschäftigten, in einigen Fällen außerhalb der traditionellen Institutionen industrieller Beziehungen. Dabei reagiert die Technopolitik von unten nicht bloß auf die kybernetische Proletarisierung. Stattdessen bringen sich beide – kybernetische Proletarisierung und Technopolitik von unten –, wie wir im Folgenden sehen werden, gegenseitig hervor.

In diesem Kapitel werde ich zunächst den hier zugrunde gelegten Proletariatsbegriff klären, um im nächsten Abschnitt dann die vier zyklisch aufeinanderfolgenden Phasen der kybernetischen Proletarisierung zu skizzieren. Im dritten Abschnitt gehe ich noch einmal auf die verschiedenen Formen der Technopolitik von unten und die sich ihnen bietenden Machtressourcen ein. Im Zuge dessen werden die hier gewonnenen empirischen Erkenntnisse noch einmal rekapituliert und theoretisch reflektiert.

Zum Proletarisierungsbegriff

Die Arbeits- und Industriesoziologie hat sich weitgehend vom Marx'schen Begriff des Proletariats verabschiedet.[5] Dafür gibt es eine Reihe guter Gründe in der objektiven wie subjektiven Klassenzusammensetzung hochentwickelter kapitalistischer Ökonomien. Der Begriff des Proletariats war eng mit den industriellen Massenarbeiter:innen verknüpft. Der Anteil der Industriearbeit an der Beschäftigung wurde jedoch, vor allem durch die Automatisierung vieler Tätigkeiten, immer weiter zurückgedrängt. Der zentrale objektive Grund für eine Verabschiedung vom Proletariatsbegriff ist daher die Tertiarisierung, also eine Transformation der Arbeitsmärkte, die dazu geführt hat, dass etwa in Deutschland der Anteil der Dienstleistungsjobs an der Gesamtbeschäftigung von 31,1 Prozent im Jahr 1950 auf 74,5 Prozent im Jahr 2017 angewachsen ist.[6] Deshalb wird schon seit langem von »postindustriellen Gesellschaften«[7] oder »Dienstleistungsgesellschaften«[8] gesprochen. Der subjektive Faktor, der zur Abwendung vom Begriff des Proletariats geführt hat, ist dagegen primär der Zerfall der (revolutionären) Arbeiter:innenbewegung, der im Nachgang der Tertiarisierung und im Zusammenhang mit einer weitreichenden Durchsetzung des Neoliberalismus einsetzte. So sprechen etwa Luc Boltanski und Eve Chiapello von einem »Ohnmachtszirkel« fortschreitender Desorganisation der Beschäftigten[9] oder Müller-Jentsch von einem »Kapitalismus ohne Gewerkschaften«.[10] Dies hat laut Ulrich Beck eine allgemeine Individualisierung zur Folge, die vor allem in einer Auflösung proletarischer Milieus besteht.[11] Ein wichtiges Argument gegen Proletarisierungsdiagnosen war auf betrieblicher Ebene zudem, dass despotische Modelle der Arbeitskontrolle seltener würden und durch Modelle »verantwortlicher Autonomie« ersetzt würden.[12]

Die Abwendung vom Begriff des Proletariats geht jedoch auch zurück auf eine verkürzte Verwendung dieses Begriffs in marxistischen Debatten. So entspricht weder eine Verengung des Begriffs auf die Industriearbeiter:innen noch die Zuschreibung einer notwendigerweise revolutionären Haltung des Proletariats der Marx'schen Begriffsverwendung. Dieser schreibt: »Unter ›Proletarier‹ ist ökonomisch nichts zu verstehen als der Lohnarbeiter, der ›Kapital‹ produziert und verwertet und aufs Pflaster geworfen wird, sobald er für die Verwertungsbedürfnisse des ›Monsieur Kapital‹, [...], überflüssig ist.«[13] Damit ist das zentrale Kriterium des Marx'schen Proletariatsbegriffs die Lohnabhängigkeit. Proletarier:in ist, wer zum Erhalt des Lebens auf den Verkauf der eigenen Arbeitskraft angewiesen ist. Damit unterscheidet sich der Begriff des Proletariats von demjenigen der Arbeiter:innen. Während Letzterer auf eine tatsächliche Stellung in Lohnarbeit verweist, rückt der Proletariatsbegriff die *Abhängigkeit* von Lohn ins Zentrum und umfasst deshalb auch Arbeitslose oder die (Schein)selbstständigen der sogenannten Gig-Economy.[14] Es ist dieser Verweis auf den eingeschränkten Ressourcenzugang und die verringerten Lebenschancen, der den Begriffen der Klassengesellschaft und des Proletariats in der Ungleichheitsforschung zu einer Revitalisierung verholfen hat.[15] So haben der Politikwissenschaftler Gøsta Esping-Andersen und andere darauf verwiesen, dass die Tertiarisierung durchaus kein Ende des Proletariats bedeutet, es vielmehr zu neuen Polarisierungs- und Proletarisierungstendenzen kommt, die zur Entstehung eines Dienstleistungsproletariats führen.[16] Nick Dyer-Witheford hat zudem gezeigt, wie die globale digitale Ökonomie, verstanden sowohl als die materielle Herstellung digitaler Geräte als auch die digital mediatisierte Arbeit, ein neues »Cyberproletariat« hervorbringt. Der Begriff der kybernetischen Proletarisierung verdankt diesem Konzept wichtige Inspirationen. Dyer-Witheford bezeichnet damit zum einen die Einspannung der Weltbevölkerung in vernetzte Versorgungsketten und agile Produktionssysteme und zum anderen die Entwicklung komplexer Automaten und algorithmischer Software, die menschliche Arbeit überflüssig machen. Das Cyberproletariat ist also eine weltweite Arbeiter:innenklasse, die die Aufgabe hat, sich selbst arbeitslos zu machen.[17]

Die bei Dyer-Witheford beschriebenen Zyklen der Verdrängung und Reintegration menschlicher Arbeit in der digitalen Ökonomie entsprechen in vielen Aspekten dem, was auch den hier befragten Beschäftigten widerfährt. Allerdings ist das Cyberproletariat eine inhärent globale Kategorie. Es umfasst Lohnabhängige in allen Bereichen der digitalen Ökonomie, von der Ressourcengewinnung über die Geräteherstellung bis zur Gerätenutzung. Sie alle sieht Dyer-Witheford gleichermaßen dem »cybernetic vortex«, den zyklischen Prozessen von Verdrängung und Reintegration menschlicher Arbeit in die Produktionsprozesse, unterworfen. Diese Konzeption ist hervorragend geeignet, um globale Prozesse in den Blick zu nehmen, die sich zwischen verschiedenen Weltregionen und ökonomischen Sektoren abspielen. Die subjektive Dimension der Proletarisierung, also das Erleben des Arbeitsprozesses, bleibt bei einer solchen Globalperspektive jedoch notwendigerweise außen vor. Das stellt den Begriff des Cyberproletariats vor ein konzeptionelles Problem: Wie viel haben eine Programmiererin im Silicon Valley, ein Foxconn-Fabrikarbeiter in China und ein Sklave in einer kongolesischen Coltanmine wirklich gemeinsam? Reicht die Feststellung, dass sie alle vom »cybernetic vortex« betroffen sind aus, um von einem Cyberproletariat als Gruppe oder Klasse zu sprechen?[18]

Bei Marx ist die Proletarisierung ein zweistufiger Prozess, bestehend aus »formeller« und »reeller« Subsumtion der Arbeit unter das Kapital.[19] Formelle Subsumtion verweist auf die Verdrängung anderer Formen der Subsistenz jenseits der Lohnarbeit. Marx zeichnet diesen Prozess der »ursprünglichen Akkumulation« historisch als eine Mischung von Enteignung und gewaltsamem Zwang zur Lohnarbeit nach.[20] Reelle Subsumtion verweist demgegenüber auf die Ersetzung der Fertigkeiten und in der Folge auf die Automatisierung der lebendigen Arbeit in der Industrialisierung. Dies ist für einen arbeitssoziologischen Proletarisierungsbegriff besonders wichtig, dem es vor allem um Abwertungstendenzen in bestehenden Lohnverhältnissen geht.[21] Im Zentrum steht also der Arbeitsprozess und dessen Erleben durch die Lohnabhängigen. Das heißt, anders als bei Dyer-Witheford ist Proletarisierung keine rein objektiv zu bestimmende Tendenz, sondern hat immer auch eine subjektive Dimension. Des Weiteren lässt sich ein arbeitssoziologischer Proletarisierungsbegriff von einem sozialstrukturanalytischen unterscheiden. Letzterer verweist vor allem auf Einkommensverteilungen und Lebensführung,[22] während Ersterer den Arbeitsprozess als zentralen Ort der Proletarisierung in den Blick nimmt. Ein solcher arbeitssoziologischer Proletarisierungsbegriff wird üblicherweise anhand von drei Kriterien operationalisiert,[23] die jeweils eine objektive und eine subjektive Dimension haben: erstens die materielle Entwicklung der Arbeit, insbesondere in Bezug auf Qualifikationen und Löhne. Zweitens die betriebliche Herrschaft als Frage des Ausmaßes von Kontrolle und Heteronomieerfahrungen im Arbeitsprozess. Drittens die politische Handlungsfähigkeit der Proletarisierten. Letztere wird in der marxistischen Debatte üblicherweise als »Arbeiterbewusstsein«[24] oder »Klassenbewusstsein«[25] gefasst. Hier schlage ich eine Abweichung von der klassischen Operationalisierung vor.

Die traditionell marxistische Fassung des Bewusstseinsbegriffs fragt einerseits nach der Einsicht der Befragten in ihre objektive Ausbeutungssituation und andererseits nach ideologischen Einstellungen in Bezug auf den Klassenkampf.[26] Auch wenn in der Industriesoziologie die Begrifflichkeiten des Klassenkampfs kaum noch Verwendung finden, so bleibt dieser generelle Fokus auf Fragen der politischen Einstellung von den klassischen[27] bis zu aktuellen Studien[28] weitgehend erhalten. Insbesondere die Subjektivierungsforschung hat das Erbe der klassischen Bewusstseinsforschung angetreten.[29] Andere Proletarisierungsbegriffe fassen diese politische Dimension jedoch wesentlich praxeologischer. So argumentierte etwa Claude Lefort, dass der Klassenkonflikt zwar eine zentrale Dimension der Proletarisierung sei, zwischen Ideologie und tatsächlichen Konflikten bestehe jedoch kein direkter kausaler Zusammenhang. Deshalb müssen die »proletarische Erfahrung« des Arbeitsprozesses und damit einhergehende praktische Konflikte, vor allem am Arbeitsplatz, im Zentrum stehen.[30] Diese Kritik wurde von Rick Fantasia anhand des Beispiels der klassischen Studie von Goldthorpe und anderen zum »wohlhabenden Arbeiter in der Klassenstruktur« substantiiert.[31] Diese hatte nach dem Klassenbewusstsein englischer Arbeiter:innen in einer Autofabrik gefragt und war zu dem Ergebnis ihrer umfassenden und kritiklosen Integration in das System gelangt: 79 Prozent der Befragten gaben an, sich auf der gleichen Seite wie das Management zu sehen. Doch noch während die Forschungsarbeit im Druck war, hatte sich die Situation gewandelt, und die Beschäftigten traten in einen militanten Streik, bei dem unter anderem zweitausend von ihnen versuchten, die Büros des Managements zu stürmen. Entsprechend wirbt Fantasia dafür, anstelle von Einstellungen vor allem *Praktiken* zu untersuchen. Mit dem hier gewählten ethnografischen Vorgehen wurde genau dies möglich. Für eine solche politische Proletarisierung sprechen auf der Ebene des Arbeitsprozesses die Herausbildung von organisationalen Subkulturen sowie widerständige Praktiken.

In allen drei Dimensionen der materiellen Entwicklung, der betrieblichen Herrschaft und der politischen Handlungsfähigkeit konnten hier tatsächliche Proletarisierungstendenzen festgestellt werden. In Bezug auf die *materielle Entwicklung der Arbeit* ließen sich im Zusammenhang mit der algorithmischen Arbeitssteuerung verschiedene Prozesse der Verdrängung und Reintegration menschlicher Arbeit beobachten. Diese können als Zyklen der Proletarisierung beschreiben werden, in deren Verlauf hochqualifizierte Arbeit durch verschiedene Formen der Rationalisierung verdrängt wird, nur um dann in prekarisierter Form wieder in den Produktionsprozess reintegriert zu werden. In Bezug auf *betriebliche Herrschaft* wurde ein kybernetisches Modell der Arbeitskontrolle diagnostiziert, das Beschäftigte auf der Grundlage von Feedbacks zur Selbstoptimierung anhalten soll. Wie in Kapitel sechs deutlich wurde, werden diese Selbstoptimierungsimperative von den Beschäftigten nur in seltenen Fällen komplett aufgegriffen. Stattdessen löst die kybernetische Kontrolle starke Heteronomieerfahrungen aus und erweist sich damit als sehr konfliktträchtig. In Bezug auf die Dimension der *politischen Handlungsfähigkeit* lässt sich einerseits die Entstehung proletarischer Subkulturen innerhalb der Unternehmen beobachten, die sich durch explizite Abgrenzung vom Management definieren. Andererseits wurden hier verschiedene Formen einer Technopolitik von unten beschrieben. Dieser stehen, wie noch genauer zu sehen sein wird, im Zuge der Digitalisierung auch neue Machtressourcen zur Verfügung. Mit der Rekapitulation des empirischen Materials entlang dieser drei Dimensionen sollen die hier untersuchten Fälle im Folgenden in ihren gesellschaftlichen Kontext gerückt werden.

Der neue Prozess der Proletarisierung in der digitalen Arbeit kann, wie Kapitel zwei gezeigt hat, vor allem als Krisenreaktion verstanden werden. Angesichts der gegenwärtigen niedrigen Wachstumsraten scheint es schlicht nicht profitabel, in immer teurer werdende neue Produktionstechnik zu investieren. Dadurch bleiben aber auch größere Produktivitätssteigerungen in der Industrie aus, was bedeutet, dass entweder die Profite sinken oder die Arbeit noch weiter ausgebeutet werden muss. In den hier untersuchten Bereichen geschieht Letzteres. So wird ein Kreislauf von Verdrängung und Reintegration menschlicher Arbeit in Gang gesetzt.

Das lückenlose Tracking der Lieferketten ist eine weitere Radikalisierung der Just-in-Time bzw. Just-in-Sequence-Logistik und reduziert damit betriebsbedingte Arbeitspausen. Vor allem aber halten digitale Feedbacks die Beschäftigten dazu an, selbst »Totzeiten« in ihren Arbeitsabläufen zu identifizieren und zu eliminieren. Die damit in Gang gesetzte permanente Selbstoptimierung weitet den kollektiven »kontinuierlichen Verbesserungsprozess« der Lean Production auf die Individuen aus und radikalisiert ihn gleichzeitig. Alquati benennt diesbezüglich bereits den Widerspruch zwischen dem informationstheoretischen Begriff der Selbstorganisation und der sozialen Selbstorganisation:

> In Wirklichkeit ist das auf die Produktionsanlagen angewendete Feedback auch bei den kybernetischen Maschinen etwas ganz anderes als die »Selbstkorrektur« in der Verwertung durch die »schöpferische« Arbeit des Arbeiters: hier nämlich besteht der Mechanismus der Selbstkorrektur in der politischen Disponibilität des Arbeiters, die »untergeordnete« Rolle des variablen Kapitals zu spielen.[32]

Diese Unterordnung bedeutet in den hier untersuchten Fällen vor allem, dass in derselben Zeit mehr gearbeitet wird, dass also die Arbeitskraft intensiver vernutzt wird. Dadurch sinkt relativ zur Produktivität der Bedarf an menschlicher Arbeitskraft. Hierin liegt, mehr noch als in der direkten Automatisierung, der zentrale Mechanismus der Arbeitsplatzvernichtung in der gegenwärtigen Technisierungswelle.[33] Diese Arbeitsverdichtung steigert allerdings auch den Belastungsgrad der Beschäftigten, die sich, wie wir oben gesehen haben, zunehmend gestresst und überfordert fühlen. Die digitale Technologie schafft jedoch auch hier Abhilfe: Mit Arbeitsleitsystemen werden einzelne Arbeitsschritte detailliert erläutert und die Arbeit damit stark vereinfacht.

Die Anleitungsfunktion hat demnach den intendierten Effekt einer Dequalifizierung der entsprechenden Arbeit. Komplexitätssteigerung und Dequalifizierung halten sich in den hier untersuchten Fällen manueller Arbeit jedoch nicht die Waage, da vor allem die Dequalifizierung eine Reduktion der Arbeitskosten verspricht: Formelle Qualifikationen und Erfahrungswissen sollen durch die in den Arbeitsleitsystemen gespeicherten Anleitungen ersetzt werden, sodass weniger qualifizierte Beschäftigte eingesetzt werden oder bestehende Belegschaften einfacher zwischen Arbeitsplätzen verschoben werden können. Auch hier wird die Kapitalverwertung also von der lebendigen Arbeit unabhängiger gemacht: Das Produktionswissen wird von den Beschäftigten in die Maschinen verlagert, wodurch die Abhängigkeit der Unternehmen von den konkreten Beschäftigten als Träger:innen des Wissens reduziert wird.

In seinen Grundzügen wird der Prozess der Einverleibung von Wissen in die Maschinen bereits in Marx' Konzept der Maschinerie beschrieben.[34] Auch für den späteren Taylorismus ist das Ziel einer Dequalifizierung der Arbeitsschritte stets eine wichtige Säule gewesen.[35] Hier war jedoch die Absorption des Wissens die Aufgabe der Arbeitsvorbereitung, also einer neu geschaffenen Schicht des unteren Managements. Ein zentrales Moment der algorithmischen Arbeitssteuerung besteht nun gerade in der Automatisierung dieser unteren Managementebene.[36] So ergibt sich auch eine neue Form der digitalen Dequalifizierung. Diese besteht einerseits darin, dass die digitalen Maschinen durch Tracking selbst in der Lage sind, das Wissen der Beschäftigten zu absorbieren. Andererseits wird die Formalisierung von Wissen in Maschinen zum Arbeitsinhalt der Beschäftigten selbst. Ein typisches Beispiel dafür ist etwa die in Kapitel fünf beschriebene Programmierung der Arbeitsleitsysteme bei *Smart Electrics* durch die Facharbeiter:innen der Montage. Dabei geben die Beschäftigten das Wissen, das sie sich im Laufe ihrer Arbeit über die Produktion angeeignet haben und über das nur sie verfügen, in die Systeme ein. Dadurch liegt es nunmehr unabhängig von seinen menschlichen Träger:innen objektiviert als direktes Eigentum der Unternehmen vor und kann beliebig zur Einbindung niedrigqualifizierter Arbeitskräfte genutzt werden.

Die digitale Dequalifizierung ermöglicht aber auch einen Prozess der Flexibilisierung, der als Entkopplung der Arbeit von den Organisationsstrukturen bezeichnet werden kann.[37] So zielen die hier untersuchten Ressourcenplanungssysteme unter anderem auf die automatische Verplanung der Arbeitskräfte ab. Dabei geht es vor allem darum, die Flexibilität des Personaleinsatzes zu erhöhen und damit leichter auf Marktschwankungen reagieren zu können.

»Die Vereinfachung der Arbeit«, schreibt bereits Alquati, »ist ein Moment der Veränderung der Produktionsfunktionen, worin die Arbeit darauf reduziert wird, das ›Mark‹ in einem Nervensystem zu sein, das seiner baldigen Einverleibung in eine kybernetische oder auch einfach nur ›mechanische‹ Maschine entgegensieht.«[38] Das trifft auch in den hier untersuchten Fällen zu. Zwar kommt es aus den in Kapitel zwei beschriebenen politisch-ökonomischen Gründen derzeit nicht zu einer rasanten Durchsetzung avancierter Robotik. Allerdings kann im Zusammenhang mit der algorithmischen Arbeitssteuerung eine spezifische digitale Form der Automatisierung diagnostiziert werden. Dabei werden die in den Arbeitsprozessen erhobenen Daten zur Programmierung von Automatisierungssystemen genutzt, die die menschliche Arbeit ersetzten. Damit erhält auch der Marx'sche Begriff der Entäußerung in der Lohnarbeit eine neue Relevanz. Marx schreibt:

> Je mehr der Arbeiter sich ausarbeitet, um so mächtiger wird die fremde, gegenständliche Welt, die er sich gegenüber schafft, um so ärmer wird er selbst, seine innre Welt, um so weniger gehört ihm zu eigen. [...] Der Arbeiter legt sein Leben in den Gegenstand; aber nun gehört es nicht mehr ihm, sondern dem Gegenstand. [...] Die Entäußrung des Arbeiters in seinem Produkt hat die Bedeutung, nicht nur, daß seine Arbeit zu einem Gegenstand, zu einer äußern Existenz wird, sondern daß sie außer ihm, unabhängig, fremd von ihm existiert und eine selbständige Macht ihm gegenüber wird, daß das Leben, was er dem Gegenstand verliehn hat, ihm feindlich und fremd gegenübertritt.[39]

Bei Marx entäußert sich der Arbeiter in der Lohnarbeit dadurch, dass sich der Kapitalist das Produkt seiner Arbeit aneignet. So trägt die Produktion sowohl zum Reichtum und der Macht des Kapitalisten als auch zur Armut und Ohnmacht des Arbeiters bei. Unter Bedingungen algorithmischer Arbeitssteuerung wird dieses Verhältnis noch einmal verschärft: Die Beschäftigten entäußern sich im Arbeitsprozess aufgrund der kontinuierlichen Datenerhebung nicht nur der Produkte ihrer Arbeit, sondern auch ihres Produktionswissens und damit der Grundlage des Verkaufs ihrer Arbeitskraft: Ein Teil der Arbeit des kybernetischen Proletariats besteht also darin, sich selbst überflüssig zu machen, indem es Daten produziert, die dann für seine Verdrängung aus dem Produktionsprozess genutzt werden. Diese Daten stehen dem kybernetischen Proletariat also fremder und feindlicher gegenüber als jedes vorherige Produkt ihrer Lohnarbeit. Dyer-Witheford ergänzt diesbezüglich: »Die Maschine ist den Arbeiter:innen nicht übergeordnet oder entgegengesetzt – denn die Arbeiter:innen sind Teil der Maschine.«[40]

Insgesamt führen die hier beschriebenen Prozesse zu einer *qualitativen und quantitativen Verdrängung menschlicher Arbeitskraft*: Die kybernetische Arbeitsverdichtung reduziert die Gesamtanzahl der Beschäftigten. Die digitale Dequalifizierung verlagert menschliches Wissen in die Maschinen. So kommt es zu einer Abwertung der bestehenden Arbeitskraft im Sinne einer qualitativen Verdrängung. Auf Grundlage dieser Dequalifizierung ergeben sich dann neue Flexibilisierungsmöglichkeiten, da Arbeitskräfte leichter verschoben werden können. Damit müssen, relativ gesehen, weniger Beschäftigte zur Aufrechterhaltung einer flexiblen Produktion bereitstehen, da die bestehenden Belegschaften einfacher verschoben und temporär Beschäftigte leichter eingebunden werden können. Es kommt also auch zu einer quantitativen Verdrängung menschlicher Arbeitskraft. Zuletzt werden die erhobenen Daten teilweise zur Programmierung vollautomatischer Systeme verwendet, die abermals zu einer quantiativen Verdrängung der Arbeit führen. Eine technologische Arbeitslosigkeit ist jedoch nicht abzusehen. Stattdessen kommt es im Zuge der Digitalisierung zu einer großen Reintegration auch niedrig qualifizierter Arbeitskraft in die Produktion.

Digitale Reintegration der Arbeit

Die digitale Verdrängung menschlicher Arbeitskraft führt bislang nicht zu einer technologischen Arbeitslosigkeit. In Ländern wie den USA, Großbritannien oder Deutschland bleibt nur ein kleiner Teil der Überflüssiggemachten für längere Zeit arbeitslos. Stattdessen sehen sie sich gezwungen, mit neu erwerbstätigen jungen Menschen um prekäre Jobs zu konkurrieren.[41] Deutschland hat mit 22,7 Prozent der Beschäftigten einen der größten Niedriglohnsektoren Europas – übertroffen nur von wenigen osteuropäischen Staaten.[42] Diese Situation ermöglicht die Entstehung neuer, äußerst arbeitsintensiver digitaler Produktionsformen. Die Arbeitsprozesse in den beiden hier untersuchten Unternehmen der Plattformlogistik sind Beispiele für eine solche algorithmische Reintegration von Arbeitskraft. Wie bereits gezeigt, kommt es etwa in der manuellen Industriearbeit im Zuge der algorithmischen Arbeitssteuerung zu neuen arbeitsintensiven Produktionsprozessen. Digitale Arbeitsleitsysteme ermöglichen dabei eine qualifikatorische Abwertung entsprechender Tätigkeiten, die von den hier befragten Managern explizit als Alternative zu kostspieliger Automatisierung gesehen wird. Die algorithmische Arbeitssteuerung ist auch eine wichtige technische Grundlage für den Onlineversandhandel, der gleichzeitig auf einen massiven und stetig wachsenden Einsatz menschlicher Arbeitskraft angewiesen ist.[43] Auch bei Unternehmen der plattformvermittelten Kurierarbeit, wie etwa *Smart Delivery*, ist die algorithmische Arbeitssteuerung Grundlage des Geschäftsmodells. Nur durch die ›Fernsteuerung‹ der Kurier:innen ist es möglich, diese ohne eine räumliche Anbindung an ein Unternehmen an die teilnehmenden Restaurants quasi auszuleihen und gleichzeitig die Kontrolle über den Arbeitsprozess zu behalten. Der so entstehende Distributionsprozess ist jedoch enorm arbeitsaufwendig. Einerseits hat sich durch das Angebot der billigen Essensauslieferung die Nachfrage nach dieser Dienstleistung insgesamt erhöht.[44] Andererseits erfordert die Auslieferung per Fahrrad – verglichen mit dem klassischen motorisierten Pizzalieferdienst – zwar keine teuren Produktionsmittel, dauert aber länger, weshalb insgesamt mehr Arbeitskraft eingesetzt werden muss.

Die Plattformökonomie liefert zahlreiche weitere Beispiele für arbeitsintensive Produktionsprozesse: Bei Taxiplattformen wie Uber, Lyft oder DiDi arbeiten weltweit Millionen Personen, oft zusätzlich zu anderen Jobs.[45] Ein weiteres Haupteinsatzgebiet der Plattformökonomie ist die Reproduktionsarbeit – insbesondere Putz- und Pflegearbeiten im Haushalt. Auch hierbei handelt es sich bekanntlich um eine wenig automatisierbare, arbeitsintensive Branche. So arbeiten allein bei der größten Plattform Care.com nach eigenen Angaben 14,6 Millionen »Caregiver«. Neben diesen orts- und menschenbezogenen Tätigkeiten bringt die algorithmische Arbeitssteuerung noch eine weitere, extrem arbeitsintensive Produktionsform hervor: das sogenannte Clickwork. Dabei handelt es sich in den meisten Fällen um datenbezogene Sortierarbeiten, etwa das Aussortieren anstößiger Bilder und Texte auf Internetplattformen. Eine wichtige Rolle spielen auch das Pflegen von Datenbanken, das Abtippen von Belegen oder das Trainieren künstlicher Intelligenzen. Diese Arbeit wird meist von zuhause aus erledigt und ist deshalb unsichtbar – es wird auch von »Ghostwork« gesprochen.[46] Nichtsdestotrotz gehen Millionen von Menschen diesen gleichermaßen schlechtbezahlten wie belastenden Tätigkeiten nach.

Gemeinsam ist all diesen im Zuge der algorithmischen Arbeitssteuerung neu entstehenden Tätigkeiten, dass es sich fast ausschließlich um extrem prekäre Arbeitsverhältnisse handelt. In vielen Fällen, insbesondere in der Plattformökonomie, wird mit Scheinselbstständigkeiten gearbeitet.[47] Jenseits der Plattformökonomie kommen in diesen Tätigkeiten oft temporär Beschäftigte zum Einsatz. Wie oben gezeigt, wird ein Vorteil der algorithmischen Arbeitssteuerung explizit darin gesehen, dass sie die Einbindung solcher prekären Arbeitsprozesse erleichtert. Der Trend ist jedoch keineswegs nur auf die digitale Ökonomie beschränkt. So handelt es sich im Durchschnitt aller OECD-Länder bei 60 Prozent der zwischen 1990 und 2010 neu entstandenen Jobs um atypische Beschäftigungsverhältnisse.[48] Darunter fallen vor allem Teilzeit und temporäre Beschäftigungen, aber auch Leiharbeit und Scheinselbstständigkeiten. Unter den deutschen Kernerwerbstätigen sind 19,2 Prozent atypisch beschäftigt. Diese Ausprägung variiert jedoch stark nach Geschlecht und Herkunft. Betroffen sind 28,9 Prozent der erwerbstätigen Frauen und 10,4 Prozent der Männer. Bei nichteuropäischen Migrant:innen liegt der Anteil der atypischen Beschäftigungen bei 35,3 Prozent.[49]

Ein wichtiger Faktor der Prekarisierung ist, dass es sich bei einem Großteil des kybernetischen Proletariats um Migrant:innen handelt. In den meisten Fällen sind diese für die ausgeübte Tätigkeit überqualifiziert. Es handelt sich um Personen, die durch verschiedene politisch-ökonomische Faktoren aus ihren Herkunftsländern und ihren Berufen verdrängt wurden und sich nunmehr gezwungen sehen, niedrigqualifizierte, algorithmisch gesteuerte Tätigkeiten auszuüben.[50] Wie Kapitel vier gezeigt hat, tragen migrationsregulatorische Bestimmungen, wie etwa die Kopplung des Aufenthaltsstatus an eine Erwerbsarbeit, zu dieser Prekarisierung von Migrant:innen bei.[51] Ein wichtiger Faktor für die kybernetische Proletarisierung ist jedoch auch der prekäre Aufenthaltsstatus als Disziplinierungsinstrument. So haben wir in Kapitel sechs gesehen, dass die migrantischen Beschäftigten als fleißiger und gehorsamer wahrgenommen werden.[52] Das wiederum übt Druck auf die deutschen Belegschaften aus, sich diesen Leistungen anzupassen.[53]

Der Ökonom und Gewerkschaftsaktivist Kim Moody argumentiert, dass es einen direkten Zusammenhang zwischen der Produktivitätssteigerung in der produzierenden Industrie und der Zunahme von arbeitsintensiven Dienstleistungen gibt, die auch die typischen Tätigkeiten des kybernetischen Proletariats (etwa bei den Lieferdiensten) darstellen. Dies führt Moody vor allem darauf zurück, dass die zentrale produktivitätssteigernde Maßnahme seit den 1980er-Jahren die Arbeitsverdichtung, insbesondere die Lean Production, war. Diese führt zu einer stärkeren Vernutzung menschlicher Arbeitskraft, die ihrerseits jedoch die Menge an Arbeit erhöht, die notwendig ist, um diese produktive Arbeitskraft zu reproduzieren.[54] Dieser Mechanismus kommt auch bei der kybernetischen Proletarisierung zum Tragen. Eines ihrer zentralen Prinzipien ist die Arbeitsverdichtung mittels kybernetischer Kontrolle des Arbeitsprozesses. Diese kostet die betroffenen Beschäftigten sehr viel Energie. Viele von ihnen berichten, dass sie aufgrund dessen in ihrer Freizeit keine Energie für Tätigkeiten wie Kochen oder soziale Beziehungen haben. Damit bilden die Befragten keineswegs eine Ausnahme: Im deutschen Durchschnitt fühlen sich 53 Prozent der Beschäftigten bei der Arbeit sehr häufig oder oft gehetzt.[55] 41 Prozent hindert die arbeitsbedingte Erschöpfung daran, sich um private oder familiäre Angelegenheiten zu kümmern.[56] Dafür ist nicht nur die kybernetische Arbeitsverdichtung verantwortlich, sie spielt in den hier untersuchten Fällen aber eine wichtige Rolle.

Diese weit verbreitete Erschöpfung trägt wesentlich zur wachsenden Nachfrage von Reproduktionsdienstleistungen bei. In der Gesundheitsbranche ist dieser Zusammenhang offensichtlich, wenn etwa Arbeitsbelastungen zu stressbedingter Krankheit führen. Dies trifft aber auch auf alltägliche Reproduktionstätigkeiten wie das Kochen zu.[57] Wer nach der Arbeit zu erschöpft ist, selbst zu kochen, oder dazu gezwungen ist, bei der Arbeit zu essen, greift eher auf Lieferdienste wie *Smart Delivery* zurück. Darauf deutet auch die Tatsache hin, dass rund 80 Prozent der Deutschen, die regelmäßig bei einer Lieferplattform bestellen, Zeitmangel als zentralen Grund dafür angeben.[58] Dasselbe gilt für die Rationalisierung des Konsums: Wer sich besonders ausgebrannt fühlt oder wenig Zeit hat, wird eher bei einem Onlineversandhändler wie *Smart Shopping* bestellen als sich auf einen Einkaufsbummel zu begeben. Philipp Staab hat in diesem Sinne eine »Lean Consumption« als ein zentrales Rationalisierungsparadigma der gegenwärtigen Digitalisierungswelle beschrieben.[59]

Es muss also davon ausgegangen werden, dass Verdrängung und Reintegration menschlicher Arbeitskraft im Zuge der kybernetischen Proletarisierung keinesfalls zufällig miteinander einhergehen. Sie sind vielmehr zwei Elemente desselben Prozesses. Um diesen Prozess zu verstehen, lohnt sich ein Rückgriff auf Textstellen im Marx'schen Werk, die eher wenig rezipiert werden: den dritten Band sowie die Fragmente zum vierten Band des *Kapitals* (*Theorien über den Mehrwert*). Durch die Produktivkraftentwicklung, so Marx dort

> öffnen sich neue Produktionszweige, besonders auch für Luxuskonsumtion, die eben jene relative, oft durch Überwiegen des konstanten Kapitals in andren Produktionszweigen freigesetzte Bevölkerung als Basis nehmen, ihrerseits wieder auf Überwiegen des Elements der lebendigen Arbeit beruhn und erst nach und nach dieselbe Karriere wie die andren Produktionszweige durchmachen.[60]

Nach George Caffentzis lässt sich dieser Zusammenhang sogar als allgemeines Gesetz formulieren: Jede Einführung neuer Technologie in einer Branche führt zu einer Zunahme von arbeitsintensiver Produktion in einer anderen Branche.[61] Ein Großteil der überflüssig gewordenen Arbeitskraft wird infolgedessen, mit Marx gesprochen,

> entweder durch Erweiterung des Geschäfts in den Maschinengeschäften selbst absorbiert oder in indirekten trades, die durch sie nötig geworden und eröffnet sind, oder in new fields of employment opened by the new capital, and satisfying new wants.[62]

Dies kann die Form eines direkten Austauschs annehmen. Das ist etwa der Fall, wenn im Industriebetrieb eine qualifizierte Fachkraft durch eine algorithmisch gesteuerte kybernetische Proletarierin ersetzt wird. Oder sie kann die Form einer indirekten Verschiebung annehmen, wenn die Erschöpfung aufgrund von Arbeitsverdichtung zur Nachfrage nach Reproduktionsdienstleistungen führt. So kommt es zu einer Gleichzeitigkeit zweier widersprüchlicher Tendenzen:

> Die eine Tendenz schmeißt die Arbeiter aufs Pflaster und macht population redundant, die andre absorbiert sie wieder und erweitert die wages-slavery absolut, so daß der Arbeiter stets schwankt in seinem Los und doch nie davon loskommt.[63]

Anstelle einer direkten technologischen Arbeitslosigkeit führt die Produktivkraftentwicklung also zu einer Dialektik von Verdrängung und Reintegration menschlicher Arbeitskraft.

Das kybernetische Proletariat

Das im Zuge der hier beschriebenen Abwertungsprozesse entstehende kybernetische Proletariat ist nicht nur durch eine gemeinsame objektive ökonomische Lage definiert, wie etwa die Kategorien des »Cyber-Proletariats«,[64] des »Cybertariats«[65] oder des »Prekariats«.[66] Stattdessen stehen hier geteilte Arbeitserfahrungen im Vordergrund. Diese sind nicht auf eine Branche oder einen Sektor, wie etwa die Plattformökonomie, beschränkt. Die zentralen Charakteristika lassen sich in allen hier untersuchten Fällen – in unterschiedlichem Ausmaß – feststellen. Diese sind: (1.) Arbeitsanweisungen werden von Computern erteilt. (2.) Das Arbeitshandeln wird digital evaluiert. (3.) Die erhobenen Daten werden genutzt, um menschliche Arbeit aus den betreffenden Produktionsprozessen zu verdrängen. Dies kann geschehen durch: (a) dequalifizierte Flexibilisierung, (b) Arbeitsverdichtung oder (c) datenbasierte Automatisierung. In jedem Fall besteht ein Teil des Arbeitsprozesses des kybernetischen Proletariats darin, sich selbst überflüssig zu machen. Typisch sind deshalb (4.) prekäre und schlecht bezahlte Arbeitsverhältnisse. In diesen Merkmalen spielen objektive wie subjektive Faktoren gleichermaßen eine Rolle. Das heißt das kybernetische Proletariat macht tatsächlich gemeinsame Arbeitserfahrungen. Einerseits sind dies Erfahrungen von Heteronomie und Würdeverletzung, die die digitalen Anweisungen hervorrufen. Wichtig sind aber auch die Belastungen, die durch kontinuierliche digitale Feedbacks entstehen und die existenzielle Unsicherheit prekärer Beschäftigungsverhältnisse. Der Begriff des kybernetischen Proletariats soll jedoch nicht auf eine statische Gruppe verweisen. Stattdessen stehen die dynamischen Prozesse im Vordergrund, die diese Kategorie konstituieren.

Die Prozesse der kybernetischen Proletarisierung lassen sich als aufeinanderfolgende Phasen eines Abwertungszyklus beschreiben. Dieser Zyklus ist nicht auf der Ebene der einzelnen Unternehmen, sondern auf der Ebene der Arbeitsmärkte angesiedelt. Die erste Phase des Zyklus beginnt in den hier untersuchten Unternehmen mit der Implementierung von Arbeitsleitsystemen. Diese tragen zur beschriebenen dequalifizierten Flexibilisierung bei und führen so zu einem ersten Schub der Verdrängung menschlicher Arbeitskraft. Darauf folgt meist die zweite Phase, die aus einer Verdichtung der Arbeit besteht. Diese wird ermöglicht durch die Evaluation der Arbeitsprozesse mittels der Arbeitsleitsysteme oder zusätzlicher digitaler Technologien. Die so gesammelten Daten ermöglichen die dritte Phase des Zyklus: die datenbasierte Automatisierung, die einen weiteren Schub der Verdrängung menschlicher Arbeit einläutet. Diese drei Verdrängungsphasen führen jedoch nicht einfach in eine technologische Arbeitslosigkeit, sondern in die vierte Phase der kybernetischen Proletarisierung, die Reintegration menschlicher Arbeitskraft. Dies geschieht, wenn im Zuge der Digitalisierung neue arbeitsintensive Produktionsprozesse entstehen, wie etwa in den hier untersuchten Plattformlogistik-Unternehmen, in der Pflege von Datenbanken oder dem Trainieren von künstlichen Intelligenzen. Auch bei dieser Reintegration handelt es sich jedoch um einen Abwertungsprozess, da diese arbeitsintensiven Felder der digitalen Ökonomie fast immer mit äußerst schlechten Arbeitsbedingungen einhergehen. Das liegt nicht zuletzt daran, dass der Zyklus der kybernetischen Proletarisierung nun wieder von vorn beginnt und auch diese Arbeitsverhältnisse der dequalifizierten Flexibilisierung, der Arbeitsverdichtung und schlussendlich der Automatisierung unterworfen werden.

Wird die kybernetische Proletarisierung als Abwertungsspirale gedacht (siehe Abb. 1), so können die Arbeitsprozesse in den hier untersuchten Unternehmen in jeweils unterschiedlichen Zyklen verortet werden. Freilich sind die materiell-arbeitsprozessbezogenen Dimensionen der Industriearbeit grundsätzlich anders verfasst als diejenigen der Lieferlogistik. Wie die vorhergehenden Kapitel gezeigt haben, sind jedoch trotz aller Unterschiede beide Sektoren den Prozessen der kybernetischen Proletarisierung ausgesetzt. Ein Zyklenmodell kann dabei das unterschiedliche Ausmaß der Abwertungsprozesse veranschaulichen.

Smart Electrics befindet sich demnach im ersten Zyklus der kybernetischen Proletarisierung, die mit der Implementierung der Arbeitsleitsysteme dort gerade erst begonnen hat. Entsprechend besteht der Arbeitsprozess (noch) großteils aus hochqualifizierter Montagearbeit und einigermaßen gesicherten Beschäftigungsverhältnissen. Die beschriebenen Abwertungstendenzen der dequalifizierten Flexibilisierung und der Arbeitsverdichtung kommen hier jedoch bereits zum Tragen. Auch *Smart Solutions* befindet sich im ersten Zyklus, dieser ist hier jedoch bereits weiter fortgeschritten. So kommt es zu allen Phasen der kybernetischen Proletarisierung, einschließlich der datenbasierten Automatisierung in der Intralogistik und der systematischen Reintegration abgewerteter Arbeitskräfte mittels Crowdsourcing.

Die Arbeit bei *Smart Delivery* hingegen befindet sich bereits im zweiten Zyklus der kybernetischen Proletarisierung. Die Beschäftigten sehen sich also mit einem Arbeitsprozess konfrontiert, dessen Grundlage bereits ein abgeschlossener erster Zyklus ist. Das heißt, die plattformvermittelte Kurierarbeit ersetzt und verdrängt als neues digitales Geschäftsmodell vorherige, nichtkybernetisierte Formen der Essensdistribution. Darunter fallen nicht nur die bei Restaurants angestellten Lieferkräfte, sondern teilweise auch das Essen in Restaurants selbst und das Kochen zuhause.[67] Hier beginnt der Zyklus wieder von vorn, in Form der Dequalifizierung mittels Arbeitsleitsystemen und der Arbeitsverdichtung mittels permanenter Evaluation.

Bei *Smart Shopping* ist der Prozess noch weiter vorangeschritten. Je nach Standort haben wir es hier mit einem abgeschlossenen zweiten Zyklus oder einem beginnenden dritten Zyklus zu tun. Auch hier wurden nicht kybernetisierte Distributionsprozesse (im Einzelhandel oder im nicht auf Plattformen organisierten Versandhandel) ersetzt. Es kommt zu einer Reintegration großer Mengen von Arbeitskräften unter prekären Bedingungen. Auch diese Generation des kybernetischen Proletariats wird bei *Smart Shopping* jedoch in einigen untersuchten Standorten bereits durch die weitreichende Automatisierung der Intralogistikarbeit verdrängt. Diese wird dann durch noch weiter abgewertete Arbeit ersetzt, etwa wenn die Beschäftigten (wie vormals die Industrieroboter) in Gitterkäfigen stehen und Waren verpacken, die ihnen von Robotern gebracht werden – oder durch Arbeit in Datenzentren, bei der entsprechende KI-Systeme optimiert werden. Hier handelt es sich also um einen dritten Zyklus der kybernetischen Proletarisierung.

Wenn das kybernetische Proletariat also überhaupt als soziale Gruppe beschrieben werden kann, dann als eine mit kontinuierlich verschwimmenden Grenzen. Da die kybernetische Proletarisierung zwangsläufig in dynamischen Kategorien gedacht werden muss, kann das Konzept nicht einfach auf bestimmte Berufsgruppen beschränkt werden. In diesem Sinne ist die kybernetische Proletarisierung auch nicht auf die manuelle Arbeit beschränkt, sondern findet ebenfalls in der niedrigqualifizierten Dienstleistungsarbeit statt. Generell gilt aber, je mehr Zyklen der kybernetischen Proletarisierung ein Produktionsprozess durchlaufen hat, desto näher rücken die Beschäftigten an die Kerngruppe des kybernetischen Proletariats. Während im Zuge der Digitalisierung allgemein von einem Trend zur Polarisierung der Arbeitsmärkte ausgegangen werden kann, sind im hier untersuchten Bereich der manuellen Arbeit in Industrie und Plattformlogistik mit der kybernetischen Proletarisierung vor allem Abwertungstendenzen beobachtbar. Es kann also nicht einfach von einer neutralen Verlagerung von einer Tätigkeit zur anderen gesprochen werden: Die kybernetische Verdrängung von Arbeitskraft ist ökonomisch nur dann möglich, wenn billigere Arbeitskraft nachgeliefert wird. In diesem Sinne muss der Verlagerungsprozess notwendigerweise die Form einer Abwertung annehmen.

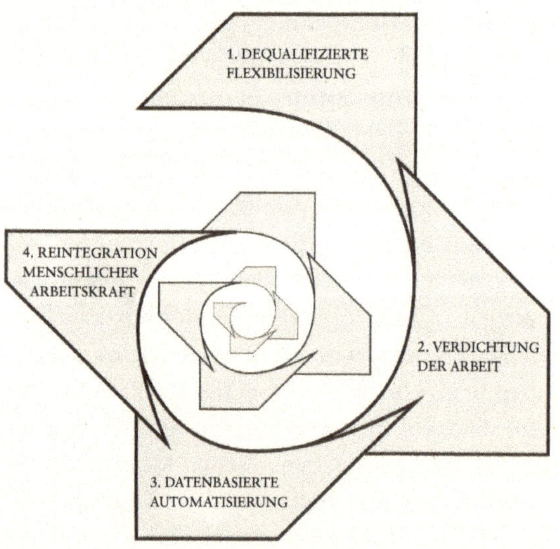

Abb. 1: Phasen der kybernetischen Proletarisierung (Illustration: Heidi Franke)

Die Digitalisierung bringt auch neue hochqualifizierte und gutbezahlte Jobs hervor. Diese entstehen jedoch kaum im hier untersuchten Bereich der manuellen Arbeit und sind darüber hinaus auf stetiges Wirtschaftswachstum angewiesen. Im Verhältnis zur Produktivität sanken die Löhne in den OECD-Ländern zwischen den 1980er-Jahren und 2010er-Jahren. In Deutschland und den USA ist dieser Abstand besonders groß.[68] Im Zusammenhang mit der Digitalisierung ist so insgesamt von einer steigenden Lohnungleichheit auszugehen. Auf der einen Seite führt die Nachfrage nach hochqualifizierten Arbeitskräften zu steigenden Löhnen im Hochlohnbereich; auf der anderen Seite erhöhen Arbeitsverdichtung und Automatisierung den Lohndruck auf mittel- und geringqualifizierte Beschäftigte.[69] Das ist auch in den hier untersuchten Unternehmen deutlich der Fall. Bei *Smart Electrics* gaben die befragten Manager Lohneinsparungen als explizites Ziel der Implementierung von Arbeitsleitsystemen an. Bei *Smart Shopping* sind die Löhne so gering, dass viele Lagerbeschäftigte auf zusätzliche Sozialhilfe angewiesen sind. So erklärt einer von ihnen:

> Ich bin Vollzeit und entfristet. Wie gesagt, das Geld, was ich bei *Smart Shopping* verdiene, reicht vorne und hinten nicht. Ich wohne in [X], die Mieten sind sehr hoch, und da hat man schon über 200 Euro an Spritkosten von [X] nach [Y]. Also das Geld, wie gesagt, reicht nicht. Ich arbeite sehr hart und trotzdem muss ich zum Staat noch hier, wie sagt man, Almosen sammeln. Aufstocken. Es reicht leider nicht, das ist zum Kotzen.

Sogar ein Betriebsrat des Unternehmens erklärt, auf zusätzliche Sozialhilfe angewiesen zu sein. Bei *Smart Delivery* erhalten die Beschäftigten den Mindestlohn. Von diesem müssen sie jedoch noch ihr Arbeitsmaterial (Fahrrad und Smartphone) beschaffen und instand halten. Zusätzlich kommt es immer wieder zu Verzögerungen bei der Lohnzahlung. Das kann existenzielle Nöte auslösen, insbesondere bei den migrantischen Arbeitskräften, die über keine staatlichen oder familiären Sicherungsnetze verfügen. So kam es vor, dass die Essenskurier:innen selbst zu wenig Geld hatten, um Essen zu kaufen, oder gar, wie wir am Anfang dieses Kapitels gesehen haben, obdachlos wurden. Zusätzlich ist der Arbeitsprozess der Lieferdienste hochgefährlich und fordert immer wieder Todesopfer.[70] Auch für psychische Erkrankungen weisen Personen in prekären Arbeitsverhältnissen gegenüber Beschäftigten in Normalarbeitsverhältnissen ein deutlich erhöhtes Risiko auf.[71]

Die steigende Lohnungleichheit befeuert wiederum die kybernetische Proletarisierung. Sie macht es immer profitabler für Unternehmen, hochbezahlte durch dequalifizierte, niedrigbezahlte Arbeit zu ersetzen. Dasselbe gilt auch für Privathaushalte: Die wachsenden Differenzen zwischen hochbezahlter und niedrigbezahlter Arbeit lassen gleichzeitig auch den komparativen Kostenvorteil wachsen, der für reiche Haushalte entsteht, wenn sie Arbeiten an andere auslagern.[72] Es handelt sich um einen Prozess der *Unterschichtung*, von dem vor allem migrantische Arbeiter:innen betroffen sind.[73] Dieser wird gerade durch die Polarisierung der Arbeitsmärkte und die wachsenden Lohnungleichheiten befeuert: Das kybernetische Proletariat wird zur neuen Dienerschicht der Gewinner:innen der Polarisierung. Dieses Verhältnis wird durch den Werbeslogan einer der großen Vermittlungsplattformen für Haushaltsarbeit auf den Punkt gebracht: »Wochenenden sind zum Brunchen da. Ihre Reinigungskraft finden Sie auf Helpling.de«.

Das Ausmaß der kybernetischen Proletarisierung kann aufgrund des qualitativen Forschungsdesigns dieser Untersuchung noch nicht beurteilt werden. Ob sie sich zu einem allgemeinen Trend auswächst, hängt unter anderem vom technopolitischen Handeln der Beschäftigten selbst ab. Wie in den vorangegangenen Kapiteln gezeigt, ist die Kybernetisierung unter anderem ein Resultat technopolitischer Aushandlungen. Das heißt nicht, dass die Beschäftigten ›selbst schuld‹ an der kybernetischen Proletarisierung sind. Gleichwohl ist der Prozess nicht einseitig von Unternehmensstrategien determiniert, sondern doppelt kontingent in dem Sinne, dass die Strategiebildungen beider Seiten von den zuvor gewählten Handlungsalternativen der jeweils anderen Seite abhängig sind. Wie im folgenden Abschnitt noch einmal zu sehen sein wird, verfügen Beschäftigte dabei durchaus über Möglichkeiten, die Abwertungszyklen zu unterbrechen.

Technopolitik von unten

In dieser Untersuchung konnten drei Elemente einer Technopolitik von unten identifiziert werden: *erstens* technologischer Ungehorsam, also die Nutzung von Technologien entgegen der Implementierungsintentionen. *Zweitens* widerständige Technokulturen, also die Etablierung antagonistischer Solidaritätsbeziehungen zwischen den Beschäftigten, die eine kollektive Kritik an bestimmten Technologien bzw. deren Nutzung ermöglicht. So ermutigt sie zu technologischem Ungehorsam, aber auch, *drittens,* zu organisierter Technopolitik. Damit ist die Beeinflussung sowohl von konkreten Implementierungsprojekten als auch von institutionellen Rahmenbedingungen mittels organisationaler Repräsentationen, wie Betriebsgruppen, Betriebsräten, Gewerkschaften oder Parteien, gemeint. Im Folgenden werden die hier empirisch identifizierten Formen einer Technopolitik von unten in einen breiteren gesellschaftlichen Kontext eingeordnet. Dabei geht es insbesondere um Fragen der Selbstorganisation und neuer Machtressourcen für Beschäftigte unter Bedingungen algorithmischer Arbeitssteuerung. Vor allem zeigt sich darin erneut deutlich, dass die stets wiederkehrende Behauptung einer lückenlosen Kontrolle und vollständigen Atomisierung ein Mythos ist.

Algorithmische Arbeitssteuerung geht mit verschiedenen Formen der Kontrolle und der Atomisierung des Arbeitsprozesses einher. Die meisten Studien zum Thema sind deshalb skeptisch bezüglich der Möglichkeiten einer widerständigen Selbstorganisierung der Beschäftigten unter diesen algorithmischen Regimen. Digitale Überwachung führe zur lückenlosen Kontrolle der Arbeitsprozesse, die keinen Raum mehr für Abweichungen lasse; prekäre Beschäftigungsverhältnisse nähmen den Beschäftigten zentrale strukturelle Voraussetzungen zur Selbstorganisation, und die Verlagerung der Arbeit an Migrant:innen mit prekärem Aufenthaltsstatus führe zu vorauseilendem Gehorsam der Beschäftigten. All diese Faktoren schränken tatsächlich die Möglichkeiten zur Selbstorganisation der Beschäftigten beträchtlich ein. Wie ausführlich gezeigt, werden diese Möglichkeiten jedoch keineswegs restlos getilgt, teilweise eröffnen sich sogar neue Handlungsspielräume.

Die kybernetische Proletarisierung weist insgesamt ein hohes Konfliktpotenzial auf. Dabei sind die beiden dem industriesoziologischen Proletarisierungsbegriff zugrunde liegenden Abwertungstendenzen entscheidend: die materielle Abwertung der Arbeit und die Verschärfung betrieblicher Herrschaft. Beide lösen weltweit Proteste von Beschäftigten aus. Die betriebliche Herrschaft in Form der digitalen Kontrolle wird von vielen Beschäftigten als Verletzung ihrer Würde gesehen. »Ich fühle mich als Roboter, ich fühle mich ständig überwacht«, berichtet ein Industriearbeiter. Ähnliche Worte fallen immer wieder, wenn die hier befragten Beschäftigten von Kontrolltechnologien, wie etwa dem vibrierenden Handschuh, berichten. Sie fühlen sich zugerichtet »wie ein Hund« oder »behandelt wie ein Roboter«. In den hier untersuchten Industriebetrieben war diese Würdeverletzung für die meisten Beschäftigten eine wichtigere Motivation für Widerstand als die materiellen Arbeitsbedingungen. Dieser Widerstand nahm überraschend intensive, jedoch fast immer informelle Formen an. Für die Gewerkschaftspolitik spielten die Würdeverletzungen hingegen kaum eine Rolle.

In den beiden Plattformfällen standen hingegen die materiellen Arbeitsverhältnisse im Zentrum der Konflikte. So führten die Kurier:innen von *Smart Delivery* informelle Logout-Aktionen durch, und die Lagerbeschäftigten von *Smart Shopping* bestreikten regelmäßig ihre Versandzentren. Damit sind sie Teil einer weltweiten Bewegung von Plattformarbeiter:innen, die gegen die prekären Arbeitsbedingungen in dieser Branche kämpft. Gerade im Bereich der plattformvermittelten Kurierarbeit häufen sich diese Proteste. Nach Schätzungen von Callum Cant liegt etwa in Großbritannien in dieser Branche die Anzahl der durch Streiks verlorenen Arbeitstage 42 Prozent über dem nationalen Durchschnitt.[74] Auch in anderen Ländern, in denen sich entsprechende Unternehmen etabliert haben, kommt es zu vergleichbaren Protestbewegungen. Die zentrale Forderung der Kurier:innen ist dabei meistens, mit fairen Löhnen angestellt statt scheinselbstständig beschäftigt zu werden. Dies konnte an verschiedenen Orten im Zuge der Proteste bereits durchgesetzt werden, so etwa beim Schweizer Kurierdienst NoTime.[75] Ähnliches lässt sich auch über die Taxiplattform Uber und ihre Konkurrenz berichten. In verschiedensten Orten auf der ganzen Welt kommt es bei Uber zu Streiks und anderen Protestaktionen.[76] Das hatte zum Beispiel im US-Bundesstaat Kalifornien zur Folge, dass im September 2019 ein Gesetz erlassen wurde, das Uber und andere Plattformunternehmen dazu zwingt, ihre Fahrer:innen als Beschäftigte und nicht als Selbstständige zu klassifizieren. Beim chinesischen Uber-Konkurrenten DiDi kam es im Juni 2018 zu einer Streikwelle, an der derart viele Fahrer:innen beteiligt waren, dass die Transportbranche in diesem Monat 20 Prozent der gesamtchinesischen Streikaktivitäten verzeichnete.[77]

Insgesamt weist also die digitale Ökonomie ein besonders hohes Konfliktpotenzial auf. Im Zentrum stehen dabei die beiden zentralen Abwertungstendenzen der Prekarisierung und der Würdeverletzung der Beschäftigten. Zu massiven Arbeitskämpfen kommt es aber nicht nur in der klassischen digitalen Ökonomie selbst. Vielmehr weisen Digitalisierungsprozesse scheinbar in allen Branchen ein hohes Konfliktpotenzial auf. Ein besonders spektakuläres Beispiel hierfür ist der erfolgreiche wilde Streik des Lehrpersonals in mehreren US-amerikanischen Bundesstaaten. Erster Anlass dieses Streiks war, dass sich die Krankenkassenbeiträge vervielfachten und die Beschäftigten dazu gezwungen werden sollten, Fitnesstracker zu benutzen und den Krankenkassen deren Daten zur Verfügung zu stellen, um die Beiträge wieder zu senken.[78] Aber nicht nur die Anwendung, sondern auch die Entwicklung der digitalen Technologien ist ein Konfliktfeld. Für das Jahr 2019 listet die Tech Workers Coalition insgesamt 100 verschiedene Protestaktionen von Beschäftigten der Techbranche auf, die meisten davon in den USA. Bei 35 davon war ethische Kritik an Art und Einsatz der entwickelten Technologien der Auslöser für die Konflikte.[79]

Die Coronakrise verschärfte diese Auseinandersetzungen noch einmal. So kam es bei *Smart Shopping*, aber auch bei anderen Unternehmen zu einer Reihe von Arbeitsniederlegungen aufgrund von mangelndem Infektionsschutz. In den USA haben sich die Arbeitskämpfe im Zuge der Pandemie besonders stark zugespitzt. So wurden von März bis August 2020 über 900 wilde Streiks registriert – von Bauarbeiter:innen über Pfleger:innen, Lager-, Transport-, Fleischverarbeitungs-, Callcenter-, Schreinerei-, Fastfood-, Gefangenen- bis zu Müllarbeiter:innen.[80] Außerdem drohten die beiden größten Transportgewerkschaften einen landesweiten Generalstreik an, sollten Transportarbeiter:innen nicht adäquat vor dem Virus geschützt werden.[81] Die Streiks wurden ergänzt durch kurze Arbeitsniederlegungen und Demonstrationen von Krankenpfleger:innen und Ärzt:innen in sieben US-Bundesstaaten, die gegen den Mangel an kritischer Sicherheitsausrüstung protestierten, sowie durch ein breites Medieninteresse an der Notlage »systemrelevanter« Arbeiter:innen.[82] In vielen dieser Konflikte vermischen sich gesundheits- und technopolitische Fragen, beispielsweise bei den Auseinandersetzungen um das Homeoffice.

In den hier untersuchten Betrieben gelingt es den Beschäftigten, wie in Kapitel sechs dargestellt, trotz der technischen und organisationalen Atomisierungstendenzen Solidaritätskulturen aufzubauen. Diese basieren auch auf einer kritischen Technikaneignung. Anstatt die Selbstoptimierungsimperative der Feedbacktechnologien aufzugreifen, entwickeln die Beschäftigten regelmäßig kritische organisationale Technokulturen. Praktiken der Kritik lösen sich bei einer Verschiebung der organisationalen Kontrollfunktionen vom Aufsichtspersonal zur digitalen Infrastruktur also nicht einfach auf, sondern verschieben sich ebenfalls. In allen Fällen folgte aus diesen kritischen Technokulturen auch ein technologischer Ungehorsam, das heißt eine Verwendung der Technologien entgegen ihren Implementierungszwecken. Aus eher individuellen Widerstandspraktiken erwachsen in einigen Fällen auch verschiedene Formen der kollektiven Selbstorganisation der Beschäftigten, zum Beispiel in Form von Betriebsratsgründungen.

Die Betriebsratsforschung hat wiederholt gezeigt, dass es keine einheitliche Mitbestimmungspraxis gibt, sondern vielmehr eine große Vielfalt von Typen und Formen der Mitbestimmung.[83] Auch in der Technopolitik changiert die Rolle der Betriebsrät:innen zwischen der eines Co-Managements und der einer widerständigen Avantgarde. Ob die Kämpfe von Betriebsräten für eine menschenfreundliche Digitalisierung als eine Technopolitik von unten bezeichnet werden können, lässt sich in diesem Sinne weniger kategorial als vielmehr empirisch entscheiden. Der zentrale Faktor für die Beantwortung dieser Frage ist der Grad, in dem die Beschäftigten die Strategien des Betriebsrats beeinflussen können, also die Demokratisierung der betrieblichen Mitbestimmung. Die hier präsentierten Befragungen zeigen, dass sich dabei durchaus neue Möglichkeiten auftun. Einerseits ermöglicht die digitale Kommunikation den unkomplizierten Einbezug einer großen Menge an Personen in strategische Debatten, wie wir oben im Fall der Betriebsratsarbeit bei *Smart Delivery* gesehen haben. Andererseits ermöglichen auch die Dezentralisierung der industriellen Beziehungen und die damit einhergehende Informalisierung der technopolitischen Konflikte eine partizipative Betriebsratsarbeit, die vor allem die Selbstorganisation der Beschäftigten unterstützt. Das zeigt der Fall der Auseinandersetzungen bei *Smart Solutions*.

Auch die Rolle der Gewerkschaften ist hinsichtlich einer Technopolitik von unten ambivalent. In den hier untersuchten Unternehmen steht die Stärke der Gewerkschaften in einem negativen Zusammenhang mit der kybernetischen Proletarisierung. Je stärker Letztere ausgeprägt ist, desto schwächer ist auch die gewerkschaftliche Organisierung. Allerdings handelt es sich in keinem der hier untersuchten Unternehmen um gewerkschaftliche Hochburgen. Bei *Smart Electrics* liegt der Organisierungsgrad im branchenüblichen hohen Durchschnitt der metallverarbeitenden Industrie, und das Unternehmen verfügt über einen von der Branchengewerkschaft unterstützten Betriebsrat. Der zuvor geltende Tarifvertrag wurde jedoch aufgekündigt. *Smart Solutions* verfügt über einen starken Betriebsrat, der jedoch nur sehr lose an die Gewerkschaft angebunden ist und sich stattdessen eher auf Betriebsgruppen stützt. Bei *Smart Shopping* ist der Organisierungsgrad eher niedrig. Die zuständige DGB-Gewerkschaft geht hier kämpferisch vor, kann jedoch aufgrund des niedrigen Organisierungsgrades und avancierter digitaler Ressourcenplanung des Unternehmens durch Streiks nur relativ wenig Macht aufbauen. Noch niedriger ist der Organisierungsgrad bei *Smart Delivery*. Hier kommt es jedoch zu einer starken Häufung von informellem Widerstand.

Insgesamt zeichnet sich in den untersuchten Unternehmen die Tendenz ab, dass das traditionelle Vorgehen der DGB-Gewerkschaften, das vor allem auf die Facharbeiter:innen der großen Industrieunternehmen und eine kooperative Top-down-Politik setzt,[84] in der digitalen Ökonomie an seine Grenzen stößt. Einerseits konnten diese Gewerkschaften sich im Industriesektor mit ihrem gestaltungsorientiert-kooperativen Modell der Technopolitik durchaus als zentrale Akteurinnen der Digitalisierungsdebatten etablieren. Andererseits führt diese Politik, wie wir gesehen haben, teilweise auch zu Entfremdungserscheinungen bei den Beschäftigten. Diese wiederum eröffnen Möglichkeitsräume für eine informelle Technopolitik von unten, die etwa auf Betriebsgruppen setzt. In der Plattformökonomie, zu der auch die hier untersuchten Unternehmen *Smart Delivery* und *Smart Shopping* gehören, kann sich die traditionelle Gewerkschaftspolitik aufgrund verschiedener oben beschriebener Faktoren nicht durchsetzen. Stattdessen kommt es zu einem unter anderem von Basisgewerkschaften getragenen antagonistischen Modell der Gewerkschaftspolitik. Dieses zeichnet sich vor allem durch partizipative Organisierung, direkte Aktionen und Medienkampagnen aus. Insbesondere kommunikative Machtressourcen scheinen hier stärker genutzt zu werden als in den DGB-Gewerkschaften. Auch dieses Modell ist jedoch von inneren Widersprüchen geprägt, die dazu führen, dass es sich im Erfolgsfall eher in Richtung institutionalisierter Formen der Gewerkschaftspolitik entwickelt. Wenn sich die hier beobachteten Entwicklungen also fortsetzen, werden die Aushandlungen im Industriesektor antagonistischer und diejenigen im Plattformsektor kooperativer werden.

In Bezug auf die digitale Ökonomie im Allgemeinen und die Plattformbranche im Besonderen hält sich der Mythos, es handle sich um eine gewerkschaftlich »unorganisierbare« Branche. Das wird unter anderem mit den prekären Beschäftigungsverhältnissen und den niedrigen Löhnen in diesem Bereich begründet. Dieser Mythos wird jedoch, wie auch die Untersuchungen dieser Studie deutlich gemacht haben, zunehmend durch sich häufende Arbeitskämpfe in der Branche widerlegt. Jamie Woodcock und Mark Graham verweisen in diesem Zusammenhang auf die Parallele zu dem Anfang des 20. Jahrhunderts verbreiteten Mythos, die Beschäftigten des Automobilsektors seien unorganisierbar.[85] Ähnlich wie diese könnte heute das kybernetische Proletariat zur Basis einer erneuerten Arbeiter:innenbewegung werden.

Es gibt einige Faktoren, die für eine solche Möglichkeit der Erneuerung sprechen. Allen voran ist dabei das oben beschriebene hohe Konfliktpotenzial der kybernetischen Proletarisierung zu nennen. Allerdings gibt es keinen Kausalzusammenhang, der von der Abwertung der Beschäftigten zur widerständigen Mobilisierung führen würde. Stattdessen ist das Vorhandensein verschiedener Machtressourcen ausschlaggebend für den Aufbau einer durchsetzungsfähigen Technopolitik von unten.

Neue digitale Machtressourcen

Trotz ihrer primären Rolle als Kontrolltechnologien können digitale Infrastrukturen auch für Beschäftigte zur Quelle neuer Machtressourcen werden. Ein Ansatzpunkt ist dabei etwa der Versuch, selbst von der digitalen Transparenz zu profitieren. Damit einher geht, wie eine Betriebsrätin von *Smart Solutions* erklärt,

> die Hoffnung, da entsteht eben auch eine Klarheit, dass uns soundso viele Ressourcen fehlen. Dann wird vielleicht mal jemand eingestellt und kann abends um fünf nach Hause gehen und muss nicht jedes Wochenende Bereitschaft machen.

In diesem Sinne könnten die Daten der digitalen Ressourcenplanung auch der Betriebsratsarbeit zugutekommen. Insbesondere für Verhandlungen mit dem Management wünscht sich die Betriebsrätin eine belastbare Datengrundlage:

> Die Manager halten sich sehr an Daten und Fakten, und die agieren viel nach ihren KPIs. Und wenn halt die KPIs was anderes sagen, als was das Gefühl von allen Mitarbeitern ist, dann siegen trotzdem die KPIs. Das ist so, wie wenn Sie sagen, okay in meinem Büro ist es zu warm und wenn dann der Grenzwert bei soundso viel Grad ist und das ist nicht überschritten, dann ist es nicht zu warm. Egal was die Leute sagen oder wie sie sich fühlen. Und das ist eigentlich genau das Gleiche, was da passiert. Und deshalb ist halt so eine gewisse Hoffnung da, mit Zahlen und Fakten belegen zu können, wo die Probleme und Engpässe sind.

Viele der entsprechenden Aushandlungen drehen sich dabei um die Zugangsrechte zu Daten, die von den befragten Betriebsrät:innen als Machtressourcen gesehen werden. In der Diskussion erklärt einer von ihnen:

> Macht ist einwandfrei verbunden mit Datenbesitz. Wer die Daten erhebt, wer die Daten besitzt, entscheidet, was er davon weitergibt, und manipuliert so politische Entscheidungen.

In diesem Sinne fordert ein Betriebsrat von *Smart Solutions* sogar eine Ausweitung der Digitalisierung, aber eben im Sinne der Beschäftigten: »Was brauchen wir? Digitale Vernetzung für alle Kollegen und Zugriff auf alle Daten!« Andere Betriebsrät:innen fordern eine »Vernetzungsplattform für Mitarbeiter«. Davon erhoffen sie sich eine Erhöhung der Transparenz im Unternehmen und eine Ausweitung der Vernetzung der Beschäftigten. Mit einer solchen digitalen

Vernetzung kann die Kommunikation intensiviert werden, was, wie im Falle von *Smart Delivery*, auch für widerständige Mobilisierung genutzt werden kann. Deshalb können digitale Kommunikationsinfrastrukturen, wie Chatgruppen und Foren, durchaus zu Machtressourcen für Beschäftigte werden, auch wenn sie Face-to-Face Interaktionen nicht ersetzen können.[86] In diesem Sinne nahmen sich auch betrieblich Aktive bei *Smart Solutions* und *Smart Shopping* vor, entsprechende Vernetzungsplattformen zu schaffen:

> Ich habe jetzt natürlich auch die Gelegenheit, die Kollegen in Frankreich in Echtzeit und ohne Telefon oder sonst was mit einzubeziehen, wenn wir in [Standort] irgendwelche spontanen Arbeitsniederlegungen veranstalten während der Tarifrunde. Das ist ja heute kein Problem mehr, die Kollegen per Skype dazuzuschalten oder so. Oder wir machen es jetzt auch schon, dass man in Vorbereitung zu solchen Maßnahmen halt die Kollegen informieren: Hey, bei uns ist Tarifauseinandersetzung, wenn es geht, müsst ihr jetzt nicht unbedingt Überstunden machen, um Arbeit von den Kollegen auszugleichen. [...] Also versuchen so entlang der Supplychain irgendwas zu organisieren.

Solche digitalen Netzwerke können auch ein partizipativeres Modell der Gewerkschafts- und Betriebsratspolitik befördern. Bei *Smart Delivery* etwa wird die Betriebsratsarbeit kontinuierlich in einem Forum diskutiert, das für alle Kurier:innen offen ist. So werden die Kurier:innen über aktuelle Verhandlungsthemen informiert und können teilweise Einfluss auf die Verhandlungen nehmen. Man habe auch bei der betreuenden Gewerkschaft entsprechende Entscheidungsmodelle vorgeschlagen, erklärt ein Betriebsrat. Dabei sei man jedoch schnell an Grenzen gestoßen:

> Man will immer so ein Altherrendemokratie- und Organisationsverständnis, was ich auch, und eigentlich alle hier, überhaupt nicht teilen, will man irgendwie fortsetzen. Also zum Beispiel das Prinzip, dass ein Vorsitzender alles macht und entscheidet und die anderen nur Erfüllungsgehilfen sind. Was komplett gegen unser Selbstverständnis läuft. Das würde kein einziger Betriebsrat so akzeptieren. Aber es wird an uns der Anspruch gestellt, dass wir auch so agieren. [...] Da sagen wir nee, warum sollten wir das tun?

Im Zeitalter der digitalen Kommunikation gäbe es »doch gar keine Notwendigkeit, dass nur eine Person entscheidet. Die Person kann doch sich ganz schnell abstimmen mit den anderen etc.« Gefragt sei deshalb »so was wie Gewerkschaft 4.0«. Die betreuende Gewerkschaft schöpfe diese Potenziale jedoch nicht aus. Allerdings wird die Notwendigkeit einer solchen partizipativen Gewerkschaftspolitik angesichts der Digitalisierung durchaus auch von einem befragten Gewerkschafter angesprochen:

> Das erhöht für Gewerkschaften und Betriebsräte die Eigenschaft, im gewerkschaftlichen Handeln auch selber Beschäftigte mehr einzubinden und die Mitgliedschaft zu fragen, was sie denn wollen. Stichwort Stellvertreterpolitik wird weniger Zukunft haben, als sie in der Vergangenheit das Gewerkschaftshandeln geprägt hat.

In eine ähnliche Richtung weist auch die Initiative der IG Metall, in Zukunft verstärkt auf Organizing-Methoden zu setzen. Demnach bildet die Gewerkschaft eigene Organizer:innen aus, setzt auf stärkere Autono?mie der lokalen Einheiten gegenüber dem Vorstand und auf eine stärkere Partizipation der Beschäftigten.[87] Im Plattformsektor ist die Tendenz in Richtung einer partizipativeren Gewerkschaftspolitik noch stärker. Wie ausgeführt, wird dieser Sektor zu großen Teilen von Basisgewerkschaften organisiert.

Das ist nicht nur in Deutschland, sondern europaweit der Fall: In England werden die Plattform-Kurier:innen hauptsächlich von den Independent Workers of Great Britain (IWGB) und den Industrial Workers of the World (IWW) organisiert, in Spanien von der Confederación Nacional del Trabajo (CNT) und der Intersindical Alternativa de Cataluña, in Polen von der Inicjatywa Pracownicza (IP), in Frankreich von der Union Syndicale Solidaires und in Italien vom Sindacato Intercategoriale (SI) Cobas. Bei all diesen Organisationen handelt es sich um Basisgewerkschaften mit radikaldemokratischer Organisationsform. Insgesamt scheint eine partizipative Gewerkschaftspolitik im Zuge der Digitalisierung eine stärkere Chance auf Durchsetzung zu haben. Das kann durchaus als Machtressource verstanden werden. So legen verschiedene Studien einen Zusammenhang zwischen partizipativer Arbeitskampfpolitik und Durchsetzungskraft der Gewerkschaften nahe.[88]

Aber nicht nur funktionierende, sondern auch nichtfunktionierende digitale Infrastrukturen können zur Machtressource für eine Technopolitik von unten werden: Dabei geht es insbesondere darum, dass unter Ausnutzung technischer Verwundbarkeiten im Streikfall einfacher Druck auf Unternehmen aufgebaut werden kann. So macht insbesondere die digitale Radikalisierung der Lean-Production-Produktionsnetzwerke noch verwundbarer gegenüber Streiks und anderen Aktionen von Beschäftigten.[89] Diese Tatsache kam auch den Beschäftigten eines Audi-Motorenwerks im ungarischen Györ zugute. Dort hatten sie eine Woche lang gestreikt und damit nicht nur das Audi-Stammwerk in Ingolstadt, sondern auch ein Porsche-Werk in Ingolstadt und ein Volkswagen-Werk in Bratislava lahmgelegt. Durch dieses Druckmittel konnten sie all ihre Forderungen, einschließlich einer Lohnerhöhung um 18 Prozent, durchsetzen.[90] Teilweise können solche Aktionen sogar von außen erfolgen. Dies geschah etwa während eines Generalstreiks im französischen Blanc-Mesnil. Dort schalteten

Beschäftigte des örtlichen Versorgungsunternehmens die Stromzufuhr für ein Amazon-Versandlager ab, um so die dortigen Streikenden zu unterstützen. Erst am nächsten Tag wurde die Stromzufuhr wiederhergestellt.[91]

Diese Beispiele zeigen, dass die Radikalisierung der Lean-Production-Prinzipien im Zuge der Digitalisierung den Beschäftigten durchaus neue Machtressourcen verschaffen kann. Diese werden von den großen Gewerkschaften in den meisten Fällen nicht genutzt, können aber für die Selbstorganisation der Mitarbeiter eine Rolle spielen. Wichtig ist jedoch auch, dass es keine technischen Abkürzungen für eine Technopolitik der Beschäftigten gibt, die um einen Machtaufbau von unten herumführen würden. Die genannten digitalen Kommunikationskanäle und die Kenntnis über Nadelöhre im Produktionsablauf können zwar einer widerständigen Selbstorganisierung zugutekommen, sie ersetzen diese aber nicht, da sie, wie etwa im Fall von *Smart Delivery* deutlich wurde, für sich genommen weder Vertrauen noch Verbindlichkeit herstellen können. In diesem Sinne bleibt die kollektive Organisierung das zentrale Machtmittel der Beschäftigten. Insbesondere infolge der Digitalisierung steht diese auch vor neuen Herausforderungen. So können Unternehmen im Falle eines Streiks mittels algorithmischer Prozesssteuerung Produktionsprozesse relativ einfach an andere Standorte verlagern und so die Wirkung der Streiks abfedern, wie etwa Aktive bei *Smart Shopping* berichten. Die hier beforschte internationale Koordination der betrieblich Aktiven von *Smart Shopping* stellte eine Reaktion auf genau diese Tatsache dar. Dabei entwickelten die Beschäftigten Strategien, die über die Landes- und Gewerkschaftsgrenzen hinausgingen. Es nahmen Lagerarbeiter:innen aus verschiedenen europäischen Ländern teil, aber auch Programmierer:innen aus der Zentrale des Konzerns. Gemeinsam entwickelten sie ein Netzwerk, mit dem sie ihre Streikaktivitäten koordinieren konnten, um so den Druck auf das Unternehmen zu erhöhen. Über dieses Netzwerk sollte aber auch verhindert werden, dass die verschiedenen Standorte gegeneinander ausgespielt werden, etwa in Form internationaler Kennzahlenvergleiche. Zu diesem Zweck sammelten die Beschäftigten selbst Daten, um diese mit denjenigen des Managements vergleichen zu können.

Ähnlich verfuhr die europäische Bewegung der Fahrradkurier:innen. So waren die Aktivist:innen der jeweiligen Gewerkschaftsinitiativen in verschiedenen europäischen Ländern seit Beginn der Arbeitskämpfe miteinander vernetzt. Eine Koordinationsplattform war dabei der Transnational Social Strike, der bei einem Treffen Anfang 2017 in London 160 Personen aus 40 Organisationen und neun Ländern zusammenbrachte, um einen transnationalen Austausch zwischen den verschiedenen Arbeitskämpfen der Plattformökonomie zu ermöglichen. Im Zuge dieser Vernetzung dokumentierten die Aktivist:innen innerhalb von 18 Monaten 41 Protestereignisse in sieben Ländern, an denen 1493 Rider teilnahmen. Auf Grundlage dieser Daten lässt sich ein Zusammenhang zwischen den verschiedenen lokalen Ereignissen erkennen. So zeigt die Statistik nicht nur ein Anwachsen der Mobilisierung, sondern auch eine wachsende Synchronizität zwischen den Protesten.[92] Nachdem 2016 in London ein Arbeitskampf bei Deliveroo stattgefunden hatte, wurden dessen Aktionsformen in Italien bei Protesten der Rider in Turin wiederholt.[93] Im Oktober 2018 trafen sich Beschäftigte von Lebensmittelplattformen aus zwölf Ländern zur Gründung der Transnational Federation of Couriers in Brüssel. Dieser Verband will die Kurier:innen über Grenzen hinweg vertreten und koordiniert für bessere Arbeitsbedingungen in der Plattformökonomie kämpfen.[94] Im Januar 2020 trafen sich Arbeitende von Taxiplattfromen wie Uber, Bolt, Grab und Lyft aus 23 verschiedenen Ländern in England, um die International Alliance of App-Based Transport Workers (IAATW) zu gründen.[95] Bemerkenswert ist, dass diese Koordinationen weitgehend nicht auf der Ebene von Gewerkschaftsfunktionär:innen angesiedelt sind, sondern vor allem von den Arbeitenden selbst getragen werden. Eine wichtige Voraussetzung für eine solche transnationale Selbstorganisation – das wurde oben bereits deutlich – ist eine Angleichung der Arbeitsprozesse über die Landesgrenzen hinweg. Eine solche wird durch die algorithmische Arbeitssteuerung in großem Ausmaß herbeigeführt. Diese Tatsache kann also zu einer weiteren organisatorischen Machtressource der Beschäftigten im digitalisierten Arbeitsprozess werden.

Insgesamt bieten sich einer Technopolitik von unten also verschiedene Machtressourcen, die ihre Durchsetzungschancen deutlich erhöhen. Aufgrund der Abwertungsprozesse der kybernetischen Proletarisierung ist es sehr wahrscheinlich, dass die Häufigkeit von Konflikten in den hier untersuchten Bereichen eher weiter zunehmen wird. Vor allem drücken sich diese Konflikte in informellen Auseinandersetzungen aus, es kommt aber auch zu großen gewerkschaftlich organisierten Arbeitskämpfen. Bei diesen steigen die Durchsetzungschancen einer Technopolitik von unten, wenn die Gewerkschaften auf partizipative Arbeitskampfführung und neue kommunikative Machtressourcen setzen. Dies ist vor allem bei Basisgewerkschaften der Fall, aber auch die offiziellen Gewerkschaften bewegen sich, wie oben beschrieben, teilweise in diese Richtung. Im Falle von Streiks können Beschäftigte die Verwundbarkeit der digitalen Infrastruktur als Druckmittel nutzen. So schafft insbesondere die radikalisierte Lean Production neue Nadelöhre, durch deren Blockade ganze Lieferketten lahmgelegt werden können. Vor allem aber wird für eine effektive Technopolitik von unten eine transnationale Selbstorganisation der Beschäftigten notwendig sein. Diese wird durch die internationale Angleichung der Arbeitsprozesse im Zuge der algorithmischen Arbeitssteuerung und auch durch neue Kommunikationsinfrastrukturen vereinfacht. Wenn es diese Machtressourcen ausnutzt, kann das kybernetische Proletariat möglicherweise sogar zum Kern einer erneuerten Arbeiter:innenbewegung werden.

8.
AUSBLICK

Die Feststellung, dass die Digitalisierung die Arbeitswelt umwälzt, ist mittlerweile zur Standardeinleitung arbeitssoziologischer Studien geworden, unabhängig von deren Gegenstand. Das Thema ist also alles andere als unterforscht. Trotzdem hat sich diese Untersuchung abermals dem Thema gewidmet, in der Überzeugung, dass wichtige Aspekte noch immer unterbeleuchtet sind. Vor allem rührt diese Überzeugung aus einem Unbehagen darüber, dass die Digitalisierung in vielen Konzeptionen implizit als eine Art Naturgewalt verstanden wird, die von Manager:innen und Ingenieur:innen vollstreckt wird, während die Beschäftigten als passive Objekte oder Opfer dieses Prozesses dastehen. Deshalb hat diese Untersuchung die verschiedenen Umgangsstrategien der Beschäftigten mit der Digitalisierung ins Zentrum gerückt. Konkret wurde dies am Beispiel der algorithmischen Steuerung manueller Arbeit in der Industrie 4.0 und der Lieferlogistik untersucht.

Algorithmische Arbeitssteuerung ist allgemein von hoher (arbeits)politischer Relevanz. In politisch-ökonomischer Hinsicht kann sie als eine Antwort auf dauerhaft stagnierende Wachstumsquoten verstanden werden. Teurere und langfristigere Investitionen in die Produktionstechnologie, insbesondere die Robotik, scheinen in dieser ökonomischen Lage risikoreich und finden deshalb gegenwärtig eher selten statt. Da aber trotzdem Profite maximiert werden müssen, bietet sich die günstigere und vor allem flexiblere algorithmische Arbeitssteuerung als Rationalisierungstechnik an. In diesem Sinne folgt die Entwicklung der algorithmischen Arbeitssteuerung also nicht nur technischen, sondern stets auch politisch-ökonomischen Faktoren. Sie kann deshalb als *technological fix* für Kontroll- und Produktivitätskrisen in der Kapitalverwertung verstanden werden. Das bedeutet jedoch auch, dass sie ein Feld widerstreitender Interessen ist.

Um diese Interessenkonflikte ins Zentrum zu rücken, wurde hier der Analyserahmen der Technopolitik entwickelt, der es erlaubt, Technologie im Produktionsprozess als Produkt politischer Aushandlungen zu verstehen. Als Grundlage diente dabei Burawoys Konzept der Produktionspolitiken, das die Notwendigkeit einer empirischen Analyse der Interaktionen zwischen den Ebenen des Arbeitsprozesses und der institutionellen Regulation betont. In Bezug auf technopolitische Aushandlungen muss dem noch eine weitere Ebene oder – mit Müller-Jentsch gesprochen – Arena hinzugefügt werden, sodass hier zwischen drei technopolitischen Arenen unterschieden wurde: der Regulations-, der Implementierungs- und der Aneignungsarena. Diese Arenen sind durch unterschiedliche Aushandlungslogiken geprägt, und es treffen jeweils unterschiedliche Akteure aufeinander. Teilweise kommt es jedoch auch zu Inter-Arenen-Konflikten, wenn die Aushandlungslogiken der jeweiligen Arenen in Widerspruch zueinander geraten. Generell hat sich gezeigt, dass von einer Wechselwirkung zwischen den verschiedenen Arenen ausgegangen werden kann. Das ist nicht nur dann der Fall, wenn Änderungen in der institutionellen Regulation, wie etwa neue Datenschutzbestimmungen, Auswirkungen auf die Technologieverwendung haben, sondern auch wenn Implementierungsstrategien aufgrund von Widerstand der Beschäftigten geändert werden. Letzterer Fall wurde hier als Technopolitik von unten bezeichnet. Dieser Analyserahmen könnte auch für zukünftige technik- und arbeitssoziologische Forschung relevant werden, wenn sie Digitalisierung als politisches Aushandlungsfeld in den Blick nehmen will. Insbesondere ermöglicht er eine Überwindung derjenigen Perspektiven, die Beschäftigte ausschließlich als Objekte oder Opfer von Digitalisierungsprozessen betrachten. Hier wurde dieser Analyserahmen auf die Aushandlung der algorithmischen Arbeitssteuerung angewandt.

Die algorithmische Arbeitssteuerung findet starke Verbreitung in der Lieferlogistik und dort insbesondere in Plattformunternehmen wie Amazon oder Deliveroo. Aber auch die produzierende Industrie, deren Digitalisierung in Deutschland seit 2013 unter dem Label Industrie 4.0 vorangetrieben wird, setzt zunehmend auf die algorithmische Steuerung manueller Arbeit. Deshalb wurden diese beiden Sektoren hier als Untersuchungsfelder ausgewählt. In den Industrieunternehmen *Smart Electrics* und *Smart Solutions* sowie den Lieferlogistik-Plattformen *Smart Delivery* und *Smart Shopping* wurden jeweils Intensivfallstudien durchgeführt. Dabei kam eine Kombination von Interviews und teilnehmender Beobachtung zum Einsatz. Diese Intensivfallstudien wurden ergänzt durch Analysen von Policy-Papieren relevanter Institutionen sowie durch Interviews mit unternehmensexternen Akteuren der Digitalisierung, um den Kontext der betrieblichen Prozesse zu erheben und die externe Validität der Ergebnisse zu erhöhen. Die weitere Struktur der Untersuchung wurde jedoch nicht nach den Fallstudien, sondern nach den jeweiligen Aushandlungsarenen gegliedert.

In der Regulationsarena treffen vor allem Gewerkschaften, Unternehmensverbände und staatliche Institutionen aufeinander. Hier konnte gezeigt werden, dass die Aushandlungen im Industriesektor von einem Technokorporatismus 4.0 geprägt sind, also der Bemühung um eine konsensuelle Digitalisierungspolitik, die von Unternehmen und Gewerkschaften gleichermaßen mitgetragen wird. Den staatlichen Institutionen kommt in dieser Konstellation, neben der Subventionierung industrieller Digitalisierung vor allem die Rolle der Vermittlung zwischen den Interessenparteien zu. So entstehen sowohl auf betrieblicher Ebene, mit den sogenannten Experimentierräumen, als auch auf überbetrieblicher Ebene, zum Beispiel mit der Plattform Industrie 4.0, korporatistische Institutionen, die mit der konsensuellen Durchsetzung der Digitalisierung betraut sind. Dieser

Technokorporatismus erzeugt jedoch auch innere Widersprüche und führt teilweise zu einer Entfremdung zwischen den Gewerkschaften und denjenigen Beschäftigten, die den Digitalisierungsmaßnahmen skeptisch gegenüberstehen. Für die Korporatismusforschung könnten diese Ergebnisse einen Anstoß bieten, die meist ausgeblendeten Dysfunktionalitäten und verdrängten Konflikte stärker in den Blick zu nehmen und die mit diesem Modell der industriellen Beziehungen notwendigerweise einhergehenden harmonistischen Diskurse zu hinterfragen.

Im zweiten hier untersuchten Sektor, den Lieferlogistik-Plattformen, kann sich der Technokorporatismus nicht durchsetzen. Dort kommt es, nicht zuletzt aufgrund der gewerkschaftsfeindlichen Haltung der betreffenden Unternehmen, zu einem antagonistischen Modell der Technopolitik. Dieses ist seitens der Gewerkschaften von einer erhöhten Konfliktintensität und einem partizipativeren Vorgehen geprägt. Allerdings erweist sich auch dieses Modell gewerkschaftlicher Technopolitik nicht als stabil, da es im Erfolgsfall meist zu einer Institutionalisierung der industriellen Beziehungen, etwa durch Betriebsratsgründungen, führt. Das wiederum geht mit einem kooperativeren Aushandlungsmodell einher. Besonders relevant erscheint dabei, dass die großen Unterschiede nicht entlang von Landesgrenzen, sondern zwischen unterschiedlichen ökonomischen Sektoren verlaufen.

In der Implementierungsarena stehen sich typischerweise Management und Betriebsrat bei der Aushandlung von Digitalisierungsstrategien gegenüber. Aufseiten der befragten Manager:innen lassen sich dabei verschiedene Strategien in Bezug auf die algorithmische Arbeitssteuerung identifizieren. Besonders prominent ist eine Strategie vertreten, die als kybernetische Arbeitsverdichtung bezeichnet werden kann: Dabei geht es um die digitale Evaluation von Arbeitsprozessen. Diese wird für automatisierte Feedbacks an die Beschäftigten genutzt mit dem Ziel, dass diese ihre Arbeitsprozesse selbst optimieren. Dadurch soll eine Beschleunigung bzw. Verdichtung der Arbeit erreicht werden. Dieser kybernetische Modus der Kontrolle kann auch als Reaktion auf Aushandlungen in der Regulations- und der Implementierungsarena verstanden werden. So gehen Gewerkschaften und Betriebsräte unter Rückgriff auf Datenschutzgesetze relativ erfolgreich gegen Vorstöße in Richtung einer klassischen Überwachung vor. Die Kybernetisierung erscheint dann teilweise als Kompromiss, da sie keine zentrale Speicherung der erhobenen Daten zu Repressionszwecken vorsieht.

Für zukünftige arbeitssoziologische Digitalisierungsforschung kann das Konzept der kybernetischen Kontrolle nützlich sein, um über einen Fokus auf Überwachung hinauszugehen. Damit ist auch auf Probleme jenseits des reinen Datenschutzes verwiesen. Insbesondere sind hierbei die durch Arbeitsintensivierung entstehenden Formen von Stress zu erwähnen, von denen die hier befragten Beschäftigten berichten. Gleichzeitig kann der Begriff der Kybernetisierung dabei helfen, ein vorschnelles Verständnis der Digitalisierung als revolutionärem Umbruch (wie es etwa im Begriff Industrie 4.0 impliziert wird) zu hinterfragen und insbesondere die Entwicklung der algorithmischen Arbeitssteuerung ideengeschichtlich einzubetten. Auf der anderen Seite kann mit dem Begriff jedoch auch gezeigt werden, welche historischen Kontinuitäten an Bedeutung verlieren: Während in der kritischen Arbeitssoziologie oft vom »digitalen Taylorismus« die Rede ist, gehen die hier untersuchten Aspekte der algorithmischen Arbeitssteuerung über diesen hinaus. Die Dimension der feedbackbasierten Selbstorganisation stellt auch den Kontrollbegriff der Labour Process Theory als Dreischritt von Anweisung, Evaluation und Sanktion infrage. Diese Dimension bleibt im Konzept von Edwards (und – in anderer Form – auch bei Burawoy) unterbestimmt, da beide sich implizit am Taylor'schen Kontrollmodell orientieren, das vor allem auf eine Ausweitung der Autonomie des Managements auf Kosten der Autonomie der Beschäftigten abzielte. Der Begriff der kybernetischen Kontrolle verweist nun darauf, dass an die Stelle der Herrschaft des Managements die kontrollierte Selbstorganisation des Systems treten soll. In der Praxis freilich bleibt diese Vision, wie auch diejenige des Taylorismus, unerreicht.

Die zweite zentrale manageriale Implementierungsstrategie ist die dequalifizierte Flexibilisierung: Dabei werden digitale Arbeitsleitsysteme implementiert, um Arbeitsprozesse zu vereinfachen. Dadurch können einerseits hochqualifizierte, teure Arbeitskräfte durch niedrigqualifizierte, billigere Arbeitskräfte ersetzt werden. Andererseits wird die Arbeitskraftallokation aus Unternehmenssicht flexibler, da Einarbeitungen entfallen. Das bedeutet, dass temporär Beschäftigte leichter eingebunden und bestehende Belegschaften leichter zwischen verschiedenen Tätigkeiten verschoben werden können. Ein wichtiger Bestandteil dieser Strategie ist die verstärkte Einbindung migrantischer Arbeitskräfte, die durch sprachlich konfigurierbare Arbeitsleitsysteme ermöglicht wird. Diese Ergebnisse implizieren, dass (zumindest in den hier untersuchten Fällen) Dequalifizierungsstrategien bei der Digitalisierung eine deutlich größere Rolle spielen, als in der arbeitssoziologischen Digitalisierungsforschung üblicherweise angenommen wird. Dieses Ergebnis ist nicht ohne Weiteres jenseits der hier untersuchten Sektoren verallgemeinerbar, dennoch steht es in deutlichem Widerspruch zu Erwartungen eines allgemeinen Job-Upgrading oder eines Verschwindens geringqualifizierter manueller Arbeit.

Bei der dritten Strategie handelt es sich um die datenbasierte Automatisierung: Während eine weitreichende Robotisierung der Produktion aus Kostengründen bisher noch nicht wahrscheinlich erscheint, zeichnet sich in den untersuchten Unternehmen eine besondere Form der Automatisierung als relevant ab. Dabei werden die im Arbeitsprozess erhobenen Daten dazu genutzt, Automatisierungssysteme zu programmieren, um die entsprechende Arbeit zu ersetzen. Das Ausmaß dieser speziellen Form von Automatisierung kann zwar noch nicht seriös abgeschätzt werden, sie unterstreicht jedoch den relevanten Faktor, dass der kybernetisch kontrollierte Arbeitsprozess durch Datenerhebung immer auch zu seiner eigenen Abschaffung beiträgt.

In der Aneignungsarena wird die tatsächliche Verwendung der digitalen Technologien auf organisationskultureller Ebene verhandelt. Dabei kann zunächst festgestellt werden, dass die befragten Beschäftigten vor allem die kybernetische Arbeitsverdichtung als große Belastung empfinden. In einigen Fällen löst diese Stress bis hin zur Schlaflosigkeit aus. Damit geht aber auch einher, dass die Beschäftigten die Selbstoptimierungsimperative der kybernetischen Kontrolle nur in seltenen Fällen verinnerlichen. In den hier durchgeführten teilnehmenden Beobachtungen war der Regelfall stattdessen ein Prozess des aktiven Verlernens der Selbstkontrolle und des Ignorierens der Feedbacks. So entwickelten die Beschäftigten verschiedene geteilte Kulturen der Kritik. Dabei ging die Kritik an Vorgesetzten auf die algorithmischen Systeme über, die diese teilweise ersetzten. In den Industriefällen nahm dies die Form von subversivem Humor an, während in den Plattformfällen offene Kritik geübt wurde. Darüber hinaus gelang es den Beschäftigten, den verschiedenen Formen der Atomisierung zum Trotz, widerständige Solidaritätskulturen zu etablieren. Diese drückten sich in Formen der gegenseitigen Hilfe, aber auch in Form kollektiver widerständiger Praktiken bis hin zu Bummelstreiks und kleineren Sabotageaktionen aus. In einigen Fällen, wie etwa bei einem digitalen Kontrollhandschuh, führten sie zur Änderung oder sogar zum Abbruch von Implementierungsprojekten. Diese empirischen Ergebnisse sind vor dem Hintergrund des bisherigen Forschungsstandes einigermaßen überraschend. Oft wurde angenommen, dass die algorithmische Arbeitssteuerung zu einer lückenlosen Kontrolle und einer Atomisierung der Beschäftigten führe – was scheinbar nicht der Fall ist. Dass dieses Scheitern managerialer Kontrollstrategien in einem Großteil der Forschung übersehen wird, hat auch methodische Gründe: Allzu oft beschränkt sich die empirische Forschung auf die Analyse offizieller Dokumente oder Expert:inneninterviews. Aus diesen Quellen lassen sich zwar Managementstrategien identifizieren – von diesen Strategien aber auf tatsächliche organisationale Praktiken schließen zu wollen, führt jedoch, wie die hier vorliegenden Ergebnisse zeigen, zu Fehlannahmen. Diese Erkenntnis sollte auch als ein Plädoyer dafür verstanden werden, die aus verschiedenen Gründen in der deutschen Arbeitssoziologie aus der Mode gekommenen ethnografischen Methoden wieder verstärkt zum Einsatz zu bringen.

In der Reflexion der empirischen Ergebnisse kann zunächst diagnostiziert werden, dass die algorithmische Arbeitssteuerung im hier untersuchten Bereich der manuellen Arbeit in der Industrie 4.0 und der Plattformlogistik mit verschiedenen Abwertungstendenzen einhergeht. Diese wurden hier als kybernetische Proletarisierung bezeichnet. Damit ist ein Zyklus von Verdrängung und Reintegration menschlicher Arbeit aus den Produktionsprozessen gemeint. Durch die beschriebenen Prozesse der kybernetischen Arbeitsverdichtung, der dequalifizierten Flexibilisierung und der datenbasierten Automatisierung kommt es zunächst zu einer quantitativen und qualitativen Verdrängung menschlicher Arbeit. Diese hat jedoch keineswegs eine technologische Arbeitslosigkeit zur Folge. Vielmehr entstehen, gerade mit der algorithmischen Arbeitssteuerung, verschiedene arbeitsintensive Tätigkeiten, wie etwa im hier untersuchten Bereich der Lieferlogistik, aber auch in anderen Dienstleistungsbereichen. Diese können unter anderem als Folge der allgemeinen Arbeitsverdichtung verstanden werden. Die Gemeinsamkeit der neu entstehenden Jobs ist, dass es sich fast immer um prekäre Arbeitsverhältnisse handelt.

In besonderer Weise davon betroffen sind migrantische Arbeitskräfte, die einen großen Teil des kybernetischen Proletariats stellen. Mit dem Konzept der kybernetischen Proletarisierung soll aufgezeigt werden, dass die Digitalisierung der Arbeitswelt nicht nur, wie von Unternehmen und staatlichen Akteur:innen gerne behauptet, Gewinner:innen, sondern auch eine ganze Schicht von Verlierer:innen produziert. In diesem Zusammenhang gilt es im Blick zu behalten, dass das Auseinanderdriften der Lohnniveaus im Zusammenhang mit der verstärkten Einbindung migrantischer Arbeitskräfte in den digitalisierten Niedriglohnsektor zu einem neuen Unterschichtungsprozess beiträgt. Damit ist die Herausbildung einer Schicht migrantischer Arbeiter:innen gemeint, die zu noch schlechteren Bedingungen beschäftigt wird als im Niedriglohnsektor ohnehin üblich – ein Prozess, der in der deutschen Wirtschaftsgeschichte bereits zuvor eine bedeutende Rolle gespielt hat. Die Einführungs des Begriffs der kybernetischen Proletarisierung ist deshalb auch als Vorschlag zu verstehen, den arbeitssoziologischen Proletarisierungsbegriff nicht vorschnell für veraltet zu erklären. Insbesondere die Dialektik von Verdrängung und Reintegration menschlicher Arbeitskraft im Zuge der Digitalisierung kann damit besser in den Blick genommen werden als etwa mit Konzepten technologischer Arbeitslosigkeit oder digitaler Prekarisierung.

Dem kybernetischen Proletariat stehen dabei aber auch neue Machtressourcen zur Verfügung, die es im Sinne einer Technopolitik von unten nutzen kann. So können etwa digitale Kommunikationsnetzwerke zu einer partizipativeren und durchsetzungsfähigeren Arbeitskampfführung beitragen. Die Substitution menschlicher Vorgesetzter durch algorithmische Arbeitssteuerung kann zudem neue Spielräume für unbemerkte autonome Praktiken eröffnen. Dabei kann die Verwundbarkeit der digitalen Infrastrukturen als Druckmittel eingesetzt werden. So lässt sich insgesamt diagnostizieren, dass die digitale Ökonomie zum Schauplatz an Intensivität und Ausmaß wachsender Konflikte wird. Deshalb sind die Resultate der kybernetischen Proletarisierung keineswegs ausgemacht. Sie kann sowohl zur Verelendung wachsender Bevölkerungsteile führen als auch neue Klassenkonflikte befeuern. Beide Tendenzen wurden hier beleuchtet. Demgegenüber wird die Digitalisierung jedoch bislang in den meisten Diskussionen als unvermeidbarer Prozess dargestellt, der kaum andere Optionen zulässt als die Anpassung an die neuen technischen Sachzwänge. Tatsächlich ist die Entwicklung, Implementierung und Nutzung digitaler Technologie, wie diese Untersuchung gezeigt hat, jedoch ein hochpolitischer Prozess im Kontext gegensätzlicher Interessen. Technopolitik zeigt sich als eine der zentralen politischen Arenen unserer Zeit. Wenn Algorithmen unser Arbeits- und Privatleben immer weiter durchdringen, geht damit auch eine weitreichende Neuaushandlung der Organisation unserer Gesellschaft einher. Die Digitalisierung als politischen Prozess zu verstehen ist Voraussetzung dafür, sie so gestalten zu können, dass sie zu einer würdevollen menschlichen Existenz beiträgt anstatt ausschließlich zur Akkumulation von Kapital.

METHODISCHES VORGEHEN: EINE TECHNOPOLITISCHE FALLSTUDIE

Im Zentrum der hier durchgeführten qualitativen Fallstudie[1] stehen vier verschiedene Unternehmen, die ich hier *Smart Solutions, Smart Electrics, Smart Delivery* und *Smart Shopping* nenne. Diese Unternehmen wurden nach den Kriterien des theoretischen Samplings ausgewählt.[2] Bei allen vier Unternehmen wird eine Kombination aus Ressourcenplanungs- und Arbeitsleitsystemen eingesetzt. Diese Technologien wurden jedoch in kontrastierenden organisationalen Kontexten untersucht, um erfassen zu können, wie sie sich auf Technopolitiken von unten auswirken. Auf Grundlage der bisherigen Forschung ließen sich in Deutschland die Felder der Industrie 4.0 und der Plattformlogistik als besonders relevant in Bezug auf algorithmische Arbeitssteuerung identifizieren.

Zunächst wurden verstehende Interviews[3] mit Vertreter:innen aus Management, Betriebsrat und Beschäftigten geführt, um Strategien im Umgang mit der algorithmischen Arbeitssteuerung zu erheben. Anders als in der klassischen Betriebsfallstudie[4] wurde hier die Fallkonstruktion allerdings nicht naturalistisch entlang der Grenzen der vier Betriebe gezogen. Stattdessen wurden auch Entwickler:innen der eingesetzten Technologien, Akteur:innen aus anderen Digitalisierungsbetrieben und gewerkschaftliche Akteur:innen befragt. Insgesamt kamen in den 54 geführten Interviews so Vertreter:innen von 19 Organisationen zu Wort. Erst dadurch konnten die Positionen der verschiedenen Interessensgruppen adäquat erfasst und die externe Validität der Unternehmensfälle sichergestellt werden. Die hier zitierten Passagen aus den Interviews wurden gegenüber den Transkripten teilweise sprachlich bereinigt. Einige Interviews wurden auf Englisch geführt. Zitate aus diesen wurden ins Deutsche übersetzt.

Technopolitik besteht jedoch nicht nur aus individuellen Positionen, die in Interviews erhoben werden können. Das Erkenntnisinteresse der Studie gilt deshalb weniger den individuellen Meinungsäußerungen einzelner Akteur:innen, als vielmehr kollektiven Aushandlungsprozessen. Mit Wolfgang Rieland gesprochen

> ist gerade der solidarische Zusammenhang dieser »einzelnen Arbeiter« das wesentliche politische Moment, das ihren Kampf überhaupt erst konstituiert. Wie aber soll man nun dieses handelnde Subjekt [...] nach seinem »Bewußtsein« befragen, ohne gleichzeitig diesen wesentlichen Zusammenhang der kämpfenden Arbeiter in der Befragung immer nur »einzelner Arbeiter« praktisch doch wieder aufzulösen? Gerade an diesem Widerspruch wird deutlich, daß mit der Reduktion von Arbeiteruntersuchungen auf simple Befragungstechnik die wesentlichen Momente des Kampfes – wo je jenes »Arbeiterbewußtsein« »greifbar« Gestalt annimmt; das war die Voraussetzung – nicht mehr erfaßt werden können.[5]

Der Zugriff auf diese kollektive Ebene erfordert mehr als bloße Einzelinterviews. Deshalb führte ich, neben den Interviews, beobachtende Teilnahmen[6] an einer Reihe von mehrtägigen Workshops durch, bei denen Betriebsrät:innen Strategien im Umgang mit der Digitalisierung erarbeiten wollten. Insgesamt nahm ich an vier solcher Workshops des Betriebsrats von *Smart Solutions* und zweien des Betriebsrats von *Smart Shopping* teil. Bei diesen Workshops präsentierte ich den Stand meiner Forschung und beobachtete im Folgenden die Diskussionen, an denen ich teilweise auch selbst teilnahm. Teil der Workshops waren mitunter auch Betriebsbesichtigungen. Dieser Zugang ermöglichte tiefgehende Einblicke in technopolitische Aushandlungen, die weder durch Interviews noch durch teilnehmende Beobachtungen möglich gewesen wären. So konnte die gemeinsame Aushandlung der technopolitischen Strategien und Maßnahmen der Betriebsrät:innen über eine längere Zeit direkt im Entstehen verfolgt werden.[7] Diese Einblicke waren jedoch nur möglich, da ich im Sinne der beobachtenden Teilnahme selbst zu den Workshops beitrug und somit auch selbst in die technopolitischen Aushandlungen intervenierte. Auch bei den Workshops wurden Tonmitschnitte angefertigt, wann immer dies möglich war. Bei denjenigen Diskussionen, bei denen die Teilnehmenden keine Aufnahmen wünschten, wurden nach den Kriterien der ethnografischen Feldforschung Feldnotizen geschrieben.

Ähnliche Workshop-Formate werden in der industriesoziologischen Fallstudienforschung unter dem Namen »reflexive Methoden« immer wieder eingesetzt. Darin werden in der Regel Ergebnisse von Erhebungen an die Befragten zurückgespiegelt und mit diesen diskutiert.[8] So wird versucht, in einer schrittweise vertiefenden Reflexion gemeinsam mit den Befragten Interessen erst einmal offenzulegen und dann die Praxis von sozialen Aushandlungen zu rekonstruieren.[9] Dieses »dialogische« Vorgehen, bei dem Informationen zwischen Forscher:in und Beforschten hin und her fließen, hat gegenüber einem »monologischen« Vorgehen einige Vorteile.[10] Nach Friedrich Weltz sorgt eine solche aktive Beteiligung der Beforschten an der Forschung und der Forschungsperson an betrieblichen Aushandlungen für

> ein sehr viel differenzierteres Verständnis der meist widersprüchlichen, vielfach gebrochenen und verdeckt ablaufenden Geschehen in Unternehmen und Verwaltungen. Sie eröffnet Einsicht in Prozesse und Zusammenhänge, die selbst einer »teilnehmenden Beobachtung«, bei der die Wissenschaftler sich auf eine rein passive Rolle beschränken, eher verschlossen oder – gefährlicher noch – nur selektiv zugänglich sind.[11]

Auch die Nutzung »unstrukturierter Methoden«, wie qualitativer Interviews, berge demgegenüber die Gefahr einer selektiven und erwartungskonformen Wahrnehmung betrieblicher Realität: »Nur zu leicht vermitteln sie das Gefühl einer intimen Kenntnis betrieblicher Zusammenhänge und Vorgänge, ohne eine ausreichende Grundlage zu bieten, zu beurteilen, wie weit diese durch die Selbstdarstellung der Gesprächspartner geprägt ist.«[12] Die beobachtende Teilnahme konfrontiere die Forschenden im Regelfall frühzeitiger als formalisierte Erhebungen mit sich neu abzeichnenden betrieblichen Problemfeldern. In diesem Sinne wurde die Methodenkombination dafür eingesetzt, die jeweiligen blinden Flecken der Einzelmethoden auszugleichen. Zusätzlich ist das Ziel der reflexiven Methoden, dass in den Workshops gemäß dem Paradigma der industriesoziologischen Aktionsforschung[13] die betriebliche Realität praktisch mitgestaltet wird. Dabei sollen die Beschäftigten in die Rolle von Expert:innen mit eigenen »Analyse- und Gestaltungskompetenzen« versetzt werden.[14] Diese Kompetenzen sollen bei sogenannten »Dialogkonferenzen« zum Einsatz kommen, bei denen sich Vertreter:innen aller betrieblichen Gruppen konsensuell auf Veränderungen einigen.[15]

Die Konzeption dieser Dialogkonferenzen orientiert sich am Habermas'schen Idealbild eines herrschaftsfreien Diskurses. Bei Habermas wird der herrschaftsfreie Diskurs als weitgehend uneingelöstes Potenzial verstanden: Um rationale Kommunikation überhaupt möglich zu machen, muss beispielsweise unterstellt werden, dass die Gesprächspartnerin das Gesagte auch meint und nicht nur zum Zweck der Manipulation des Gegenübers äußert. Diese unterstellte Herrschaftsfreiheit wird zum konkreten Bezugspunkt einer möglichen Emanzipation. Habermas erkennt dabei an, dass diese Unterstellung in den meisten empirischen Fällen eine kontrafaktische ist.[16] In der industriesoziologischen Aktionsforschung kommt jedoch meist ein stark vereinfachtes Verständnis des herrschaftsfreien Diskurses zum Einsatz.

Demnach kann ein Diskurs als herrschaftsfrei definiert werden, wenn bestimmte formale Regeln eingehalten werden: Machtpositionen dürften keine Rolle spielen, es zähle ausschließlich der zwanglose Zwang des besseren Arguments.[17] Dabei muss jedoch eingewandt werden, dass Machtressourcen in kapitalistischen Betrieben strukturell (nicht nur situativ) asymmetrisch zugunsten der Arbeitgeber:innenseite verteilt sind. Diese Asymmetrie lässt sich nicht einfach durch deklaratorische Akte, wie sie der Dialogkonferenz zugrunde liegen, ›wegdefinieren‹. Das Postulat der Herrschaftsfreiheit der Dialogkonferenz wird so lange ein kontrafaktisches bleiben, wie die Beziehung der Teilnehmenden durch das Lohnverhältnis geprägt ist. Eine deklaratorische Herrschaftsfreiheit kann reale Herrschaftsstrukturen sogar verschärfen, indem sie ihnen den Deckmantel demokratischer Legitimität verleiht. Eine dem normativen Ziel der Demokratisierung verbundene Forschung muss deshalb zunächst die Position derjenigen Akteur:innen stärken, die im betrieblichen Herrschaftsverhältnis benachteiligt sind, also jene der Beschäftigten.[18] Im Anschluss daran lässt sich freilich fragen, wie parteiisch sozialwissenschaftliche Forschung sein darf, damit sie noch als Forschung und nicht als politischer Aktivismus gilt. Für Nicole Mayer-Ahuja »stellt sich [diese Frage] angesichts der Polarisierung von betrieblichen Kraftfeldern längst nicht mehr. Trifft man nicht bewusst die Entscheidung, Forschung im Interesse von abhängig Beschäftigten zu betreiben, bezieht man damit ebenfalls politisch Position: man lässt sich zum Unternehmensberater machen.«[19]

Eine solche Herrschaftssensibilität wird in der empirischen Sozialforschung bereits beim Feldzugang wichtig: Befragt und vor allem beobachtet zu werden stellt für jeden sozialen Kontext eine Irritation dar. Wie alle sozialen Gruppen und Organisationen verfügen entsprechend auch Unternehmen über institutionalisierte Schutzmauern zum Fernhalten unerwünschter Besucher:innen. Diese Mauern sind umso höher, je mächtiger die Akteur:innen sind, die sich hinter ihnen verbergen. Dabei ist zu berücksichtigen, dass Unternehmen immer einen Herrschaftskontext darstellen, also von einer strukturellen Machtasymmetrie gekennzeichnet sind. Diese Tatsache gilt es einerseits politisch-ethisch, andererseits auch erkenntnistheoretisch zu reflektieren. Burawoy hält diesbezüglich fest, dass Erkenntnisgewinne tendenziell umso partikularer sind, je stärker das beforschte Feld von Herrschaft geprägt ist.[20] So haben Manager:innen mehr Möglichkeiten, unerwünschte Beobachter:innen fernzuhalten als Beschäftigte, was dazu beiträgt, dass in der industriesoziologischen Forschung viele Befragungen von Gewerkschafter:innen, Betriebsrät:innen und Arbeiter:innen vorliegen und ungleich weniger systematische Untersuchungen über Manager:innen. Gleichzeitig haben Manager:innen höhere Chancen, den Verlauf der Beforschung ihres Unternehmens zu beeinflussen als Beschäftigte. Ohne die Genehmigung der Unternehmensleitung ist es nur schwer möglich, eine Fallstudie durchzuführen. Eine solche Genehmigung wiederum bekommt nur, wer plausibel machen kann, für das Unternehmen bzw. die Geschäftsführung nützlich zu sein. Das führte in der Geschichte der Industriesoziologie – insbesondere im deutschsprachigen Raum – oft dazu, dass trotz eines kritischen Anspruchs Forschungsprojekte managementkonform gemacht wurden oder diese als Begleitforschung direkt an Implementierungs- oder Reorganisationsprozessen mitwirkten.[21]

In diesem Sinne folgte den hier durchgeführten Workshops keine Dialogkonferenz mit der Managementseite, auf der ein Konsens über betriebliche Änderungen hätte gefunden werden können. Stattdessen stellten die Workshops eine Intervention aufseiten der Beschäftigten dar. Dabei sollten diese nicht als »edle Wilde«[22] behandelt werden, die sich ihrer eigentlichen Interessen nicht bewusst sind und zuerst aufgeklärt oder mit »Gestaltungskompetenzen« versehen werden müssen. Stattdessen setzten die Workshops bei bereits existierenden Konflikten in Betrieben an, bei denen das gemeinsame Interesse von Forschung und Arbeitskämpfen darin besteht, die Macht der Beschäftigten im betrieblichen Herrschaftsverhältnis zu stärken. Meine Rolle als Forscher bestand in diesem Prozess darin, im Dialog mit den Beschäftigten und Betriebsrät:innen systematische Analysen über die Verschiebung betrieblicher Machtressourcen im Zuge der Digitalisierung anzustellen. Diese Analysen sollten dann taktische Entscheidungen in entsprechenden Aushandlungen unterstützen. Der Prozess der Erkenntnisgewinnung wurde dabei zumindest teilweise von den Bedürfnissen der beteiligten Beschäftigten gesteuert.

Ein rein diskursiver Zugang stellt für die hier im Fokus stehende politische Dimension der Aushandlung algorithmischer Arbeitssteuerung jedoch ein konzeptionelles Problem dar. In vielen Studien zum Thema bleibt der empirische Zugang auf die Analyse offizieller Dokumente beschränkt. Teilweise kommt mit unterschiedlichen Befragungen noch eine weitere diskursive Zugriffsebene hinzu. Ein solcher rein diskursiver Zugang rückt meist manageriale Implementierungs- und Kontrollstrategien ins Zentrum. Die tatsächliche Verwendung der Technologien unterscheidet sich aber oft stark von den managerialen Intentionen. Sie kann jedoch nur im Vollzug – also ethnografisch – erfasst werden, läuft handlungspraktische Technikaneignung doch weitgehend über implizites Wissen ab.[23] Ein rein diskursiver Zugang verstellt darüber hinaus weitgehend die Sicht auf widerständige Praktiken, von denen öffentlich meist nicht gesprochen wird. Scott zeigt, dass es in den meisten Herrschaftsverhältnissen ein reichhaltiges Repertoire widerständiger kultureller Praktiken gibt, die jedoch für die Mächtigen meist unsichtbar bleiben, da es zwei grundlegend verschiedene Handlungsmodi gebe: Das Verhalten der herrschaftsunterworfenen Akteure in Gegenwart der Mächtigen unterscheide sich grundlegend von demjenigen, das diese Akteure an den Tag legen, wenn sie unter sich sind. Umgekehrt gelte das auch für die Mächtigen.[24] Soziale Praxis jenseits öffentlicher Inszenierungen lässt sich auf beiden Seiten deshalb nur ethnografisch erheben und setzt ein gewisses Maß an Teilnahme voraus. Fehlt dies, gerät eine wichtige Dimension der Aushandlung aus dem Blick, und es entsteht leicht der falsche Eindruck einer reibungslos sich vollziehenden Herrschaft. Aus diesem Grund wurden zur Beantwortung der Frage, wie die Beschäftigten im Alltag mit den Technologien der digitalen Prozesssteuerung umgingen, keine weiteren Befragungen, sondern teilnehmende Beobachtungen durchgeführt.[25] So habe ich selbst bei *Smart Electrics* und bei *Smart Delivery* gearbeitet, um die digitalisierten Arbeitsprozesse zu verstehen.

Die erste teilnehmende Beobachtung beim Maschinenbauer *Smart Electrics* wurde jedoch von Unternehmensseite auf zwei jeweils einwöchige Arbeitseinsätze beschränkt. Gemessen am Vorgehen der *Extended Case Method*,[26] bei der üblicherweise mehrmonatige Feldaufenthalte vorausgesetzt werden, ist dieser Zeitraum zu kurz, was sich allerdings aufgrund des beschränkten Feldzugangs nicht ändern ließ. Ich versuchte daher, den Mangel an Quantität der produzierten Daten durch mehrere Maßnahmen zur Steigerung der Qualität auszugleichen. *Erstens* geschah dies durch die Auswahl der Erhebungszeiträume. Diese wurden so gewählt, dass die erste Feldphase vor der Implementierung der neuen Digitalisierungsmaßnahmen angesetzt war und die zweite danach. So konnte ich unter Anwendung des Prinzips des *ethnographic revisit*, das Burawoy als wichtiges Merkmal der ethnografischen Feldforschung beschreibt,[27] Veränderungen im Zusammenhang mit der Einführung beobachten. *Zweitens* führte ich die Beobachtung zusammen mit einem Kollegen und zeitweise auch einer dritten Kollegin durch. Dadurch konnten wir uns aufteilen, sodass wir verschiedene Abläufe zur selben Zeit beobachten konnten. Andererseits konnten wir verschiedene Perspektiven auf dieselben Abläufe festhalten und damit subjektive Verzerrungen reduzieren.

Bei der zweiten teilnehmenden Beobachtung beim Essenslieferanten *Smart Delivery* ergaben sich aufgrund der feldspezifisch sehr losen Kopplung der Beschäftigten an das Unternehmen kaum Zugangshürden. Da es in diesem Feld typischerweise nicht einmal Bewerbungsgespräche gibt, konnte ich ohne Weiteres für fünf Monate bei *Smart Delivery* arbeiten. Auch in diesem Fall führte ich die teilnehmende Beobachtung teilweise gemeinsam mit einem Kollegen durch, sodass es in der beschriebenen Art und Weise möglich war, die Wahrnehmungen zu vergleichen.

Die Methode der teilnehmenden Beobachtung machte eine *Intervention* in das untersuchte Feld unvermeidlich. Es ist also davon auszugehen, dass Teile der von mir beobachteten Prozesse ohne meine Anwesenheit und Intervention im Feld nicht stattgefunden hätten. Die *Extended Case Method* schlägt vor, diese Reaktivität zu einem Kernbestandteil der Forschung zu machen, anstatt, im Sinne der positivistischen Forschungslogik, sie als Objektivitätsproblem eliminieren zu wollen. Aus der Sicht einer reflexiven Wissenschaft ist Intervention nicht nur ein unvermeidlicher Teil der Sozialforschung, sondern eine positive Qualität. Denn erst die gegenseitige Reaktion legt die Eigenschaften einer sozialen Ordnung offen. Institutionen zeigen viel über sich selbst, wenn sie unter Stress oder in eine Krise geraten, wenn sie nicht nur Routinen vollziehen, sondern auch dem Unerwarteten und Fremden ausgesetzt sind, das ethnografische Forschung notwendigerweise darstellt. Anstelle des Reaktivitätsverbots schreibt die *Extended Case Method* Interventionen geradezu vor und macht sie nutzbar.[28] So machte mein Forschungsinteresse an betrieblicher Kontrolle es beispielsweise nötig, dass ich mich während meiner Arbeitseinsätze wiederholt im »Garfinkeln« übte.[29] Das heißt, ich verstieß gegen unausgesprochene Regeln und Normen des Arbeitsplatzes. Dazu gehörten zum Beispiel ein Absenken der Arbeitsgeschwindigkeit oder die intensive Kommunikation mit den Werker:innen. Diese

Verstöße ermöglichten einerseits unausgesprochene Regeln festzustellen und andererseits organisationale Sanktionsstrategien zu dokumentieren.[30]

Die erhobenen Ethnografie- und Interviewdaten wurden entsprechend der *Dual Thematic Framework Analysis* analysiert,[31] die darauf abzielt, Daten aus Ethnografien und Interviews zu kombinieren und konfligierende Perspektiven auf denselben Gegenstand zu kontrastieren. Der Fokus liegt dabei zunächst auf dem verstehenden Nachvollziehen subjektiver Äußerungen und Handlungen vor dem Hintergrund sozialer Bedingungen.[32] Ein schlichtes Nebeneinander unterschiedlicher Perspektiven in den technopolitischen Aushandlungen würde jedoch zu kurz greifen. Deshalb wurde hier eine Analyseheuristik in Anschlag gebracht, mit der Perspektiven und Handlungen der Akteur:innen, die sich in den Aushandlungsprozessen gegenüberstehen, einbezogen und miteinander konfrontiert werden.[33] Am Ende steht dabei also keine vereinheitlichte Kompromissperspektive, sondern eine Art Kartografie der verschiedenen Standpunkte zu einem gegebenen Problem.

Dabei ist es wichtig, dass das wissenschaftliche Schreiben über konfligierende Positionen in sozialen Konflikten zu einem gewissen Grad eine Verstrickung in diese Konflikte bedeutet.[34] Da die meisten sozialen Konflikte innerhalb von Herrschaftsstrukturen ablaufen, ist auch ihre diskursive Repräsentation in der Regel insofern verzerrt, als die Interessen der mächtigeren Akteur:innen hegemonial werden. Das heißt, sie werden Teil einer »objektiv« erscheinenden Erzählung.[35] Gleichzeitig werden damit Stimmen marginalisierter Akteur:innen verdrängt. Burawoy spricht in diesem Zusammenhang von *silencing*: Da das Schreiben eines Forschungsberichts stets auch eine Komplexitätsreduktion gegenüber der empirischen Realität darstellt, ist es unmöglich, allen Perspektiven in einem sozialen Konflikt gleichermaßen Raum zu geben. *Silencing* ist also unvermeidlicher Teil des wissenschaftlichen Schreibens. Im Zentrum der

Bemühungen müsse deshalb die Suche nach unterdrückten oder neuen Stimmen stehen.[36]

Die Maxime der Multiperspektivität wurde hier so umgesetzt, dass explizite Bemühungen darum angestellt wurden, die Stimmen marginalisierter Akteur:innen hörbar zu machen. Wann immer es notwendig war, sich zwischen den Konfliktparteien zu entscheiden, habe ich für die Seite der Beschäftigten Partei ergriffen und im Rahmen der Strategiediskussionen auch an deren Bemühungen um eine Erstreitung besserer Arbeitsbedingungen teilgenommen. Ein solches Vorgehen hat in Bezug auf Erkenntnisgewinne sowohl Vor- als auch Nachteile. Letztere ergeben sich durch eine nichtrepräsentative Datenerhebung. So führte meine eigene Positionierung im Feld mit aller Wahrscheinlichkeit dazu, dass in den erhobenen Daten Konflikte stark zur Sprache kommen. Über die Häufigkeit von Konflikten kann diese Untersuchung also keine Aussagen machen. Da statistische Repräsentativität mit qualitativen Daten ohnehin nicht erzielt werden kann, stellt dies jedoch nicht notwendigerweise ein Problem dar. Vielmehr liegt auch der theoretische Fokus der Untersuchung auf Konflikten um algorithmische Arbeitssteuerung. In diesem Sinne ist die Parteilichkeit Voraussetzung dafür, überhaupt Zugang zu der hier im Zentrum stehenden Dimension der technopolitischen Strategiebildung aufseiten der Beschäftigten zu erhalten. Dafür wurde in Kauf genommen, dass solche Strategiebildungsprozesse infolgedessen aufseiten der Unternehmensleitungen nicht in symmetrischer Weise erhoben werden konnten.

Insgesamt stellt das hier gewählte Vorgehen eine Adaption der Fallstudienforschung dar, die prinzipiell auch auf andere als die hier verfolgten arbeitspolitischen Fragestellungen anwendbar ist.

VERZEICHNIS DER INTERVIEWS UND ETHNOGRAFIEN

(I#1) 26.1.2016, oberes Management, Smart Electrics
(I#2) 11.4.2016, Gruppeninterview, Vorstand Maschinenbauunternehmen
(I#3) 26.4.2016, leitender Ingenieur, Maschinenbau
(I#4) 5.7.2016, leitender Ingenieur, Softwareentwicklung
(I#5) 14.7.2016, Betriebsrat, Automobilhersteller
(I#6) 1.8.2016, Entwickler, Smarter Handschuh
(I#7) 4.10.2016, oberes Management, Smart Electrics
(I#8) 5.10.2016, leitender Ingenieur, Softwareentwicklung
(I#9) 2.12.2016, leitender Ingenieur, Implementierung Assistenzsystem
(I#10) 21.6.2017, Ingenieur, Managementberater
(I#11) 4.7.2017, Gruppendiskussion, Betriebsräte Smart Solutions
(I#12) 4.7.2017, Betriebsrätin, Smart Solutions
(I#13) 6.7.2017, leitender Ingenieur, Implementierung Assistenzsystem
(I#14) 1.8.2017, Gruppeninterview, Management Automobilhersteller
(I#15) 22.8.2017, Arbeitspsychologe, Implementierung Schichtplanungssystem
(I#16) 8.9.2017, Produktionsplaner, Smart Electrics
(I#17) 14.12.2017, Betriebsrat, Smart Solutions
(I#18) 23.1.2018, leitender Ingenieur, Plattformen für Industrie
(GD#19) 1.2.2018, Gruppendiskussion, Betriebsrät:innen Smart Solutions
(I#20) 1.2.2018, Betriebsführung Smart Solutions
(GD#21) 1.2.2018, Gruppendiskussion, Betriebsrät:innen Smart Solutions
(GD#22) 1.2.2018, Gruppendiskussion, Betriebsrät:innen Smart Solutions
(I#23) 1.2.2018, Betriebsrat Smart Solutions
(GD#24) 1.2.2018, Gruppendiskussion, Betriebsrät:innen Smart Solutions

(I#25) 7.2.2018, Gruppeninterview, Betriebsrät:innen Smart Solutions
(I#26) 8.4.2018, Auszubildende, Maschinenbau
(I#27) 21.4.2018, Gruppeninterview, Arbeitgebervertreter, Gewerbeschulleiter
(I#28) 8.7.2018, Kurier, Smart Delivery
(I#29) 10.7.2018, Kurier, Smart Delivery
(I#30) 10.7.2018, Organizer, Smart Delivery
(I#31) 11.7.2018, Kurier, Smart Delivery
(I#32) 14.7.2018, Instandhalter, Automobilhersteller
(I#33) 14.7.2018, Monteur, Automobilhersteller
(I#34) 14.7.2018, Logistiker, Automobilhersteller
(I#35) 17.7.2018, Gruppeninterview, Management, Maschinenbauer
(I#36) 18.7.2018, Rider Captain, Smart Delivery
(I#37) 25.7.2018, Senior Rider Captain, Smart Delivery
(I#38) 25.8.2018, Betriebsrat, Smart Delivery
(I#39) 28.8.2018, Betriebsrat, Automobilhersteller
(I#40) 14.9.2018, Kurier, Smart Delivery
(I#41) 28.9.2018, Softwareentwicklerin, Smart Shopping
(I#42) 16.1.2019, Gruppeninterview, Betriebsrat und Teamleiterin, Smart Shopping
(I#43) 23.1.2019, Betriebsrat, Maschinenbau
(I#44) 7.4.2019, Gewerkschaftsfunktionär
(I#45) 19.4.2019, Beschäftigter, Smart Shopping
(I#46) 5.6.2019, Gewerkschaftsfunktionär
(I#47) 5.7.2019, Gruppeninterview, Betriebsräte, Automobilhersteller
(I#48) 13.7.2019, Betriebsrat, Smart Delivery
(I#49) 15.7.2019, Betriebsrat, Smart Delivery
(I#50) 17.7. 2019, Betriebsrat, Smart Delivery
(I#51) 1.8.2019, Datenanalyst, Smart Shopping
(I#51) 28.8.2019, Betriebsrat, Smart Shopping
(I#53) 22.10.2019, Betriebsrat, Smart Shopping
(I#54) 22.10.2019, Betriebsrat, Smart Shopping

(BT#1) 3.–4.7.2017, Betriebsratsworkshop, Smart Solutions
(E#1) 4.–8.9.2017, teilnehmende Beobachtung, Smart Electrics

(BT#2) 1.–2.2.2018, Betriebsratsworkshop, Smart Solutions

(E#2) 16.–20.4.2018, teilnehmende Beobachtung #2, Smart Electrics

(E#3) Juni bis November 2018: teilnehmende Beobachtung, Smart Delivery

(BT#3) 28.9.2018, Aktivenworkshop, Smart Shopping

(BT#4) 5.–7.11.2018, Betriebsratsworkshop, Smart Solutions

(BT#5) 27.–28.6.2019, Betriebsratsworkshop, Smart Solutions

(BT#6) 21.–23.10.2019, Aktivenworkshop, Smart Shopping

ANMERKUNGEN

1. EINLEITUNG

1 Philipp Staab, Lena J. Prediger, *Digitalisierung und Polarisierung. Eine Literaturstudie zu den Auswirkungen des digitalen Wandels auf Sozialstruktur und Betriebe*, Düsseldorf 2019.

2 Mit Produktionsprozessen ist hier sowohl die Herstellung als auch das Bewegen materieller Güter gemeint. Diese Definition schließt Logistik explizit mit ein. Siehe z. B. Kim Moody, *On New Terrain: How Capital is Reshaping the Battleground of Class War*, Chicago 2017.

3 Simon Schaupp, »Cybernetic Proletarianisation. Spirals of devaluation and conflict in digitalised production«, in: *Capital & Class* 2021, DOI: 10.1177/03098168211017614.

4 Simon Schaupp, »Technopolitics from below. A framework for the analysis of digital politics of production«, in: *NanoEthics* 15 (2021) 1, S. 71–86.

5 Markus Holler, *DGB-Index Gute Arbeit. Verbreitung, Folgen und Gestaltungsaspekte der Digitalisierung in der Arbeitswelt*, Berlin 2017, S. 10.

6 Jonathan Falkenberg, »Mobile Kontrolleure. Eine arbeitssoziologische Analyse digitaler Assistenzsysteme in der Logistik 4.0«, in: Hartmut Hirsch-Kreinsen, Anemari Karačić (Hg.), *Logistikarbeit in der digitalen Wertschöpfung. Perspektiven und Herausforderungen für Arbeit durch technologische Entwicklungen*, Düsseldorf 2018, S. 37–56.

7 Oliver Nachtwey, Philipp Staab, »Die Avantgarde des digitalen Kapitalismus«, in: *Mittelweg 36* 24 (2015), S. 6; Callum Cant, *Riding for Deliveroo: Resistance in the New Economy*, Cambridge 2019; Moritz Altenried, »On the last mile: logistical urbanism and the transformation of labour«, in: *Work Organisation, Labour & Globalisation* 13 (2019) 1, S. 114–129.

8 Holler, *Gute Arbeit*, S. 15.

9 Florian Butollo, Martin Ehrlich, Thomas Engel, »Amazonisierung der Industriearbeit? Industrie 4.0, Intralogistik und die Veränderung der Arbeitsverhältnisse in einem

Montageunternehmen der Automobilindustrie«, in: *Arbeit* 26 (2017) 1, S. 33–59; Nachtwey, Staab, *Die Avantgarde des digitalen Kapitalismus*; Eva-Maria Raffetseder, Simon Schaupp, Philipp Staab, »Kybernetik und Kontrolle. Algorithmische Arbeitssteuerung und betriebliche Herrschaft«, in: *PROKLA* 187 (2017), S. 229–247.

10 Martin Ehrlich, Thomas Engel, Manfred Füchtenkötter, Walid Ibrahim, »Digitale Prekarisierung. Neue Verwundbarkeiten und Abwertungsprozesse in der Industriearbeit«, in: *PROKLA* 47 (2017) 187, S. 193–211; Stefan Kirchner, Jürgen Beyer, »Die Plattformlogik als digitale Marktordnung«, in: *Zeitschrift für Soziologie* 45 (2016) 5, S. 324–339; Wolfgang Menz, Sarah Nies, Dieter Sauer, »Digitale Kontrolle und Vermarktlichung. Beschäftigtenautonomie im Kontext betrieblicher Strategien der Digitalisierung«, in: *PROKLA* 49 (2019) 195, S. 181–200.

11 Am prominentesten: Carl Benedikt Frey, Michael A. Osborne, »The Future of Employment: How Susceptible are Jobs to Computerisation?«, in: *Technological Forecasting and Social Change* 114 (2017) C, S. 254–280, Andrew McAfee, Erik Brynjolfsson, »Human Work in the Robotic Future: Policy for the Age of Automation Essays«, in: *Foreign Affairs* 95 (2016) 4, S. 139–150; Shoshana Zuboff, *Das Zeitalter des Überwachungskapitalismus*, Frankfurt a. M. 2018.

12 Michel Callon, »Society in the making: the study of technology as a tool for sociological analysis«, in: Wiebe E. Bijker, Thomas Parke Hughes, Trevor J. Pinch (Hg.), *The Social Construction of Technological Systems: New Directions in the Sociology and History of Technology*, Cambridge 1987, S. 83–103; Sheila Jasanoff, *States of Knowledge: The Co-Production of Science and the Social Order*, London 2004; Bruno Latour, *The Pasteurization of France*, Cambridge 1988; Steve Woolgar, »Configuring the User: The Case of Usability Trials«, in: *The Sociological Review* 38 (1990), S. 58–99.

13 Rosi Braidotti, *The Posthuman*, Cambridge 2013; Donna Haraway, *A Manifesto for Cyborgs: Science, Technology, and Socialist Feminism in the 1980s*, London 1990, S. 190–233; Bruno Latour, »The Powers of Association«, in: *The Sociological Review* 32 (1984), S. 264–280; Lang-

don Winner, »Do Artifacts Have Politics?«, in: *Daedalus* 109 (1980) 1, S. 121–136.

14 Alf Hornborg, »Technology as Fetish: Marx, Latour, and the Cultural Foundations of Capitalism«, in: *Theory, Culture & Society* 31 (2014) 4, S. 119–140; Benjamin Noys, »The Discreet Charm of Bruno Latour«, in: Jernej Habjan, Jessica Whyte (Hg.), *(Mis)readings of Marx in Continental Philosophy*, London 2014, S. 195–210.

15 Paul Luff, Jon Hindmarsh, Christian Heath, *Workplace Studies: Recovering Work Practice and Informing System Design*, Cambridge 2000; Jenny Preece, Yvonne Rogers, Helen Sharp, David Benyon, Simon Holland, Tom Carey, *Human-Computer Interaction*, Boston 1994.

16 Sabine Pfeiffer, »From ›in the Wild‹ into the Wilderness of Flied Study Approaches: The Case of the Company Case Study in German Industrial Sociology in Times of Digitalization«, in: *diGAP Working Paper* 2019 (2019) 4, {www.sabine-pfeiffer.de/files/downloads/Pfeiffer-2019-Case-Study-diGAP.pdf}, letzter Zugriff 10.1.2020.

17 Z. B. Alex Rosenblat, *Uberland: How Algorithms Are Rewriting the Rules of Work*, Oakland 2018; Alex Veen, Tom Barratt, Caleb Goods, »Platform-Capital's ›App-etite‹ for Control: A Labour Process Analysis of Food-Delivery Work in Australia«, in: *Work, Employment and Society* 34 (2019) 3, S. 388–406; Alex J Wood, Mark Graham, Vili Lehdonvirta, Isis Hjorth, »Good Gig, Bad Gig: Autonomy and Algorithmic Control in the Global Gig Economy«, in: *Work, Employment and Society* 33 (2019) 1, S. 56–75.

18 Andreas Boes, Sabine Pfeiffer, *Informatisierte Arbeit. Von der Allgegenwart der verschwindenden Arbeit*, Baden-Baden 2006, S. 31–68; Fritz Böhle, »Sinnliche Erfahrung und wissenschaftlich-technische Rationalität. Ein neues Konfliktfeld industrieller Arbeit«, in: Burkart Lutz (Hg.), *Entwicklungsperspektiven von Arbeit. Ergebnisse aus dem Sonderforschungsbereich 333 der Universität München*, Berlin 2001, S. 113–131.

19 Richard Edwards, *Contested Terrain: The Transformation of the Workplace in the Twentieth Century*, New York 1979.

20 Jean-Claude Kaufmann, *Das verstehende Interview. Theorie und Praxis*, Konstanz, München 2015.

2. ALGORITHMISCHE ARBEITSSTEUERUNG ALS KONFLIKTFELD

1 Carl Benedikt Frey, Michael A. Osborne, »The future of employment: How susceptible are jobs to computerisation?«, in: *Technological Forecasting and Social Change* 114 (2017) C, S. 254–280.

2 Daniel Susskind, *World Without Work: Technology, Automation, and How We Should Respond*, New York 2020.

3 Judy Wajcman, »Automatisierung: Ist es diesmal wirklich anders?«, in: Florian Butollo, Sabine Nuss (Hg.), *Marx und die Roboter. Vernetzte Produktion, Künstliche Intelligenz und lebendige Arbeit*, Berlin 2019, S. 22–35.

4 Marc Tulieres, Jonathan Tilley, Lea Bolz, Peter Manuel Ludwig-Dehm, Susanne Wägner, *Industrial robotics. Insights into the sector's future growth dynamics*, McKinsey 2019, {www.mckinsey.com/~/media/McKinsey/Industries/Advanced%20Electronics/Our%20Insights/Growth%20dynamics%20in%20industrial%20robotics/Industrial-robotics-Insights-into-the-sectors-future-growth-dynamics.ashx}, letzter Zugriff 13.2.2021.

5 Kim Moody, »Schnelle Technologie, langsames Wachstum. Roboter und die Zukunft der Arbeit«, in: Florian Butollo, Sabine Nuss (Hg.), *Marx und die Roboter. Vernetzte Produktion, Künstliche Intelligenz und lebendige Arbeit*, Berlin 2019, S. 132–155.

6 Frank Pasquale, *The Black Box Society: The Secret Algorithms That Control Money and Information*, Cambridge 2015.

7 Nick Dyer-Witheford, Atle Mikkola Kjøsen, James Steinhoff, *Inhuman Power: Artificial Intelligence and the Future of Capitalism*, London 2019.

8 Thomas Wagner, *Robokratie. Google, das Silicon Valley und der Mensch als Auslaufmodell*, Köln 2015.

9 Anne Koppenburger, Simon Schaupp, Paul Buckermann, »Einleitung. Technologie als Feld gesellschaftlicher Machtkämpfe«, in: Paul Buckermann, Anne Koppenburger, Simon Schaupp (Hg.), *Kybernetik, Kapitalismus, Revolutionen. Emanzipatorische Perspektiven im technologischen Wandel*, Münster 2017, S. 7–19.

10 Z. B. Alex Rosenblat, *Uberland: How Algorithms Are*

Rewriting the Rules of Work, Oakland 2018; Alex J. Wood, Mark Graham, Vili Lehdonvirta, Isis Hjorth, »Good Gig, Bad Gig: Autonomy and Algorithmic Control in the Global Gig Economy«, in: *Work, Employment and Society* 33 (2019) 1, S. 56–75; Jamie Woodcock, Mark Graham, *The Gig Economy: A Critical Introduction*, Cambridge 2020.

11 Jonathan Haskel, Stian Westlake, *Capitalism without Capital: The Rise of the Intangible Economy*, Princeton 2018.

12 Alan M. Turing, »Computermaschinerie und Intelligenz« (1950), in: Karin Bruns, Ramón Reichert (Hg.), *Reader Neue MedienTexte zur digitalen Kultur und Kommunikation*, Bielefeld 2007, S. 37–68.

13 Richard Edwards, *Contested Terrain: The Transformation of the Workplace in the Twentieth Century*, New York 1979.

14 Michael Burawoy, *Manufacturing Consent*, Chicago 1979.

15 Andy Friedman, »Responsible Autonomy Versus Direct Control Over the Labour Process«, in: *Capital & Class* 1 (1977) 1, S. 43–57.

16 Dieter Sauer, »Indirekte Steuerung. Zum Formwandel betrieblicher Herrschaft«, in: Wolfgang Bonß, Christoph Lau (Hg.), *Macht und Herrschaft in der reflexiven Moderne*, Weilerswist 2011, S. 358–378.

17 Wolfgang Menz, *Die Legitimität des Marktregimes. Leistungs- und Gerechtigkeitsorientierungen in neuen Formen betrieblicher Leistungspolitik*, Wiesbaden 2009.

18 Andreas Wittel, *Belegschaftskultur im Schatten der Firmenideologie. Eine ethnographische Studie*, Berlin 1997.

19 James Beniger, *The Control revolution: Technological and Economic Origins of the Information Society*, Cambridge 1989.

20 Edwards, *Contested Terrain*, S. 111 ff.

21 Joan Woodward, *Industrial Organization: Theory and Practice*, Oxford 1967.

22 David Lyon, *The Electronic Eye: The Rise of Surveillance Society*, Minneapolis 1994.

23 Michel Foucault, *Überwachen und Strafen: die Geburt des Gefängnisses*, Frankfurt a. M. 1994.

24 Shoshana Zuboff, *In the Age of the Smart Machine: The Future of Work and Power*, Portsmouth 1988.

25 Shoshana Zuboff, *Das Zeitalter des Überwachungskapitalismus*, Frankfurt a. M. 2018.

26 Lawrence Lessig, *Code und andere Gesetze des Cyberspace*, Berlin 2001.

27 Nikolai. D. Kondratieff, »The Long Waves in Economic Life«, in: *Review* 2 (1979) 4, S. 519–562.

28 Joseph Schumpeter, *Business Cycles: A Theoretical, Historical and Statistical Analysis of the Capitalist Process*, New York 1939.

29 Alex Callinicos, *Bonfire of Illusions: The Twin Crises of the Liberal World*, Cambridge 2010; Cédric Durand, Philippe Légé, »Over-accumulation, Rising Costs and ›Unproductive‹ Labor: The Relevance of the Classic Stationary State Issue for Developed Countries«, in: *Review of Radical Political Economics* 46 (2014) 1, S. 35–53; Oliver Nachtwey, *Die Abstiegsgesellschaft. Über das Aufbegehren in der regressiven Moderne*, Berlin 2016.

30 David Harvey, *The Condition of Postmodernity: An Enquiry into the Origins of Cultural Change*, Cambridge 1990, S. 181, Übers. d. A.

31 Haskel, Westlake, *Capitalism without Capital*.

32 Nicolas Crouzet, Janice C. Eberly, »Understanding Weak Capital Investment: the Role of Market Concentration and Intangibles«. National Bureau of Economic Research, {www.nber.org/papers/w25869}, letzter Zugriff 18.1.2021.

33 James Beniger, *The Control revolution: Technological and economic origins of the information society*, Cambridge 1989.

34 Edwards, *Contested terrain*.

35 Ebd., S. 49.

36 Z. B. Albert N. Link, Donald S. Siegel, »Unions and technology adoption: A qualitative analysis of the use of real-time control systems in U.S. coal firms«, in: *Journal of Labor Research* 23 (2002) 4, S. 615–630.

37 Beverly J. Silver, *Forces of Labor: Workers' Movements and Globalization Since 1870*, Cambridge 2003.

38 Kim Moody, *US Labor in Trouble and Transition: The Failure of Reform from Above, the Promise of Revival from Below*, London 2007, S. 12.

39 Shoshana Zuboff, *In the Age of the Smart Machine: The Future of Work and Power*, Portsmouth 1988.

40 Anlieferung von vorgefertigtem Rohmaterial.

41 Warnecke zit. n. Raphael Menez. Sabine Pfeiffer, Elke Oestreicher, »Leitbilder von Mensch und Technik im Diskurs zur Zukunft der Fabrik und Computer Integrated Manufacturing (CIM)«, {www.sabine-pfeiffer.de/files/downloads/2016-Menez-Pfeiffer-Oestreicher.pdf} letzter Zugriff 5.6.2021, S. 21 f.

42 David Siepmann, Norbert Graef, »Industrie 4.0 – Grundlagen und Gesamtzusammenhang«, in: Armin Roth (Hg.), *Einführung und Umsetzung von Industrie 4.0. Grundlagen, Vorgehensmodell und Use Cases aus der Praxis*, Berlin, Heidelberg 2016, S. 17–82, hier S. 49–53.

43 Jefferson Cowie, *Stayin' Alive: The 1970s and the Last Days of the Working Class,* London 2010; Peter Birke, *Wilde Streiks im Wirtschaftswunder. Arbeitskämpfe, Gewerkschaften und soziale Bewegungen in der Bundesrepublik und Dänemark*, Frankfurt a. M. 2007.

44 Martina Hessler, »Die Halle 54 bei Volkswagen und die Grenzen der Automatisierung. Überlegungen zum Mensch-Maschine-Verhältnis in der industriellen Produktion der 1980er-Jahre«, in: *Zeithistorische Forschungen* 2014 (2014) 11, S. 56–76, hier S. 63.

45 Mark Ebers, Manfred Lieb, »Computer Integrated Manufacturing as a Two-edged Sword«, in: *International Journal of Operations & Production Management* 9 (1989) 2, S. 69–92.

46 David F. Noble, »Social choice in machine design: The case of automatically controlled machine tools, and a challenge for labor«, in: *Politics & Society* 8 (1978) 3–4, S. 313–347.

47 Burkart Lutz, »Trends in der Arbeitsorganisation in Anlagen mit hohem Automatisierungsgrad«, in: Klaus Henning. Maike Süthoff, Manfred Mai (Hg.), *Mensch und Automatisierung. Eine Bestandsaufnahme*, Wiesbaden 1990, S. 75–90.

48 Ulrich Dolata, »Stolpersteine auf dem Weg zur automatisierten Fabrik: Stand und Entwicklungstrends industrieller Automatisierung in der Bundesrepublik«, in: *WSI-Mitteilungen* 41 (1988) 11, S. 648–656.

49 Karl Heinrich Ebel, *Computer-integrated Manufacturing: The Social Dimension,* Genf 1990; Hessler, »Die Halle 54«.

50 Peter Brödner, »Industrie 4.0 und Big Data – wirklich ein neuer Technologieschub?«, in: Hartmut Hirsch-Kreinsen, Peter Ittermann, Jonathan Niehaus (Hg.), *Digitalisierung industrieller Arbeit*, Berlin 2015, S. 239.

51 Durand, Légé, »Over-accumulation«.

52 Bob Jessop, »Der Wohlfahrtsstaat im Übergang vom Fordismus zum Postfordismus«, in: *PROKLA* 16 (1986) 65, S. 4–33.

53 Nachtwey, *Die Abstiegsgesellschaft.*

54 Jörg Huffschmid, *Politische Ökonomie der Finanzmärkte*, Hamburg 2002.

55 Philipp Staab, *Digitaler Kapitalismus. Markt und Herrschaft in der Ökonomie der Unknappheit*, Frankfurt a. M. 2019.

56 Ulrich Brinkmann, *Die unsichtbare Faust des Marktes. Betriebliche Kontrolle und Koordination im Finanzmarktkapitalismus*, Berlin 2011.

57 Kim Moody, *Workers in a lean World: Unions in the International Economy*, London 1997.

58 Andreas Boes, Tobias Kämpf, Barbara Langes, Thomas Lühr, *»Lean« und »agil« im Büro. Neue Organisationskonzepte in der digitalen Transformation und ihre Folgen für die Angestellten*, Bielefeld 2018.

59 Niklas Modig, Pär Åhlström, *Das ist Lean. Die Auflösung des Effizienzparadoxons*, Stockholm 2015, S. 107.

60 Doleschal zit. n. Ulrich Brinkmann, Oliver Nachtwey, *Postdemokratie und Industrial Citizenship. Erosionsprozesse von Demokratie und Mitbestimmung*, Weinheim 2017, S. 28 f.

61 Hans J. Pongratz, G. Günter Voß, »Fremdorganisierte Selbstorganisation. Eine soziologische Diskussion aktueller Managementkonzepte«, in: *German Journal of Human Resource Management* 11 (1997) 1, S. 30–53, hier S. 31.

62 Ebel, *Computer-integrated Manufacturing*, S. 68.

63 Mahmoud Ezzamel, Hugh Willmott, Frank Worthington, »Manufacturing shareholder value: The role of accounting in organizational transformation«, in: *Accounting, Organizations and Society* 33 (2008) 2, S. 107–140.

64 Paul Thompson, »Financialization and the workplace: extending and applying the disconnected capitalism thesis«, in: *Work, Employment and Society* 27 (2013) 3, S. 472–488.

65 Peter Bain, Aileen Watson, Gareth Mulvey, Phil Taylor, Gregor Gall, »Taylorism, targets and the pursuit of quantity and quality by call centre management«, in: *New Technology, Work and Employment* 17 (2002) 3, S. 170–185.

66 Frank Bertagnolli, *Lean Management. Eine Einführung und Vertiefung in die japanische Management-Philosophie*, Wiesbaden 2018, S. 5.

67 Norbert Altmann, Manfred Deiß, »Productivity by Systemic Rationalization: Good Work Bad Work No Work?«, in: *Economic and Industrial Democracy* 19 (1998) 1, S. 137–159.

68 Christian Papsdorf, »Arbeit und Internet«, in: Fritz Böhle, G. Günter Voß, Günther Wachtler (Hg.), *Handbuch Arbeitssoziologie*. Band 1: *Arbeit, Strukturen und Prozesse*, Wiesbaden 2018, S. 401–434.

69 Ursula Huws, *The Making of a Cybertariat: Virtual Work in a Real World*, New York 2003.

70 Jake Alimahomed-Wilson, Immanuel Ness (Hg.), *Choke Points: Logistics Workers Disrupting the Global Supply Chain*, London 2018.

71 James K. Galbraith, *The End of Normal: The Great Crisis and the Future of Growth*, New York 2015.

72 Nachtwey, *Die Abstiegsgesellschaft*.

73 Florian Butollo, »›Made in China 2025‹: Intelligent Manufacturing and Work«, in: Kendra Briken, Shiona Chillas, Martin Krzywdzinski, Abigail Marks (Hg.), *The New Digital Workplace: How New Technologies Revolutionise Work*, London 2017.

74 Dyer-Witheford, Kjøsen, Steinhoff, *Inhuman Power*, S. 40.

75 Florian Sprenger, Christoph Engemann, *Internet der Dinge. Über smarte Objekte, intelligente Umgebungen und die technische Durchdringung der Welt*, Bielefeld 2015.

76 Simon Schaupp, Ramon Salim Diab, »From the smart factory to the self-organisation of capital: ›Industrie 4.0‹ as the cybernetisation of production«, in: *ephemera* 20 (2020) 4, S. 19–41.

77 Verbreitet ist auch der Begriff des »Werkerinformationssystems«, der jedoch irreführend ist, da die entsprechenden Technologien die Arbeitenden keineswegs nur »informieren«, sondern ihnen Anweisungen geben und deren Ausführung kontrollieren.

78 Maren Evers, Martin Krzywdzinski, Sabine Pfeiffer, »Wearable Computing im Betrieb gestalten«, in: *ARBEIT* 28 (2019) 1, S. 3–27.

79 Wilhelm Bauer, Stefan Gerlach, *Selbstorganisierte Kapazitätsflexibilität in Cyber-Physical Systems*, Stuttgart 2015.

80 Volkswagen, Volkswagen Industrial Cloud, dort datiert 2020, {www.volkswagenag.com/en/news/2020/07/Industrial_Cloud.html2020}, letzter Zugriff 13.1.2021.

81 Florian Butollo, Ulrich Jürgens, Martin Krzywdzinski, »From Lean Production to Industrie 4.0. More Autonomy for Employees?«, in: Uli Meyer, Simon Schaupp, David Seibt (Hg.), *Digitalization in Industry: Between domination and emancipation*. New York 2019, S. 61–80.

82 Matteo Rossini, Federica Costa, Alberto Portioli Staudacher, Guilherme Tortorella, »Industry 4.0 and Lean Production: an empirical study«, in: *IFAC-PapersOnLine* 52 (2019) 13, S. 42–47.

83 Henriett Horváth, *»Slavelaw«, »Catching up«, and Hungary's Dependence on the German Automotive Industry*, Budapest 2019.

84 Nachtwey, *Die Abstiegsgesellschaft*.

85 Moody, »Schnelle Technologie«.

86 Crouzet, Eberly, »Understanding Weak Capital Investment«, S. 4.

87 Markus Holler, *DGB-Index Gute Arbeit. Verbreitung, Folgen und Gestaltungsaspekte der Digitalisierung in der Arbeitswelt*, Berlin 2017, S. 32.

88 World Bank, *Global Economic Prospects. January 2021*, Washington, DC 2021, S. 3.

89 Neil Siri, Clément Mengue, Olaf Acker, Alexander Richardson, »COVID-19. A digital technology agenda driving an accelerated transition to the new normal«, PWC {www.pwc.de/de/deals/covid-19-a-digital-technology-agenda-driving-an-accelerated-transition-to-the-new-normal.pdf} letzter Zugriff 11.1.2021.

90 ILO, *COVID-19 and the world of work. 7th edition*, {www.ilo.org/global/topics/coronavirus/impacts-and-responses/WCMS_767028/lang--en/index.htm}, letzter Zugriff 23.2.2021.

91 World Bank, *Global Economic Prospects*, S. 128.

92 Aaron Benanav, »Service Work in the Pandemic Economy«, in: *International Labor and Working-Class History* (2020), S. 1–9. DOI: 10.1017/S0147547920000216.

93 Erik Brynjolfsson, John J. Horton, Adam Ozimek, Daniel Rock, Garima Sharma, Hong-Yi TuYe, »COVID-19 and Remote Work: An Early Look at US Data«, *National Bureau of Economic Research* 2020, {www.nber.org/papers/w27344}, letzter Zugriff 23.2.2021.

94 McKinsey, »How COVID-19 has pushed companies over the technology tipping point—and transformed business forever«, {www.mckinsey.com/business-functions/strategy-and-corporate-finance/our-insights/how-covid-19-has-pushed-companies-over-the-technology-tipping-point-and-transformed-business-forever2020}, letzter Zugriff 11.1.2021.

95 Ebd.; Okechukwu Okorie, Ramesh Subramoniam, Fiona Charnley, John Patsavellas, David Widdifield, Konstantinos Salonitis, »Manufacturing in the Time of COVID-19: An Assessment of Barriers and Enablers«, in: *IEEE Engineering Management Review* 48 (2020) 3, S. 167–175; Siri, »COVID-19«.

96 IFR, *Executive Summary World Robotics 2020, Industrial Robots*, {ifr.org/img/worldrobotics/Executive_Summary_WR_2020_Industrial_Robots_1.pdf}, letzter Zugriff 17.2. 2021.

97 Paul M. Leonardi, »COVID-19 and the New Technologies of Organizing: Digital Exhaust, Digital Footprints, and Artificial Intelligence in the Wake of Remote Work«, in: *Journal of Management Studies* (2020): DOI: https://doi.org/10.1111/joms.12648.

98 Ebd., S. 3.

99 Benanav, »Service Work in the Pandemic«.

100 Statistisches Bundesamt, *Strukturerhebung im Dienstleistungsbereich Verkehr und Lagerei*, Berlin 2019, S. 4.

101 Karen Jaehrling, Monika Obersneider, Dominik Postels, »Digitalisierung und Wandel von Arbeit im Kontext aktueller Marktdynamiken«, in: *IAQ Report* 3 (2018), S. 6–8.

102 Philipp Staab, Lena J. Prediger, *Digitalisierung und Polarisierung. Eine Literaturstudie zu den Auswirkungen des digitalen Wandels auf Sozialstruktur und Betriebe*, Düsseldorf 2019, S. 133.

103 Melanie Kreis, »Q2 2020 Results«, Deutsche Post DHL, {www.dpdhl.com/content/dam/dpdhl/de/media-center/investors/documents/presentations/2020/DPDHL-Presentation-Q2-2020.pdf}, letzter Zugriff 5.8.2020.

104 Moritz Altenried, Valentin Niebler, Mira Wallis, »On-demand. Prekär. Systemrelevant«, {www.freitag.de/autoren/der-freitag/on-demand-prekaer-systemrelevant}, letzter Zugriff 1.9.2020.

105 Vili Lehdonvirta, »Algorithms that Divide and Unite: Delocalisation, Identity and Collective Action in ›Microwor‹«, in: Jörg Flecker (Hg.), *Space, Place and Global Digital Work*, London 2016, S. 53–80.

106 Rob Wallace, *Dead Epidemiologists. On the Origins of Covid-19*, New York 2020.

107 Mike Davis, *The Monster at Our Door. The Global Threat of Avian Flu*, New York 2005.

108 WIN (Hg.), *Struggle in a Pandemic: A collection of contributions on the COVID-19 crisis from members of the Workers Inquiry Network 2020*, {www.intotheblackbox.com/wp-content/uploads/2020/05/Struggle-in-a-Pandemic-FINAL.pdf}, letzter Zugriff 13.1.2021.

109 Günther Ortmann, Arnold Windeler, Albrecht Becker, Hans-Joachim Schulz, *Computer und Macht in Organisationen. Mikropolitische Analysen*, Opladen 1990.

110 Paul Thompson, »Dissent at work and the resistance debate: departures, directions, and dead ends«, in: *Studies in Political Economy* 97 (2016) 2, S. 106–123.

111 Martin Baethge, »Arbeit, Vergesellschaftung, Identität – Zur zunehmenden normativen Subjektivierung der Arbeit«, in: *Soziale Welt* 42 (1991) 1, S. 6–19.

112 G. Günter Voß, Hans J. Pongratz, »Der Arbeitskraftunternehmer. Eine neue Grundform der Ware Arbeitskraft?«, in: *Kölner Zeitschrift für Soziologie und Sozialpsychologie* 50 (1998), S. 131–158.

113 Fritz Böhle, »Sinnliche Erfahrung und wissenschaftlich-technische Rationalität: ein neues Konfliktfeld industrieller Arbeit«, in: Burkart Lutz (Hg.), *Entwicklungsperspektiven von Arbeit. Ergebnisse aus dem Sonderforschungsbereich 333 der Universität München*, Berlin 2001, S. 113–131.

114 Fritz Böhle, »Arbeit und Belastung, in: Fritz Böhle, G. Günter Voß, Günther Wachtler (Hg.), *Handbuch Arbeitssoziologie*. Band 2: *Akteure und Institutionen*, Wiesbaden 2018, S. 59–98, hier S. 78.

115 Michel Foucault, *Sexualität und Wahrheit*. Band 2: *Der Gebrauch der Lüste*, Frankfurt a. M. [13]1989.

116 Ulrich Bröckling, *Das unternehmerische Selbst. Soziologie einer Subjektivierungsform*, Frankfurt a. M. 2007.

117 Zuboff, *In the Age of the Smart Machine*.

118 Zygmunt Bauman, David Lyon, *Daten, Drohnen, Disziplin: Ein Gespräch über flüchtige Überwachung*, Berlin 2013; Phoebe Moore, Andrew Robinson, »The quantified self: What counts in the neoliberal workplace«, in: *New Media & Society* 18 (2016) 11, S. 2774–2792; Simon Schaupp, *Digitale Selbstüberwachung. Self-Tracking im kybernetischen Kapitalismus*, Heidelberg 2016.

119 Moore, Robinson, »The quantified self«, S. 2774, Ü. d. A.

120 Stilbildend hierfür ist Burawoy, *Manufacturing Consent* und das Theorem der »verantwortlichen Autonomie«: Andrew Friedman, »Responsible Autonomy«.

121 Michael Burawoy, *The Politics of Production: Factory Regimes Under Capitalism and Socialism*, London 1985.

3. TECHNOPOLITIK

1 Simon Schaupp, »Technopolitics from below. A framework for the analysis of digital politics of production«, in: *NanoEthics* 15 (2021) 1, S. 71–86.

2 Klaus Dörre, »Überbetriebliche Regulierung von Arbeitsbeziehungen«, in: Fritz Böhle, G. Günter Voß, Günther Wachtler (Hg.), *Handbuch Arbeitssoziologie*. Band 2: *Akteure und Institutionen*, Wiesbaden 2018, S. 619–681, hier S. 664.

3 Karl Marx, *Das Kapital, Band 1* (MEW 23), Berlin 1977, S. 247.

4 Ebd., S. 257.

5 Richard Edwards, *Contested Terrain: The Transformation of the Workplace in the Twentieth Century*, New York 1979.

6 Michael Burawoy, *The Politics of Production: Factory Regimes Under Capitalism and Socialism*, London 1985, S. 88–90.

7 Walther Müller-Jentsch, »Theorien Industrieller Beziehungen«, in: *Industrielle Beziehungen. Zeitschrift für Arbeit, Organisation und Management* 3 (1996) 1, S. 36–64, hier S. 60.

8 Burawoy, *Politics of Production*, S. 48.

9 Ebd., S. 50–54.

10 Ebd., S. 76.

11 Marx, *Das Kapital, Band 1*, S. 54.

12 Korsch zit. n. Ernst Lohoff, »Technik als Fetisch-Begriff. Über den Zusammenhang von alter Arbeiterbewegung und neuer Produktivkraftkritik«, in: *Marxistische Kritik* (1987) 3, S. 30–52, hier S. 33.

13 Müller zit. n. Lohoff, »Technik als Fetisch-Begriff«, S. 33.

14 Romano Alquati, *Klassenanalyse als Klassenkampf: Arbeiteruntersuchungen bei FIAT und OLIVETTI*, Frankfurt a. M. 1974; Edwards, *Contested terrain*; Beverly J. Silver, *Forces of Labor: Workers' Movements and Globalization Since 1870*, Cambridge, New York 2003.

15 Burawoy, *Politics of Production*, S. 41.

16 Ebd., S. 48.

17 Alquati, *Klassenanalyse als Klassenkampf*, S. 147.

18 Herbert Marcuse, »Some Social Implications of Modern Technology«, in: Andrew Arato, Eike Gebhardt (Hg.), *The Essential Frankfurt School Reader*, New York 1982, S. 138–162, hier S. 139.

19 Anne Koppenburger, Simon Schaupp, Paul Buckermann, »Einleitung. Technologie als Feld gesellschaftlicher Machtkämpfe«, in: Paul Buckermann, Anne Koppenburger, Simon Schaupp (Hg.), *Kybernetik, Kapitalismus, Revolutionen. Emanzipatorische Perspektiven im technologischen Wandel*, Münster 2017, S. 7–19.

20 Douglas Kellner, »Intellectuals, the new public spheres, and technopolitics«, in: *New Political Science* 41–42 (1997), S. 169–188.

21 Douglas Kellner, »Globalisation, Technopolitics and Revolution«, in: *Theoria* 48 (2001) 98, S. 14–34, hier S. 16.

22 Cheris A. Carpenter, »The Obamachine: Technopolitics 2.0«, in: *Journal of Information Technology & Politics* 7 (2010) 2–3, S. 216–225; Richard Kahn, Douglas Kellner, »Globalization, Technopolitics, and Radical Democra-

cy«, in: Lincoln Dahlberg, Eugenia Siapera (Hg.), *Radical Democracy and the Internet: Interrogating Theory and Practice*, London 2007, S. 17–36.

23 Jodi Dean, *The Communist Horizon*, London 2012.

24 Paul Thompson, »Financialization and the workplace: extending and applying the disconnected capitalism thesis«, in: *Work, Employment and Society* 27 (2013) 3, S. 472–488.

25 Müller-Jentsch, »Theorien Industrieller Beziehungen«, S. 59.

26 Kenji E. Kushida, »The Politics of Commoditization in Global ICT Industries: A Political Economy Explanation of the Rise of Apple, Google, and Industry Disruptors«, in: *Journal of Industry, Competition and Trade* 15 (2015) 1, S. 49–67.

27 Matthieu Montalban, Vincent Frigant, Bernard Jullien, »Platform economy as a new form of capitalism: a Régulationist research programme«, in: *Cambridge Journal of Economics* 43 (2019) 4, S. 805–823.

28 Sabine Pfeiffer, »Technisierung von Arbeit«, in: Fritz Böhle, G. Günter Voß, Günther Wachtler (Hg.), *Handbuch Arbeitssoziologie*. Band 1: *Arbeit, Strukturen und Prozesse*, Wiesbaden 2018, S. 321–357.

29 Gloria L. Lee, Chris Smith (Hg.), *Engineers and Management: International Comparisons*, London 1992.

30 Günther Ortmann, Arnold Windeler, Albrecht Becker, Hans-Joachim Schulz, *Computer und Macht in Organisationen. Mikropolitische Analysen*, Opladen 1990.

31 Annegret Bolte, Stephanie Porschen, *Die Organisation des Informellen. Modelle zur Organisation von Kooperation im Arbeitsalltag*, Wiesbaden 2006.

32 John M. Jermier, John W. Slocum, Louis W. Fry, Jeannie Gaines, »Organizational Subcultures in a Soft Bureaucracy: Resistance behind the Myth and Facade of an Official Culture«, in: *Organization Science* 2 (1991) 2, S. 170–194.

33 Sarah Nies, Dieter Sauer, »Theoriegeleitete Fallstudienforschung. Forschungsstrategien am ISF München«, in: Hans J. Pongratz, Rainer Trinczek (Hg.), *Industriesoziologische Fallstudien. Entwicklungspotenziale einer Forschungsstrategie*, Berlin 2010, S. 119–162, hier S. 150.

34 Andy Danford, *Japanese Management Techniques and British Workers*, London 2013; Rick Delbridge, *Life on*

the Line in Contemporary Manufacturing. The Workplace Experience of Lean Production and the »Japanese« Model, Oxford; 1998; Silver, *Forces of Labor.*

35 Ulrich Brinkmann, Hae-Lin Choi, Richard Detje, Klaus Dörre, Hajo Holst, Serhat Karakayali, Chatharina Schmalstieg, *Strategic Unionism: Aus der Krise zur Erneuerung? Umrisse eines Forschungsprogramms*, Wiesbaden 2008; Oliver Nachtwey, Luigi Wolf, »Strategisches Handlungsvermögen und gewerkschaftliche Erneuerung im Dienstleistungssektor«, in: Stefan Schmalz, Klaus Dörre (Hg.), *Comeback der Gewerkschaften? Machtressourcen, innovative Praktiken, internationale Perspektiven*, Frankfurt a. M. 2013, S. 179–198; Stefan Schmalz, Klaus Dörre, »Der Machtressourcenansatz: Ein Instrument zur Analyse gewerkschaftlichen Handlungsvermögens«, in: *Industrielle Beziehungen* 21 (2014) 3, S. 217–237.

36 Goetz Briefs, *Zwischen Kapitalismus und Syndikalismus. Die Gewerkschaften am Scheideweg*, Bern 1952.

37 Z.B. Alexander Gallas, »Class Power and Union Capacities: A Research Note on the Power Resources Approach«, in: *Global Labour Journal* 9 (2018) 3, 348–352; Bob Jessop, »Corporatism, Parliamentarism and Social Democracy«, in: Philippe C. Schmitter, Gerhard Lehmbruch (Hg.), *Trends toward Corporatist Intermediation*, London, 1979; Leo Panitch, »Trade unions and the capitalist state«, in: *New Left Review* 125 (1981) 1, S. 21–43.

38 Ulrich Jürgens, »Die Entwicklung von Macht, Herrschaft und Kontrolle im Betrieb als politischer Prozeß: eine Problemskizze zur Arbeitspolitik«, in: Ulrich Jürgens, Frieder Naschold (Hg.), *Arbeitspolitik. Materialien zum Zusammenhang von politischer Macht, Kontrolle und betrieblicher Organisation der Arbeit*, Opladen 1984, S. 58–91.

39 Schmalz, Dörre, »Der Machtressourcenansatz«; Erik Olin Wright, »Working-Class Power, Capitalist-Class Interests, and Class Compromise«, in: *American Journal of Sociology* 105 (2000) 4, S. 957–1002.

40 Siehe hierzu auch Michel Crozier, Erhard Friedberg, *Macht und Organisation. Die Zwänge kollektiven Handelns*, Königstein 1979.

41 James C. Scott, *Domination and the Arts of Resistance: Hidden Transcripts*, Yale 1990.

42 Müller-Jentsch, »Theorien Industrieller Beziehungen«, S. 59.

43 Michael Burawoy, *The Extended Case Method*, Berkeley 2009, S. 90.

4. DIE REGULATIONSARENA

1 Diese sind zwar wiederum in supranationale Institutionen eingebunden, die wesentlichen Aushandlungen finden jedoch auf nationalstaatlicher Ebene statt. Supranationale Institutionen werden im Folgenden nur dann in die Analyse mit einbezogen, wenn sich die nationalstaatlichen Regulationen direkt auf sie beziehen.

2 Martin B. Carstensen, Vivien A. Schmidt, »Power through, over and in ideas: conceptualizing ideational power in discursive institutionalism«, in: *Journal of European Public Policy* 23 (2016) 3, S. 318–337.

3 Goetz Briefs, *Zwischen Kapitalismus und Syndikalismus. Die Gewerkschaften am Scheideweg*, Bern 1952.

4 Eberhard Schmidt, *Ordnungsfaktor oder Gegenmacht. Die politische Rolle der Gewerkschaften*, Frankfurt a. M. 1972.

5 Ruth Milkman, Kim Voss, *Rebuilding labor: Organizing and organizers in the new union movement*, Ithaca 2004.

6 Carola M. Frege, John Kelly, »Union revitalization strategies in comparative perspective«, in: *European Journal of Industrial Relations* 9 (2003) 1, S. 7–24.

7 Walther Müller-Jentsch, *Gewerkschaften als intermediäre Organisationen*, Wiesbaden 2009.

8 Teilweise wird bezweifelt, ob die deutschen Gewerkschaften diese allgemeine Vermittlungsrolle noch einnehmen können oder sie sich nicht vielmehr zu »partikularen Interessensorganisationen« einzelner Beschäftigtengruppen entwickelt hätten. Siehe: Klaus Dörre, »Funktionswandel der Gewerkschaften. Von der intermediären zur fraktalen Organisation«, in: Thomas Haipeter, Klaus Dörre (Hg.), *Gewerkschaftliche Modernisierung*, Wiesbaden 2011, S. 267–301, hier S. 292.

9 Klaus Dörre, »Überbetriebliche Regulierung von Arbeitsbeziehungen«, in: Fritz Böhle, G. Günter Voß, Günther Wachtler (Hg.), *Handbuch Arbeitssoziologie*. Band 2: *Akteure und Institutionen*, Wiesbaden 2018, S. 619–681.

10 Jörg Huffschmid, *Die Politik des Kapitals*, Frankfurt a. M. 1972; Claus Offe, *Strukturprobleme des kapitalistischen Staates. Aufsätze zur politischen Soziologie*, Frankfurt a. M. 2006.

11 Mariana Mazzucato, *The Entrepreneurial State: Debunking Public Vs. Private Sector Myths*, London 2015.

12 Bob Jessop, »The capitalist state and the rule of capital: Problems in the analysis of business associations«, in: *West European Politics* 6 (1983) 2, S. 139–162.

13 Walther Müller-Jentsch (Hg.), *Konfliktpartnerschaft*, München 1999.

14 Z. B. Wolfgang Streeck, »German capitalism: does it exist? Can it survive?«, in: *New Political Economy* 2 (1997) 2, S. 237–256.

15 Hans-Jürgen Urban, *Der Tiger und seine Dompteure. Wohlfahrtsstaat und Gewerkschaften im Gegenwartskapitalismus*, Hamburg 2013, S. 198–213.

16 Wolfgang Streeck, *Korporatismus in Deutschland. Zwischen Nationalstaat und Europäischer Union*, Frankfurt a. M. 1999.

17 Leo Panitch, »Trade unions and the capitalist state«, in: *New Left Review* 125 (1981) 1, S. 21–43, hier S. 25.

18 Ebd., S. 33 ff.

19 Ulrich Brinkmann, Oliver Nachtwey, *Postdemokratie und Industrial Citizenship. Erosionsprozesse von Demokratie und Mitbestimmung*, Weinheim 2017.

20 Thomas Haipeter, *Interessenvertretung in der Industrie 4.0. Das gewerkschaftliche Projekt Arbeit 2020*, Berlin 2019, S. 35.

21 Die Haltung der Betriebsrät:innen zu dieser Dezentralisierung ist zwiespältig. In einer großen Betriebsrät:innenbefragung geben 44 Prozent an, dass dadurch den betrieblichen Gegebenheiten besser Rechnung getragen wird. Zugleich stimmen aber 75 Prozent der Betriebsräte der Aussage zu, dass dadurch dem Arbeitgeber die Möglichkeit gegeben wird, seine betrieblichen Interessen

durchzusetzen. 72 Prozent der Befragten betonen darüber hinaus, dass auf diese Weise die Unterschiede der Arbeits- und Einkommensbedingungen gestärkt werden. Siehe: Marc Amlinger, Reinhard Bispinck, »Dezentralisierung der Tarifpolitik-Ergebnisse der WSI-Betriebsrätebefragung 2015«, in: *WSI-Mitteilungen* 69 (2016) 3, S. 211–222.

22 Dörre, »Überbetriebliche Regulierung«; Müller-Jentsch, *Intermediäre Organisationen.*

23 AGV-BW, »Arbeiten 4.0 verlangt Flexibilisierung«, {www.agv-bw.de/digitalisierung/arbeit-4-02019}, letzter Zugriff 14.12.2019.

24 BDA, *Germany Reloaded. Wie Wirtschaft und Beschäftigte von der Digitalisierung profitieren können*, {www.futurework.online/files/futurework/germany_reloaded/pdf/BDA_Germany_reloaded_Web.pdf}, letzter Aufruf 1.3.2021, S. 21.

25 Ebd., S. 21 ff.

26 BDA, *Germany Reloaded*, S. 28.

27 Ebd., S. 31.

28 Ebd., S. 8.

29 BDA, *Germany Reloaded*, S. 6.

30 Ebd., S. 20.

31 BDA, »Flüchtlinge«, 2019.

32 BDA, »Ausbildung und Beschäftigung weiter erhöhen, Förderung vereinheitlichen«, {www.arbeitgeber.de/www/arbeitgeber.nsf/res/Stn-Auslaenderbeschaeftigungsfoerderungsgesetz.pdf/$file/Stn-Auslaenderbeschaeftigungsfoerderungsgesetz.pdf}, letzter Zugriff 2.4.2019.

33 Peter Birke, Felix Bluhm, »Arbeitskräfte willkommen. Neue Migration zwischen Grenzregime und Erwerbsarbeit«, in: *Sozial.Geschichte Online* 25 (2019), S. 11–44; Jacqueline Kalbermatter, *Bleiberecht in der Gastro-Küche. Migrationspolitische Regulierungen und Arbeitsverhältnisse von Geflüchteten mit unsicherem Aufenhaltsstatus*, Zürich 2020.

34 BDA, *Germany Reloaded*, S. 32 f.

35 Ebd.

36 Ebd.

37 Ebd.

38 Ginger Coons, »Unpacking reshoring: The GE GeoSpring case«, in: Uli Meyer, Simon Schaupp, David Seibt (Hg.), *Digitalization in Industries: Between Domination and Emancipation*, New York 2019, S. 179–203; Hirsch-Kreinsen, Peter Ittermann, Jonathan Niehaus (Hg.), *Digitalisierung industrieller Arbeit,* Berlin 2015.

39 Z. B. Kim Moody, »Schnelle Technologie, langsames Wachstum. Roboter und die Zukunft der Arbeit«, in: Florian Butollo, Sabine Nuss (Hg.), *Marx und die Roboter. Vernetzte Produktion, Künstliche Intelligenz und lebendige Arbeit*, Berlin 2019, S. 132–155.

40 Spiegel Online, »Verlagerung nach Asien: Adidas schließt Vorzeige-Schuhfabrik in Deutschland«, {www.spiegel.de/wirtschaft/unternehmen/adidas-schliesst-vorzeige-schuhfabrik-in-deutschland-a-1295912.html}, letzter Zugriff 21.9.2020.

41 Steffen Kampeter (Hg.), *Sozialpartnerschaft 4.0. Tarifpolitik für die Arbeitswelt von morgen*, Frankfurt a. M. 2019.

42 Reinhard Göhner, »Individualisierung und Digitalisierung – grundlegender Wandel der Tarifautonomie«, in: Steffen Kampeter (Hg.), *Sozialpartnerschaft 4.0. Tarifpolitik für die Arbeitswelt von morgen*, Frankfurt a. M. 2019, S. 73–79, hier S. 74.

43 Mazzucato, *The Entrepreneurial State.*

44 Philipp Staab, *Digitaler Kapitalismus. Markt und Herrschaft in der Ökonomie der Unknappheit*, Frankfurt a. M. 2019.

45 Bundesministerium für Wirtschaft und Energie, *Nationale Industriestrategie 2030. Strategische Leitlinien für eine deutsche und europäische Industriepolitik*, Berlin 2019, S. 8.

46 Sabine Pfeiffer, »The Vision of ›Industrie 4.0‹ in the Making – a Case of Future Told, Tamed, and Traded» in: *NanoEthics* 11 (2017) 1, S. 107–121.

47 Plattform Industrie 4.0, »Was ist Industrie 4.0?«, {www.plattform-i40.de/PI40/Navigation/DE/Industrie40/WasIndustrie40/was-ist-industrie-40.html2014}, letzter Zugriff 9.9.2019.

48 Philipp Frey, Simon Schaupp, »Futures of digital industry: Techno-managerial or techno-political utopia?«, in: *Behemoth* 13 (2020) 1, S. 98–104.

49 Europäischer Rat, »Lissabon 23–24.03.2000: Schlußfolgerungen des Vorsitzes, 2000«, {www.europarl.europa.eu/summits/lis1_de.htm2000}, letzter Zugriff 9.9.2019.

50 Christian Fuchs, »Industry 4.0: The Digital German Ideology«, in: *tripleC: Communication, Capitalism & Critique* 16 (2018) 1, S. 280–289.

51 Ebd.

52 Bundesministerium für Wirtschaft und Energie, *NIS30*, S. 9.

53 Ebd.

54 Ebd., S. 10.

55 Ebd., S. 7.

56 Ebd.

57 Ebd., S. 10.

58 Bundesregierung, »Forschungsstandort Deutschland stärken«, {www.bundesregierung.de/breg-de/aktuelles/forschungsstandort-deutschland-staerken-161362422}, letzter Zugriff 17.9.2019.

59 Fraunhofer-Gesellschaft, *Jahresbericht 2018*, München 2019, S. 2.

60 Ebd., S. 18 ff.

61 Philipp Staab, »Exit-Kapitalismus revisited. Der Einfluss privaten Risikokapitals auf Unternehmensentscheidungen, Marktrisiken und Arbeitsqualität in technologieintensiven Jungunternehmen«, in: *Leviathan* 46 (2018) 2, S. 212–231.

62 Mazzucato, *The Entrepreneurial State.*

63 Dieses wird aus Mitteln des BMAS und des Europäischen Sozialfonds für Deutschland gefördert. Siehe: IG Metall, *Arbeit+Innovation. Digitale Transformation gestalten: Beispiele guter Praxis*, Frankfurt a. M. 2018.

64 Kagermann, Wahlster, Helbig, »Umsetzungsempfehlungen«.

65 Adrian Mengay, Maike Pricelius, *Digitalisierung der Arbeit, Industrie 4.0 und der schwierige Weg zu einer Mitbestimmung 4.0*, Berlin 2016, S. 45.

66 Yannick Kalff, »Labor Democracy in Digitalizing Industries. Emancipating or ›sandboxing‹ participation in discourses on technology and new forms of work?«, in: Uli Meyer, Simon Schaupp, David Seibt (Hg.), *Digitalization*

in Industry – Between domination and emancipation, New York 2019.

67 Plattform Industrie 4.0, *Industrie 4.0 – wie das Recht Schritt hält*, Berlin 2016, S. 24.

68 Ebd., S. 26.

69 Ob es einen solchen tatsächlich gibt, ist umstritten. So können etwa bei den bestehenden Fachkräften kaum Lohnsteigerungen festgestellt werden, was bei funktionierenden Arbeitsmärkten eigentlich erstes Anzeichen einer Verknappung sein müsste. Siehe Fabian Georgi, Nikolai Huke, Jens Wissel, »Fachkräftemangel, Lohndumping und Puzzle-Politik. Die europäische ›Blue Card‹ als arbeitskraftpolitisches Projekt«, in: F.S. Europa (Hg.), *Kämpfe um Migrationspolitik, Theorie, Methode und Analysen kritischer Europaforschung*, Bielefeld 2014, S. 209–226.

70 Johann Fuchs, Alexander Kubis, Lutz Schneider, *Zuwanderung und Digitalisierung. Wie viel Migration aus Drittstaaten benötigt der deutsche Arbeitsmarkt künftig?*, Gütersloh 2019.

71 Georgi, Huke, Wissel, »Fachkräftemangel«.

72 Birke, Bluhm, »Arbeitskräfte willkommen«.

73 Ebd.

74 Gerd Zika, Robert Helmrich, Tobias Maier, Enzo Weber, Marc Ingo Wolter, *Arbeitsmarkteffekte der Digitalisierung bis 2035. Regionale Branchenstruktur spielt eine wichtige Rolle*, Düsseldorf 2018.

75 Fuchs, Kubis, Schneider, *Zuwanderung und Digitalisierung*.

76 BMAS, »Experimentierräume«, {www.experimentierraeume.de/die-idee/2019}, letzter Zugriff 18.9.2019.

77 Uli Meyer, »Digitalisierung ohne Technik? Das Beispiel eines Praxislabors zu Arbeit 4.0«, in: *Arbeits- und Industriesoziologische Studien* 11 (2018) 2, S. 229–246.

78 Albert N. Link, Donald S. Siegel, »Unions and technology adoption: A qualitative analysis of the use of real-time control systems in U.S. coal firms«, in: *Journal of Labor Research* 23 (2002) 4, S. 615–630.

79 Redaktion IG Metall, »Viele Arbeitgeber haben keine Strategie zur Bewältigung der Transformation«, {www.igmetall.de/politik-und-gesellschaft/zukunft-der-arbeit/

digitalisierung/transformation-viele-arbeitgeber-haben-keine-strategie2019}, letzter Zugriff 21.9.2019.

80 Zit. n. Robert Price, Siegfried Steininger, »Trade unions and new technology in West Germany«, in: *New Technology, Work and Employment* 2 (1987) 2, S. 100–111, hier S. 100.

81 Siehe auch Ulrich Bochum, »Gewerkschaftliche Positionen in Bezug auf ›Industrie 4.0‹«, in: Alfons Botthof, Ernst Andreas Hartmann (Hg.), *Zukunft der Arbeit in Industrie 4.0*, Berlin, Heidelberg 2015, S. 31–44.

82 Haipeter, *Interessenvertretung in der Industrie 4.0.*

83 IG Metall, *Arbeit+Innovation*, S. 9.

84 IG Metall, *Transformationsatlas*, Frankfurt a. M. 2019.

85 Thomas Sattelberger, Isabell Welpe, Andreas Boes, *Das demokratische Unternehmen. Neue Arbeits- und Führungskulturen im Zeitalter digitaler Wirtschaft*, Freiburg 2015.

86 Meyer, »Digitalisierung ohne Technik«.

87 Haipeter, *Interessenvertretung in der Industrie 4.0.*

88 Meyer, »Digitalisierung ohne Technik«.

89 IG Metall, *Arbeit+Innovation.*

90 Haipeter, *Interessenvertretung in der Industrie 4.0*, S. 275 f.

91 IG Metall, *Arbeit+Innovation*, S. 3.

92 Brinkmann, Nachtwey, *Postdemokratie und Industrial Citizenship.*

93 Haipeter, *Interessenvertretung in der Industrie 4.0*, S. 276.

94 Ebd., S. 20.

95 Hajo Weber, »Technokorporatismus. Die Steuerung des technologischen Wandels durch Staat, Wirtschaftsverbände und Gewerkschaften«, in: Hans-Hermann Hartwich (Hg.), *Politik und die Macht der Technik*, 1986, S. 278–297.

96 Streeck, *Korporatismus in Deutschland.*

97 Weber, »Technokorporatismus«, S. 286.

98 Daniel Behruzi, *Wettbewerbspakte und linke Betriebsratsopposition. Fallstudien in der Automobilindustrie*, Hamburg 2015.

99 Fuchs, »Industry 4.0«.

100 Heiner Heiland, Ulrich Brinkmann, »Liefern am Limit. Wie die Plattformökonomie die Arbeitsbeziehungen verändert«, in: *Industrielle Beziehungen* 2 (2020), S. 120–140.

101 Boy Lüthje, »Platform Capitalism ›Made in China‹? Intelligent Manufacturing, Taobao Villages and the Restructuring of Work«, in: *Science, Technology and Society* 24 (2019) 2, S. 199–217.

102 Zit. n. Stephan Kaufmann, *Digitalisierung, Klassenkampf, Revolution*, Berlin 2016, S. 8.

103 Winfried Kretschmann, »›Aber führen muss man‹. Interview mit Winfried Kretschmann«, in: *Cicero*, {www.cicero.de/innenpolitik/winfried-kretschmann-gruene-heimat-soziale-marktwirtschaft}, letzter Zugriff 19.6.2019.

104 Colin Crouch, *Gig Economy. Prekäre Arbeit im Zeitalter von Uber, Minijobs & Co.* Berlin 2019, S. 45 f.

105 Dieses zeichnet sich traditionell durch einen hohen gewerkschaftlichen Organisierungsgrad und starke betriebliche Mitbestimmung in Form von Betriebsräten aus. Werner Abelshauser, »Umbruch und Persistenz. Das deutsche Produktionsregime in historischer Perspektive«, in: *Geschichte und Gesellschaft* 27 (2001) 4, S. 503–523; Horst Kern, Michael Schumann, »Kontinuität oder Pfadwechsel? Das deutsche Produktionsmodell am Scheideweg«, in: Bruno Cattero (Hg.), *Modell Deutschland – Modell Europa: Probleme, Perspektiven*, Wiesbaden 1998, S. 85–97.

106 Z. B. Janet Burns, »Report: Amazon's Anti-Union Training Is Revealed In Leaked Video«, {www.forbes.com/sites/janetwburns/2018/09/27/amazons-anti-union-training-strategy-revealed-in-leaked-video/}, letzter Zugriff 25.11.2019.

107 Michael Kläsgen, Thomas Öchsner, »Die Rad-Rebellen«, {www.sueddeutsche.de/wirtschaft/kampf-fuer-bessere-arbeitsbedingungen-die-rad-rebellen-1.38894532018}, letzter Zugriff 9.7.2019.

108 Siehe auch Heiland, Brinkmann, Liefern am Limit.

109 Kim Moody, »Towards an international social-movement unionism«, in: *New Left Review* 225 (1997), S. 52–72.

110 Ralf Ruckus, »›Der amerikanische Traum für zwei Euro pro Stunde‹. Zum Arbeiterkampf bei Amazon in Polen«, in: *Sozial.Geschichte Online* 18 (2016), S. 63–97.

111 Anne Degner, Eva Kocher, »Arbeitskämpfe in der ›Gig-Economy‹? Die Protestbewegungen der Foodora- und Deliveroo-›Riders‹ und Rechtsfragen ihrer kollektiven

Selbstorganisation«, in: *Kritische Justiz* 51 (2018) 3, S. 247–265.

112 Nicole Mayer-Ahuja, »Arbeit, Unsicherheit, Informalität«, in: Klaus Dörre, Dieter Sauer, Volker Wittke (Hg), *Kapitalismustheorie und Arbeit. Neue Ansätze soziologischer Kritik*, Frankfurt a. M. 2012, S. 289–301.

5. DIE IMPLEMENTIERUNGSARENA

1 Rainer Trinczek, »Betriebliche Regulierung von Arbeitsbeziehungen«, in: Fritz Böhle, G. Günter Voß, Günther Wachtler (Hg.), *Handbuch Arbeitssoziologie*. Band 2: *Akteure und Institutionen*, Wiesbaden 2018, S. 579–617, S. 587.

2 Sabine Pfeiffer, »Technisierung von Arbeit«, in: Fritz Böhle, G. Günter Voß, Günther Wachtler (Hg.), *Handbuch Arbeitssoziologie*. Band 1: *Arbeit, Strukturen und Prozesse*, Wiesbaden 2018, S. 321–357, hier S. 321.

3 Richard Edwards, *Contested Terrain: The Transformation of the Workplace in the Twentieth Century*, New York 1979.

4 Matt Vidal, »Contradictions of the Labour Process, Worker-Empowerment and Capitalist Inefficiency«, in: *Historical Materialism* 28 (2019) 2, S. 170–204.

5 Hermann Kotthoff, *Betriebsräte und betriebliche Herrschaft. Eine Typologie von Partizipationsmustern im Industriebetrieb*, Frankfurt a. M. 1981.

6 Oliver Stettes, »Digitaler Wandel. Keine Bedrohung für betriebliche Mitbestimmung«, {hdl.handle.net/10419/15757 92016}, letzter Zugriff 3.6.2019.

7 Ingo Matuschek, Frank Kleemann, »Konzertierte Verunsicherung angesichts Industrie 4.0 – Herausforderungen für die betriebliche Sozialpartnerschaft«, in: *Industrielle Beziehungen*, 26 (2019) 2, S. 189–206.

8 Gerd Hortleder, *Das Gesellschaftsbild des Ingenieurs. Zum politischen Verhalten der Technischen Intelligenz in Deutschland*, Frankfurt a. M. 1970.

9 Siehe hierzu auch Jörg Abel, Hartmut Hirsch-Kreinsen, Peter Ittermann, *Einfacharbeit in der Industrie. Strukturen, Verbreitung und Perspektiven*, Berlin 2014.

10 Andrew J. Hawkins, »Uber is bringing its self-driving cars

to Dallas«, {www.theverge.com/2019/9/17/20870969/uber-self-driving-car-testing-dallas}, letzter Zugriff 14.1. 2020.

11 Alex Rosenblat, *Uberland: How Algorithms Are Rewriting the Rules of Work*, Oakland 2018.

12 Rich Blake, »Amazon's Push to Augment Workforce with Automation is Pig in Industrial Robotics Python«, { www.forbes.com/sites/richblake1/2019/02/24/amazons-push-to-augment-workforce-with-automation-is-pig-in-industrial-robotics-python/2019}, letzter Zugriff 5.10.2019.

13 Kim Moody, »Schnelle Technologie, langsames Wachstum. Roboter und die Zukunft der Arbeit«, in: Florian Butollo, Sabine Nuss (Hg.), *Marx und die Roboter. Vernetzte Produktion, Künstliche Intelligenz und lebendige Arbeit*, Berlin 2019, S. 132–155.

14 Karl Marx, *Grundrisse der Kritik der politischen Ökonomie (MEW 42)*, Berlin 1974, S. 586.

15 Frederick W. Taylor, *The principles of scientific management*, New York 1913.

16 Harry Braverman, *Labor and monopoly capital*, New York 1974.

17 Daron Acemoglu, »David Autor, Skills, tasks and technologies: Implications for employment and earnings«, in: Paul Schultz, John Strauss (Hg.), *Handbook of labor economics*, Bd. 4, Amsterdam 2011, S. 1043–1171; Paul S. Adler, »The Future of Critical Management Studies: A Paleo-Marxist Critique of Labour Process Theory», in: *Organization Studies* 28 (2007) 9, S. 1313–1345; Horst Kern, Michael Schumann, *Das Ende der Arbeitsteilung?: Rationalisierung in der industriellen Produktion: Bestandsaufnahme, Trendbestimmung*, München 1984.

18 Daniela Rohrbach-Schmidt, Michael Tiemann, »Changes in workplace tasks in Germany – evaluating skill and task measures«, in: *Journal for Labour Market Research* 46 (2013) 3, S. 215–237; Paul Thompson, »Adler's Theory of the Capitalist Labour Process: A Pale(o) Imitation«, in: *Organization Studies* 28 (2007) 9, S. 1359–1368; Chris Warhurst, Paul Thompson, »Mapping knowledge in work: proxies or practices?«, in: *Work, Employment and Society* 20 (2006) 4, S. 787–800.

19 Z. B. David Autor, David Dorn, »The growth of low-skill service jobs and the polarization of the US labor market«, in: *American Economic Review* 103 (2013) 5, S. 1553–97; OECD, *How technology and globalisation are transforming the labour market*, Genf 2017, S. 81–124; Philipp Staab, Lena J. Prediger, *Digitalisierung und Polarisierung. Eine Literaturstudie zu den Auswirkungen des digitalen Wandels auf Sozialstruktur und Betriebe*, Düsseldorf 2019; Gerd Zika, Robert Helmrich, Tobias Maier, Enzo Weber, Marc Ingo Wolter, *Arbeitsmarkteffekte der Digitalisierung bis 2035. Regionale Branchenstruktur spielt eine wichtige Rolle*, Düsseldorf 2018.

20 So rechnet etwa das Institut für Arbeitsmarkt- und Berufsforschung im Zuge der Digitalisierung mit einem Rückgang des Bedarfs an mittelqualifizierten Fachkräften um zwei Mio. bis 2035. Siehe ebd.

21 Rohrbach-Schmidt, Tiemann, *Changes in workplace tasks in Germany*.

22 Zika, Helmrich, Maier, Weber, Wolter, *Arbeitsmarkteffekte der Digitalisierung*.

23 Georg Barthel, Jan Rottenbach, »Reelle Subsumtion und Insubordination im Zeitalter der digitalen Maschinerie. Mit-Untersuchung der Streikenden bei Amazon in Leipzig«, in: *PROKLA* 47 (2017) 2, S. 249–269; Staab, Prediger, *Digitalisierung und Polarisierung*.

24 Sabine Pfeiffer, »Warum reden wir eigentlich über Industrie 4.0? Auf dem Weg zum digitalen Despotismus«, in: *Mittelweg 36* 24 (2015) 6, S. 14–36.

25 Braverman, *Labor and monopoly capital*.

26 Abel, Hirsch-Kreinsen, Ittermann, *Einfacharbeit in der Industrie*.

27 Heiner Heiland, Simon Schaupp, »Digitale Atomisierung oder neue Arbeitskämpfe? Eine Ethnografie widerständiger Solidaritätskulturen in der plattformvermittelten Kurierarbeit«, in: *Momentum Quarterly* 9 (2020) 2, S. 50–67.

28 Simon Schaupp, »›Wir nennen es flexible Selbstkontrolle‹. Self-Tracking als Selbsttechnologie des kybernetischen Kapitalismus«, in: Stefanie Duttweiler, Robert Gugutzer, Jan-Hendrik Rassoth, Jörg Strübing (Hg.), *Leben nach Zahlen. Self-Tracking als Optimierungsprojekt*, Bielefeld 2016, S. 63–86.

29 Gary T. Marx, »Measuring everything that moves: The new surveillance at work«, in: *Research in Sociology of Work* (1999), S. 165–190.

30 Kirstie Ball, »Workplace surveillance: An overview«, in: *Labor History* 51 (2010) 1, S. 87–106.

31 Pfeiffer, »Warum reden wir eigentlich über Industrie 4.0?«.

32 Taiichi Ohno, *Das Toyota-Produktionssystem*, Frankfurt a. M. 1993.

33 Andreas Boes, Tobias Kämpf, Barbara Langes, Thomas Lühr, *»Lean« und »agil« im Büro. Neue Organisationskonzepte in der digitalen Transformation und ihre Folgen für die Angestellten*, Bielefeld 2018, S. 25.

34 Hans J. Pongratz, G. Günter Voß, »Fremdorganisierte Selbstorganisation. Eine soziologische Diskussion aktueller Managementkonzepte«, in: *German Journal of Human Resource Management* 11 (1997) 1, S. 30–53, hier S. 33.

35 Klaus Dörre, *Kampf um Beteiligung. Arbeit, Partizipation und industrielle Beziehungen im flexiblen Kapitalismus. Eine Studie aus dem Soziologischen Forschungsinstitut Göttingen*, Wiesbaden 2002.

36 Pongratz, Voß, »Fremdorganisierte Selbstorganisation«, S. 35.

37 Kim Moody, *Workers in a lean World: Unions in the International Economy*, London 1997, S. 87 ff.

38 Simon Schaupp, »Radikale Demokratie und Kybernetik«, in: Dagmar Comtesse, Oliver Flügel-Martinsen, Franziska Martinsen, Martin Nonhoff (Hg.), *Radikale Demokratietheorie. Ein Handbuch*, Berlin 2019, S. 764–776.

39 Georg Jochum, »Kybernetisierung von Arbeit – Zur Neuformierung der Arbeitssteuerung«, in: *Arbeits- und Industriesoziologische Studien* 6 (2013) 1, S. 25–48.

40 Heinz von Foerster, *Wissen und Gewissen. Versuch einer Brücke*, Frankfurt a. M. [9]1993, S. 62.

41 Stafford Beer, *Kybernetik und Management*, Frankfurt a. M. 1963, S. 21.

42 Ebd., S. 33.

43 Ross Ashby, *Introduction to Cybernetics*, London 1957, S. 86.

44 Beer, *Kybernetik und Management*, S. 27.

45 Ebd., S. 175.

46 Ebd., S. 44.

47 Stafford Beer, *Brain of the Firm*, Chichester 1981.

48 Simon Schaupp, »Taylorismus oder Kybernetik? Eine kurze Ideengeschichte der algorithmischen Arbeitssteuerung«, in: *WSI-Mitteilungen* 3 (2020), S. 201–208, hier S. 204 ff.

49 Damit wird möglicherweise auch der Kontrollbegriff der Labour Process Theory infrage gestellt. Wie in Kapitel zwei rekonstruiert, wird dieser nach Edwards als Dreischritt von Anweisung, Evaluation und Sanktion gefasst. Damit orientiert sich die Labour Process Theory implizit am tayloristischen Kontrollverständnis. Bei der kybernetischen Steuerungstheorie und den auf ihr aufbauenden Systemen algorithmischer Arbeitssteuerung steht aber nicht mehr die Anpassung von Verhalten an (bestehende) Zielgrößen im Vordergrund. Vielmehr werden auch die Ziele selbst im Sinne der permanenten Selbstoptimierung automatisch und kontinuierlich korrigiert.

50 Simon Schaupp, Ramon Salim Diab, »From the smart factory to the self-organisation of capital: ›Industrie 4.0‹ as the cybernetisation of production«, in: *ephemera* 20 (2020) 4, S. 19–41.

51 Norber Altmann, Manfred Deiß, Volker Döhl, Dieter Sauer, »Ein ›Neuer Rationalisierungstyp‹ – neue Anforderungen an die Industriesoziologie«, in: *Soziale Welt* 37 (1986) 3, S. 191–207.

52 Florian Butollo, Ulrich Jürgens, Martin Krzywdzinski, »From Lean Production to Industrie 4.0. More Autonomy for Employees?«, in: Uli Meyer, Simon Schaupp, David Seibt (Hg.), *Digitalization in Industry: Between domination and emancipation*, New York 2019, S. 61–80.

53 Axel Höpner, Stefan Menzel, »Hannover Messe: Vernetzte Maschinen: VW baut an neuer Produktionsallianz«, in: *Handelsblatt*, {handelsblatt.com/technik/hannover-messe/hannover-messe-vernetzte-maschinen-vw-baut-an-neuer-produktionsallianz/24159766.html}, letzter Zugriff 5.10.2019.

54 Elke Ahlers, »Leistungsdruck, Arbeitsverdichtung und die (ungenutzte) Rolle von Gefährdungsbeurteilungen«, in: *WSI-Mitteilungen* 68 (2015) 3, S. 194–201; Markus Holler, *DGB-Index Gute Arbeit. Verbreitung, Folgen und Gestal-*

tungsaspekte der Digitalisierung in der Arbeitswelt, Berlin 2017; Moody, »Schnelle Technologie«.

55 Holler, *Gute Arbeit*, S. 30.

56 Schaupp, »Taylorismus oder Kybernetik?«.

6. DIE ANEIGNUNGSARENA

1 Simon Schaupp, »Organisationale Technokulturen. Kritik und Humor in der ›Industrie 4.0‹«, in: *ARBEIT* 30 (2021) 1, S. 3–20, hier 4 f. Das Kapitel beruht teilweise auf diesem Artikel.

2 Richard Edwards, *Contested terrain: the transformation of the workplace in the twentieth century*, New York 1979.

3 Claude Lefort, »Proletarian Experience, 1952«, in: *Viewpoint Magazine*, {viewpointmag.com/2013/09/26/proletarian-experience1952}, letzter Zugriff 9.7.2018.

4 Fritz Böhle, »Sinnliche Erfahrung und wissenschaftlich-technische Rationalität. Ein neues Konfliktfeld industrieller Arbeit«, in: Burkart Lutz (Hg.), *Entwicklungsperspektiven von Arbeit: Ergebnisse aus dem Sonderforschungsbereich 333 der Universität München*, Berlin 2001, S. 113–131.

5 Andreas Boes, Sabine Pfeiffer, *Informatisierte Arbeit. Von der Allgegenwart der verschwindenden Arbeit*, Baden-Baden 2006, S. 31–68.

6 James J. Gibson, *The ecological approach to visual perception*, Boston 1979.

7 Wanda J. Orlikowski, »Using Technology and Constituting Structures: A Practice Lens for Studying Technology in Organizations«, in: *Organization Science*, 11 (2000) 4, S. 404–428.

8 Gerardine DeSanctis, Marshall Scott Poole, »Capturing the Complexity in Advanced Technology Use: Adaptive Structuration Theory«, in: *Organization Science* 5 (1994) 2, S. 121–147, hier S. 135.

9 Wanda J. Orlikowski, Debra C. Gash, »Technological Frames: Making Sense of Information Technology in Organizations«, in: *ACM Trans. Inf. Syst.* 12 (1994) 2, S. 174–207, hier S. 179.

10 Stephen Ackroyd, Paul Thompson, *Organizational Misbehaviour*, London 1999.

11 Heiner Heiland, Simon Schaupp, »Digitale Atomisierung oder neue Arbeitskämpfe? Eine Ethnografie widerständiger Solidaritätskulturen in der plattformvermittelten Kurierarbeit«, in: *Momentum Quarterly*, 9 (2020) 2, S. 50–67, hier S. 57.
12 Markus Holler, *DGB-Index Gute Arbeit. Verbreitung, Folgen und Gestaltungsaspekte der Digitalisierung in der Arbeitswelt*, Berlin 2017, S. 83.
13 Ebd., S. 4.
14 Holler, *Gute Arbeit*, S. 50.
15 Georg Barthel, Jan Rottenbach, »Reelle Subsumtion und Insubordination im Zeitalter der digitalen Maschinerie. Mit-Untersuchung der Streikenden bei Amazon in Leipzig«, in: *PROKLA*, 47 (2017) 2, S. 249–269.
16 Simon Schaupp, »Taylorismus oder Kybernetik? Eine kurze Ideengeschichte der algorithmischen Arbeitssteuerung«, in: *WSI-Mitteilungen* 3 (2020), S. 201–208.
17 Die Zunahme von Stress lässt sich nicht monokausal auf die Digitalisierung zurückführen. Die starke subjektive Wahrnehmung dieses Zusammenhangs bei den Beschäftigten ist jedoch ein Alarmsignal.
18 Wolfgang Dunkel, Nick Kratzer, Wolfgang Menz, *Psychische Belastungen durch neue Steuerungsformen. Befunde aus dem Projekt PARGEMA, Erschöpfende Arbeit. Gesundheit und Prävention in der flexiblen Arbeitswelt*, Bielefeld 2010, S. 97–118; G. Günter Voß, »Auf dem Weg zu einer neuen Verelendung? Psychosoziale Folgen der Entgrenzung und Subjektivierung der Arbeit«, in: *Vorgänge. Zeitschrift für Bürgerrechte und Gesellschaftspolitik* 49 (2010) 3, S. 27–37.
19 Fritz Böhle, »Arbeit und Belastung«, in: Fritz Böhle, G. Günter Voß, Günther Wachtler (Hg.), *Handbuch Arbeitssoziologie*, Band 2: *Akteure und Institutionen*, Wiesbaden 2018, S. 59–98, hier S. 77.
20 Stephen Ackroyd, Paul Thompson, *Organizational Misbehaviour*, London 1999.
21 Ursula Huws, *Labor in the Global Digital Economy: The Cybertariat Comes of Age*, New York 2014; Shoshana Zuboff, »Big Other: Surveillance Capitalism and the Prospects of an Information Civilization«, in: *Journal of Information Technology* (2015) 30, S. 75–89.

22 Alex Rosenblat, Luke Stark, »Algorithmic Labor and Information Asymmetries: A Case Study of Uber's Drivers«, in: *International Journal of Communication* 10 (2016), S. 3758–3784; Jasmin Schreyer, Jan-Felix Schrape, »Plattformökonomie und Erwerbsarbeit. Auswirkungen algorithmischer Arbeitskoordination; das Beispiel Foodora«, in: *Arbeits- und Industriesoziologische Studien* 11 (2018), S. 262–278; Alex Veen, Tom Barratt, Caleb Goods, »Platform-Capital's ›App-etite‹ for Control: A Labour Process Analysis of Food-Delivery Work in Australia«, in: *Work, Employment and Society* 34 (2019) 3, S. 388–406.

23 Shoshana Zuboff, *Das Zeitalter des Überwachungskapitalismus*, Frankfurt a. M. 2018, S. 253 ff.

24 Ebd., S. 390.

25 Emile Durkheim, *Die Regeln der soziologischen Methode*, Frankfurt a. M. [8]1984.

26 Albert Scherr, »Solidarität im postmodernen Kapitalismus«, in: Lucie Billmann, Josef Held (Hg.), *Solidarität in der Krise. Gesellschaftliche, soziale und individuelle Voraussetzungen solidarischer Praxis*, Wiesbaden 2013, S. 263–270.

27 Alison M. Collins, Donald Hislop, Susan Cartwright, »Social support in the workplace between teleworkers, office-based colleagues and supervisors«, in: *New Technology, Work and Employment* 31 (2016) 2, S. 161–175.

28 Rainer Zoll, »Von der Arbeitersolidarität zur Alltagssolidarität«, in: *Gewerkschaftliche Monatshefte* 6 (1988), S. 368–381.

29 Rick Fantasia, *Cultures of Solidarity: Consciousness, Action, and Contemporary American Workers*, Berkeley 1989.

30 Wolf-Dieter Narr, *Niemands-Herrschaft. Eine Einführung in die Schwierigkeiten, Herrschaft zu begreifen*, Hamburg 2015, S. 101.

31 Wolfgang Hindrichs, Claus Mäulen, Günter Scharf, *Neue Technologien und Arbeitskampf*, Opladen 1990.

32 Colin Crouch, *Gig Economy. Prekäre Arbeit im Zeitalter von Uber, Minijobs & Co.* Berlin 2019.

33 Jacqueline Kalbermatter, *Bleiberecht in der Gastro-Küche. Migrationspolitische Regulierungen und Arbeitsverhältnisse von Geflüchteten mit unsicherem Aufenhaltsstatus*, Zürich 2020.

34 Peter Birke, Felix Bluhm, »Arbeitskräfte willkommen. Neue Migration zwischen Grenzregime und Erwerbsarbeit«, in: *Sozial.Geschichte Online* 25 (2019), S. 11–44.

35 Klaus Dörre, »Prekarität und exklusive Solidarität. Handlungsfelder von Gewerkschaften und öffentlicher Soziologie«, in: *Sozialismus* 40 (2013), S. 9–18.

36 Zoll, »Alltagssolidarität«.

37 Es ist ein soziologischer Gemeinplatz, dass nicht alle organisationalen Verhaltensweisen formal geregelt werden können. Stattdessen baut das konkrete Verhalten zumeist auf der Organisationskultur auf und nicht auf expliziten Regeln.

38 Luc Boltanski, *Soziologie und Sozialkritik. Frankfurter Adorno-Vorlesungen 2008*, Berlin 2010, S. 182 f.

39 John M. Jermier, John W. Slocum, Louis W. Fry, Jeannie Gaines, »Organizational Subcultures in a Soft Bureaucracy: Resistance behind the Myth and Facade of an Official Culture«, in: *Organization Science* 2 (1991) 2, S. 170–194, hier S. 170.

40 Fantasia, *Cultures of Solidarity*.

41 Constance Penley, Andrew Ross, *Technoculture*, Minneapolis 1991; Kevin Robins, Frank Webster, *Times of the Technoculture: From the Information Society to the Virtual Life*, London 1999.

42 Erika Summers-Effler, »The emotional significance of solidarity for social movement communities: sustaining Catholic worker community and service«, in: Helena Flam, Debra King (Hg.), *Emotions and Social Movements*, London 2008, S. 135–149, hier S. 143.

43 Phil Taylor, Peter Bain, »›Subterranean Worksick Blues‹: Humour as Subversion in Two Call Centres«, in: *Organization Studies* 24 (2003) 9, S. 1487–1509, hier S. 1501.

44 Für eine kritische Zusammenfassung siehe Robert I. Westwood, Allanah Johnston, »Humor in organization: From function to resistance«, in: *Humor* 26 (2013) 2, S. 219–247.

45 Peter L. Berger, *Redeeming Laughter*, Boston 2014, S. 52.

46 David L. Collinson, »›Engineering Humour‹: Masculinity, Joking and Conflict in Shop-floor Relations«, in: *Organization Studies* 9 (1988) 2, S. 181–199.

47 Janet Holmes, »Politeness, Power and Provocation: How Humour Functions in the Workplace«, in: *Discourse Studies* 2 (2000) 2, 159–185; Westwood, Johnston, »Humor in organization«.

48 Michael Billig, *Laughter and Ridicule: Towards a Social Critique of Humour*, London 2005.

49 Billig, *Laughter and Ridicule*, S. 210 ff.

50 Lesley Griffiths, »Humour as Resistance to Professional Dominance in Community Mental Health Teams«, in: *Sociology of Health & Illness* 20 (1998) 6, S. 874–895, hier S. 882.

51 Jermier u.a., »Organizational Subcultures«.

52 Callum Cant, *Riding for Deliveroo: Resistance in the New Economy*, Cambridge 2019; Lilly C. Irani, M. Six Silberman, *Turkopticon: Interrupting Worker Invisibility in Amazon Mechanical Turk*, New York 2013; Alex Rosenblat, *Uberland: How Algorithms Are Rewriting the Rules of Work*, Oakland 2018.

53 Heiland, Schaupp, »Digitale Atomisierung«, S. 62.

54 James C. Scott, *Domination and the Arts of Resistance: Hidden Transcripts*, Yale 1990.

55 Zoll, Alltagssolidarität.

56 Rosenblat, Stark, »Algorithmic Labor and Information Asymmetries«; Schreyer, Schrape, »Plattformökonomie und Erwerbsarbeit«; Veen, Barratt, Goods, »Platform-Capital's 'App-etite' for Control«.

57 Heiland, Schaupp, »Digitale Atomisierung«, S. 59.

58 Huws, *Labor in the Global Digital Economy*.

59 Gerald Mars, *Work Place Sabotage*, London 2018.

60 Simon Schaupp, »Bewusstsein, Praxis, Konflikt: Herausforderungen für eine arbeitssoziologische Widerstandsforschung«, in: Heiner Heiland, Simon Schaupp (Hg.), *Widerstand im Arbeitsprozess. Bielefeld* [im Erscheinen].

61 David Courpasson, Steven Vallas, »Resistance Studies: A Critical Introduction«, in: David Courpasson, Steven Vallas (Hg.), *The SAGE Handbook of Resistance*, London 2016, S. 1–28.

62 Niklas Luhmann, *Funktionen und Folgen formaler Organisation*, Berlin 1972.

63 Fantasia, *Cultures of Solidarity*.

1 Jasmine Andersson, »This courier is staying in A&E wards while he saves up a rent deposit«, in: *iNews*, {inews.co.uk/inews-lifestyle/work/im-doing-my-best-to-stay-positive-courier-who-delivers-christmas-presents-on-life-as-one-of-the-hidden-homeless-134440018}, letzter Zugriff 19.12.2019.

2 Alex Rosenblat, *Uberland: How Algorithms Are Rewriting the Rules of Work*, Oakland 2018.

3 Simon Schaupp, »Cybernetic Proletarianisation. Spirals of devaluation and conflict in digitalised production«, in: *Capital & Class* 2021, DOI: 10.1177/03098168211017614.

4 Michael Burawoy, *The Politics of Production: Factory Regimes Under Capitalism and Socialism*, London 1985, S. 87.

5 Paradigmatisch: Ulrich Beck, *Risikogesellschaft. Auf dem Weg in eine andere Moderne*, Frankfurt a. M. 1986; André Gorz, *Abschied vom Proletariat. Jenseits des Sozialismus*, Frankfurt a. M. 1980.

6 Statista, »Anteil der Wirtschaftsbereiche an der Gesamtbeschäftigung in Deutschland 1950–2017«, {de.statista.com/statistik/daten/studie/275637/umfrage/anteil-der-wirtschaftsbereiche-an-der-gesamtbeschaeftigung-in-deutschland/2019}, letzter Zugriff 27.7.2019.

7 Daniel Bell, *The Coming of Post-industrial Society*, New York 1976.

8 Alan Gartner, Frank Riessman, *Der aktive Konsument in der Dienstleistungsgesellschaft. Zur politischen Ökonomie des tertitären Sektors*, Frankfurt a. M. 1985.

9 Luc Boltanski, Ève Chiapello, *Der neue Geist des Kapitalismus*, Konstanz 2003, S. 310 ff.

10 Walther Müller-Jentsch, »Kapitalismus ohne Gewerkschaften?«, in: Ulrich Brinkmann, Karoline Krenn, Sebastian Schief (Hg.), *Endspiel des Kooperativen Kapitalismus? Institutioneller Wandel unter den Bedingungen des marktzentrierten Paradigmas*, Wiesbaden 2006, S. 169–180.

11 Beck, *Risikogesellschaft.*

12 Andy Friedman, »Responsible Autonomy Versus Direct Control Over the Labour Process«, in: *Capital & Class* 1 (1977) 1, S. 43–57.

13 Karl Marx, *Das Kapital, Band 1* (MEW 23), Berlin 1977, S. 641, FN.

14 Dyer-Witheford, *Cyber-Proletariat. Global Labour in the Digital Vortex*, London 2015, S. 13.

15 Reinhard Kreckel, *Politische Soziologie der sozialen Ungleichheit*, Frankfurt a. M. [3]2004.

16 Gøsta Esping-Andersen (Hg.), *Changing Classes: Stratification and Mobility in Post-Industrial Societies*, London 1993; siehe auch: Friederike Bahl, Philipp Staab, »Das Dienstleistungsproletariat. Theorie auf kaltem Entzug«, in: *Mittelweg* 36 (2010) 6, S. 66–93.

17 Dyer-Witheford, *Cyber-Proletariat*, S. 15.

18 Ähnliche Probleme werfen auch vergleichbare Globalkonzeptionen wie etwa diejenige des globalen »Prekariats« auf: Guy Standing, *Prekariat. Die neue explosive Klasse*, Münster 2015.

19 David Neilson, »Formal and real subordination and the contemporary proletariat: Re-coupling Marxist class theory and labour-process analysis«, in: *Capital & Class* 31 (2007) 1, S. 89–123.

20 Marx, *Das Kapital, Band 1*, S. 741–770.

21 Harry Braverman, *Labor and monopoly capital*, New York 1974; Erik Olin Wright, Joachim Singelmann, »Proletarianization in the Changing American Class Structure«, in: *American Journal of Sociology* 88 (1982), S. 176–S. 209.

22 Esping-Andersen, *Changing Classes*; Kreckel, *Politische Soziologie der sozialen Ungleichheit*; Erik Olin Wright, *Class Structure and Income Determination*, New York 1979.

23 Friederike Bahl, Philipp Staab, »Die Proletarisierung der Dienstleistungsarbeit«, in: *Soziale Welt* 66 (2015) 4, S. 371–388; Hanns-Georg Brose, »Proletarisierung, Polarisierung oder Upgrading der Erwerbsarbeit? Über die Spätfolgen ›erfolgreicher Fehldiagnosen‹ in der Industriesoziologie«, in: *Kölner Zeitschrift für Soziologie und Sozialpsychologie* 50 (1998) 38, S. 130–163; Heinrich Popitz, Hans Paul Bahrdt, Ernst August Jüres, Hanno Kesting, *Das Gesellschaftsbild des Arbeiters. Soziologische Untersuchungen in der Hüttenindustrie*, Tübingen 1957.

24 Ebd.

25 Georg Lukács, *Geschichte und Klassenbewusstsein*, Berlin 1971.

26 Rick Fantasia, *Cultures of Solidarity: Consciousness, Action, and Contemporary American Workers*, Berkeley 1989.

27 Popitz, Bahrdt, Jüres, Kesting, *Das Gesellschaftsbild des Arbeiters*.

28 Richard Detje, Wolfgang Menz, Sarah Nies, Dieter Sauer, Joachim Bischoff, *Krisenerfahrungen und Politik. Der Blick von unten auf Betrieb, Gewerkschaft und Staat*, Hamburg 2013; Klaus Dörre, Ingo Matuschek, Anja Happ, *Das Gesellschaftsbild der LohnarbeiterInnen. Soziologische Untersuchungen in ost- und westdeutschen Industriebetrieben*, Hamburg 2013.

29 Ebd.

30 Claude Lefort, »Proletarian Experience, 1952«, in: *Viewpoint Magazine*, {viewpointmag.com/2013/09/26/proletarian-experience1952}, letzter Zugriff 9.7.2018.

31 John H. Goldthorpe, David Lockwood, Frank Bechhofer, Jennifer Platt, *The Affluent Worker in the Class Structure*, Cambridge 1969; Fantasia, *Cultures of Solidarity*, S. 7.

32 Romano Alquati, *Klassenanalyse als Klassenkampf: Arbeiteruntersuchungen bei FIAT und OLIVETTI*, Frankfurt a.M. 1974, S. 146.

33 Kim Moody, »Schnelle Technologie, langsames Wachstum. Roboter und die Zukunft der Arbeit«, in: Florian Butollo, Sabine Nuss (Hg.), *Marx und die Roboter. Vernetzte Produktion, Künstliche Intelligenz und lebendige Arbeit*, Berlin 2019, S. 132–155.

34 Karl Marx, *Grundrisse der Kritik der politischen Ökonomie (MEW 42)*, Berlin 1974.

35 Braverman, *Labor and monopoly capital*; Frederick W. Taylor, *The principles of scientific management*, New York 1913.

36 Simon Schaupp, »Taylorismus oder Kybernetik? Eine kurze Ideengeschichte der algorithmischen Arbeitssteuerung«, in: *WSI-Mitteilungen* 3 (2020), S. 201–208.

37 Stefan Kirchner, Jürgen Beyer, »Die Plattformlogik als digitale Marktordnung«, in: *Zeitschrift für Soziologie* 45 (2016) 5, S. 324–339.

38 Alquati, *Klassenanalyse als Klassenkampf*, S. 142.

39 Karl Marx, *Ökonomisch-philosophische Manuskripte aus dem Jahr 1844 (MEW, Ergänzungsband, 1. Teil)*, Berlin 1968, S. 512.

40 Dyer-Witheford, *Cyber-Proletariat*, S. 51, Übers. d. A.

41 Aaron Benanav, »Automation and the Future of Work – 2«, in: *New Left Review* (2019) 120, S. 117–146.

42 Thorsten Kalina, Claudia Weinkopf, *Niedriglohnbeschäftigung 2016 – beachtliche Lohnzuwächse im unteren Lohnsegment, aber weiterhin hoher Anteil von Beschäftigten mit Niedriglöhnen*, Duisburg 2018.

43 Karen Jaehrling, Monika Obersneider, »Dominik Postels, Digitalisierung und Wandel von Arbeit im Kontext aktueller Marktdynamiken«, in: *IAQ Report* 3 (2018), S. 6–8.

44 Callum Cant, *Riding for Deliveroo: Resistance in the New Economy*, Cambridge 2019.

45 Rosenblat, *Uberland.*

46 Mary L. Gray, Siddharth Suri, *Ghost Work (International Edition): How to Stop Silicon Valley from Building a New Global Underclass,* Boston 2019.

47 Jamie Woodcock, Mark Graham, *The Gig Economy: A Critical Introduction*, Cambridge 2020.

48 OECD, *In it together: Why less inequality benefits all*, Paris 2015, S. 144.

49 E. Seils, H. Baumann, *Trends und Verbreitung atypischer Beschäftigung. Eine Auswertung regionaler Daten*, Düsseldorf 2019, S. 5.

50 Insgesamt arbeitet die Mehrzahl der sozialversicherungspflichtig beschäftigten Migrant:innen in einem Beruf, der als Helfer- oder Fachkraftberuf klassifiziert ist, selten dagegen in einem Beruf für Höherqualifizierte. Bei Geflüchteten ist diese Tendenz noch stärker ausgeprägt. Siehe Johann Fuchs, Alexander Kubis, Lutz Schneider, *Zuwanderung und Digitalisierung. Wie viel Migration aus Drittstaaten benötigt der deutsche Arbeitsmarkt künftig?*, Gütersloh 2019, S. 14.

51 Peter Birke, Felix Bluhm, »Arbeitskräfte willkommen. Neue Migration zwischen Grenzregime und Erwerbsarbeit«, in: *Sozial.Geschichte Online* 25 (2019), S. 11–44.

52 Siehe auch: Jacqueline Kalbermatter, *Bleiberecht in der Gastro-Küche. Migrationspolitische Regulierungen und*

Arbeitsverhältnisse von Geflüchteten mit unsicherem Aufenhaltsstatus, Zürich 2020.

53 Simon Schaupp: »Algorithmic integration and precarious (dis)obedience. On the co-constitution of migration regime and workplace regime in digitalised manufacturing and logistics«, in: *Work, Employment and Society* (2021), DOI: 10.1177/09500170211031458.

54 Kim Moody, *On New Terrain: How Capital is Reshaping the Battleground of Class War*, Chicago 2017, S. 21.

55 DGB-Index Gute Arbeit, *DGB-Index Gute Arbeit: Der Report 2019*, Berlin 2019.

56 DGB-Index Gute Arbeit, *DGB-Index Gute Arbeit: Der Report 2017*, Berlin 2017, S. 5.

57 Ursula Huws, »The Hassle of Housework: Digitalisation and the Commodification of Domestic Labour«, in: *Feminist Review* 123 (2019) 1, S. 8–23.

58 PresseBox, »Acht von zehn Deutschen bestellen aus Zeitmangel beim Lieferdienst«, {www.pressebox.de/inaktiv/deliveroo/Entschleunigungstipp-Acht-von-zehn-Deutschen-bestellen-aus-Zeitmangel-beim-Lieferdienst/boxid/9301999}, letzter Zugriff 31.7.2020.

59 Philipp Staab, *Die falschen Versprechen des digitalen Kapitalismus*, Hamburg 2016, S. 64.

60 Karl Marx, *Das Kapital, Band 3 (MEW 25)*, Berlin 1983, S. 246 f.

61 George Caffentzis, »From the Grundrisse to Capital and beyond: Then and now«, in: *Workplace. A journal for academic labor* 15 (2008), S. 59–74.

62 Karl Marx, *Theorien über den Mehrwert (MEW 26.2)*, Berlin 1967, S. 574.

63 Ebd., S. 575 f.

64 Dyer-Witheford, *Cyber-Proletariat.*

65 Huws, *The Making of a Cybertariat.*

66 Standing, *Prekariat.*

67 Cant, *Riding for Deliveroo.*

68 James Uguccioni, »Andrew Sharpe, Decomposing the Productivity-Wage Nexus in Selected OECD Countries, 1986–2013«, in: *International Productivity Monitor* 32 (2016), S. 25–43.

69 Philipp Staab, Lena J. Prediger, *Digitalisierung und Polarisierung. Eine Literaturstudie zu den Auswirkungen des*

digitalen Wandels auf Sozialstruktur und Betriebe, Düsseldorf 2019.

70 David Ross, »Deliveroo, UberEats rider danger shows human cost of gig economy«, in: *The New Daily* 3.11.2019, {thenewdaily.com.au/news/national/2019/11/03/deliveroo-uber-delivery-rider-deaths-safety/}, letzter Zugriff 20.1.2020.

71 Lars E. Kroll, Thomas Lampert, *Arbeitslosigkeit, prekäre Beschäftigung und Gesundheit*, Berlin 2012.

72 Benanav, »Automation and the Future of Work – 2«, S. 129.

73 Simon Schaupp, »Digitale Unterschichtung: Migrantische Arbeit bei Dienstleistungsplattformen«, in: Nicole Mayer-Ahuja, Oliver Nachtwey (Hg.), *Verkannte Leistungsträger:innen. Berichte aus der Klassengesellschaft*, Frankfurt a. M. 2021, S. 305–306.

74 Callum Cant, »The wave of worker resistance in European food platforms 2016–17, 29.01.2018«, in: *Notes from Below*, {notesfrombelow.org/article/european-food-platform-strike-wave}, letzter Zugriff 20.1.2020.

75 Unia, »Notime-Angestellte protestieren für ihre Rechte«, {www.unia.ch/de/medien/medienmitteilungen/mitteilung/a/14063/}, letzter Zugriff 20.1.2020.

76 Julia Kollewe, »Uber drivers strike over pay and conditions«, in: *The Guardian*, {www.theguardian.com/technology/2019/may/08/uber-drivers-strike-over-pay-and-conditions}, letzter Zugriff 16.9.2019; Woodcock, Graham, *The Gig Economy*, S. 94–103.

77 China Labour Bulletin, »Didi drivers in China protest pay cuts and restrictive work practices«, {clb.org.hk/content/didi-drivers-china-protest-pay-cuts-and-restrictive-work-practices}, letzter Zugriff 20.1.2020.

78 Adam Gaffney, »The West Virginia teachers' strike is over. But the fight for healthcare isn't«, in: *The Guardian*, {www.theguardian.com/commentisfree/2018/mar/07/west-virginia-teachers-strike-healthcare}, letzter Zugriff 20.1.2020.

79 Tech Workers Coalition, *Collective Actions in Tech*, {data.collectiveaction.tech/}, letzter Zugriff 20.1.2020.

80 Payday Report, »COVID-19 Strike Wave Interactive Map«, {paydayreport.com/covid-19-strike-wave-interactive-map/}, letzter Zugriff 1.9.2020.

81 ATU, »America's Largest Transit Worker Unions Vow ›Aggressive Action‹ If Transit Systems Don't Protect Frontline Workers«, {www.atu.org/media/releases/americas-largest-transit-worker-unions-vow-aggressive-action-if-transit-systems-dont-protect-frontline-workers}, letzter Zugriff 1.9.2020.

82 Robert Ovetz, »The Working Class Pandemic in the US«, in: Workers Inquiry Network (Hg.), *Struggle in a Pandemic: A collection of contributions on the COVID-19 crisis from members of the Workers Inquiry Network,* k.O. 2020, S. 53–67.

83 Hermann Kotthoff, »Works Councils in the Mirror of Recent Research«, in: Ingrid Artus, Martin Behrens, Berndt Keller, Carsten Wirth (Hg.), *Developments in German Industrial Relations*, Cambridge 2016, S. 131–156.

84 Klaus Dörre, »Funktionswandel der Gewerkschaften. Von der intermediären zur fraktalen Organisation«, in: Thomas Haipeter, Klaus Dörre (Hg.), *Gewerkschaftliche Modernisierung*, Wiesbaden 2011, S. 267–301.

85 Woodcock, Graham, *The Gig Economy*, S. 110.

86 Siehe auch Tanja Carstensen, *Social Media in der Arbeitswelt. Herausforderungen für Beschäftigte und Mitbestimmung*, Bielefeld 2016.

87 Thomas Haipeter, *Interessenvertretung in der Industrie 4.0. Das gewerkschaftliche Projekt Arbeit 2020*, Berlin 2019.

88 Für einen Überblick siehe Catharina Schmalstieg, P*artizipative Arbeitskämpfe, neue Streikformen, neue Streikfähigkeit*, Berlin 2013.

89 Moody, *On New Terrain.*

90 Zeit Online, »Tarifeinigung: Streik im Audi-Werk in Ungarn ist beendet«, {www.zeit.de/wirtschaft/unternehmen/2019-01/tarifeinigung-streik-audi-ungarn-gyoer} letzter Zugriff 2.9.2019.

91 Ephrat Livni, »A French union cut power to an Amazon facility in support of workers«, in: *Quartz*, {qz.com/1775188/the-french-union-cgt-cut-power-to-an-amazon-facility/,} letzter Zugriff 20.1.2020.

92 Cant, »The wave of worker resistance«.

93 Stefania Animento, Giorgio Di Cesare, Cristian Sica, »Total Eclipse of Work?«, in: *PROKLA* 47 (2017) 187, S. 271–290.

94 Kurt Vandaele, *Will trade unions survive in the platform*

economy? Emerging patterns of platform workers' collective voice and representation in Europe, Brüssel 2018.

95 IWGB, »First-ever international meeting of app-based transport workers to develop global strategy to challenge platform companies«, {iwgb.org.uk/post/5e2ff05f4b19a/first-ever-international-meeti}, letzter Zugriff 28.1.2020.

METHODISCHES VORGEHEN: EINE TECHNOPOLITISCHE FALLSTUDIE

1 Hans J. Pongratz, Rainer Trinczek (Hg.), *Industriesoziologische Fallstudien. Entwicklungspotenziale einer Forschungsstrategie*, Berlin 2010; Robert K. Yin, *Case Study Research: Design and Methods*, Thousand Oaks 2003.

2 Ebd.

3 Jean-Claude Kaufmann, *Das verstehende Interview. Theorie und Praxis*, Konstanz [2]2015.

4 Pongratz, Trinczek, *Industriesoziologische Fallstudien.*

5 Wolfgang Rieland, »Die ›Erneuerung der Arbeiterbewegung‹ und die neuen Bewegungen der Arbeiter in Italien«, in: Wolfgang Rieland (Hg.), *Klassenanalyse als Klassenkampf. Arbeiteruntersuchungen bei FIAT und OLIVETTI*, Frankfurt a. M. 1974, S. 7–38, hier S. 37.

6 Heinz Moser, *Methoden der Aktionsforschung: eine Einführung*, München 1977; Friedrich Weltz, *Beobachtende Teilnahme. Ein Weg aus der Marginalisierung der Industriesoziologie*, Hamburg 1997, S. 35–47.

7 Siehe auch Lorenza Monaco, *Bringing Operaismo to Gurgaon: a study of labour composition and resistance practices in the Indian auto industry*, London 2015.

8 Z.B. Nick Kratzer, Wolfgang Dunkel, Wolfgang Menz, »Neue Managementmethoden – neue Belastungsformen?«, in: Gesellschaft für Arbeitswissenschaft (Hg.), *Arbeit, Beschäftigungsfähigkeit und Produktivität im 21. Jahrhundert*, Dortmund 2009, S. 539–542; Nick Kratzer, Wolfgang Dunkel, »Neue Wege im betrieblichen Gesundheitsmanagement – Das Projekt PARGEMA«, in: Lothar Schröder, Hans-Jürgen Urban (Hg.), *Gute Arbeit 2009. Handlungsfelder für Betriebe, Politik und Gewerkschaften*, Frankfurt a. M. 2008, S. 326–336.

9 Andreas Boes, Katrin Trinks, »*Theoretisch bin ich frei*«: *Interessenhandeln und Mitbestimmung in der IT-Industrie*, Berlin 2006.

10 Moser, *Methoden der Aktionsforschung*, S. 12.

11 Weltz, *Beobachtende Teilnahme*, S. 40 f.

12 Ebd.

13 Werner Fricke, *Aktionsforschung und industrielle Demokratie*, Bonn 1997.

14 Sarah Nies, Dieter Sauer, »Theoriegeleitete Fallstudienforschung. Forschungsstrategien am ISF München«, in: Hans J. Pongratz, Rainer Trinczek (Hg.), *Industriesoziologische Fallstudien. Entwicklungspotenziale einer Forschungsstrategie*, Berlin 2010, S. 119–162, hier S. 151.

15 Werner Fricke, »Aktionsforschung – Wissenschaft und Praxis im Dialog«, in: Christina Meyn, Gerd Peter, Uwe Dechmann, Arno Georg, Olaf Katenkamp (Hg.), *Arbeitssituationsanalyse*. Bd. 2: *Praxisbeispiele und Methoden*, Wiesbaden 2011, S. 406–421; Björn Gustavsen, *Dialog und Entwicklung. Kommunikationstheorie, Aktionsforschung und Strukturreformen in der Arbeitswelt*, Berlin 1994.

16 Jürgen Habermas, *Theorie des kommunikativen Handelns*, Frankfurt a. M. [8]2011.

17 Fricke, »Aktionsforschung«, S. 407 f.

18 Philipp Frey, Simon Schaupp, Klara-Aylin Wenten, »Towards Emancipatory Technology Studies«, in: *Nanoethics* 15 (2021), S. 19–27.

19 Nicole Mayer-Ahuja, »Forschung für wen? Arbeitssoziologie zwischen Beobachtung, Co-Management und Gesellschaftskritik«, in: Milena Jostmeier, Arno Georg, Heike Jacobsen (Hg.), *Sozialen Wandel gestalten. Zum gesellschaftlichen Innovationspotenzial von Arbeits- und Organisationsforschung*, Wiesbaden 2014, S. 353–362, hier S. 359.

20 Burawoy, *Extended Case Method*, S. 57.

21 Mayer-Ahuja, »Forschung für wen?«.

22 Ebd., S. 354.

23 Michael Polanyi, *Implizites Wissen*, Frankfurt a. M. 1985.

24 James C. Scott, *Domination and the Arts of Resistance: Hidden Transcripts*, Yale 1990.

25 Georg Breidenstein, Stefan Hirschauer, Herbert Kalthoff, Boris Nieswand, *Ethnografie. Die Praxis der Feldforschung*, Konstanz [2]2015.

26 Burawoy, *Extended Case Method*.

27 Ebd., S. 76 ff.

28 Ebd., S. 39 f.

29 Andreas Wittel, *Belegschaftskultur im Schatten der Firmenideologie. Eine ethnographische Studie*, Berlin 1997, S. 23.

30 Harold Garfinkel, *Studies in ethnomethodology*, Englewood Cliffs 1967.

31 Jacqueline Kalbermatter, *Bleiberecht in der Gastro-Küche. Migrationspolitische Regulierungen und Arbeitsverhältnisse von Geflüchteten mit unsicherem Aufenhaltsstatus*, Zürich 2020.

32 Pierre Bourdieu, »Verstehen«, in: Pierre Bourdieu (Hg.), *Das Elend der Welt. Zeugnisse und Diagnosen alltäglichen Leidens an der Gesellschaft*, Konstanz 1997, S. 779–826.

33 Kalbermatter, *Bleiberecht*, S. 81.

34 Burawoy, *Extended Case Method*.

35 Ernesto Laclau, Chantal Mouffe, *Hegemonie und radikale Demokratie. Zur Dekonstruktion des Marxismus*, Wien 1991.

36 Burawoy, *Extended Case Method*, S. 58.

Zweite Auflage Berlin 2022
Batterien NF 106

Großbeerenstraße 57A, 10965 Berlin
info@matthes-seitz-berlin.de

Satz: Monika Grucza-Nápoles, Berlin
Druck und Bindung: GGP Media GmbH, Pößneck
ISBN 978-3-7518-0332-8
www.matthes-seitz-berlin.de